日建学院 編著

'24
/
'25
年版 ファイナンシャル・プランニング技能検定

2級 AFP
過去問題集 学科試験編

日建学院

はしがき

　ファイナンシャル・プランナー（以下「FP」という）は、私たちが日常生活を送るうえで大切な**お金に関する相談に応え、より良いライフプランを提案**するための知識を備えた資格者です。銀行・証券・保険などの金融業界をはじめ、住宅・不動産業界、医療・福祉・介護サービス、官公庁、一般企業など、幅広い分野でその知識が活用されています。

　また、一般の方が資格の取得を目指すことで、世の中のお金の流れや社会・経済の動向を知ることができ、賢くお金と向き合えるようになります。将来の人生設計においても、備えておくべき貯蓄や保険などの金融商品の知識を得ることができるでしょう。

　FPの資格には、1級から3級まで等級が設けられた国家資格の「ファイナンシャル・プランニング技能士」と、**NPO法人日本ファイナンシャル・プランナーズ協会**（以下「日本FP協会」という）が認定する「CFP®・AFP」があります。資格を取得するためには、日本FP協会と一般社団法人金融財政事情研究会が実施する**FP技能検定**の学科試験と実技試験に合格しなければなりません。

　なお、2級FP技能検定の**学科試験**は、この2団体ともに**同一試験日に同一試験問題**で実施されています。

　本書は、**2級FP技能検定の学科試験対策用の問題集**です。2024年4月1日現在で施行されている法令に基づいて編集しております。

　FP技能検定は**出題範囲が6分野**と広いため、受検対策として効率的な学習が必要になります。そのため本書では、出題傾向から分析した**「重要度」**を問題ごとにランク表示しております。重要な過去問を数多く反復演習して、合格に必要な知識を身につけましょう。

「合格には過去問の繰り返しが最良」

　この問題集は、2022年5月から2024年5月に実施された**過去7回分の試験問題**を収録しています。2022年5月から2024年1月までの**6回分**は分野別、項目別に編集し、2024年5月実施分については、**再現問題として本試験形式**で掲載しました。

　学習段階の問題集は、「できた、できない」を判断するものではなく、読み込むための学習ツールです。問題文と解説文を何度も繰り返し読み込んでいくうちに、覚えなければならない項目も自然と身についていきます。試験までの間、常にこの問題集を携帯し、**チョットした空き時間にも開く習慣**をつけてください。

　皆様が本書を活用して、短期間で試験に合格されることを心よりお祈りいたします。

2024年7月　日建学院

目　次

1　ライフプランニングと資金計画

2　リスク管理

3　金融資産運用

4　タックスプランニング

5 不動産

6 相続・事業承継

2024年5月実施試験

▼**受検資格**：次のいずれかに該当する者
①日本FP協会が認定するAFP認定研修を修了した者、②3級FP技能検定、または金融渉外技能審査3級合格者、③FP業務に関し2年以上の実務経験を有する者

▼**試験日**
毎年1月、5月、9月の3回実施

▼**出題形式**
①学科試験：筆記（4肢択一・マークシート形式）60問（120分）
②実技試験
　日本FP協会：筆記（記述式）40問（90分）
　金融財政事情研究会：事例形式5題（90分）

▼**受検手数料**（非課税）

学科試験と実技試験	11,700円
学科試験	5,700円
実技試験	6,000円

▼**試験科目**

学科試験の科目

A　ライフプランニングと資金計画
1. ファイナンシャル・プランニングと倫理
2. ファイナンシャル・プランニングと関連法規
3. ライフプランニングの考え方・手法
4. 社会保険
5. 公的年金
6. 企業年金・個人年金等
7. 年金と税金
8. ライフプラン策定上の資金計画
9. 中小法人の資金計画
10. ローンとカード
11. ライフプランニングと資金計画の最新の動向

B　リスク管理
1. リスクマネジメント
2. 保険制度全般
3. 生命保険
4. 損害保険
5. 第三分野の保険
6. リスク管理と保険
7. リスク管理の最新の動向

C　金融資産運用
1. マーケット環境の理解
2. 預貯金・金融類似商品等
3. 投資信託
4. 債券投資
5. 株式投資
6. 外貨建商品
7. 保険商品
8. 金融派生商品
9. ポートフォリオ運用
10. 金融商品と税金
11. セーフティネット
12. 関連法規
13. 金融資産運用の最新の動向

D　タックスプランニング
1. わが国の税制
2. 所得税の仕組み
3. 各種所得の内容
4. 損益通算
5. 所得控除
6. 税額控除
7. 所得税の申告と納付
8. 個人住民税
9. 個人事業税
10. 法人税
11. 法人住民税
12. 法人事業税

13. 消費税
14. 会社、役員間および会社間の税務
15. 決算書と法人税申告書
16. 諸外国の税制度
17. タックスプランニングの最新の動向

E　不動産
1. 不動産の見方
2. 不動産の取引
3. 不動産に関する法令上の規制
4. 不動産の取得・保有に係る税金
5. 不動産の譲渡に係る税金
6. 不動産の賃貸
7. 不動産の有効活用
8. 不動産の証券化
9. 不動産の最新の動向

F　相続・事業承継
1. 贈与と法律
2. 贈与と税金
3. 相続と法律
4. 相続と税金
5. 相続財産の評価（不動産以外）
6. 相続財産の評価（不動産）
7. 不動産の相続対策
8. 相続と保険の活用
9. 事業承継対策
10. 事業と経営
11. 相続・事業承継の最新の動向

実技試験の科目

日本 FP 協会：資産設計提案業務（1. 関連業法との関係及び職業上の倫理を踏まえたファイナンシャル・プランニング、2. ファイナンシャル・プランニングのプロセス、3. 顧客のファイナンス状況の分析と評価、4. プランの検討・作成と提示）

金融財政事情研究会：1. 個人資産相談業務、2. 中小事業主資産相談業務、3. 生保顧客資産相談業務、4. 損保顧客資産相談業務

▼今後の試験日程（予定）

2024 年 9 月 8 日（日）実施
受検申請期間：2024 年 7 月 2 日
　　　　　　　　　　～ 7 月 23 日

2025 年 1 月 26 日（日）実施
受検申請期間：2024 年 11 月 13 日
　　　　　　　　　　～ 12 月 3 日

▼試験免除制度

学科試験と実技試験（両方）の合格者には合格証書が発行され、学科試験あるいは実技試験の一部合格者には一部合格証を発行します。

学科試験あるいは実技試験の一部合格者には、それぞれの試験が免除される制度があります。ただし、一部合格者による試験免除には期限がありますので、ご注意ください。

▼問合せ先（試験に関する詳細については試験実施機関のホームページ等を参照してください）

日本 FP 協会
https：//www.jafp.or.jp/exam/
試験業務部　試験事務課
電話 03-5403-9890
金融財政事情研究会
https：//www.kinzai.or.jp/
検定センター　電話 03-3358-0771

2級FP技能検定学科試験─最近の傾向と試験攻略法─

─合格ラインは全体で6割正解─

　2級では、実技試験より学科試験のほうが難しい傾向にあります。定番問題が多い実技試験と比べてより詳細な知識が問われるのが学科試験です。しかし、基本的な内容が出題される点では変わりませんので、過去問題の演習を中心に、基本知識の定着を図る学習方法が有効です。また、学科試験ではFP6分野から各10問ずつ、**計60問の出題**となりますが、合格ラインは全体で**6割**です。すべての分野で得点ができれば一番ですが、**得意分野を2分野以上つくり**しっかりと得点源とすることで苦手な分野をカバーすることができます。

　FPは本来、すべての分野が連動しています。知識をつけるうえでは、個別の論点から入るのではなく、まずは全体像、枠組みを眺め、そこにパズルのピースを埋めていくイメージで個別論点に入っていくと、より知識の定着が図れるでしょう。単なる暗記ではなく、「理解する」ことが大切です。

　また、出題範囲が広いことから、インプット学習にウェイトを置くことは非効率的です。

　過去問題など**アウトプット学習を中心**に、インプットを行うことがよいでしょう。いかにアウトプットを行ったかが合否の決め手となってきます。

▼　ライフプランニングと資金計画

　FPと関連法規については毎回1問程度出題されています。税理士法、保険業法、弁護士法、金融商品取引法など関連業法の出題傾向を試験前にしっかり確認しましょう。資金計画については、主にローンに関する知識が問われますが、特に**住宅ローン**が頻出論点です。住宅ローンについては金利、返済方法、見直し方法などを中心に、ローン商品の基本的特徴を押さえましょう。

　また、学科試験においては、この分野からは**社会保険、年金**が中心となります。医療保険はほぼ毎回の出題ですが、問題数の関係上、単体での出題より、健康保険・国民健康保険・後期高齢者医療制度などまとめて出題される傾向も見られます。

　労災保険および雇用保険の「**労働保険**」からも1問程度の出題が予想されますが、こちらについても1問でまとめて出題されることがよくありますので、基本事項は整理することが必要です。ただし、論点としては過去問題と同じ傾向にありますので、アウトプット学習で傾向を体感することが大切です。

　年金については、特に**老齢・遺族年金**は頻出です。また、国民年金の被保険者や保険料についても定番問題です。

▼ リスク管理

　この分野では、生命保険・損害保険の保険商品に関して特徴を押さえることが一番重要です。特に生命保険については、**終身や定期保険、生前給付タイプの保険**、損害保険では**火災保険（地震保険）**および**自動車保険、傷害保険**が頻出論点です。

　税金に関する知識は毎回必ず出題されています。契約者・被保険者・受取人の関係により税金の種類が変わりますが、単純に暗記するのではなく、背景を理解しましょう。

　また、法人契約の保険税務は、毎回1問程度出題されます。どのような契約の時にどのような経理処理が必要になるのか、しっかりと整理しましょう。

▼ 金融資産運用

　全体からバランスよく出題されてきます。特に、**株式、債券**は2問程度、**投資信託、外貨建金融商品**についても1問程度の出題が見られますので、その仕組みは勿論のこと、どのようなリスクがあるのかを整理することが大切です。

　また、**株式の投資指標**および**債券の利回りの計算**などは実技試験でも頻出ですので、**計算問題に慣れておくことが必要です。**

　金融商品の税金についても出題される論点ですが、個別に学習する前に全体として理解を深めていくとよいでしょう。

▼ タックスプランニング

　この分野は、**所得税**からの出題が中心です。個別の論点はもちろんのこと、まずは税額計算の流れを意識して学習することが大切です。きっちりとマスターしましょう。

　各種所得金額、所得控除、税額控除については重要論点です。毎回出題されますので、確実に得点できるようにしましょう。

　損益通算も頻出論点です。特に対象となる損失、通算の制限等が重要です。

　また、法人税は1～2問、消費税は1問、毎回出題されています。法人税については、**損金や会社と役員間の取引**についてが重要論点です。消費税は課税の仕組みと、免税および課税事業者について、さらに簡易課税制度をマスターしましょう。

▼ 不動産

　この分野は、範囲全体から満遍なく出題されていますが、出題の傾向は比較的はっきりとしています。不動産登記は、ほぼ1問出題が予想されます。公信力のない点や登記事項証明書の基本構成などを学習しましょう。

　民法、借地借家法、区分所有法は、この分野の中心となり、毎回3、4問程度の出題が予想されます。特に借地借家法の数字や要件などの項目、また契約に関する留意点（手付金、危険負担、契約不適合責任）は頻出事項です。ただ、これらの項目は毎回同じような内容の出題になっていますので、過去問題をこなすことで攻略できます。

　都市計画法や建築基準法に関することも重要論点です。**建蔽率（けんぺいりつ）および容積率**は実技試

験でも頻出論点ですが、学科試験でも頻出事項です。計算を含めて基本をマスターしてください。ただし、あくまで基本的事項で十分ですので、深く掘り下げすぎないように注意しましょう。

税金も頻出事項で毎回２問程度は出題されますが、特に**譲渡に関する項目は特例を整理**してしっかり押さえましょう。固定資産税および不動産取得税も頻出です。

▼　相続・事業承継

この分野は、相続税、贈与税を中心に学習しましょう。タックスプランニングの所得税と同様、ここでも税額を計算する体系、流れをしっかりと理解することが大切です。税額計算ができるということは、出題されてくる論点をマスターしていることになりますので、常に計算の流れを意識して学習することが効果的です。特に、**課税遺産総額および相続税の総額を求める流れ**をしっかりマスターします。

また、贈与税に関する出題にウエイトがあるのも特徴です。ただし、論点自体少ない項目なので同じような問題がよく出題されています。**贈与税の基礎、贈与税の配偶者控除**等を中心に学習しましょう。

財産評価からは３問程度の出題が予想されます。この項目は**不動産の評価や自社株の評価**など難しい論点が多い項目です。試験対策としては、すべてを理解するというより、理解できる部分を押さえるということも方法でしょう。

生命保険や役員退職金の活用法は毎回１〜２問出題されています。過去問題を解くことで出題の傾向を知り、得点できるようにしましょう。

▼　本書の利用法　―見やすい項目表示　重要度 **A** ―

本書では、問題ごとに"大きくて見やすい"項目表示にしました。一目で出題されやすい項目が確認できます。また、A・B・Cの重要度も表示しました。Aは「**必ず得点する問題**」、Bは「**できれば得点したい問題**」、そしてCは「**正解しなくても合否に影響しない問題**」です。

攻略するための優先順位を考えて、取り組みましょう。

1

ライフプランニングと資金計画

ファイナンシャル・プランニングと倫理 重要度 A

関連法規

問 1 ファイナンシャル・プランナー（以下「FP」という）の顧客に対する行為に関する次の記述のうち、関連法規に照らし、最も不適切なものはどれか。

1. 社会保険労務士の登録を受けていない FP の A さんは、顧客の求めに応じ、老齢基礎年金や老齢厚生年金の受給要件や請求方法を無償で説明した。
2. 税理士の登録を受けていない FP の B さんは、個人事業主である顧客からの依頼に基づき、当該顧客が提出すべき確定申告書を有償で代理作成した。
3. 金融商品取引業の登録を受けていない FP の C さんは、顧客から iDeCo（確定拠出年金の個人型年金）について相談を受け、iDeCo の運用商品の一般的な特徴について無償で説明した。
4. 司法書士の登録を受けていない FP の D さんは、顧客から将来判断能力が不十分になった場合の財産の管理を依頼され、有償で当該顧客の任意後見受任者となった。

解　説　　　　　　　　　　　チェック□□□

1. **適切**。社会保険労務士の資格を有しない FP は、労働社会保険諸法令に基づく申請書等の作成や手続きの代行などを行うことはできないが、公的年金制度の一般的な説明や受給見込み額の試算を行うことは問題ない。
2. **最も不適切**。税理士資格を有しない FP は、税務代理行為、税務書類の作成、個別具体的な税務相談業を業として行なうことは有償・無償を問わず、税理士法によりできない。一般的な税法の解説、税金のしくみの説明や仮定の事例に基づいた計算等を行うことは問題ない。
3. **適切**。金融商品取引業の登録を受けていない FP は、投資判断を一任され、自己の判断にて顧客のための投資を行うことはできない。また、具体的な投資判断の基となるアドバイスを行うと金融商品取引法に抵触する可能性がある。一般的な運用商品の特徴についての説明、公表されている資料の提供、株価の推移などを知らせる等の範囲にとどめる必要がある。
4. **適切**。任意後見契約の受任者となることに、特別な資格は必要ない。

正　解 2

ファイナンシャル・プランニングと倫理 重要度 A

関連法規

2023年9月出題

問 2 ファイナンシャル・プランナー（以下「FP」という）の顧客に対する行為に関する次の記述のうち、関連法規に照らし、**最も不適切な**ものはどれか。

1. 金融商品取引業の登録を受けていないFPのAさんは、顧客と資産運用に関する投資顧問契約を締結したうえで、値上がりが期待できる株式の個別銘柄の購入を勧めた。
2. 弁護士の登録を受けていないFPのBさんは、財産管理の相談に来た顧客の求めに応じ、有償で、当該顧客を委任者とする任意後見契約の受任者となった。
3. 税理士の登録を受けていないFPのCさんは、顧客から配偶者控除と配偶者特別控除の適用要件を聞かれ、所得税法の条文等を示しつつ、それぞれの適用要件の違いを説明した。
4. 生命保険募集人の登録を受けていないFPのDさんは、顧客からライフプランの相談を受け、老後資金を準備するための生命保険の一般的な活用方法を説明した。

解 説

チェック□□□

1. **最も不適切**。金融商品取引業の登録を受けていないFPは、投資判断を一任され、自己の判断にて顧客のための投資を行うことはできない。また、具体的な投資判断の基となるアドバイスを行うと金融商品取引法に抵触する可能性がある。公表されている資料の提供や、株価の推移などを知らせる等の範囲にとどめる必要がある。
2. **適切**。任意後見契約の受任者となることに、特別な資格は必要ない。
3. **適切**。税理士資格を有しないFPは、税務代理行為、税務書類の作成、個別具体的な税務相談を業として行うことは有償・無償を問わず、税理士法によりできない。一般的な税法の解説、税金のしくみの説明や仮定の事例に基づいた計算等を行うことは問題ない。
4. **適切**。保険業法により生命保険募集人の登録を受けていない者は、生命保険募集行為を行うことはできない。ただし、必要保障額の計算や現在加入している保険契約の保障分析、公表されている情報等に基づく生命保険商品の一般的な解説等を行うことは問題ない。

正 解 1

問 3 ファイナンシャル・プランナー（以下「FP」という）の顧客に対する行為に関する次の記述のうち、職業倫理や関連法規に照らし、最も不適切なものはどれか。

1. 社会保険労務士の登録を受けていない FP の A さんは、老齢基礎年金の繰下げ受給について相談に来た顧客に対し、繰下げ受給の仕組みや年金額の計算方法について一般的な説明を行った。

2. 税理士の登録を受けていない FP の B さんは、所得税の確定申告について相談に来た顧客に対し、国税庁のホームページを見せながら確定申告の方法について一般的な説明を行った。

3. 生命保険募集人の登録を受けていない FP の C さんは、子の誕生を機に生命保険に加入したいと相談に来た顧客に対し、家計の状況を聞き取りながら必要保障額の計算を行った。

4. 弁護士の登録を受けていない FP の D さんは、相続人間の遺産分割について相談に来た顧客と代理人契約を締結し、顧客の代理人として、有償で他の相続人との遺産分割協議を行った。

解 説　　　　チェック□□□

1. **適切**。社会保険労務士の資格を有しない FP は、労働社会保険諸法令に基づく申請書等の作成や手続きの代行などを行うことはできないが、公的年金制度の一般的な説明や受給見込み額の試算を行うことは問題ない。

2. **適切**。税理士資格を有しない FP は、個別具体的な税理士相談や税務書類の作成などを行うことは有償・無償に関わらずできないが、仮定の事例に基づいての計算を行うことや一般的な税法のしくみなどを説明することは問題ない。

3. **適切**。生命保険募集人の登録を受けていない FP は、生命保険契約の募集及び勧誘を行うことはできない。一般的な商品の特徴や、必要保障額を計算することなどを行うことは問題ない。

4. **最も不適切**。弁護士の登録を受けていない FP は、遺産分割協議など一般法律事務を行うことはできない。法律や制度に関する一般的な説明に留めなければならない。

正 解 4

問 4 ファイナンシャル・プランナー（以下「FP」という）の顧客に対する行為に関する次の記述のうち、職業倫理や関連法規に照らし、最も適切なものはどれか。

1. 顧客から住宅ローンについて相談を受けたFPのAさんは、顧客から預かった給与所得の源泉徴収票のコピーを、顧客に紹介する予定の不動産会社の担当者に顧客の同意を得ないまま渡した。
2. 顧客から外貨預金での資金運用について相談を受けたFPのBさんは、円安ドル高がこの先ずっと続くため、円預金の大半をドル預金に移すべきだとアドバイスをした。
3. 顧客から老後に受け取ることができる年金について相談を受けたFPのCさんは、社会保険労務士の資格を有していないものの、顧客の「ねんきん定期便」に記載されている年金見込額を用いて、繰り下げた場合の年金受給額を試算した。
4. 顧客から所得税の確定申告について相談を受けたFPのDさんは、税理士の資格を有していないものの、顧客の要望に応じて確定申告書の作成を代行した。

1．**不適切**。個人情報保護法では、個人の権利利益を保護することを目的として個人情報の取り扱いに関する規定を定めている。個人情報や個人データを取り扱うときの基本的なルールは以下の４つ。

　①個人情報の利用目的をできる限り特定、その範囲内で利用する。

　③漏洩等が生じないように、安全管理のために必要かつ適切な措置を講じる。

　③個人データを第三者に提供する場合、原則としてあらかじめ本人の同意が必要。

　④本人から請求があった場合、本人に対し原則として保有個人データの開示をしなければならない。

　　問題では、③の規定に反するので不適切な行為である。

2．**不適切**。外貨預金は、為替相場の変動による影響が大きく、円ベースでの元本が割れるリスクがある。また、為替相場は様々な要因に影響を受け変動する。将来の為替相場の動きを断定し、円預金の大半を外貨預金にシフトすることはポートフォリオ上のリスクも非常に高いといえる。

3．**最も適切**。社会保険労務士の資格を有していない者が、労働保険や社会保険に関する書類の作成や、申請の代行を業として有償で行うことは、社会保険労務士法に抵触するが、社会保険制度に関する説明や、年金相談、年金受給額の試算を行うこと等は、問題ない行為である。

4．**不適切**。税理士の資格を有していない者が、税務代理、税務書類の作成、税務相談を業として行うことは、有償・無償に関わらず税理士法により違反する。税理士資格を有しないFPはあくまで一般的な税法解説や、仮定の事例に基づいた計算等にとどめなければならない。

正解 3

ファイナンシャル・プランニングと倫理 重要度 A

関連法規 | 2022年9月出題

問 5 ファイナンシャル・プランナー（以下「FP」という）の顧客に対する行為に関する次の記述のうち、関連法規に照らし、**最も不適切なもの**はどれか。

1. 社会保険労務士の登録を受けていない FP の A さんは、ライフプランの相談に来た顧客に対して、老齢基礎年金や老齢厚生年金の受給要件や請求方法の概要を有償で説明した。
2. 弁護士の登録を受けていない FP の B さんは、資産管理の相談に来た顧客の求めに応じ、有償で、当該顧客を委任者とする任意後見契約の受任者となった。
3. 金融商品取引業の登録を受けていない FP の C さんは、金融資産運用に関心のある不特定多数の者に対して、有価証券の価値の分析に基づき、インターネットを利用して個別・相対性の高い投資情報を有償で提供した。
4. 生命保険募集人の登録を受けていない FP の D さんは、ライフプランの相談に来た顧客に対して、生命保険の一般的な商品性や活用方法を有償で説明した。

解 説　　チェック□□□

1. **適切**。社会保険労務士の登録を受けていない者は、社会保険諸法令に関する書類の作成や申請代行を業として報酬を得て行うことはできない。なお、社会保険制度の説明や、公的年金の相談に応じること等は資格を有しない者が行っても問題ない。
2. **適切**。任意後見契約の受任者となることに資格の制限はないので、弁護士資格を有しない者であっても法律により定められた一定の規定に該当しなければ受任者になることは問題ない。
3. **最も不適切**。金融商品取引業の登録を受けていない者は、個別の投資対象や投資のタイミングなど具体的な投資判断の基となるアドバイスを行うと金融商品取引法に抵触する可能性がある。公表されている一般的な情報や資料の提供の範囲であれば問題ない。
4. **適切**。保険募集人の登録を受けていない者は、保険業法により保険募集行為をすることはできない。現在加入している保険内容の分析や必要保障額の計算、保険商品の一般的な特徴を説明するなどは問題ない。

正解 3

問 6 ファイナンシャル・プランナー（以下「FP」という）の顧客に対する行為に関する次の記述のうち、関連法規に照らし、最も不適切なものはどれか。

1. 金融商品取引業の登録を受けていない FP の A さんは、投資一任契約に基づき、顧客から株式投資に関する必要な権限を有償で委任され、当該顧客の資金を預かって値上がりが期待できる株式の個別銘柄への投資を行った。

2. 生命保険募集人の登録を受けていない FP の B さんは、ライフプランの相談に来た顧客に対して、生命保険の一般的な商品内容や目的別の活用方法を有償で説明した。

3. 税理士の登録を受けていない FP の C さんは、顧客から「直系尊属から教育資金の一括贈与を受けた場合の贈与税の非課税」について相談を受け、関連法令の条文を示しながら、制度の概要を無償で説明した。

4. 弁護士の登録を受けていない FP の D さんは、顧客から配偶者居住権について相談を受け、関連法令の条文を示しながら、制度の概要を無償で説明した。

解　説　　　　　　　　　　　　チェック□□□

1. **最も不適切**。金融商品取引業の登録を受けていない者は、顧客の投資判断に際して個別具体的な投資先や投資のタイミング等のアドバイスを行うことは金融商品取引法に抵触する可能性がある。また、投資一任契約に基づき、自己の判断で顧客のための投資を行うことは金融商品取引法に抵触する。景気の経済の動向や一般的な資料の提供などを行うことには問題ない。

2. **適切**。生命保険募集人の登録を受けていない者は、生命保険商品の募集・勧誘等の保険募集行為を行うことは保険業法により禁じられている。なお、現在加入している保障分析や、必要死亡保障額の計算、一般的な資料の提供などを行うことは問題ない。

3. **適切**。税理士の登録を受けていない者は、有償・無償を問わず、税務代理、税務書類の作成、具体的な税務相談を行うことはできない。なお、仮定の事例に基づいた計算や、一般的な税法の解説、しくみの説明などを行うことは問題ない。

4. **適切**。税理士の登録を受けていない者は、法律問題に際し具体的な助言を行うと弁護士法に抵触する可能性がある。一般的な説明や解説に留めておく必要がある。

正解 1

ライフプランの作成

キャッシュフロー表

重要度 **A**

2023年1月出題

問 7 ファイナンシャル・プランナーがライフプランニングに当たって作成するキャッシュフロー表の一般的な作成方法に関する次の記述のうち、最も適切なものはどれか。

1. キャッシュフロー表の作成において、可処分所得は、年間の収入金額から直接税、社会保険料および住居費の金額を控除した金額を計上する。
2. キャッシュフロー表の作成において、住宅ローンの返済方法を元金均等返済方式とした場合、その返済額は、毎年同額を計上する。
3. キャッシュフロー表の作成において、基本生活費や教育費等の支出項目に計上した金額は、家族構成が変わらない限り、見直す必要はない。
4. キャッシュフロー表の作成において、各年次の貯蓄残高は、「前年末の貯蓄残高×（1＋運用利率）＋当年の年間収支」の算式で計算した金額を計上する。

解 説

チェック□□□

1. **不適切**。可処分所得は、年間の収入金額から、直接税（所得税および住民税）と社会保険料を控除した金額である。
2. **不適切**。住宅ローンの返済方法である元金均等返済方式は、当初借り入れた元金部分を返済期間で按分し均等に返済をしていく方法である。元金部分の残高に応じた利息が上乗せされるため、毎回の元利合計額は少なくなっていく。毎年同額を計上するのは、元利均等返済方式の場合である。
3. **不適切**。キャッシュフロー表に計上する基本生活費の金額や教育費等は、あくまで将来の予定であるので、ライフイベントの変更や生活環境の変化等により変わってくることもある。したがって、キャッシュフロー表は定期的に見直しをはかっていくべきである。
4. **最も適切**。問題文のとおり。

正 解 4

問 8 リタイアメントプランニング等に関する次の記述のうち、最も不適切なものはどれか。

1．金融機関のリバースモーゲージには、一般に、利用者が死亡し、担保物件の売却代金により借入金を返済した後も債務が残った場合に、利用者の相続人がその返済義務を負う「リコース型」と、返済義務を負わない「ノンリコース型」がある。
2．高齢者の居住の安定確保に関する法律に定める「サービス付き高齢者向け住宅」に入居した者は、「状況把握サービス」や「生活相談サービス」を受けることができる。
3．将来、本人の判断能力が不十分になった場合に備えて、あらかじめ本人が選任した者と締結する任意後見契約は、公正証書によらない場合であっても有効である。
4．確定拠出年金の加入者が、老齢給付金を60歳から受給するためには、通算加入者等期間が10年以上なければならない。

解　説　　　チェック☐☐☐

1．**適切**。自宅を担保に一括で融資を受け、最終的に担保となっている自宅を売却し元本を返済するリバースモーゲージでは、利用者の死亡により相続人が返済をする際に担保物件の価格が下がっていると売却をしても元本の完済ができないことがある。このような場合に、相続人が不足分の返済をする必要があるのが「リコース型」、不足分の返済が不要である「ノンリコース型」である。ノンリコース型の金利はリコース型と比べ高くなる。
2．**適切**。高齢者の居住の安定確保に関する法律（高齢者住まい法）に定めるサービス付き高齢者向け住宅において、事業者は「状況把握（安否確認）サービス」「生活相談サービス」の提供をする必要がある。なお、介護サービスの提供は任意である。
3．**最も不適切**。任意後見契約は必ず公正証書で行わなければならない。
4．**適切**。確定拠出年金の老齢給付金は、原則60歳に到達したときに受給開始できる。ただし、60歳到達時点において通算加入者等期間が10年未満の場合は、60歳から受給を開始することができず、期間に応じ受給開始年齢は段階的に引き延ばしになる。いずれにせよ、遅くとも75歳までには受給開始しなければならない（2022年4月1日以降）。

正 解　**3**

ライフプランの作成

係数の意味と活用　2024年1月出題

問 9 ライフプランニングにおける各種係数を用いた必要額の算出に関する次の記述の空欄（ア）、（イ）にあてはまる語句の組み合わせとして、最も適切なものはどれか。なお、算出に当たっては下記＜資料＞の係数を乗算で使用し、手数料や税金等については考慮しないものとする。

・Aさんが60歳から65歳になるまでの5年間、年率2％で複利運用しながら、毎年200万円を受け取る場合、60歳時点の元金として（　ア　）が必要となる。
・Bさんが45歳から毎年一定額を積み立てながら年率2％で複利運用し、15年後の60歳時に1,000万円を準備する場合、毎年の積立金額は（　イ　）となる。

＜資料＞年率2％の各種係数

	5年	15年
終価係数	1.1041	1.3459
現価係数	0.9057	0.7430
減債基金係数	0.1922	0.0578
資本回収係数	0.2122	0.0778
年金終価係数	5.2040	17.2934
年金現価係数	4.7135	12.8493

1．（ア）9,057,000 円　　（イ）578,000 円
2．（ア）9,057,000 円　　（イ）778,000 円
3．（ア）9,427,000 円　　（イ）578,000 円
4．（ア）9,427,000 円　　（イ）778,000 円

解　説　　チェック□□□

（ア）　9,427,000 円

　一定の利率で複利運用しながら一定の年金を取り崩して受け取る場合、必要な原資を計算するための係数は、「年金現価係数」である。係数の使い方は、「元の数値×対応する係数」となる。

200 万円× 4.7135 = 9,427,000 円

（イ）　578,000 円

　一定の利率で複利運用しながら将来のある時点で目標とする金額を得るために必要となる毎年の積立額を計算するための係数は、「減債基金係数」である。

1,000 万円× 0.0578 = 578,000 円

正解　3

ライフプランの作成

係数の意味と活用

問10 ライフプランの作成の際に活用される各種係数に関する次の記述のうち、最も不適切なものはどれか。

1. 一定の利率で複利運用しながら一定期間経過後の元利合計額を試算する際、現在保有する資金の額に乗じる係数は、終価係数である。

2. 一定の利率で複利運用しながら一定期間、毎年一定金額を積み立てた場合の一定期間経過後の元利合計額を試算する際、毎年の積立額に乗じる係数は、年金終価係数である。

3. 一定の利率で複利運用しながら一定期間、毎年一定金額を受け取るために必要な元本を試算する際、毎年受け取りたい金額に乗じる係数は、資本回収係数である。

4. 一定の利率で複利運用しながら一定期間経過後に目標とする額を得るために必要な毎年の積立額を試算する際、目標とする額に乗じる係数は、減債基金係数である。

　将来のある時点において必要となる資金の額や、希望する金額を受け取るとるために必要となる原資の額を求める場合、係数を用いる。係数は目的により6種類ある。

■6つの係数

種類	特徴
終価係数	現在保有する元本を、一定の利率で所定の期間複利運用をした場合の将来の元利合計額を求める係数
現価係数	所定の期間、一定の利率で複利運用をした場合の将来の金額に到達するために、現在いくらの元本があればよいかを求める係数
年金終価係数	所定の期間一定の金額を積み立てながら複利運用をした場合の将来の元利合計額を求める係数
減債基金係数	所定の期間一定金額を積み立てながら運用した場合の元利合計額から、それを実現するための毎年積み立てるべき金額を求める係数
年金現価係数	所定の期間一定利率で複利運用しながら、毎年一定額を取り崩す場合に必要となる原資の額を求める係数
資本回収係数	元本を一定期間複利運用しながら所定の期間取り崩す場合、毎年取り崩すことのできる一定額を求める係数

1．**適切**。一定の利率で複利運用しながら一定期間経過後の元利合計額を試算する際、現在保有する資金の額に乗じる係数は、終価係数である。

2．**適切**。一定の利率で複利運用しながら一定期間、毎年一定金額を積み立てた場合の一定期間経過後の元利合計額を試算する際、毎年の積立額に乗じる係数は、年金終価係数である。

3．**最も不適切**。一定の利率で複利運用しながら一定期間、毎年一定額を受け取るために必要な元本を試算する際、毎年受け取りたい金額に乗じる係数は、年金現価係数である。

4．**適切**。一定の利率で複利運用しながら一定期間経過後に目標とする額を得るために必要な毎年の積立額を試算する際、目標とする額に乗じる係数は、減債基金係数である。

[問 **11**] ライフプランの作成の際に活用される下記<資料>の各種係数に関する次の記述のうち、最も不適切なものはどれか。

<資料>年率2％、期間10年の各種係数

終価係数	1.2190
現価係数	0.8203
年金終価係数	10.9497
減債基金係数	0.0913
年金現価係数	8.9826
資本回収係数	0.1113

1．元本100万円を10年間にわたり、年率2％で複利運用した場合の元利合計額は、「100万円×1.2190」で求められる。
2．年率2％で複利運用しながら10年後に100万円を得るために必要な毎年の積立額は、「100万円×0.0913」で求められる。
3．10年間にわたり、年率2％で複利運用しながら、毎年100万円を受け取るために必要な元本は、「100万円×10.9497」で求められる。
4．年率2％で複利運用しながら10年後に100万円を得るために必要な元本は、「100万円×0.8203」で求められる。

解　説

チェック☐☐☐

1．**適切**。現在保有する元本を、一定期間、一定利率で複利運用した場合、いくらになるかを求めたいときは、終価係数を用いる。
2．**適切**。一定期間後の目標額を達成するために積み立てをしながら一定利率で複利運用をする場合、毎年積み立てるべき一定額を求めたいときは、減債基金係数を用いる。
3．**最も不適切**。取崩しに必要となる年金原資を求める場合、年金現価係数を用いる。「100万円×8.9826」で求められる。
4．**適切**。一定期間、一定利率で複利運用し目標額を得るために、現在いくらの元本が必要なのか求めたいときは、現価係数を用いる。

正　解　**3**

ライフプランの作成

クレジットカード

重要度 **A**

2024年1月出題

問 **12**　クレジットカード会社（貸金業者）が発行するクレジットカードの一般的な利用に関する次の記述のうち、最も不適切なものはどれか。

1．クレジットカードで商品を購入（ショッピング）した場合の返済方法の一つである定額リボルビング払い方式は、カード利用時に代金の支払回数を決め、利用代金をその回数で分割して支払う方法である。

2．クレジットカードで無担保借入（キャッシング）をする行為は、貸金業法上、総量規制の対象となる。

3．クレジットカード会員規約では、クレジットカードは他人へ貸与することが禁止されており、クレジットカード会員が生計を維持している親族に対しても貸与することはできない。

4．クレジットカード会員の信用情報は、クレジットカード会社が加盟する指定信用情報機関により管理されており、会員は自己の信用情報について所定の手続きにより開示請求をすることができる。

解　説　　　　チェック□□□

1．**最も不適切**。リボルビング払いとは、カードの利用限度額内の利用において、その利用額に関わらず毎回一定の金額や一定の割合で返済をしていく方法である。定額リボルビング方式は、毎回定額の返済をしていくもの。選択肢の問題文は、分割払いの説明である。

2．**適切**。問題文のとおり。ただし、クレジットカードで買い物をしたリボルビング払いについては総量規制の対象外である。また、住宅ローンやマイカーローン、銀行のカードローンも総量規制の対象とならない。

3．**適切**。クレジットカードは、カード会員の所有物ではなくカード会社からの貸与物である。他人への貸与は、生計維持している親族に対してでも禁止されている。

4．**適切**。問題文のとおり。

正　解　**1**

ライフプランの作成
クレジットカード

問 13 クレジットカード会社（貸金業者）が発行するクレジットカードの一般的な利用に関する次の記述のうち、最も不適切なものはどれか。

1. クレジットカードで商品を購入（ショッピング）した場合の返済方法の1つである分割払いは、利用代金の支払回数を決め、その回数で利用代金を分割して支払う方法である。
2. クレジットカード会員の信用情報は、クレジットカード会社が加盟する指定信用情報機関により管理されており、会員は自己の信用情報について所定の手続きにより開示請求をすることができる。
3. クレジットカードは、約款上、クレジットカード会社が所有権を有しており、クレジットカード券面上に印字された会員本人以外が使用することはできないとされている。
4. クレジットカードの付帯機能であるキャッシングを利用し、返済方法として翌月一括払いを選択した場合、利息はかからない。

解 説 　　　　チェック□□□

1. **適切**。支払回数が2回までであれば、分割手数料はかからない。
2. **適切**。各カード会社は、利用者の過去の利用状況（支払記録や残高、延滞など）を信用情報機関に登録し相互に情報の提供をしている。登録内容は、機関の会員企業に限定されるが、利用者は所定の手続きにより自己の情報を確認することができる。
3. **適切**。クレジットカードは、カード会社からカード会員に貸与されているものである。
4. **最も不適切**。所定の利息がかかる。

正 解 4

教育資金プランニング

重要度 A

教育資金

2023年1月出題

問14 **奨学金および教育ローンに関する次の記述のうち、最も不適切なものはどれか。**

1. 日本学生支援機構の貸与奨学金の返還が災害や傷病等により困難となった場合、所定の要件を満たせば、一定期間、毎月の返還額を減額し、減額した金額や期間に応じて返還期間を延長する減額返還制度を利用することができる。

2. 日本学生支援機構の貸与奨学金のうち、第一種奨学金の返還方式には、貸与総額に応じて月々の返還額が算出され、返還完了まで定額で返還する「定額返還方式」と、前年の所得に応じてその年の毎月の返還額が決まり、返還期間が変動する「所得連動返還方式」がある。

3. 日本政策金融公庫の教育一般貸付（国の教育ローン）の融資金利は、ひとり親家庭や交通遺児家庭等を対象として優遇措置が講じられている。

4. 日本政策金融公庫の教育一般貸付（国の教育ローン）の返済期間は、最長20年である。

解　説　　　　　　　　　　**チェック□□□**

1. **適切**。日本学生支援機構の貸与型奨学金の減額返還制度は、毎月の返還額を2分の1、3分の1、4分の1または3分の2に減額し、減額した金額や期間に応じて返還期間を延長する。返還予定総額自体は減額されない。なお、返還期限を猶予する「返還期限猶予制度」という制度もある。

2. **適切**。所得連動返還方式は対象が第一種奨学金に限定され、割賦額は「前年課税対象所得×9％×1／12」で月賦返還のみとなる。

3. **適切**。金利だけでなく、保証料についても優遇措置が講じられている。

4. **最も不適切**。教育一般貸付の返済期間は最長18年である。

正解 4

住宅取得資金計画

住宅ローン

2024年1月出題

問 15 A銀行の住宅ローン（変動金利型）を返済中であるBさんの、別の金融機関の住宅ローンへの借換えに関する次の記述のうち、**最も不適切なもの**はどれか。

1. 「フラット35」や「フラット50」などの住宅金融支援機構と民間金融機関が提携して提供する住宅ローンは、すべての商品が住宅取得時における利用に限定されているため、住宅ローンの借換先として選択することができない。

2. 全期間固定金利型の住宅ローンに借り換えた場合、借換後の返済期間における市中金利の上昇によって返済負担が増加することはない。

3. 住宅ローンの借換えに際して、A銀行の抵当権を抹消し、借換先の金融機関の抵当権を新たに設定する場合、登録免許税等の諸費用が必要となる。

4. A銀行の住宅ローンの借入時と比較してBさんの収入が減少し、年収に占める住宅ローンの返済額の割合が上昇している場合、住宅ローンの借換えができない場合がある。

解 説　　　　　　　　　　　　　　　　　　チェック☐☐☐

1. **最も不適切**。住宅ローンの借換先としても選択することができる。

2. **適切**。固定金利は、申込時または融資実行時点での金利が返済終了まで適用されるので、市中金利の上昇等に影響されることはない。

3. **適切**。問題文のとおり。抵当権の設定や抹消の登記については登録免許税等の諸費用が必要となる。

4. **適切**。問題文のとおり。

正 解 1

住宅取得資金計画
住宅ローン

問16 住宅金融支援機構と金融機関が提携した住宅ローンであるフラット35（買取型）に関する次の記述のうち、最も不適切なものはどれか。

1. フラット35Sは、省エネルギー性、耐震性など一定の技術基準を満たした住宅を取得する場合に、借入金利を一定期間引き下げる制度である。
2. フラット35の利用者向けインターネットサービスである「住・My Note」を利用して繰上げ返済する場合、一部繰上げ返済の最低返済額は100万円である。
3. 店舗付き住宅などの併用住宅を建築する際にフラット35を利用する場合、住宅部分の床面積が非住宅部分の床面積以上である必要がある。
4. 住宅金融支援機構は、融資を実行する金融機関から住宅ローン債権を買い取り、対象となる住宅の第1順位の抵当権者となる。

解　説

チェック□□□

1. **適切**。問題文のとおり。現在フラット35Sには3つのプランがあり、いずれも予算があり、予算金額に達する見込みとなると受付が終了する。

フラット35Sプラン	金利引下げ期間	金利引下げ幅
ZEH	当初5年間	年▲0.75%
金利Aプラン	当初5年間	年▲0.5%
金利Bプラン	当初5年間	年▲0.25%

※2025年3月31日までの申込受付分に適用

2. **最も不適切**。「住・My・Note」を利用して繰上返済する場合は、10万円から行うことができる。なお、窓口にて繰上返済する場合は、最低返済額は100万円となる。
3. **適切**。フラット35の借入対象となる住宅が、店舗併用住宅の場合は、住宅部分の床面積が、店舗や事務所などの非住宅部分の床面積以上であることが必要とされる。
4. **適切**。問題文のとおり。

正　解 2

住宅取得資金計画
住宅ローン

問 17 住宅金融支援機構と金融機関が提携した住宅ローンであるフラット35（買取型）に関する次の記述のうち、最も適切なものはどれか。

1. フラット35の融資額は、住宅の建設費または購入価額以内で、最高1億円である。
2. フラット35の返済方法は、元利均等返済に指定されている。
3. 店舗付き住宅などの併用住宅を建築する場合、住宅部分・非住宅部分の床面積の割合に関係なく、フラット35を利用することができる。
4. 住宅金融支援機構は、融資を実行する金融機関から住宅ローン債権を買い取り、対象となる住宅の第1順位の抵当権者となる。

解 説　　　　　　　チェック□□□

1. **不適切**。フラット35（買取型）の融資額は、住宅の建設費または購入価額以内で、最高8,000万円である。
2. **不適切**。フラット35（買取型）の返済方法は、元利均等返済方式または元金均等返済方式を選択できる。
3. **不適切**。店舗併用住宅を建築する場合、住宅部分の床面積が非住宅部分の床面積以上でなければならない。
4. **最も適切**。フラット35（買取型）では、住宅金融支援機構は融資を実行する金融機関から住宅ローン債権を買い取り、対象となる住宅の第1順位の抵当権者となる。また、買い取った債権は証券化し、投資家に発行する。

正 解 4

住宅取得資金計画
住宅ローン

問18 Aさんが、下記<資料>に基づき、住宅ローンの借換えを行った場合、借換え後10年間の返済軽減額の計算式として、最も適切なものはどれか。なお、返済は年1回であるものとし、計算に当たっては下記<係数>を使用すること。また、記載のない条件については考慮しないものとする。

<資料>

［Aさんが現在返済中の住宅ローン］
・借入残高：1,000万円
・利　　率：年3％の固定金利
・残存期間：10年
・返済方法：元利均等返済（ボーナス返済なし）

［Aさんが借換えを予定している住宅ローン］
・借入金額：1,000万円
・利　　率：年2％の固定金利
・返済期間：10年
・返済方法：元利均等返済（ボーナス返済なし）

<係数>期間10年の各種係数

	現価係数	減債基金係数	資本回収係数
2％	0.8203	0.0913	0.1113
3％	0.7441	0.0872	0.1172

1．（1,000万円 × 0.8203 × 10年）－（1,000万円 × 0.7441 × 10年）
2．（1,000万円 × 0.0913 × 10年）－（1,000万円 × 0.0872 × 10年）
3．（1,000万円 × 0.1113 × 10年）－ 1,000万円
4．（1,000万円 × 0.1172 × 10年）－（1,000万円 × 0.1113 × 10年）

解　説　　　　　　　　チェック□□□

　住宅ローンの借換えによる返済軽減額は①現在のローンの返済を続けた場合の残存期間の総返済額から、②借換えた場合のローンの総返済額を差し引いて求めることができる。

　①現在返済中のローンを継続した場合の残存期間における総返済額

　　1,000万円（借入残高）× 0.1172（3％・資本回収係数）× 10年（残存期間）

　②借換えた場合のローンの総返済額

　　1,000万円（借入金額）× 0.1113（2％・資本回収係数）× 10年（返済期間）

　したがって、**選択肢4.** が最も適切である。

正　解　**4**

医療保険
公的医療保険

問 19 全国健康保険協会管掌健康保険（協会けんぽ）に関する次の記述のうち、最も適切なものはどれか。

1. 一般保険料率は全国一律であるのに対し、介護保険料率は都道府県によって異なる。
2. 被保険者の配偶者の父母が被扶養者と認定されるためには、主としてその被保険者により生計を維持され、かつ、その被保険者と同一の世帯に属していなければならない。
3. 退職により被保険者資格を喪失した者は、所定の要件を満たせば、最長で 3 年間、任意継続被保険者となることができる。
4. 退職により被保険者資格を喪失した者が任意継続被保険者となるためには、資格喪失日の前日まで継続して 1 年以上の被保険者期間がなければならない。

解　説　　　　　　　チェック☐☐☐

1. **不適切**。逆である。一般保険料率は都道府県により異なり、介護保険料率が全国一律となっている。
2. **最も適切**。健康保険の被扶養者と認定されるには主として被保険者により生計を維持されていること、原則日本国内に住所を有すること、さらに対象者によっては同一世帯に属していることが要件となっている。なお、収入要件についても内容については再確認をしておいて欲しい。

＜被保険者の範囲＞

生計維持（同一世帯要件なし）	生計維持＋同一世帯に属すること
①配偶者（内縁関係含む）	①左記①～④以外の 3 親等内親族
②子、孫	②内縁の配偶者の父母および子
③兄弟姉妹	
④直系尊属	③内縁の配偶者死亡後の父母および子

3. **不適切**。任意継続被保険者となれる期間は最長で 2 年間である。
4. **不適切**。任意継続被保険者となるためには、資格喪失日の前日まで継続して 2 ヵ月以上の被保険者期間がなければならない。また、被保険者でなくなった日から 20 日以内に任意継続被保険者になるための手続きが必要である。

正　解 2

医療保険

公的医療保険

重要度 **A**

2023年9月出題

問 20 公的医療保険に関する次の記述の空欄（ア）〜（ウ）にあてはまる語句の組み合わせとして、最も適切なものはどれか。

> ・健康保険の適用事業所に常時使用される（　ア　）未満の者は、原則として、健康保険の被保険者となる。
> ・健康保険の傷病手当金の額は、原則として、1日につき、支給開始日の属する月以前の直近の継続した（　イ　）間の各月の標準報酬月額を平均した額の30分の1に相当する額の3分の2に相当する金額である。
> ・個人事業主や農林漁業者などが被保険者となる国民健康保険は、（　ウ　）もしくは国民健康保険組合が保険者として運営している。

1．（ア）70歳　　（イ）6ヵ月　　（ウ）都道府県および市町村（特別区を含む）
2．（ア）70歳　　（イ）12ヵ月　　（ウ）国
3．（ア）75歳　　（イ）6ヵ月　　（ウ）国
4．（ア）75歳　　（イ）12ヵ月　　（ウ）都道府県および市町村（特別区を含む）

解 説

チェック□□□

（ア）　健康保険の適用事業所の常時使用される75歳未満の者は原則として、健康保険の被保険者となる。75歳になると、健康保険から脱退し後期高齢者医療保険制度に加入する。

（イ）　健康保険の傷病手当金の休業1日当たりの額は、「支給開始日以前継続した12ヵ月間の標準報酬月額を平均した額÷30日×2/3」である。支給される期間は、支給開始した日から通算して1年6ヵ月間である。

（ウ）　国民健康保険は、都道府県および市町村（特別区を含む）が保険者となる市町村国保と、業種ごとに組織される国民健康保険組合が保険者となるものがある。

> ・健康保険の適用事業所に常時使用される（ア：**75歳**）未満の者は、原則として、健康保険の被保険者となる。
> ・健康保険の傷病手当金の額は、原則として、1日につき、支給開始日の属する月以前の直近の継続した（イ：**12ヵ月**）間の各月の標準報酬月額を平均した額の30分の1に相当する額の3分の2に相当する額である。
> ・個人事業主や農林漁業者などが被保険者となる国民健康保険は、（ウ：**都道府県および市町村（特別区を含む）**）もしくは国民健康保険組合が保険者として運営している。

正 解 　4

問 **21**　全国健康保険協会管掌健康保険（協会けんぽ）の保険給付に関する次の記述のうち、最も適切なものはどれか。

1．傷病手当金は、同一の疾病または負傷およびこれにより発した疾病に関して、その支給を始めた日から通算して最長2年支給される。
2．夫婦がともに被保険者である場合において、妻が出産したときは、所定の手続きにより、夫婦に対して出産育児一時金および家族出産育児一時金が支給される。
3．被保険者が業務災害および通勤災害以外の事由で死亡した場合、所定の手続きにより、その者により生計を維持されていた者であって、埋葬を行うものに対し、埋葬料として5万円が支給される。
4．被保険者が同一月内に同一の医療機関等で支払った医療費の一部負担金等の額が、その者に係る自己負担限度額を超えた場合、所定の手続きにより、支払った一部負担金等の全額が高額療養費として支給される。

解　説　　　　　　　チェック☐☐☐

1．**不適切**。傷病手当金は、同一の疾病または負傷およびこれにより発した疾病に関して、その支給を始めた日から通算して最長1年6ヵ月支給される。
2．**不適切**。夫婦がともに被保険者である場合において、妻が出産をしたときは、妻自身の加入している協会けんぽから本人として出産育児一時金を受ける。夫の加入している協会けんぽからの家族出産育児一時金を同時に受け取ることはできない。
3．**最も適切**。被保険者が業務外の事由により死亡した場合、死亡した被保険者により生計を維持されていて、埋葬を行う者に対し、埋葬料として5万円が支給される。なお、埋葬料を受けられる者がいない場合は、実際に埋葬を行った者に対し、5万円の範囲内で実際に要した費用が支給される。
4．**不適切**。高額療養費は、同一月にかかった医療費の自己負担額が高額となった場合、その者に係る自己負担限度額を超えた部分の金額が払い戻される制度である。

正 解　**3**

医療保険

公的医療保険

重要度 **A**

2023年1月出題

問22　公的医療保険に関する次の記述のうち、最も適切なものはどれか。

1. 全国健康保険協会管掌健康保険（協会けんぽ）の一般保険料率は、都道府県ごとに算定され、保険料は、原則として、労使で折半して負担する。
2. 自営業者や農林漁業従事者などが被保険者となる国民健康保険は、国が保険者として運営している。
3. 退職により健康保険の被保険者資格を喪失した者が、健康保険の任意継続被保険者になるためには、資格喪失日の前日まで継続して1年以上の被保険者期間がなければならない。
4. 健康保険や国民健康保険の被保険者は、原則として、70歳に達したときに、その被保険者資格を喪失して後期高齢者医療制度の被保険者となる。

解　説　　　チェック□□□

1. **最も適切**。全国健康保険協会管掌健康保険（協会けんぽ）の一般保険料は、都道府県ごとに算定され、原則として労使折半して負担する。
2. **不適切**。国民健康保険には、自営業者等が対象となる市町村国保と、業種ごとに組織された国民健康保険組合がある。市町村国保の場合、保険者は都道府県および市町村（特別区含む）である。
3. **不適切**。健康保険の任意継続被保険者になるためには、資格喪失日の前日（退職日）までに継続して2ヵ月以上の被保険者期間があり、資格喪失日から20日以内に申請をしなければならない。
4. **不適切**。後期高齢者医療制度の被保険者となるのは、75歳以上である。

正　解　**1**

医療保険

公的医療保険

重要度 **A**

2022年9月出題

問 23 公的医療保険に関する次の記述の空欄（ア）〜（エ）にあてはまる語句の組み合わせとして、最も適切なものはどれか。

・健康保険の被保険者資格を喪失した者で、喪失日の前日までに引き続き2ヵ月以上被保険者であった者は、所定の申出により、最長で（　ア　）年間、健康保険の任意継続被保険者となることができる。

・全国健康保険協会管掌健康保険（協会けんぽ）の場合、（　イ　）保険料率は、都道府県ごとに定められているのに対して、（　ウ　）保険料率は、全国一律に定められている。

・国民健康保険の被保険者が（　エ　）に達すると、その被保険者資格を喪失し、後期高齢者医療制度の被保険者となる。

1.（ア）3　　（イ）介護　　（ウ）一般　　（エ）75歳
2.（ア）2　　（イ）一般　　（ウ）介護　　（エ）75歳
3.（ア）3　　（イ）一般　　（ウ）介護　　（エ）70歳
4.（ア）2　　（イ）介護　　（ウ）一般　　（エ）70歳

解 説

チェック□□□

・健康保険の被保険者資格を喪失した者で、喪失日の前日までに引き続き2ヵ月以上被保険者であった者は、所定の申出により、最長で（ア：**2**）年間、健康保険の任意継続被保険者となることができる。

・全国健康保険協会管掌健康保険（協会けんぽ）の場合、（イ：**一般**）保険料率は、都道府県ごとに定められているのに対して、（ウ：**介護**）保険料率は、全国一律に定められている。

・国民健康保険の被保険者が（エ：**75歳**）に達すると、その被保険者資格を喪失し、後期高齢者医療制度の被保険者となる。

正 解　**2**

労働保険

雇用保険

重要度 **A**

2023年9月出題

問 24 雇用保険の失業等給付に関する次の記述のうち、最も不適切なものはどれか。

1. 雇用保険の一般被保険者が失業した場合、基本手当を受給するためには、原則として、離職の日以前2年間に被保険者期間が通算して12ヵ月以上あること等の要件を満たす必要がある。

2. 正当な理由がなく自己都合により退職し、基本手当の受給を申請した場合、7日間の待期期間経過後、4ヵ月間は給付制限期間として基本手当を受給することができない。

3. 基本手当の受給期間内に、出産、疾病等の理由で引き続き30日以上職業に就くことができない場合、所定の申出により、受給期間を離職日の翌日から最長4年まで延長することができる。

4. 雇用保険の高年齢被保険者が失業した場合、高年齢求職者給付金を受給するためには、原則として、離職の日以前1年間に被保険者期間が通算して6ヵ月以上あること等の要件を満たす必要がある。

解 説

チェック□□□

1. **適切**。雇用保険の一般被保険者（高年齢被保険者、マルチ高年齢被保険者等以外の被保険者）が失業した場合、基本手当の受給資格として原則、離職の日以前2年間に被保険者期間が通算して12ヵ月以上あることが必要となる。ただし、特定受給資格者および特定理由離職者に該当する場合は、離職の日以前1年間に被保険者期間が通算して6ヵ月以上あるときに支給される。

2. **最も不適切**。正当な理由のない自己都合による退職や本人の責めによる重大な理由による解雇などの場合には、7日間の待機期間に加え、最長3ヵ月間の給付制限がある。ただし、正当な理由のない自己都合退職の場合、5年間のうち2回までの離職については給付制限は2ヵ月間となる。また、会社都合による退職の場合等は7日間の待機期間経過後、基本手当の支給が受けられる。

3. **適切**。基本手当の受給期間は原則として、離職日の翌日から1年間となるが、受給期間内において出産、疾病等の理由により引き続き30日以上職業につくことができない場合、所定の申し出により、受給期間を離職日の翌日から最長4年まで延長することができる。

4. **適切**。一般被保険者が失業した場合は、基本手当の対象となるが、65歳以上の高年齢被保険者が失業した場合は、基本手当ではなく高年齢求職者給付金が支給される。受給要件としては、離職の日以前1年間に被保険者期間が通算して6ヵ月以上あること等がある。

正 解 2

問25 雇用保険の育児休業給付および介護休業給付に関する次の記述のうち、最も不適切なものはどれか。なお、記載されたもの以外の要件はすべて満たしているものとする。

1. 育児休業給付金は、子が1歳に達した日後の期間について休業することが特に必要と認められる場合、最長で子が1歳2ヵ月に達する日の前日まで支給される。

2. 育児休業給付金に係る支給単位期間において支払われた賃金額が、休業開始時賃金日額に支給日数を乗じて得た額の80％相当額以上である場合、当該支給単位期間について育児休業給付金は支給されない。

3. 被保険者が、一定の状態にある家族を介護するための休業をした場合、同一の対象家族について、通算3回かつ93日の介護休業を限度として、介護休業給付金が支給される。

4. 複数の被保険者が、同一の対象家族について同時に介護休業を取得した場合、それぞれの被保険者に介護休業給付金が支給される。

解　説　　　　　　　　チェック☐☐☐

1. **最も不適切。**育児休業給付では、子が保育所等における保育の実施が当面行われないなど所定の場合、その子が1歳6ヵ月に達する日前までの期間、また、その子が1歳6ヵ月に達する日後においてその状況が解消されない場合は、2歳に達する日前まで支給対象となる。

2. **適切。**育児休業給付金は、対象期間のうち、支払われた賃金額が休業開始時賃金日額に支給日数を乗じて得た額の80％相当額以上である場合は、支給されない。

＜支給額＞

「休業開始時賃金日額×支給日数」に対する事業主の支払賃金額割合	支給額
13％以下	「休業開始時賃金日額×支給日数」×67％
13％超80％未満	「休業開始時賃金日額×支給日数」×80％－支払賃金額
80％以上	支給なし

3. **適切。**介護給付金の支給期間は、同一の対象家族について、休業開始日から通算93日を限度とする（3回の分割取得可能）。

4. **適切。**問題文のとおり。

正 解 1

労働保険

雇用保険

重要度 **A**

2023 年 1 月出題

問 26 雇用保険に関する次の記述のうち、最も適切なものはどれか。

1. 2 つの事業所に雇用される 65 歳以上の労働者で、1 つの事業所における 1 週間の所定労働時間がそれぞれ 10 時間未満、2 つの事業所における 1 週間の所定労働時間の合計が 10 時間以上である者は、所定の申出により、雇用保険の高年齢被保険者となることができる。

2. 特定受給資格者等を除く一般の受給資格者に支給される基本手当の所定給付日数は、算定基礎期間が 10 年未満の場合、150 日である。

3. 基本手当の受給期間中に、妊娠、出産、育児、病気等により、引き続き 30 日以上職業に就くことができない場合、最長 3 年まで受給期間を延長することができる。

4. 高年齢雇用継続基本給付金は、一般被保険者に対して支給対象月に支払われた賃金の額が、みなし賃金日額に 30 日を乗じて得た額の 75％未満であること等の要件を満たす場合に支給される。

1．**不適切**。雇用保険では、複数の事業所で勤務する65歳以上の労働者が勤務する2つの事業所での勤務を合計して、1週間の所定労働時間が20時間以上（1つの事業所における1週間の所定労働時間が5時間以上20時間未満）であり、2つの事業所のそれぞれの雇用見込みが31日以上である場合、本人からハローワークに申し出ることで、申出を行った日から高年齢被保険者となることができる。

2．**不適切**。特定受給資格者等を除く一般の受給資格者に支給される基本手当の所定給付日数は、以下のとおりである。

【一般の離職者（定年退職者や自己の意思で離職した者）】

年齢	被保険者であった期間（算定基礎期間）		
	1年以上10年未満	10年以上20年未満	20年以上
年齢問わず	90日	120日	150日

3．**不適切**。基本手当の受給期間は原則として離職日の翌日から1年間であるが、病気やケガ、妊娠、出産、育児等の理由により引き続き30日以上働くことができない場合、その働くことができなくなった日数を原則の1年間に加え、受給期間を延長することができる。原則の受給期間（1年間）に加えることができる期間は最大3年間で、最長4年まで受給期間を延長することができる。

4．**最も適切**。なお、高年齢雇用継続基本給付金の支給期間は、60歳に達した月から65歳に達する月の期間内にある月であり、支給額は最大で「支給対象月の賃金額×15%」である。

労働保険

雇用保険

問27 雇用保険法に基づく育児休業給付および介護休業給付に関する次の記述のうち、最も適切なものはどれか。

1. 育児休業給付金は、一般被保険者の休業開始日前1年間に、みなし被保険者期間が通算して6ヵ月以上なければ支給されない。
2. 育児休業給付金の支給額は、1支給単位期間について、休業開始日から休業日数が通算して300日に達するまでの間は、原則として、休業開始時賃金日額に支給日数を乗じて得た額の67%相当額である。
3. 介護休業給付金は、同一の対象家族について介護休業を分割して取得する場合、休業開始日から休業日数が通算して93日に達するまでに5回を限度として支給される。
4. 一般被保険者の配偶者の父母は、介護休業給付金の支給対象となる家族に該当する。

解　説
チェック□□□

1. **不適切**。育児休業給付金は、一般被保険者、高年齢被保険者またはマルチ高年齢被保険者の育児休業または産前休業等開始日前2年間に、みなし被保険者期間が通算して12ヵ月以上あること等が支給要件である。
2. **不適切**。育児休業給付金の支給額は、休業開始日から180日間は、原則として休業開始時賃金日額に支給日数を乗じて得た額の67%相当額となり、181日目以降は支給率が50%となる。
3. **不適切**。介護休業給付金は、同一の対象家族について休業開始日から通算93日を限度に分割取得する場合、3回を限度に支給される。
4. **最も適切**。対象となる家族の範囲は、被保険者の配偶者（事実婚含む）、父母（養父母含む）、子（養子含む）、配偶者の父母（養父母含む）、祖父母、兄弟姉妹、孫である。

正　解　**4**

問 28 雇用保険に関する次の記述のうち、最も不適切なものはどれか。

1. 雇用保険の保険料のうち、失業等給付・育児休業給付の保険料は、事業主と労働者で折半して負担するのに対し、雇用保険二事業の保険料は、事業主が全額を負担する。

2. 特定受給資格者等を除く一般の受給資格者に支給される基本手当の所定給付日数は、算定基礎期間が 20 年以上の場合、150 日である。

3. 育児休業給付金は、期間を定めずに雇用される一般被保険者が、原則として、その 1 歳に満たない子を養育するための休業をした場合において、その休業開始日前 1 年間に賃金支払いの基礎日数が 11 日以上ある月（みなし被保険者期間）が 6 ヵ月以上あるときに支給される。

4. 高年齢雇用継続基本給付金の額は、一支給対象月に支払われた賃金の額が、みなし賃金日額に 30 を乗じて得た額の 61% 未満である場合、原則として、当該支給対象月に支払われた賃金の額の 15% 相当額である。

解　説　　　　　　　　　　チェック☐☐☐

1. **適切**。雇用保険の保険料は、事業の種類で 3 区分されており区分毎の料率が定められている。保険料は失業給付・育児休業給付に係る保険料と雇用保険二事業に係る保険料に区分されており、前者を労働者と事業主が折半し、後者を事業主だけが負担している。

2. **適切**。基本手当の所定給付日数は、離職の理由、離職日における年齢、被保険者であった期間（算定基礎期間）により異なる。特定受給資格者等を除く一般の受給資格者（65 歳未満）の所定給付日数は次のとおり。

年齢＼被保険者期間	10 年未満	10 年以上 20 年未満	20 年以上
65 歳未満共通	90 日	120 日	150 日

3. **最も不適切**。育児休業給付金は、被保険者（一般被保険者および高年齢被保険者）が所定の育児休業を取得した場合に、休業開始日前 2 年間に賃金支払い基礎日数が 11 日以上ある月または賃金支払い基礎時間数が 80 時間以上である月が 12 ヵ月以上あるときに支給される。

4. **適切**。高年齢雇用継続基本給付金は、一支給対象月に支払われた賃金額が、みなし賃金日額を 30 倍した金額と比較し 75% 未満に低下している場合に支給される。原則として、賃金の低下率が 61% 以下の場合、支給対象月の賃金額の 15% が支給される。

正解 3

労働保険

労災保険

重要度 **A**

2023年5月出題

問 **29** 労働者災害補償保険の保険給付に関する次の記述のうち、最も不適切なものはどれか。

1. 労働者災害補償保険の適用を受ける労働者には、雇用形態がアルバイトやパートタイマーである者も含まれる。
2. 労働者が業務上の負傷または疾病による療養のため労働することができず、賃金を受けられない場合、賃金を受けない日の第3日目から休業補償給付が支給される。
3. 労働者が業務災害により死亡したときに支払われる遺族補償年金の年金額は、受給権者および受給権者と生計を同じくしている受給資格者の人数により異なる。
4. 労働者が通勤災害により死亡した場合、所定の手続きにより、葬祭を行う者に対し葬祭給付が支給される。

解　説　　　　　　チェック☐☐☐

1. **適切**。労働者災害補償保険の対象となる労働者とは、雇用形態に関わらず、全ての労働者とされている。したがってアルバイトやパートタイマーである者も含まれる。
2. **最も不適切**。休業補償給付金は、労働者が業務上の負傷または疾病による療養のために休業し、賃金を受けられない場合、休業4日目から支給される。
3. **適切**。遺族補償年金の年金額は、受給権者および受給権者と生計を同じくしている受給資格者の人数により、給付基礎日額の153日分（1人）から245日分（4人以上）となっている。
4. **適切**。問題文のとおり。遺族に限らず葬儀を執り行った者に一定額が支給される。

正　解　2

問30 労働者災害補償保険（以下「労災保険」という）に関する次の記述のうち、最も不適切なものはどれか。

1. 労災指定病院で療養補償給付として受ける療養の給付については、労働者の一部負担金はない。
2. 労災保険の適用を受ける労働者には、雇用形態がアルバイトやパートタイマーである者は含まれるが、日雇労働者や外国人労働者は含まれない。
3. 業務災害により労働者が死亡した場合、対象となる遺族に対し、遺族補償給付として遺族補償年金または遺族補償一時金が支給される。
4. 労働者が業務上の負傷または疾病による療養のため労働することができず賃金を受けられない場合、賃金を受けられない日の第4日目から休業補償給付が支給される。

解 説

チェック□□□

1. **適切**。労災病院や労災指定病院にて療養補償給付（業務災害）の対象となる療養を受ける場合、労働者の一部負担金はない。
2. **最も不適切**。労災保険の適用を受ける労働者は、雇用形態問わず、労働の対価として賃金を受けるすべての労働者である。
3. **適切**。遺族補償年金は、被災労働者が死亡当時生計維持をしていた一定の範囲の遺族が受給できる（遺族の範囲は受給順位があり、妻以外の遺族については年齢等の要件あり）。遺族補償年金の受給要件を満たす遺族がいない場合、遺族補償一時金が支給される。
4. **適切**。なお、休業1日当たりの支給額は、給付基礎日額の80％（保険給付60％＋特別支給金20％）である。

正解 **2**

労働保険

労災保険

重要度 **A**

2022年5月出題

問 31 労働者災害補償保険（以下「労災保険」という）に関する次の記述のうち、最も適切なものはどれか。

1. 労災保険の保険料を計算する際に用いる労災保険率は、常時使用する従業員数に応じて定められている。
2. 労働者が業務上の負傷または疾病による療養のために労働することができず、賃金の支給を受けられない場合、賃金の支給を受けられない日の1日目から休業補償給付が支給される。
3. 労働者が業務上の負傷または疾病により、労災指定病院で療養補償給付として受ける療養の給付については、労働者の一部負担金はない。
4. 労働者が業務上の負傷または疾病が治癒したときに一定の障害が残り、その障害の程度が所定の障害等級に該当するときは、障害補償年金または障害補償一時金のいずれかを選択して受給することができる。

解 説

チェック□□□

1. **不適切**。労災保険料を計算する際に用いる労災保険率は、業種により労災リスクが異なることから、業種ごとに定められている。
2. **不適切**。休業補償給付は、療養のため4日以上労働することができず、賃金の支給を受けられない場合、休業4日目から給付基礎日額の60％が支給される。さらに休業特別給付金として給付基礎日額の20％が支給されるので、合計で給付基礎日額の80％が支給される。
3. **最も適切**。なお、やむを得ず労災病院や労災指定病院以外の病院等で治療を受けた場合に立て替え払いをした金額は、後日全額が現金給付される（療養の費用の支給）。
4. **不適切**。障害補償給付では、業務上の負傷または疾病が治癒したときに一定の障害が残り、その障害の程度が障害等級1級から7級に該当する場合、障害補償年金が、8級から14級に該当する場合は、障害補償一時金が支給される。

正 解 3

問32 公的年金に関する次の記述のうち、最も不適切なものはどれか。

1. 国民年金の保険料納付済期間が10年以上あり、厚生年金保険の被保険者期間を有する者は、原則として、65歳から老齢基礎年金および老齢厚生年金を受給することができる。

2. 学生納付特例の承認を受けた期間に係る国民年金保険料のうち、追納することができる保険料は、追納に係る厚生労働大臣の承認を受けた日の属する月前10年以内の期間に係るものに限られる。

3. 老齢厚生年金の繰上げ支給を請求する場合、老齢基礎年金の繰上げ支給の請求も同時に行わなければならない。

4. 加給年金額が加算される老齢厚生年金について繰下げ支給の申出をする場合、加給年金額についても繰下げ支給による増額の対象となる。

解　説

チェック☐☐☐

1. **適切**。老齢基礎年金を受給するには「保険料納付済期間＋保険料免除期間（納付猶予期間含む）＋合算対象期間」の合計が10年以上必要となる。一方、65歳からの老齢厚生年金（本来の老齢厚生年金）の受給要件は、①65歳以上②老齢基礎年金の受給資格期間を満たしていること③厚生年金保険の被保険者期間が1カ月以上あること、である。したがって、問題の場合、65歳から老齢基礎年金および老齢厚生年金を受給することができる。

2. **適切**。なお、保険料の免除もしくは納付猶予の承認を受けた期間の翌年度から起算して、3年度目以降に保険料を追納する場合、承認を受けた当時の保険料の額に経過期間に応じた加算額が上乗せされる（追納する日が免除等の承認を受けた年度の翌々年度以内であるときは、加算はない）。

3. **適切**。老齢厚生年金の繰上げ支給の請求と老齢基礎年金の繰上げ支給の請求は、同時に行わなければならない。なお、繰下げ支給の申し出については、同時に行う必要はない。

4. **最も不適切**。加給年金額が加算される老齢厚生年金について繰下げ支給の申出をする場合、加給年金額は増額対象とはならない。また、繰下げ待期期間中は、加給年金額を受け取ることはできない。

正解 4

公的年金制度

総合

2023年1月出題

重要度 A

問 33 公的年金等に関する次の記述のうち、最も適切なものはどれか。

1. 公的年金および年金生活者支援給付金は、原則として、毎年1月、3月、5月、7月、9月および11月に、それぞれの前月までの2ヵ月分が支給される。
2. 国民年金の第1号被保険者は、日本国内に住所を有する20歳以上60歳未満の自営業者や学生などのうち、日本国籍を有する者のみが該当する。
3. 産前産後休業を取得している厚生年金保険の被保険者の厚生年金保険料は、所定の手続きにより、被保険者負担分と事業主負担分がいずれも免除される。
4. 老齢厚生年金の繰上げ支給を請求する場合、老齢基礎年金の繰上げ支給の請求を同時に行う必要はない。

解　説　　　　　　　　**チェック**□□□

1. **不適切**。公的年金および年金生活者支援給付金は、原則として偶数月の中旬に前月までの2カ月分が支給される。
2. **不適切**。国民年金の被保険者要件に、国籍要件はない。
3. **最も適切**。事業主が年金事務所に申し出ることにより免除を受けることができる。なお、年金額の計算に当たっては、保険料納付済期間として取り扱うので将来の年金額が減額されることはない。
4. **不適切**。老齢厚生年金の繰上げ支給を請求する場合、老齢基礎年金の繰上げ支給の請求を同時に行わなければならない。なお、繰下げ支給の申出については、同時に行う必要はない。

正　解　**3**

問 34 公的年金に関する次の記述のうち、最も不適切なものはどれか。なお、本問においては、厚生年金保険法の「被扶養配偶者である期間についての特例」による標準報酬の改定を「３号分割」という。

1. 遺族厚生年金の受給権者が、65 歳到達日に老齢基礎年金の受給権を取得した場合、遺族厚生年金が支給される際には老齢基礎年金も併給される。
2. 同一の事由により、障害厚生年金と労働者災害補償保険法に基づく障害補償年金が支給される場合、障害補償年金は所定の調整率により減額され、障害厚生年金は全額支給される。
3. 離婚時における厚生年金保険の３号分割の対象となるのは、1986 年４月以降の国民年金の第３号被保険者であった期間における、当該第３号被保険者の配偶者に係る厚生年金保険の保険料納付記録（標準報酬月額・標準賞与額）である。
4. 老齢厚生年金や遺族厚生年金等の年金給付を受ける権利（基本権）は、原則として、その支給すべき事由が生じた日から５年を経過したときに時効により消滅する。

解　説

チェック□□□

1. **適切**。公的年金において一人に対し異なる支給事由の年金の受給権が発生する場合、一人一年金の原則により、どれか一つの年金のみの支給となる。ただし、65 歳以上の者については老齢基礎年金と遺族厚生年金、老齢厚生年金と遺族厚生年金など所定の異なる支給事由の年金の併給が認められている。
2. **適切**。同一の事由により、国民年金および厚生年金保険の障害給付・遺族給付と労働者災害補償保険（労災保険）の障害・傷病・遺族年金の支給が行われる場合、国民年金・厚生年金保険の年金給付は全額行われ、労災保険の年金給付が所定の割合により減額される。
3. **最も不適切**。離婚時における厚生年金保険の３号分割の対象となるのは、2008（平成 20）年４月１日以降の国民年金の第３号被保険者であった期間における、当該第３号被保険者の配偶者に係る厚生年金保険の保険料納付記録（標準報酬月額・標準賞与額）である。これ以前の第３号被保険者期間は対象とならない。
4. **適切**。年金を受ける権利は、権利が発生してから５年を経過したときは時効により消滅する。

正解 3

公的年金制度

総合

問 35 公的年金に関する次の記述のうち、最も適切なものはどれか。

1. 国民年金の第1号被保険者は、日本国内に住所を有する20歳以上60歳未満の自営業者や学生などのうち、日本国籍を有する者のみが該当する。

2. 老齢厚生年金の受給権者が老齢厚生年金の繰下げ支給の申出をする場合、老齢基礎年金の繰下げ支給の申出を同時に行わなければならない。

3. 老齢厚生年金の額に加給年金額が加算されるためには、原則として、厚生年金保険の被保険者期間が10年以上であり、かつ、その受給権者によって生計を維持されている一定の要件を満たす配偶者または子がいる必要がある。

4. 産前産後休業を取得している厚生年金保険の被保険者の厚生年金保険料は、所定の手続きにより、被保険者負担分と事業主負担分がいずれも免除される。

解 説　　　　　　　　チェック□□□

1. **不適切**。国民年金の被保険者要件に国籍要件はない。

2. **不適切**。老齢厚生年金の繰下げ支給の申出を行う場合、老齢基礎年金の繰下げ支給の申出とは別に行うことができる。なお、繰上げ支給の請求については、老齢厚生年金および老齢基礎年金同時に行わなければならない。

3. **不適切**。加給年金額が加算されるためには、原則として厚生年金保険の被保険者期間は20年以上必要である。

4. **最も適切**。産前産後休業を取得している厚生年金保険の被保険者の厚生年金保険料は、申請をすることにより被保険者負担分、事業主負担分いずれも免除される。なお、免除期間については保険料納付済期間として扱い、将来の年金額の計算に当たっては年金額に反映される。

正 解　**4**

問 36 国民年金に関する次の記述のうち、最も適切なものはどれか。

1. 学生納付特例期間は、その期間に係る保険料の追納がない場合、老齢基礎年金の受給資格期間に算入されない。
2. 生活保護法による生活扶助を受けることによる保険料免除期間は、その期間に係る保険料の追納がない場合、老齢基礎年金の受給資格期間には算入されるが、老齢基礎年金の年金額には反映されない。
3. 保険料免除期間に係る保険料のうち、追納することができる保険料は、追納に係る厚生労働大臣の承認を受けた日の属する月前5年以内の期間に係るものに限られる。
4. 産前産後期間の保険料免除制度により保険料の納付が免除された期間は、保険料納付済期間として老齢基礎年金の年金額に反映される。

解　説　　　　　　　　　　チェック□□□

1. **不適切**。学生納付特例期間は、追納に関係なく老齢基礎年金の「受給資格期間」には算入される。ただし、追納をしない場合は、将来の老齢基礎年金の年金額には反映されない。
2. **不適切**。生活保護法による生活扶助を受けている期間は法定免除となり、保険料の全額が免除となる。この場合、免除期間は老齢基礎年金の受給資格期間に算入され、払い込まれている国庫負担分が将来の年金額に反映される。選択肢1.の学生納付特例では、保険料免除ではなく「猶予」であるため、特例適用期間は国庫負担分も止まっている状態であるため将来の年金額には反映されない（免除の場合は、加入者分は免除であるが国庫負担分は払い込まれている）。この免除と猶予の違いに注意したい。
3. **不適切**。追納することができる保険料は、追納に係る厚生労働大臣の承認を受けた日の属する月前10年以内の期間に係るものに限られる。
4. **最も適切**。産前産後期間の保険料免除を受けている期間は、保険料納付済期間として老齢基礎年金の年金額に反映される。ちなみに、前納保険料を納付している場合、保険料が免除される期間分は還付される。

正 解 4

公的年金制度

保険料

重要度 **A**

2022年9月出題

問 37 国民年金の保険料に関する次の記述のうち、最も不適切なものはどれか。

1. 国民年金の付加保険料は、将来の一定期間の保険料を前納することができ、前納する期間に応じて所定の額が控除される。
2. 第1号被保険者で障害基礎年金または障害等級1級もしくは2級の障害厚生年金を受給している者は、原則として、所定の届出により、保険料の納付が免除される。
3. 第1号被保険者が出産する場合、所定の届出により、出産予定月の前月から4ヵ月間（多胎妊娠の場合は出産予定月の3ヵ月前から6ヵ月間）、保険料の納付が免除される。
4. 保険料免除期間に係る保険料を追納する場合、追納保険料は、追納する時期にかかわらず、免除された時点における保険料の額となる。

解 説

チェック□□□

1. **適切**。国民年金の付加保険料は、国民年金保険料同様、最大2年まで前納をすることができ、その期間に応じて所定の額が控除される。
2. **適切**。国民年金の第1号被保険者で障害基礎年金または障害等級1級もしくは2級の障害厚生年金を受給している場合、原則として届出により保険料は全額免除となる（法定免除）。
3. **適切**。第1号被保険者が出産をする場合、届出により出産予定日の前月から4ヵ月間（多胎妊娠の場合は出産予定月の3ヵ月前から6ヵ月間、国民年金保険料が免除される。なお、免除を受けている期間については、保険料納付済期間となり将来の年金額に反映される。
4. **最も不適切**。保険料免除・納付猶予、学生納付特例の承認を受けた期間の国民年金保険料の追納において、免除等を受けた期間の翌年度から起算し、3年度目以降に追納する場合は、承認を受けた当時の保険料額に経過期間に応じた追納加算額が加算される。

正 解 **4**

問 38　在職老齢年金に関する次の記述のうち、最も適切なものはどれか。

1．在職老齢年金の仕組みにおいて、支給停止調整額は、受給権者が65歳未満の場合と65歳以上の場合とでは異なっている。
2．在職老齢年金の仕組みにより老齢厚生年金の全部が支給停止される場合、老齢基礎年金の支給も停止される。
3．65歳以上70歳未満の厚生年金保険の被保険者が受給している老齢厚生年金の年金額は、毎年9月1日を基準日として再計算され、その翌月から改定される。
4．厚生年金保険の被保険者が、70歳で被保険者資格を喪失した後も引き続き厚生年金保険の適用事業所に在職する場合、総報酬月額相当額および基本月額の合計額にかかわらず、在職老齢年金の仕組みにより老齢厚生年金が支給停止となることはない。

<hr>

解　説　　　　　　　　　　　チェック□□□

1．**不適切**。在職老齢年金における支給停止調整額は、受給権者が65歳未満、65歳以上に関わらず同じである。なお、この額は毎年度見直される。
2．**不適切**。在職老齢年金は、厚生年金保険におけるしくみであるので、調整対象となるのは老齢厚生年金である。したがって、老齢基礎年金の支給については調整されない。
3．**最も適切**。厚生年金保険に加入しながら老齢厚生年金を受けている65歳以上70歳未満の者が基準日である9月1日において被保険者であるときは、翌月の10月分の年金額から見直される。これを「在職時改定」という。
4．**不適切**。70歳以降で厚生年金保険の適用事業所に在籍する場合、厚生年金保険の被保険者とはならない（保険料の負担も無し）が、60歳台後半の在職老齢年金のしくみが適用される。

正　解　　**3**

公的年金制度

重要度 **C**

離婚時の年金分割

2023年9月出題

問39 厚生年金保険における離婚時の年金分割制度に関する次の記述のうち、最も不適切なものはどれか。なお、本問においては、「離婚等をした場合における特例」による標準報酬の改定を合意分割といい、「被扶養配偶者である期間についての特例」による標準報酬の改定を3号分割という。

1. 合意分割および3号分割の請求期限は、原則として、離婚等をした日の翌日から起算して2年以内である。
2. 合意分割は、離婚等をした当事者間において、標準報酬の改定または決定の請求をすることおよび請求すべき按分割合についての合意が得られない限り、請求することができない。
3. 3号分割の対象となるのは、2008年4月1日以降の国民年金の第3号被保険者であった期間における、当該第3号被保険者の配偶者に係る厚生年金保険の保険料納付記録（標準報酬月額・標準賞与額）である。
4. 老齢厚生年金を受給している者について、3号分割により標準報酬の改定または決定が行われた場合、3号分割の請求をした日の属する月の翌月から年金額が改定される。

解 説

チェック□□□

1. **適切**。合意分割および3号分割の請求期限は、原則として、離婚等をした日の翌日から起算して2年以内である。
2. **最も不適切**。合意分割では、当事者間にて分割割合等を協議し、合意した割合を基に分割請求を行うが、合意がまとまらない場合には、当事者一方の求めにより裁判所が按分割合を定めることができる。
3. **適切**。3号分割は、国民年金の第3号被保険者であった者からの請求により、2008年4月1日以後の婚姻期間中の第3号被保険者期間における相手方の厚生年金記録を2分の1ずつ当事者間で分割することができる制度。3号分割においては相手方の合意は必要ないので、請求することで自動的に分割が行われる。
4. **適切**。現に老齢厚生年金を受給している者について3号分割により標準報酬の改定または決定が行われた場合は、改定後の標準報酬を基礎として、請求をした日の属する月の翌月から年金額が改定される。

正 解 2

公的年金制度

障害給付・遺族給付

問 40 公的年金制度の障害給付および遺族給付に関する次の記述のうち、最も不適切なものはどれか。

1. 障害等級1級または2級に該当する程度の障害の状態にある障害厚生年金の受給権者が、所定の要件を満たす配偶者を有する場合、その受給権者に支給される障害厚生年金には加給年金額が加算される。
2. 障害厚生年金の額を計算する際に、その計算の基礎となる被保険者期間の月数が300月に満たない場合、300月として計算する。
3. 遺族基礎年金を受給することができる遺族は、国民年金の被保険者等の死亡の当時、その者によって生計を維持され、かつ、所定の要件を満たす「子のある配偶者」または「子」である。
4. 遺族厚生年金の受給権者が、65歳到達日に老齢厚生年金の受給権を取得した場合、65歳以降、その者の選択によりいずれか一方の年金が支給され、他方の年金は支給停止となる。

解 説　　　　　　　　チェック□□□

1. **適切**。障害等級1級または2級に該当する程度の障害の状態にある障害厚生年金の受給権者に生計を維持されている65歳未満の配偶者がいる場合、加給年金額が障害厚生年金に加算される。なお、国民年金の障害基礎年金においては、所定の子がいる場合に子の加算額がある（配偶者の加算はない）。
2. **適切**。障害厚生年金の額を計算する際、報酬比例部分の計算において厚生年金保険の被保険者期間が300月未満の場合、300月とみなして計算をする（300月保証）。なお、障害認定日の属する月後の被保険者期間については、年金計算の基礎とはされない。
3. **適切**。年金のしくみにおける「子」とは、18歳になった年度の3月31日までにある者、または20歳未満で障害年金の障害等級1級または2級の状態にある未婚の者をいう。
4. **最も不適切**。遺族厚生年金の受給権者に老齢厚生年金の受給権がある場合、その者が65歳未満の場合は、一人一年金の原則により遺族厚生年金か特別支給の老齢厚生年金のどちらかを選択しなければならないが、65歳以上の場合は、まずその者の老齢厚生年金が全額支給され、さらに所定の計算方法で算出した額と、その者の老齢厚生年金額との差額が遺族厚生年金として支給される。つまり併給可能となる。

正解 4

公的年金制度

遺族給付

重要度 **A**

2022年5月出題

問 41 遺族厚生年金に関する次の記述のうち、最も不適切なものはどれか。

1. 厚生年金保険の被保険者が死亡したことにより支給される遺族厚生年金の額は、死亡した者の厚生年金保険の被保険者期間が300月未満の場合、300月とみなして計算する。

2. 遺族厚生年金の額（中高齢寡婦加算額および経過的寡婦加算額を除く）は、原則として、死亡した者の厚生年金保険の被保険者記録を基に計算された老齢厚生年金の報酬比例部分の3分の2相当額である。

3. 厚生年金保険の被保険者である夫が死亡し、夫の死亡当時に子のいない40歳以上65歳未満の妻が遺族厚生年金の受給権を取得した場合、妻が65歳に達するまでの間、妻に支給される遺族厚生年金には中高齢寡婦加算額が加算される。

4. 配偶者が死亡したことにより遺族厚生年金の受給権を取得した65歳以上の受給権者について、その受給権者が受給することができる老齢厚生年金の額が当該遺族厚生年金の額を上回る場合、当該遺族厚生年金の全部が支給停止される。

解　説　　　　　　　　　　チェック□□□

1. **適切**。厚生年金保険の被保険者の死亡等、遺族厚生年金の短期要件に該当する場合、遺族厚生年金の額は、死亡した者の厚生年金保険の被保険者期間が300月に満たなければ300月とみなして計算する。なお、遺族厚生年金の長期要件に該当する場合は、実際の厚生年金保険の被保険者期間にて計算をする。

2. **最も不適切**。遺族厚生年金の額は、原則として死亡した者の老齢厚生年金の報酬比例部分の4分の3相当額である。

3. **適切**。なお、夫の死亡当時に子のある妻の場合においても、夫の死亡に係る遺族基礎年金を受け、遺族基礎年金が失権したときに妻の年齢が40歳以上であれば、遺族基礎年金が失権したときから65歳に達するまでの間、妻に支給される遺族厚生年金に中高齢寡婦加算額が加算される。

4. **適切**。65歳以上の者が、自身の老齢厚生年金と遺族厚生年金を受給できる場合、まずは自身の老齢厚生年金が全額支給され、①死亡した配偶者の老齢厚生年金額の4分の3、②死亡した配偶者の老齢厚生年金額の2分の1＋自身の老齢厚生年金額の2分の1、①と②のいずれか多い金額と自身の老齢厚生年金の額の差額が遺族厚生年金として支給される。問題の場合は、自身の老齢厚生年金の額が上記①、②の多い方の金額を上回るため、遺族厚生年金の支給はない。

正解 2

公的年金制度
公的年金等の税金

重要度 **A**

2024年1月出題

問42 公的年金等に係る税金に関する次の記述のうち、最も不適切なものはどれか。

1. 遺族基礎年金および遺族厚生年金は、所得税の課税対象とならない。
2. 確定拠出年金の老齢給付金は、年金として受給する場合、雑所得として所得税の課税対象となる。
3. 老齢基礎年金および老齢厚生年金の受給者が死亡した場合、その者に支給されるべき年金給付のうち、まだ支給されていなかったもの（未支給年金）は、当該年金を受け取った遺族の一時所得として所得税の課税対象となる。
4. 老齢基礎年金を受給権発生日から数年後に請求し、遡及してまとめて年金が支払われた場合、所得税額の計算上、その全額が、支払われた年分において収入すべき金額となる。

解　説

チェック□□□

1. **適切**。遺族年金および障害年金は、所得税の課税対象とならない（非課税所得）。老齢年金については雑所得として所得税の課税対象となる。
2. **適切**。確定拠出年金の老齢給付金は、年金または一時金で受け取ることができるが、年金として受給する場合は雑所得、一時金の場合は退職所得として所得税の課税対象となる。
3. **適切**。国民年金法第19条3項により未支給年金について、所定の遺族が「自己の名」でその年金を請求することができるとしている。つまり、未支給年金の請求権については、遺族が自己の固有の権利として請求するものであり、死亡した受給権者に係る相続税の課税対象とはならず、当該年金を受け取った遺族の一時所得として所得税の課税対象としている。
4. **最も不適切**。複数年分の老齢基礎年金を遡及して請求し、まとめて受け取った場合、受け取った年金は、実際に受け取った年分の収入ではなく、本来の年分（過去の）の収入金額となる（所基通36－14）。

正解 4

公的年金制度

重要度 **A**

公的年金等の税金

2023年9月出題

問43 公的年金等に係る税金に関する次の記述のうち、最も不適切なものはどれか。

1．障害基礎年金および遺族基礎年金は、所得税の課税対象とならない。
2．小規模企業共済の加入者が事業を廃止した際に受け取る共済金は、一括受取りを選択した場合、退職所得として所得税の課税対象となる。
3．国民年金基金の掛金は、所得税の社会保険料控除の対象となる。
4．年末調整の対象となる給与所得者が学生納付特例の承認を受けた期間に係る国民年金保険料を追納する場合、当該保険料に係る社会保険料控除の適用を受けるためには所得税の確定申告をしなければならず、年末調整によってその適用を受けることはできない。

解 説

チェック□□□

1．**適切**。公的年金は老齢、障害、遺族の3つの支給事由があるが、障害年金および遺族年金については非課税所得であり、所得税の課税対象とならない。老齢年金については、雑所得として公的年金等控除額の適用を受けることができ、所得税の課税対象となる。
2．**適切**。問題文のとおり。
3．**適切**。国民年金基金の掛金は、確定拠出年金個人型と合算して月額68,000円が上限となり、支払った掛金は全額が社会保険料控除の対象となる（確定拠出年金個人型の掛金は小規模企業共済等掛金控除の対象）。
4．**最も不適切**。年末調整の対象となる給与所得者が学生納付特例の承認を受けた期間に係る国民年金保険料を追納した場合、国民年金保険料控除証明書を受け取り、保険控除申告書とともに勤務先に提出することで、年末調整の適用を受けることができる。

正 解 4

問44 公的年金等に係る税金に関する次の記述のうち、最も不適切なものはどれか。

1. 遺族基礎年金および遺族厚生年金は、所得税の課税対象とならない。
2. 老齢基礎年金および老齢厚生年金は、その年中に受け取る当該年金の収入金額から公的年金等控除額を控除した金額が雑所得として所得税の課税対象となる。
3. 確定拠出年金の老齢給付金は、その全部について、一時金として受給する場合は一時所得として、年金として受給する場合は雑所得として所得税の課税対象となる。
4. 老齢基礎年金および老齢厚生年金の受給者が死亡した場合において、その者に支給されるべき年金給付のうち、まだ支給されていなかったもの（未支給年金）は、当該年金を受け取った遺族の一時所得として所得税の課税対象となる。

解 説

チェック☐☐☐

1. **適切**。遺族年金および障害年金は、非課税所得である。なお、老齢年金は雑所得として所得税の課税対象である。
2. **適切**。所得税における雑所得では、公的年金等に係る雑所得とそれ以外の雑所得に区分されており、老齢基礎年金および老齢厚生年金として受け取る年金額は、公的年金等に係る雑所得に該当する。所得金額の計算の際は、年金の収入金額から公的年金等控除額を控除する。
3. **最も不適切**。確定拠出年金の老齢給付金において、一時金として受給する場合は、一時所得ではなく退職所得として、年金として受給する場合は公的年金等に係る雑所得として、所得税の課税対象となる。
4. **適切**。老齢年金は、偶数月に前2ヵ月分が支給されるので、次の支給日前に受給者が死亡した場合、年金の支払は死亡した月までとなるので、未支給年金が発生する。未支給年金の請求権は、被相続人と生計を一にしていた人にあるので、未支給年金は請求権のある人の財産となる。したがって相続財産とはならず、当該年金を受け取った遺族の一時所得として所得税の課税対象となる。

正解 3

公的年金制度

重要度 **A**

公的年金等の税金

2022年9月出題

問45 公的年金等に係る税金に関する次の記述のうち、最も不適切なものはどれか。なお、記載のない事項については考慮しないものとする。

1. 老齢基礎年金および老齢厚生年金は、その年中に受け取る当該年金の収入金額から公的年金等控除額を控除した金額が一時所得として所得税の課税対象となる。
2. 障害基礎年金および障害厚生年金は、所得税の非課税所得となる。
3. 老齢基礎年金および老齢厚生年金の受給者が死亡した場合において、その者に支給されるべき年金給付のうち、まだ支給されていなかったもの（未支給年金）は、当該年金を受け取った遺族の一時所得として所得税の課税対象となる。
4. 国民年金の保険料および国民年金基金の掛金は、いずれも社会保険料控除として所得税の所得控除の対象となる。

解　説

チェック□□□

1. **最も不適切**。国民年金および厚生年金保険の老齢給付は、その年中に受け取る年金収入金額から公的年金等控除額を控除した金額が、雑所得として所得税の課税対象となる。
2. **適切**。国民年金および厚生年金保険の障害給付および遺族給付は、所得税の非課税所得となる。
3. **適切**。国民年金および厚生年金保険の老齢給付における未支給年金は、受け取った遺族の一時所得に該当する。なお、未支給年金を受け取れる遺族の範囲は、①配偶者、②子、③父母、④孫、⑤祖父母、⑥兄弟姉妹、⑦上記以外の3親等内親族であり、受給順位もこのとおりである。
4. **適切**。公的年金の保険料および国民年金基金の掛金は、いずれも社会保険料控除として所得税の所得控除の対象となる。

正解 1

問 46 公的年金に関する次の記述のうち、最も不適切なものはどれか。

1. 障害基礎年金と遺族厚生年金の受給権を有している者は、65歳以降、障害基礎年金と遺族厚生年金を同時に受給することができる。
2. 障害基礎年金と老齢厚生年金の受給権を有している者は、65歳以降、障害基礎年金と老齢厚生年金を同時に受給することができる。
3. 同一の事由により、障害厚生年金と労働者災害補償保険法に基づく障害補償年金が支給される場合、障害補償年金は全額支給され、障害厚生年金は所定の調整率により減額される。
4. 健康保険の傷病手当金の支給を受けるべき者が、同一の疾病または負傷およびこれにより発した疾病について障害厚生年金の支給を受けることができる場合、原則として傷病手当金は支給されない。

解　説　　　　　　　　チェック□□□

1. **適切**。公的年金は、一人一年金を原則としているので、支給事由が異なる2つ以上の年金受給権がある場合、本人の選択により1つの年金を受給し、他の年金は支給停止となる。ただし、65歳以上の者に対する以下の年金については併給が認められている。
   ①老齢基礎年金＋老齢厚生年金
   ②老齢厚生年金＋遺族厚生年金（老齢厚生年金を全額受給し、遺族厚生年金が老齢厚生年金の額を上回っている場合、その差額が遺族厚生年金として支給）
   ③障害基礎年金＋老齢厚生年金
   ④障害基礎年金＋遺族厚生年金
2. **適切**。上記選択肢1.の解説参照。
3. **最も不適切**。同一の事由により、障害厚生年金と労働者災害補償保険法に基づく障害補償年金が支給される場合、調整対象となるのは障害補償年金であり、障害厚生年金については全額が支給される。
4. **適切**。健康保険の傷病手当金の支給を受けるべき者が、同一の疾病または負傷およびこれにより発した疾病について障害厚生年金の支給を受けることができる場合、原則として傷病手当金は支給されない。ただし、障害厚生年金の額を360で除した金額が傷病手当金の額より少ない場合は、その差額が支給される。

正解 3

企業年金

確定拠出年金

重要度 **A**

2024年1月出題

問 47 確定拠出年金に関する次の記述のうち、最も不適切なものはどれか。

1. 企業型年金において、加入者が掛金を拠出することができることを規約で定める場合、加入者掛金の額は、その加入者に係る事業主掛金の額を超える額とすることができない。

2. 企業型年金や確定給付企業年金等を実施していない一定規模以下の中小企業の事業主は、労使の合意かつ従業員の同意を基に、従業員が加入している個人型年金の加入者掛金に事業主掛金を上乗せして納付することができる。

3. 個人型年金に加入できるのは、国内に居住する国民年金の被保険者に限られる。

4. 個人型年金の加入者が60歳から老齢給付金を受給するためには、通算加入者等期間が10年以上なければならない。

1．**適切**。企業型年金の掛金は事業主が拠出することになるが、規約により事業主の拠出に上乗せして加入者が拠出することができる（マッチング拠出）。ただし、マッチング拠出による加入者掛金の額は事業主拠出額の範囲に限られ、その合計額は拠出限度額の範囲でなければならない。

2．**適切**。中小事業主掛金納付制度（iDeCo＋）という制度である。要件の概要は次のとおり。

　・事業主：企業型年金、確定給付企業年金等を実施していない事業主で、第1号厚生年金被保険者300人以下の事業主

　・拠出要件：中小事業主掛金の拠出には労使の合意が必要

　・拠出対象者：iDeCoに加入している従業員で、中小事業主掛金拠出に同意した者

　・拠出額：加入者と事業主掛金の合計が月額5,000円以上23,000円以下の範囲（事業主側が多く拠出するのは問題ないが、従業員の拠出をゼロとすることはできない）。

3．**最も不適切**。個人型年金に加入できるのは、国民年金第1号被保険者・第2号被保険者・第3号被保険者、国民年金任意加入被保険者であり、海外に居住する者も含まれる。

4．**適切**。確定拠出年金の老齢給付金は、原則60歳に達したときに受給することができるが、60歳時点で通算加入者等期間が10年に満たない場合は、その期間により支給開始年齢が異なる。ただし、2022年4月1日以降は遅くとも75歳までに受給を開始しなければならない。

通算加入者等期間	支給開始年齢
10年以上	60歳
8年以上10年未満	61歳
6年以上8年未満	62歳
4年以上6年未満	63歳
2年以上4年未満	64歳
1月以上2年未満	65歳

正　解　3

企業年金

確定拠出年金

2023年9月出題

問 48 確定拠出年金に関する次の記述のうち、最も不適切なものはどれか。

1. 国民年金の任意加入被保険者のうち、所定の要件を満たす者は、個人型年金に加入することができる。

2. 企業型年金において、加入者が掛金を拠出することができることを規約で定める場合、加入者掛金の額は、その加入者に係る事業主掛金の額を超える額とすることができない。

3. 企業型年金加入者であった者が退職し、国民年金の第3号被保険者となった場合、所定の手続きにより、企業型年金の個人別管理資産を個人型年金に移換し、個人型年金加入者または個人型年金運用指図者となることができる。

4. 企業型年金および個人型年金の老齢給付金は、70歳に達する日の属する月までに受給を開始しなければならない。

解　説

チェック□□□

1. **適切**。確定拠出年金の個人型の加入対象者は、所定の要件を満たした国民年金第1号、第2号、第3号被保険者および任意加入被保険者である。

2. **適切**。企業型の掛金は原則として企業が拠出するが、規約に定める場合、加入者が拠出することができる（マッチング拠出）。この場合、加入者が拠出できる範囲は、企業の拠出額を超えない範囲かつ上限金額の範囲内でなければならない。

3. **適切**。問題文のとおり。

4. **最も不適切**。確定拠出年金の老齢給付金は、原則60歳に到達したときに受給開始できる。ただし、60歳到達時点において通算加入者等期間が10年未満の場合は、60歳から受給を開始することができず、期間に応じ受給開始年齢は段階的に引き延ばしになる。いずれにせよ、遅くとも75歳までには受給開始しなければならない（2022年4月1日以降）。

正解 4

企業年金

確定拠出年金

問49 確定拠出年金に関する次の記述のうち、最も不適切なものはどれか。

1. 企業型年金を実施する事業主は、企業型年金規約において、加入者に一定の資格を定めることができる。
2. 企業型年金における加入者掛金（マッチング拠出により加入者が拠出する掛金）の上限額は、事業主掛金の額にかかわらず、拠出限度額から当該加入者に係る事業主掛金の額を差し引いた額となる。
3. 企業型年金の掛金は、月単位での拠出のほか、賞与時期のみの拠出や年1回の拠出も可能である。
4. 企業型年金や確定給付企業年金等を実施していない一定規模以下の中小企業の事業主は、労使の合意かつ従業員の同意を基に、従業員が加入している個人型年金の加入者掛金に一定額の事業主掛金を上乗せして納付することができる。

解 説

チェック□□□

1. **適切**。企業型年金では、企業が加入対象者の範囲を規約で定めることができる。ただし、差別的な扱いが発生しないよう、加入資格の範囲は以下のように法律で定められている。
   ①一定の職種、②一定の勤続期間、③一定の年齢、④加入の選択
2. **最も不適切**。マッチング拠出の額は、事業主掛金の額との合計が拠出限度額以内で、かつ、事業主掛金の額以内でなければならない。
3. **適切**。月単位での拠出のほか、複数月分をまとめて拠出することや、年1回の拠出も可能である。なお、まとめて拠出する場合でも月単位の拠出限度額に沿う形になるので、例えば国民年金第1号被保険者が6ヵ月分をまとめて拠出する場合、68,000円×6ヵ月＝408,000円が拠出限度額となる。
4. **適切**。iDeCo＋（イデコプラス、中小事業主掛金納付制度）という制度である。これは企業型年金を実施していない企業が、従業員が加入しているiDeCoの掛金に追加拠出するものである。第1号厚生年金被保険者が300人以下の事業主が対象で、導入には労働組合などの同意が必要である。

正解 2

企業年金

確定拠出年金

重要度 **A**

2022年5月出題

問50 確定拠出年金に関する次の記述のうち、最も不適切なものはどれか。

1. 企業型年金において、加入者が掛金を拠出することができることを規約で定める場合、加入者掛金の額は、その加入者に係る事業主掛金の額を超える額とすることができない。

2. 企業型年金を実施していない企業の従業員である個人型年金の加入者は、原則として、その加入者に支払われる給与からの天引きにより、事業主を経由して掛金を納付することができる。

3. 国民年金の第1号被保険者が、国民年金基金と併せて個人型年金に加入した場合、毎月支払う掛金の拠出限度額は、国民年金基金の掛金との合計で7万円である。

4. 老齢給付金を年金で受け取った場合、当該給付金は雑所得として所得税の課税対象となり、雑所得の金額の計算上、公的年金等控除額を控除することができる。

解 説

チェック□□□

1. **適切**。企業型年金において加入者が掛金を拠出する場合（マッチング拠出）、加入者掛金の額は、事業主掛金と同額まで、かつ事業主掛金と合算して拠出限度額までとなる。

2. **適切**。個人型年金（iDeCo）の掛金は、給与天引きにより事業主を経由して納付することも認められている。ただし、事業主側に事務的な負担も生じるため、給与天引きによる拠出に対応しない事業主もあることから、実際の利用の際は確認が必要である。

3. **最も不適切**。国民年金第1号被保険者が、国民年金基金と個人型年金（iDeCo）に加入した場合、毎月の掛金の拠出限度額は、両制度掛金の合計で6万8千円である。

4. **適切**。確定拠出年金の老齢給付金を年金で受け取った場合、公的年金等の雑所得として所得税の課税対象となる。したがって公的年金等控除額の適用を受けることができる。

正 解 3

問 51 国民年金基金、小規模企業共済および中小企業退職金共済に関する次の記述のうち、最も適切なものはどれか。

1. 国民年金基金の加入員が死亡以外の事由で加入員資格を喪失した場合、それまでの加入期間に応じた解約返戻金が支払われる。
2. 小規模企業共済の掛金月額は、5,000 円から 10 万円までの範囲内で、500 円単位で選択することができる。
3. 中小企業退職金共済の掛金は、事業主と被共済者の合意に基づき、事業主と被共済者が折半して負担することができる。
4. 中小企業退職金共済の被共済者が退職後 3 年以内に、中小企業退職金共済の退職金を請求せずに再就職して再び被共済者となった場合、所定の要件を満たせば、前の企業での掛金納付月数を再就職した企業での掛金納付月数と通算することができる。

解　説　　　　　　　チェック□□□

1. **不適切**。国民年金基金は加入後、自己都合での脱退はできないが、国民年金の第 1 号被保険者でなくなるなどの場合、加入資格を失い脱退となる。ただし、その場合でも、加入期間に応じた解約返戻金等はなく、納めた掛金は将来年金として給付される。なお、加入員の死亡の場合は、死亡時までの掛金納付期間に応じた額の遺族一時金が支払われる。
2. **不適切**。小規模企業共済の掛金は、月額 1,000 円から 7 万円までの範囲内（500 円単位）で自由に選択することができる。
3. **不適切**。中小企業退職金共済の掛金は、その全額を事業主が負担し、一部でも従業員に負担させることはできない。
4. **最も適切**。中小企業退職金共済では、制度への加入企業から他の加入企業へ転職をした場合、所定の要件を満たし、申出を行えば掛金の納付実績を新しい会社の契約に通算することを認めている。通算の条件は以下のとおり。
   ・掛金が 12 月以上納付されている
   ・前の企業を退職後 3 年以内に次の企業で本制度に加入する
   ・前の企業で退職金を請求していない

正解 4

企業年金

総合

重要度 **A**

2022年9月出題

問52 国民年金基金、小規模企業共済および中小企業退職金共済に関する次の記述のうち、最も適切なものはどれか。

1. 国民年金基金には、国民年金の第1号被保険者だけでなく第3号被保険者も加入することができる。
2. 国民年金基金には、国内に住所を有する60歳以上65歳未満の国民年金の任意加入被保険者も加入することができる。
3. 小規模企業共済に加入した場合、支払った掛金額に2分の1を乗じた額が小規模企業共済等掛金控除として所得税の所得控除の対象となる。
4. 中小企業退職金共済に新規で加入する事業主は、加入月から1年間、掛金月額の2分の1相当額（従業員ごとに5,000円が上限）について国の助成を受けることができる。

解　説　　　　チェック□□□

1. **不適切**。国民年金基金に加入できるのは、国民年金の第1号被保険者、60歳以上65歳未満の国民年金の任意加入被保険者、海外在住の国民年金の任意加入被保険者である。国民年金の第3号被保険者は加入対象とはならない。
2. **最も適切**。選択肢1.の解説を参照。
3. **不適切**。小規模企業共済の掛金は、支払った全額が小規模企業共済等掛金控除として所得税の所得控除の対象となる。
4. **不適切**。中小企業退職金共済の新規加入助成は、加入月からではなく、加入後4ヵ月目から1年間受けることができる。

正　解 2

企業年金

総合

問 **53** 中小企業退職金共済、小規模企業共済および国民年金基金に関する次の記述のうち、最も適切なものはどれか。

1. 小売業に属する事業を主たる事業として営む事業主は、常時使用する従業員の数が100人以下である場合、原則として、中小企業退職金共済法に規定される中小企業者に該当し、共済契約者になることができる。
2. 中小企業退職金共済の退職金は、被共済者が退職した日に年齢が60歳以上であるなどの要件を満たした場合、被共済者の請求により、退職金の全部または一部を分割払いにすることができる。
3. 小規模企業共済の掛金月額は、共済契約者1人につき、3万円が上限となっている。
4. 国民年金基金の給付には、老齢年金、障害年金、死亡一時金がある。

解 説　　　　　　　　　　チェック□□□

1. **不適切**。中小企業退職金共済において、中小企業とされる範囲は業種ごとに以下のとおり。小売業の場合は、常時使用する従業員数が50人以下の場合、中小企業に該当する。

業種	範囲
一般業種（製造・建設業等）	従業員300人以下、または資本金3億円以下
卸売業	従業員100人以下、または資本金1億円以下
サービス業	従業員100人以下、または資本金5,000万円以下
小売業	従業員 50人以下、または資本金5,000万円以下

2. **最も適切**。中小企業退職金共済の退職金の支払い方法は、一時金方式の他に所定の要件を満たすことで、全額分割払い、一部分割払い（併用払）方式を選択することができる。分割については、5年分割、10年分割があり、選択においては、いずれも退職した日において60歳以上であり、それぞれ所定の退職金額要件を満たす必要がある。

3. **不適切**。小規模企業共済の掛金月額は、1,000円から7万円の範囲（500円単位）において自由に決めることができる。

4. **不適切**。国民年金基金の給付には、老齢年金と死亡一時金（遺族一時金）の2つがある。

正 解 2

個人年金

一般的な商品性

2022年9月出題

問54 個人年金保険の一般的な商品性に関する次の記述のうち、最も適切なものはどれか。

1. 確定年金では、年金受取開始日前に被保険者（＝年金受取人）が死亡した場合、死亡給付金受取人が契約時に定められた年金受取総額と同額の死亡給付金を受け取ることができる。
2. 変額個人年金保険は、特別勘定による運用実績によって、将来受け取る年金額や死亡給付金額は変動するが、解約返戻金額は変動しない。
3. 夫婦年金では、夫婦が共に生存している場合に年金を受け取ることができ、夫婦のいずれか一方が死亡した場合、その時点で契約が消滅して年金支払いは終了する。
4. 終身年金では、他の契約条件が同一の場合、保険料は被保険者が女性の方が男性よりも高くなる。

解　説　　　　　　チェック□□□

1. **不適切**。確定年金において、年金受取開始日前に被保険者（＝年金受取人）が死亡したことにより支払われる死亡給付金の額は、既払込保険料相当額である。
2. **不適切**。変額個人年金保険では、保険料を特別勘定により運用した実績により将来受け取る年金額や死亡給付金、解約返戻金が変動する。なお、年金開始前に死亡した場合に支払われる死亡給付金については、一般的に最低保証を設けている商品が多い。
3. **不適切**。夫婦年金は、夫婦を被保険者とする連生型の終身年金保険である。夫婦のいずれかが生きている限り年金を受け取ることができる。
4. **最も適切**。終身年金では、他の契約条件が同一の場合、平均寿命が男性よりも長い女性の方が多く年金を受け取る可能性が高いことから、保険料は男性よりも高くなる。

正解 4

問55　下記＜A社の貸借対照表＞に関する次の記述のうち、最も不適切なものはどれか。なお、A社の売上高は年間7.5億円であるものとする。

＜A社の貸借対照表＞　　　　　　　　　　　　（単位：百万円）

科目	金額	科目	金額
（資産の部）		（負債の部）	
流動資産		流動負債	
現金及び預金	200	買掛金	30
売掛金	20	短期借入金	170
商品	20	流動負債合計	200
流動資産合計	240	固定負債	
		固定負債合計	220
固定資産		負債合計	420
固定資産合計	360	（純資産の部）	
		株主資本	
		資本金	100
		利益剰余金	80
		純資産合計	180
資産合計	600	負債・純資産合計	600

1．A社の自己資本比率は、30％である。

2．A社の流動比率は、120％である。

3．A社の総資本回転率は、0.8回である。

4．A社の固定比率は、200％である。

1．**適切**。自己資本比率は、総資本（総資産）に占める自己資本（純資産）の割合を示す指標であり、「自己資本比率（％）＝自己資本（純資産）÷総資本（総資産）× 100」で計算する。

A社の自己資本比率＝ 600 百万円÷ 180 百万円× 100 ＝ 30％

2．**適切**。流動比率は、短期的な支払い能力を見る指標であり、「流動比率（％）＝流動資産÷流動負債× 100」で計算する。流動比率が高い方が短期支払能力は高いと言える。

A社の流動比率＝ 240 百万円÷ 200 百万円× 100 ＝ 120％

3．**最も不適切**。総資本回転率は、投下された資本が効果的に利用され収益を生み出しているか、という経営効率を示す指標であり「総資本回転率（回）＝売上高÷総資本」で計算する。数値が高いほど、同じ資本でより大きな売り上げを上げていると判断できる。

A社の総資本回転率＝ 750 百万円÷ 600 百万円＝ 1.25 回

4．**適切**。固定比率は自己資本に対する固定資産の割合を示す指標であり「固定比率（％）＝固定資産÷自己資本（純資産）× 100」で計算する。固定資産をどれだけ自己資本で賄っているかがわかる。

A社の固定比率＝ 360 百万円÷ 180 百万円× 100 ＝ 200％

正　解　3

問56 損益分岐点比率に関する次のグラフおよび記述の空欄（ア）〜（エ）にあてはまる語句の組み合わせとして、最も適切なものはどれか。

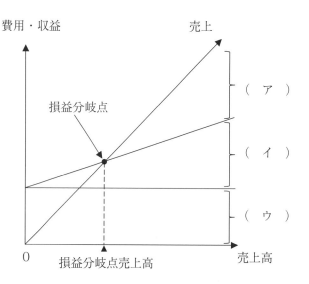

売上高に占める損益分岐点売上高の割合を損益分岐点比率といい、損益分岐点比率が（　エ　）ほど、売上が低下しても赤字になりにくいとされる。

1. （ア）限界利益　　（イ）固定費　　（ウ）変動費　　（エ）低い
2. （ア）利益　　　　（イ）変動費　　（ウ）固定費　　（エ）低い
3. （ア）利益　　　　（イ）固定費　　（ウ）変動費　　（エ）高い
4. （ア）限界利益　　（イ）変動費　　（ウ）固定費　　（エ）高い

　損益分岐点比率とは、実際の売上高を 100％として、損益分岐点売上高（営業利益が
ゼロとなる売上高、つまり儲けも無ければ損も無い売上高）を計るもので、収益の安全
度合をみる指標である。比率が低いほど赤字になりにくいとされる。

　売上は利益と費用で構成され、費用は変動費と固定費で構成される。変動費は売上に
比例して変動する費用（原材料費や販売手数料、運送費用等）で固定費は売上に関係な
く発生する費用（家賃、人件費等）である。

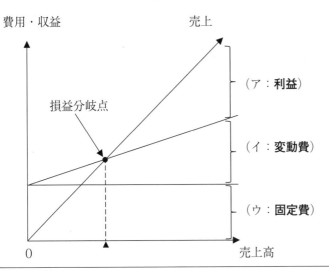

| 売上高に占める損益分岐点売上高の割合を損益分岐点比率といい、損益分岐点比率
が（エ：**低い**）ほど、売上が低下しても赤字になりにくいとされる。 |
| --- |

問 57 中小企業の資金調達の一般的な特徴に関する次の記述のうち、最も不適切なものはどれか。

1. 日本政策金融公庫の中小企業事業における融資では、事業用資金だけでなく、投資を目的とする有価証券等の資産の取得資金についても融資対象となる。
2. 信用保証協会保証付融資（マル保融資）は、中小企業者が金融機関から融資を受ける際に信用保証協会が保証するものであり、利用するためには、業種に応じて定められた資本金の額（出資の総額）または常時使用する従業員数の要件を満たす必要がある。
3. ＡＢＬ（動産・債権担保融資）は、企業が保有する売掛債権や在庫・機械設備等の資産を担保として資金を調達する方法である。
4. クラウドファンディングは、インターネット等を介して不特定多数の者に資金の提供を呼びかけて資金を調達する方法であり、「購入型」「寄付型」等に分類される。

解　説

チェック□□□

1. **最も不適切**。日本政策金融公庫の中小企業事業における融資では、事業用資金のみを融資対象としており、投資目的の資産（不動産や有価証券）取得の資金は対象とならない。
2. **適切**。マル保融資を中小事業者が利用するためには、業種に応じて定められた資本金の額または常時使用する従業員数の要件を満たす必要がある。なお、個人事業主が利用する場合は、常時使用する従業員数の要件を満たせば対象となる。
3. **適切**。問題文のとおり。
4. **適切**。寄付型は、集めた資金は全額寄付という形になり、支援者へのリターンはないタイプ、購入型は支援者へのリターンは、モノやサービス、権利などの形で返される。他にも、「投資型」「融資型」がある。

正　解 1

中小法人と資金計画

財務状況の把握

重要度 **A**

2023年5月出題

問 58 中小企業の資金調達方法の一般的な特徴に関する次の記述のうち、最も不適切なものはどれか。

1. 企業が民間の銀行から融資を受けて事業資金を調達する方法は、間接金融に分類される。
2. インパクトローンは、米ドル等の外貨によって資金を調達する方法であり、その資金使途は限定されていない。
3. 第三者割当増資により新株を引き受けた第三者が既存株主以外の者であった場合、既存株主の持株比率が上昇する。
4. 日本政策金融公庫のマル経融資（小規模事業者経営改善資金）は、商工会議所や商工会などの経営指導を受けている小規模事業者の商工業者が利用できる融資制度であり、利用に当たって担保と保証人は不要とされている。

解 説

チェック□□□

1. **適切**。企業などが必要な資金を銀行などの金融機関から融資を受けて調達することを「間接金融」、銀行など第三者を介入させず、社債や株式などを発行し証券市場を通じ直接調達することを「直接金融」という。
2. **適切**。インパクトローンとは、資金使途を制限されない外貨借り入れのことである。
3. **最も不適切**。第三者割当増資は特定の第三者に新しく発行する株式（新株）を引き受ける権利を付与して行う増資をいう。したがって当該第三者が既存株主以外の場合は、既存株主の持株比率は下がることになる。
4. **適切**。問題文のとおり。融資限度額は 2,000 万円で返済期間は運転資金では 7 年以内となっている。

正 解 3

問59 中小企業の資金調達の各種方法と一般的な特徴に関する次の記述のうち、最も不適切なものはどれか。

1. 私募債は、少数の特定の投資家が直接引き受ける社債であり、企業が資本市場から直接資金を調達（直接金融）する手段の1つである。
2. 信用保証協会保証付融資（マル保融資）は、中小企業者が金融機関から融資を受ける際に信用保証協会が保証するものであり、利用するためには、業種に応じて定められた資本金の額（出資の総額）または常時使用する従業員数の要件を満たす必要がある。
3. ABL（動産・債権担保融資）は、企業が保有する売掛債権や在庫・機械設備等の動産あるいは知的財産等を担保に資金を調達する方法であり、不動産担保や個人保証に過度に依存することなく資金を調達できるというメリットがある。
4. インパクトローンは、米ドル等の外貨によって資金を調達する方法であり、その資金使途は、海外事業の展開・再編に係るものに限定されている。

解　説

チェック□□□

1. **適切**。私募債は、債券の種類であり、特定少数の投資家に対して応募を呼びかけ発行されるものである。
2. **適切**。信用保証協会保証付融資（マル保融資）は、中小企業などが金融機関から事業資金の融資を受ける際、信用保証協会が保証人となるものである。マル保融資を利用するには信用保証料の負担が必要となる。
3. **適切**。ABL（動産・債券担保融資）は、企業が保有する債権や在庫・機械設備等の動産を担保として資金調達をする方法である。
4. **最も不適切**。インパクトローンは、外貨により資金を調達する方法である。資金の使途には制限はない。

正解 **4**

中小法人と資金計画

財務状況の把握

2022年5月出題　重要度 **A**

問60 決算書に基づく経営分析指標に関する次の記述のうち、最も適切なものはどれか。

1. 損益分岐点比率は、実際の売上高に対する損益分岐点売上高の割合を示したものであり、一般に、この数値が低い方が企業の収益性が高いと判断される。
2. 自己資本比率は、総資本に対する自己資本の割合を示したものであり、一般に、この数値が低い方が財務の健全性が高いと判断される。
3. 固定長期適合率は、自己資本に対する固定資産の割合を示したものであり、一般に、この数値が低い方が財務の健全性が高いと判断される。
4. ROEは、自己資本に対する当期純利益の割合を示したものであり、一般に、この数値が低い方が経営の効率性が高いと判断される。

解　説

チェック□□□

1. **最も適切**。損益分岐点分析は、売上高、費用、利益の分析に用いられる。損益分岐点売上高とは、利益も損失もゼロとなる売上高をいい、実際の売上高に対する損益分岐点売上高が損益分岐点比率となる。この数値が低いほど、売上げ低下による影響は少ないと判断できる。例えば、比率が60％未満の場合、超優良企業と分類される。
2. **不適切**。自己資本比率は、総資本（総資産）に対する自己資本の割合を示す指標で、自前の資本力の大きさを示す。この数値が高いほど財務健全性が高いと判断される。
3. **不適切**。固定長期適合率は、固定負債と自己資本の合計に対する固定資産の割合を示すものである。固定資産を長期借入金と自己資本の安定した資金でどれくらい賄えているかを見る指標であり、この数値が低い方が財務の健全性が高いと判断される。問題文は、自己資本に対する固定資産の割合であり、これは固定比率の説明である。固定比率も固定長期適合率と同様に財務の健全性を判断する指標である。
4. **不適切**。ROE（自己資本利益率）は、自己資本に対する当期純利益の割合を示すものであり、この数値が高い方が経営の効率性が高いと判断される。

正解 1

2

リスク管理

保険制度と法規制等
保険法

重要度 **A**

2024年1月出題

問 1 保険法に関する次の記述のうち、最も不適切なものはどれか。

1. 保険金受取人の変更は、遺言によってもすることができる。
2. 死亡保険契約の保険契約者または保険金受取人が、死亡保険金を受け取ることを目的として被保険者を故意に死亡させ、または死亡させようとした場合、保険会社は当該保険契約を解除することができる。
3. 死亡保険契約において、保険契約者と被保険者が離婚し、被保険者が当該保険契約に係る同意をするに当たって基礎とした事情が著しく変更した場合、被保険者は保険契約者に対して当該保険契約を解除することを請求することができる。
4. 生命保険契約の締結に際し、保険契約者または被保険者になる者は、保険会社から告知を求められた事項以外の保険事故の発生の可能性に関する重要な事項について、自発的に判断して事実の告知をしなければならない。

解 説　　　　　　　　　　チェック□□□

　保険法は、保険契約（共済契約含む）について、契約当事者間の権利義務等の一般的ルールを定めた法律である。

1. **適切**。保険契約者は、給付事由が発生するまでは保険金受取人の変更ができる（被保険者の同意が必要）。また、保険金受取人の変更は遺言によっても可能である。ただし、この場合、その遺言の効力が生じた後、保険契約者の相続人がその旨を保険者に通知しなければ、これをもって保険者に対抗することができない。
2. **適切**。重大事由による保険会社の解除権である。モラルリスクの防止を目的としている。
3. **適切**。離婚等の事情により、そもそも契約時との事情が著しく変動した場合等、被保険者は保険契約者に対し、モラルリスク防止の観点から契約の解除を請求することができる。
4. **最も不適切**。告知は、自発的申告義務ではなく質問応答義務を採用している。つまり、保険会社から質問された事項についてのみ告知すれば足りる。

正解 4

生命保険

保険料の仕組み

問 2 生命保険の保険料等の一般的な仕組みに関する次の記述のうち、最も不適切なものはどれか。

1. 収支相等の原則は、保険会社が受け取る保険料等の総額が、保険会社が支払う保険金等の総額と等しくなるように保険料を算定する原則をいう。
2. 保険料のうち、将来の保険金等の支払財源となる純保険料は、予定死亡率に基づいて計算され、保険会社が保険契約を維持・管理していくために必要な経費等の財源となる付加保険料は、予定利率および予定事業費率に基づいて計算される。
3. 終身保険について、保険料の算定に用いられる予定利率が引き上げられた場合、新規契約の保険料は安くなる。
4. 保険会社が実際に要した事業費が、保険料を算定する際に見込んでいた事業費よりも少なかった場合、費差益が生じる。

解　説　　　チェック☐☐☐

1. **適切**。収支相当の原則は、保険会社が受け取る保険料等の総額が、保険会社が支払う保険金等の総額と等しくなるように保険料を算定する原則をいう。
2. **最も不適切**。保険料のうち、純保険料は、予定死亡率および予定利率に基づいて計算され、付加保険料は予定事業費率に基づいて計算される。
3. **適切**。予定利率は、生命保険会社が契約者に約束する運用利回りのことである。運用で見込める利益は保険料の割引というかたちで還元する。したがって、予定利率が引き上げられた場合は、それだけ運用益を見込むということなので、保険料での還元である割引率が上がり保険料は安くなる。
4. **適切**。保険会社が見込む予定死亡率、予定利率、予定事業費率の3つの予定基礎率は、決算により数値が確定し、余り（剰余金）が発生すると配当金というかたちで、契約者に払い戻す。
   - ・死差益：予定死亡率で見込まれた死亡者数より実数が少ない場合に発生する利益
   - ・利差益：予定利率で見込まれた運用益より、実際の運用益が多い場合に発生する利益
   - ・費差益：予定事業費率で見込まれた経費より、実際の経費が少なかった場合に発生する利益

正　解　2

問 3 生命保険の保険料等の一般的な仕組みに関する次の記述のうち、最も不適切なものはどれか。

1. 保険料は、将来の保険金等の支払いの財源となる純保険料と、保険会社が保険契約を維持・管理していくために必要な経費等の財源となる付加保険料で構成されている。
2. 保険料は、予定死亡率、予定利率、予定事業費率の3つの予定基礎率に基づいて算定される。
3. 終身保険の死亡保険金の支払いに充てるために必要な保険料の計算に用いられる予定死亡率が高く設定された場合、新規契約の保険料は安くなる。
4. 責任準備金は、保険会社が将来の保険金等の支払いの財源とするため、保険数理に基づいて算定し、積み立てる準備金である。

解　説　　　　　チェック☐☐☐

1. **適切**。純保険料は3つの予定基礎率のうち、予定死亡率と予定利率を基礎に計算されており、付加保険料は予定事業費率を基礎に計算されている。
2. **適切**。3つの予定基礎率において、予定死亡率が低いほど（死亡保険の場合）、予定利率は高いほど、予定事業費率は低いほど保険料は低くなる。
3. **最も不適切**。予定死亡率は、過去の死亡率を基に将来の死亡率を予測し、保険金支払いにあてるための保険料を計算する際に用いる死亡率である。予定死亡率が高いということは、それだけ保険会社が死亡保険金を支払うことを見込んでいることになり、結果新規契約の保険料は高くなる。
4. **適切**。責任準備金は、保険会社が将来の保険金等の支払い財源とするために、保険料の中から積み立てられるものである。

正 解 **3**

生命保険

保険料の仕組み

重要度 **A**

2022年9月出題

問 4 生命保険の保険料等の一般的な仕組みに関する次の記述のうち、最も不適切なものはどれか。

1．保険料は、大数の法則および収支相等の原則に基づき、予定死亡率、予定利率および予定事業費率の3つの予定基礎率を用いて算定される。
2．保険料は、将来の保険金・給付金等の支払い財源となる純保険料と、保険会社が保険契約を維持・管理していくために必要な経費等の財源となる付加保険料で構成される。
3．所定の利率による運用収益をあらかじめ見込んで保険料を割り引く際に使用する予定利率を低く設定した場合、新規契約の保険料は高くなる。
4．保険会社が実際に要した事業費が、保険料を算定する際に見込んでいた事業費よりも多かった場合、費差益が生じる。

解 説

チェック□□□

1．**適切**。保険料は、大数の法則と収支相等の原則の2つを基礎とし、予定死亡率、予定利率、予定事業費率の3つの予定基礎率から計算される。
2．**適切**。保険料は、将来の保険金支払いの財源となる純保険料と、保険制度を維持するための費用である付加保険料で構成されている。純保険料は予定死亡率と予定利率を基礎に算定され、付加保険料は予定事業費率を基礎に算定される。
3．**適切**。予定利率は、運用収益をあらかじめ見込み保険料を割り引く際に使用されるものなので、予定利率を低く設定した場合は、割引率も下がることになり、結果新契約の保険料は高くなる。一方、予定利率を高く設定した場合は、新契約の保険料は安くなる。
4．**最も不適切**。保険会社が実際に要した事業費が、保険料を算定する際に見込んでいた事業費よりも多かった場合は、費差損が発生する。

正 解 4

生命保険
生命保険商品の種類

問5 生命保険の一般的な商品性に関する次の記述のうち、最も不適切なものはどれか。なお、特約については考慮しないものとする。

1. 外貨建て終身保険では、死亡保険金を円貨で受け取る場合、受け取る金額は為替相場によって変動する。
2. 変額保険（終身型）では、資産の運用実績に応じて死亡保険金額が変動するが、契約時に定めた保険金額（基本保険金額）は保証される。
3. こども保険（学資保険）では、契約者（＝保険料負担者）が死亡した場合であっても、保険契約は継続し、被保険者である子の成長に合わせて祝金（学資金）等を受け取ることができる。
4. 低解約返戻金型終身保険では、他の契約条件が同一であれば、低解約返戻金型ではない終身保険と比較して、保険料払込期間満了後も解約返戻金額が低く設定されている。

解　説　　　　　　　　　チェック□□□

1. **適切**。外貨建て保険は、保険料の払い込みおよび保険金等の受取を外貨で行う保険である。終身、養老、個人年金、変額個人年金などがある。したがって保険金を円貨で受け取る場合、外貨を円貨に換算する必要があり、為替変動の影響を受けることになる。
2. **適切**。変額保険は、資産の運用実績に応じて死亡保険金額や解約返戻金等が変動するが、契約時に定めた基本保険金額は変動に関係なく保証される。ただし、解約返戻金、養老タイプの変額保険の場合は満期保険金については、保証されない。
3. **適切**。こども保険は、親などの契約者が死亡した場合、以後の保険料の払い込みは免除される。しかし保険契約自体は継続するので、契約に基づいた祝金や満期保険金等を受け取ることができる。
4. **最も不適切**。低解約返戻金型終身保険は、保険料払込期間中の解約返戻金額が通常の終身保険より低く設定されている保険商品である。

正解 4

生命保険

生命保険商品の種類

重要度 **A**

2023年9月出題

問 6 生命保険の一般的な商品性に関する次の記述のうち、最も不適切なものはどれか。なお、記載のない特約については考慮しないものとする。

1. 養老保険では、保険金の支払事由が発生せずに保険期間満了となった場合、死亡・高度障害保険金と同額の満期保険金を受け取ることができる。
2. 定期保険特約付終身保険では、定期保険特約の保険金額を同額で更新した場合、更新後の保険料は更新前の保険料に比べて高くなる。
3. 外貨建て個人年金保険では、年金を円貨で受け取る場合、外貨と円貨との為替レートの変動により、年金受取総額が払込保険料相当額を下回ることがある。
4. こども保険（学資保険）では、契約者が死亡した場合、あらかじめ指定された受取人に死亡給付金が支払われる。

2

リスク管理

解　説　　　　　　　　チェック☐☐☐

1. **適切**。養老保険は、一定の保険期間中に死亡した場合は死亡保険金、高度障害状態となった場合は高度障害保険金が支払われる。また、保険金を受け取ることなく満期を迎えた場合は、死亡・高度障害保険金と同額の満期保険金を受け取ることができる。
2. **適切**。定期保険特約の更新保険料は、更新時の年齢により再計算を行うため、保険金額を同額とした場合、更新後の保険料は更新前に比べて高くなる。
3. **適切**。外貨建て個人年金保険で、年金を円貨で受け取る場合、保険料支払時と年金受取時の為替レートにより為替差損益が生じることがある。そのため、年金受取総額が払込保険料相当額を下回ることがある。
4. **最も不適切**。こども（学資）保険では、契約者が死亡した場合、以後の保険料の払い込みが免除される。

正 解　4

生命保険

生命保険商品の種類

問 7 生命保険の一般的な商品性に関する次の記述のうち、最も不適切なものはどれか。なお、特約については考慮しないものとする。

1. 変額保険（終身型）では、契約時に定めた保険金額（基本保険金額）は保証されておらず、運用実績によっては、死亡保険金額が基本保険金額を下回る。
2. 特定（三大）疾病保障定期保険では、がん、急性心筋梗塞、脳卒中以外で被保険者が死亡した場合でも死亡保険金が支払われる。
3. 収入保障保険の死亡保険金を一時金で受け取る場合の受取額は、年金形式で受け取る場合の受取総額よりも少ない。
4. 低解約返戻金型終身保険では、他の契約条件が同一で低解約返戻金型ではない終身保険と比較して、保険料払込期間中の解約返戻金額が低く抑えられており、割安な保険料が設定されている。

解 説　　　　　　　　　　　チェック□□□

1. **最も不適切**。変額保険では、運用実績により死亡保険金額や解約返戻金、満期保険金（有期型の場合）が変動するタイプの保険商品である。ただし、死亡保険金額については、契約時に定めた基本保険金額が保証され、運用実績により死亡保険金額が基本保険金額を下回ることはない。
2. **適切**。特定（三大）疾病保障保険は、がん、急性心筋梗塞、脳卒中によって所定の状態となった場合、生前に死亡保険金額と同額の特定疾病保障保険金が支払われるタイプの保険商品である。特定疾病以外で被保険者が死亡した場合は、通常の死亡保険金が支払われる。
3. **適切**。収入保障保険は、死亡保険金を一時金ではなく年金形式で受け取ることを前提とした保険商品である。死亡保険金を一時金で受け取ることも可能であるが、その場合の受取額は、年金形式で受け取る場合の受取総額よりも少なくなる。
4. **適切**。低解約返戻金型終身保険は、他の契約条件が同一の通常の終身保険と比較すると、「保険料払込期間中」の解約返戻金を70％程度に抑えているタイプの保険商品である。そのため、保険料は割安となる。

正 解 1

生命保険

生命保険商品の種類

重要度 **A**

2023年5月出題

問 8 外貨建て生命保険の一般的な商品性に関する次の記述のうち、最も適切なものはどれか。なお、記載のない特約については考慮しないものとする。

1. 外貨建て生命保険は、米ドル・豪ドル・ユーロなどの外貨で保険料を払い込んで円貨で保険金等を受け取る保険であり、終身保険のほか、養老保険や個人年金保険などがある。
2. 外貨建て終身保険は、円貨建ての終身保険と異なり、支払った保険料が生命保険料控除の対象とならない。
3. 外貨建て終身保険は、契約時に円換算支払特約を付加すれば、契約時の為替相場で円換算した死亡保険金を受け取ることができる。
4. MVA（市場価格調整）機能を有する外貨建て生命保険は、市場金利に応じた運用資産の価格変動に伴い、解約時の解約返戻金額が増減する。

解　説

チェック□□□

1. **不適切**。外貨建て生命保険は、保険料の払込および保険金等の受取りが外貨で行われるタイプの保険商品である。
2. **不適切**。外貨建て生命保険の保険料も円建て生命保険と同様に、生命保険料控除の対象となる。ただし、その場合は税法に定められた換算レートにより円換算した金額で行うことになる（実務では円換算した金額が保険会社から通知される）。
3. **不適切**。円換算支払特約とは、保険金等を外貨ではなく円で受け取ることができる特約である。為替レートにより受け取れる円換算保険金額に影響する。為替レートは契約時のレートではなく、一般的に支払い事由該当日のレートを適用する。
4. **最も適切**。MVA（市場価格調整）機能を有する保険は、市場金利に応じた運用資産の価格変動が解約返戻金等に反映される。具体的には、解約時の市場金利が上昇した場合、解約返戻金等の金額は減少し、市場金利が下落した場合は、増加する。

正　解 4

生命保険

生命保険商品の種類

問 9 生命保険の一般的な商品性に関する次の記述のうち、最も適切なものはどれか。なお、記載のない特約については考慮しないものとする。

1. 逓減定期保険は、保険期間の経過に伴い所定の割合で保険料が逓減するが、保険金額は一定である。
2. こども保険（学資保険）では、契約者が死亡した場合、あらかじめ指定された受取人に死亡給付金が支払われる。
3. 収入保障保険の死亡保険金を年金形式で受け取る場合の受取総額は、一時金で受け取る場合の受取額よりも少なくなる。
4. 養老保険では、保険金の支払事由に該当せずに保険期間満了となった場合、死亡・高度障害保険金と同額の満期保険金を受け取ることができる。

解 説

チェック□□□

1. **不適切**。逓減するのは保険金額であり、保険料は一定である。
2. **不適切**。こども保険における契約者の死亡・高度障害時の備えは、その後の保険料の支払い免除である。保険料の払込みは不要となるが、祝金や満期保険金等については契約どおり受け取ることができるものである。これにより教育費用準備の不安に備えることができる。なお、育英年金を受け取ることができるものもある。
3. **不適切**。収入保障保険は、死亡保険金を年金形式で受け取ることを前提としている保険商品である。そのため、死亡保険金を一時金で受け取ることも可能であるが、受取額は年金形式の受取総額よりも少なくなる。
4. **最も適切**。養老保険では、保険期間中に保険金が支払われず、保険期間満了となった場合、死亡・高度障害保険金と同額の満期保険金が支払われる。

正 解 4

生命保険

生命保険商品の種類

問 10 生命保険の一般的な商品性に関する次の記述のうち、最も不適切なものはどれか。なお、記載のない特約については考慮しないものとする。

1. 変額保険（終身型）の死亡保険金は、運用実績に応じて増減するが、契約時に定めた保険金額（基本保険金額）は保証される。
2. 収入保障保険の死亡保険金を一時金で受け取る場合の受取額は、年金形式で受け取る場合の受取総額よりも少なくなる。
3. 生存給付金付定期保険では、被保険者が死亡した場合、保険契約上の死亡保険金額からすでに支払われた生存給付金の額を差し引いた金額が死亡保険金として支払われる。
4. 定期保険特約付終身保険（更新型）の定期保険特約を同額の保険金額で更新する場合、更新に当たって被保険者の健康状態についての告知や医師の診査は必要ない。

解　説　　　　　チェック□□□

1. **適切**。変額保険は運用実績により将来の死亡保険や解約返戻金、満期保険金（有期型の場合）等が変動するタイプの保険商品である。死亡保険金については、契約時に定めた保険金額（基本保険金額という）が最低保証される。ただし、解約返戻金および満期保険金（有期型の場合）については最低保証のしくみはない。
2. **適切**。収入保障保険は、死亡保険金を一時金ではなく年金形式で受け取ることを前提として設計されている保険商品である。死亡保険金は、年金形式ではなく一時金で受け取ることも可能であるが、その場合、受取額は年金形式で受け取る場合の受取総額よりも少なくなる。
3. **最も不適切**。生存給付金付定期保険は、定期保険により一定期間、万が一死亡した場合に備えながら、契約により定められた期間ごとに被保険者が生存している場合は、生存給付金が受け取れるタイプの保険商品である。被保険者が保険期間中に死亡した場合は、すでに支払われた生存給付金とは別に契約により定めた金額の死亡保険金が支払われる。
4. **適切**。定期保険特約付終身保険の更新型において定期保険特約は従前と同額の保険金額で更新する場合、被保険者の健康状態に関わらず更新することができる。告知や医師の診査は必要ない。

正 解 3

問11 生命保険の一般的な商品性に関する次の記述のうち、**最も不適切なもの**はどれか。なお、記載のない特約については考慮しないものとする。

1．養老保険では、被保険者が高度障害保険金を受け取った場合、保険契約は消滅する。
2．積立利率変動型終身保険では、契約後に積立利率が高くなった場合、契約時に定めた保険金額（基本保険金額）を上回る保険金額を受け取れることがある。
3．外貨建て個人年金保険では、年金を円貨で受け取る場合、外貨と円貨の為替レートの変動により、年金受取総額が払込保険料相当額を下回ることがある。
4．外貨建て終身保険では、円換算支払特約を付加することで、当該保険契約の締結後から保険金を受け取るまでの為替リスクを回避することができる。

解 説　　　　　チェック□□□

1．**適切**。高度障害保険金とは、被保険者が保険期間中に疾病・傷害により高度障害状態となった場合に支払われる保険金で、死亡保険金と同額であるため、保険金の支払いにより保険契約は消滅する。
2．**適切**。積立利率変動型終身保険は、市場金利の変動により積立利率が変更され、一定の割合を超えると保険金や解約返戻金が増加するしくみの保険商品である。契約時の保険金額は基本保険金額として保証されており、保険料も定額である。
3．**適切**。外貨建て個人年金保険は、保険料の払込みや年金の受け取りを外貨建てで行う保険商品である。円換算支払特約を付加している場合、外貨ではなく円貨にて年金等を受け取ることができるが、為替レートの変動により年金受取総額が払込保険料等総額を下回ることもある。
4．**最も不適切**。選択肢3．の解説のとおり、円換算支払特約とは、外貨建て保険商品の保険金等を外貨ではなく円貨で受け取ることができるという特約であり、為替リスクを回避する目的の特約ではない。そのため、換金時の為替レートにより為替差損が生じる可能性がある。

正解 4

生命保険

生命保険商品の種類

問12 団体生命保険等の一般的な商品性に関する次の記述のうち、最も適切なものはどれか。

1. 団体定期保険（Bグループ保険）は、従業員等が任意に加入する1年更新の保険であり、毎年、保険金額を所定の範囲内で見直すことができる。
2. 総合福祉団体定期保険では、ヒューマン・ヴァリュー特約を付加した場合、当該特約の死亡保険金受取人は被保険者の遺族となる。
3. 住宅ローンの利用に伴い加入する団体信用生命保険では、被保険者が住宅ローン利用者（債務者）、死亡保険金受取人が住宅ローン利用者の遺族となる。
4. 勤労者財産形成貯蓄積立保険（一般財形）には、払込保険料の累計額385万円までにかかる利子差益が非課税となる税制上の優遇措置がある。

解 説 　　　　　　　　チェック☐☐☐

1. **最も適切**。団体定期保険（Bグループ保険）は、企業などの団体を保険契約者とし、当該団体に所属している従業員等が任意に加入することができる保険期間1年の定期保険である（毎年自動更新）。保険料は従業員等が自分で負担し、生命保険料控除の対象となる。
2. **不適切**。総合福祉団体定期保険のヒューマン・ヴァリュー特約を付加した場合、特約の死亡保険金受取人は、法人となる。ただし、特約の付加には被保険者の同意が必要。
3. **不適切**。団体信用生命保険は、住宅ローン等を利用する債務者を被保険者とし、金融機関等を保険契約者および保険金等受取人とする保険である。
4. **不適切**。財形貯蓄制度のうち一般財形については、利子が非課税となる税制上の特典はない。非課税の特典があるのは、財形住宅貯蓄積立保険（払込保険料累計額550万円）と財形年金積立保険（払込保険料累計額385万円※財形住宅貯蓄との合計払込保険料累計額550万円まで）である。

正 解 1

問 13 死亡保障を目的とする生命保険の一般的な商品性に関する次の記述のうち、最も不適切なものはどれか。なお、特約については考慮しないものとする。

1. 定期保険では、保険期間中に所定の支払事由が発生すると、死亡保険金や高度障害保険金が支払われるが、保険期間満了時に満期保険金は支払われない。
2. 終身保険では、保険料払込期間が有期払いの場合と終身払いの場合を比較すると、他の契約条件が同一であれば、年払いの1回当たりの払込保険料は終身払いの方が高い。
3. 特定（三大）疾病保障定期保険では、がん、急性心筋梗塞、脳卒中以外で被保険者が死亡した場合も死亡保険金が支払われる。
4. 変額保険（終身型）では、契約時に定めた保険金額（基本保険金額）が保証されており、運用実績にかかわらず、死亡保険金の額は基本保険金額を下回らない。

解　説

チェック□□□

1. **適切**。定期保険は、貯蓄性が低く満期保険金はない。保険期間中に解約をした場合の解約返戻金も少なく、保険期間満了時には解約返戻金は無くなる。
2. **最も不適切**。保険料払込期間の有期払とは、例えば保険料払込が60歳までなどのように期間が決められている方式であり、それに対して終身払いは言葉のとおり、一生涯保険料を払い続ける方式である。有期払いは、所定の期間で必要となる保険料の払込みが終了することから、他の条件が同一であれば、1回あたりの払込保険料は終身払いより高くなる。
3. **適切**。特定（三大）疾病保障定期保険は、がん、急性心筋梗塞、脳卒中で所定の状態となった場合に、生前に死亡保険金額と同額の特定疾病保険金が支払われる。特定疾病保険金が支払われた場合は、それをもって契約は終了する。一方、特定疾病以外で被保険者が死亡した場合においても死亡保険金が支払われる。
4. **適切**。変額保険（終身型）においては、運用実績により将来の保険金の額や解約返戻金の額が変動するが、死亡保険金額については契約時に定めた基本保険金額が保証され、運用実績にかかわらず基本保険金額を下回ることはない。

正解 2

個人年金保険

重要度 **A**

一般的な商品性

2023年9月出題

問 14 個人年金保険の一般的な商品性に関する次の記述のうち、最も不適切なものはどれか。

1. 確定年金では、年金受取開始日前に被保険者が死亡した場合、死亡給付金受取人が契約時に定められた年金受取総額と同額の死亡給付金を受け取ることができる。
2. 10年保証期間付終身年金では、被保険者の性別以外の契約条件が同一である場合、保険料は女性の方が男性よりも高くなる。
3. 変額個人年金保険では、特別勘定における運用実績によって、将来受け取る年金額や解約返戻金額が変動する。
4. 外貨建て個人年金保険では、円換算支払特約を付加することで、年金や解約返戻金、死亡給付金を円貨で受け取ることができる。

解 説

チェック□□□

1. **最も不適切**。個人年金保険は、年金受取開始日前に被保険者が死亡した場合、一般に既払込保険料相当額や年金原資相当額が死亡給付金として支払われる。
2. **適切**。終身年金は、生存している限り年金が支払われるタイプの商品であるので、平均寿命が男性よりも長い女性の方が、年金を長く受け取る可能性が高いともいえる。したがって、被保険者の性別以外の契約条件が同一である場合、保険料は女性の方が男性よりも高くなる。
3. **適切**。変額個人年金は、特別勘定にて保険料を運用し、その運用実績により将来の年金額や解約返戻金などが変動し、払込保険料総額を下回る可能性がある。
4. **適切**。外貨建て個人年金保険では、円換算支払特約を付加することで、年金や解約返戻金、死亡給付金を外貨ではなく円貨に換えて受け取ることができる。ただし、円換算する際、為替変動の影響を受け、円貨で受け取る年金等の総額が円ベースでの払込保険料総額を下回る可能性もある。

正 解 1

問15 個人年金保険の一般的な商品性に関する次の記述のうち、最も適切なものはどれか。なお、いずれも契約者（＝保険料負担者）、被保険者および年金受取人は同一人とする。

1. 確定年金では、年金受取期間中に被保険者が死亡した場合、死亡給付金受取人が既払込保険料相当額から被保険者に支払われた年金額を差し引いた金額を死亡給付金として受け取ることができる。
2. 10年保証期間付終身年金において、被保険者の性別以外の契約条件が同一である場合、保険料は男性の方が女性よりも高くなる。
3. 変額個人年金保険では、特別勘定における運用実績によって、将来受け取る年金額等が変動するが、年金受取開始前に被保険者が死亡した場合に支払われる死亡給付金については、基本保険金額が最低保証されている。
4. 生存保障重視型の個人年金保険（いわゆるトンチン年金保険）では、年金受取開始前に被保険者が死亡した場合に支払われる死亡給付金は、既払込保険料相当額を超える金額に設定されている。

解 説　　　チェック□□□

1. **不適切**。確定年金は、被保険者の生死に関係なく、年金受取期間分の年金を受け取ることができるタイプの個人年金保険である。年金受取期間中に被保険者が死亡した場合、残余年金受取期間に対応する年金または一時金が遺族に支払われる。
2. **不適切**。終身年金は、被保険者が生存している限り年金が受け取れるタイプの個人年金保険である。男女の平均寿命では、女性の方が長寿であるので保険会社からすれば女性の方が年金を長く支払う可能性が高い。そのため、被保険者の性別以外の契約条件が同一である場合、保険料は男性より女性の方が高くなる。
3. **最も適切**。変額個人年金保険では、運用の結果により将来受け取る年金額や解約返戻金が変動するが、年金受取開始の前に被保険者が死亡した場合に支払われる死亡給付金については、基本保険金額（一時払保険料）や既払込保険料が最低保証されるのが一般的である。
4. **不適切**。トンチン年金保険とは、死亡時の支払額を抑え、その分を生存している他の加入者の年金に回す仕組みの年金保険。イタリアのロレンツィオ・トンティが考案した保険制度に由来している。年金受取開始前の被保険者の死亡・解約時の支払額を大幅に抑えているため、年金受取開始前の死亡給付金や解約返戻金は既払込保険料を下回る。

正 解 **3**

個人年金保険

一般的な商品性

重要度 **A**

2022年5月出題

問16 個人年金保険の一般的な商品性に関する次の記述のうち、最も適切なものはどれか。

1. 終身年金では、他の契約条件が同一の場合、保険料は被保険者が女性であるよりも男性である方が高くなる。
2. 確定年金では、年金受取期間中に被保険者が死亡した場合、死亡保険金受取人が既払込保険料相当額の死亡保険金を受け取ることができる。
3. 外貨建て個人年金保険は、契約時に円換算支払特約を付加することで、為替変動があっても、円貨で受け取る年金受取総額が既払込保険料総額を下回ることはない。
4. 変額個人年金保険は、特別勘定による運用実績によって、将来受け取る年金額や解約返戻金額が変動する。

解　説

チェック□□□

1. **不適切**。終身年金は、生きている限り年金を受け取ることができるタイプの個人年金保険である。平均寿命を見た場合、男性よりも女性の方が長く、終身年金においては女性の方が男性よりも長く年金を受け取る可能性が高い。したがって、他の契約条件が同一の場合、保険料は被保険者が男性であるよりも女性である方が高くなる。
2. **不適切**。確定年金は被保険者の生死に関係なく、契約時に定められた期間の年金が支払われるタイプの個人年金保険である。年金受取期間中において被保険者が死亡した場合は、残存期間分の年金あるいは一時金が相続人に支払われる。なお、被保険者が年金受取開始前に死亡した場合は、問題文の通りとなる。
3. **不適切**。外貨建て個人年金保険は、保険料を外貨で払込み、年金等を外貨で受け取るタイプの商品である。円換算支払特約は、年金等を外貨ではなく円貨にて受け取ることができる特約であり、為替レートの変動による為替差損益を回避するものではない。したがって保険料支払い時と年金等の受取時の為替変動により為替差損益が生じ、円貨で受け取る年金受取総額が既払込保険料総額を下回ることもある。
4. **最も適切**。変額個人年金は、払い込んだ保険料を一般勘定ではなく特別勘定で運用し、その運用実績により将来の年金額や解約返戻金額が変動するタイプの保険商品である。

正　解 4

問 17 第三分野の保険の一般的な商品性に関する次の記述のうち、最も適切なものはどれか。なお、記載のない特約については考慮しないものとする。

1. 所得補償保険では、勤務先企業の倒産によって失業した場合、保険金は支払われない。
2. 更新型の医療保険では、保険期間中に入院給付金を受け取った場合、保険契約を更新することができない。
3. 先進医療特約では、契約時点において先進医療に該当していた治療であれば、療養を受けた時点において先進医療に該当しない場合であっても、保険金の支払対象となる。
4. がん保険では、通常、180日間または6ヵ月間の免責期間が設けられている。

解　説

チェック□□□

1. **最も適切**。所得補償保険は、病気やケガにより一定の日数以上継続して就業不能状態となることを前提としている。勤務先企業の倒産による失業の場合は、保険金は支払われない。
2. **不適切**。更新型の医療保険は、保険期間中に健康状態が悪くなったり、給付金の受取があった場合でも、関係なく保険契約を更新することができる。
3. **不適切**。先進医療特約の対象となる先進医療とは、契約時点ではなくあくまで療養時点の先進医療となる。したがって問題の場合は、保険金の支払は行われない。
4. **不適切**。がん保険では、一般的に90日間または3ヵ月間の免責期間が設けられている。この間にがんと診断された場合、がんについての保障を受けることはできない。

正　解 1

第三分野の保険

一般的な商品性

問 **18** 　第三分野の保険の一般的な商品性に関する次の記述のうち、最も不適切なものはどれか。

1．生命保険会社が取り扱う介護保険は、公的介護保険の加入年齢である40歳から加入可能となり、保険期間は65歳までとされる。
2．医療保険では、人間ドック等の治療を目的としない入院をし、異常が発見されなかった場合、入院給付金は支払われない。
3．先進医療特約で先進医療給付金の支払対象とされている先進医療は、療養を受けた時点において厚生労働大臣によって定められたものである。
4．がん保険では、被保険者ががんで入院したことにより受け取る入院給付金について、1回の入院での支払日数に制限はない。

解　説　　　　　　　チェック□□□

1．**最も不適切**。民間の保険会社が取り扱う介護保険の契約年齢は、各保険会社により異なる。保険期間は終身型と有期型がある。
2．**適切**。医療保険は、災害や疾病による「治療を目的とした」入院や手術などを保障対象としているので、人間ドック等の「治療を目的としない」入院の場合、給付金の支払対象とはならない。ただし、人間ドックにより異常が発見され治療のために医師の指示により検査入院した場合は、「治療を目的とした入院」と認められ、支払いの対象となる。
3．**適切**。先進医療は厚生労働省により適宜変更されるため、「療養時」に厚生労働大臣の認定により定められているものが給付対象となる。
4．**適切**。がん保険では、医療保険とは異なり、入院給付金について1回の入院の支払日数に制限はない。

正　解　　**1**

問19 第三分野の保険の一般的な商品性に関する次の記述のうち、最も不適切なものはどれか。なお、記載のない特約については考慮しないものとする。

1. 所得補償保険では、ケガや病気によって就業不能となった場合であっても、所定の医療機関に入院しなければ、補償の対象とならない。
2. 先進医療特約で先進医療給付金の支払対象とされている先進医療は、療養を受けた時点において厚生労働大臣によって定められたものである。
3. 限定告知型の医療保険では、他の契約条件が同一で限定告知型ではない医療保険と比較して、割高な保険料が設定されている。
4. がん保険では、90日間または3ヵ月間の免責期間が設けられており、その期間中にがんと診断されても、がん診断給付金は支払われない。

解　説　　　　　　　　　　　チェック□□□

1. **最も不適切**。所得補償保険は、ケガや病気により就業不能となることが要件であり、入院の有無は関係ない。自宅療養であっても補償の対象となる。
2. **適切**。先進医療は治療法において有効性や安全性は一定の基準を満たしているが、まだ公的医療保険制度の対象となっていない治療であり、その後の研究により保険適用となる、効果がないと判断されるなどの理由で削除されるため、その対象治療の種類は変動する。そのため、先進医療特約においては、「療養を受けた時点」において厚生労働大臣により定められている先進医療を補償の対象としている。
3. **適切**。告知を限定する分、保険金支払いのリスクは高くなる。また、一般の契約者との公平性を確保するためにも、保険料を割高に設定している。
4. **適切**。がん保険は、加入に際し医師による診査ではなく告知書による告知であることから、この免責期間は、保険会社の危険選択の期間ともいえる。

正解　1

第三分野の保険
一般的な商品性

重要度 **A**

2023年1月出題

問20 医療保険等の一般的な商品性に関する次の記述のうち、最も不適切なものはどれか。

1. がん保険の入院給付金は、1回の入院における支払日数および通算の支払日数に制限はない。
2. 先進医療特約で先進医療給付金の支払対象とされている先進医療は、契約時点において厚生労働大臣によって定められているものである。
3. 1泊2日の入院検査（人間ドック検診）で異常が認められ、治療を目的とした入院を医師から指示された場合、その追加の入院については医療保険の入院給付金の支払対象となる。
4. 特定（三大）疾病保障定期保険では、被保険者が特定疾病に罹患し、特定疾病保険金を受け取った場合、その後被保険者が死亡しても死亡保険金は支払われない。

<hr>

解 説

チェック□□□

1. **適切**。一般的にがん保険では入院給付金について、がんという病気の性質上、1回の入院支払日数および通算の支払日数の制限はない。
2. **最も不適切**。先進医療特約で支払い対象とされている先進医療は、療養時において厚生労働大臣によって定められているものである。
3. **適切**。医療保険の入院給付金は、病気やケガの治療を目的とした入院に対して支払われる。なお、人間ドック等により何らかの身体の異常が認められ、治療をするにあたって「検査が必要である」との医師の指示により入院をした場合、治療を目的とする入院に該当し、入院給付金の支払対象となる。
4. **適切**。特定疾病保障定期保険では、被保険者が特定疾病で所定の状態となった場合、死亡保険金と同額の特定疾病保険金が支払われ、保険契約は消滅する。したがって、その後被保険者が死亡しても死亡保険金は支払われない。

正 解 2

第三分野の保険
一般的な商品性

重要度 **A**

2022年9月出題

問 21 第三分野の保険の一般的な商品性に関する次の記述のうち、最も適切なものはどれか。

1. 就業不能保険では、入院や在宅療養が一定日数以上継続して所定の就業不能状態に該当した場合に、所定の保険金・給付金が支払われる。
2. 先進医療特約で先進医療給付金の支払い対象とされている先進医療は、契約時点において厚生労働大臣によって定められたものである。
3. 限定告知型の医療保険は、他の契約条件が同一で、限定告知型ではない一般の医療保険と比較した場合、保険料は割安となる。
4. がん保険では、被保険者ががんで入院したことにより受け取る入院給付金について、1回の入院での支払日数は90日が限度となる。

解　説

チェック□□□

1. **最も適切**。就業不能保険は、被保険者が傷害・疾病により長期間就業することができなくなり、それにより収入が途絶えることを保障する保険商品である。入院をしていなくても一定日数以上継続して所定の就業不能状態に該当すれば、保険金等が支払われる。
2. **不適切**。先進医療特約で給付金支払いの対象となる先進医療とは、契約時点ではなく、治療時において厚生労働大臣によって定められたものである。
3. **不適切**。限定告知型の医療保険では、一般の医療保険よりも告知を要する項目が簡素化されていることから、告知項目に該当しなければ持病があっても契約できる。そのため、他の契約条件が同一な一般の医療保険と比較した場合、保険料は割高となる。また、契約後一定期間において保険金額等を低く設定する等、保障内容に制限が設けられている商品が一般的である。
4. **不適切**。がん保険の多くでは、入院給付金について支払日数は制限が無く無制限となっている。

正 解 1

第三分野の保険

一般的な商品性

重要度 **A**

2022年5月出題

問 22 医療保険の一般的な商品性に関する次の記述のうち、**最も不適切なもの**はどれか。

1. 医療保険では、人間ドック等の治療を目的としない入院をし、異常が発見されなかった場合、入院給付金を受け取ることができない。
2. 更新型の医療保険では、保険期間中に入院給付金を受け取った場合、保険期間満了時に契約を更新することができない。
3. 引受基準緩和型の医療保険と引受基準緩和型ではない一般の医療保険を比較した場合、他の契約条件が同一であれば、保険料は引受基準緩和型の医療保険の方が高くなる。
4. 先進医療特約で先進医療給付金の支払対象とされている先進医療は、療養を受けた日時点において厚生労働大臣によって定められたものである。

解　説　　　　　チェック□□□

1. **適切**。人間ドックや健康診断等による治療を目的としない入院の場合、医療保険の入院給付金は支払い対象とならない。ただし、病気治療が直接の目的でない場合でも、病気疑いがあり医師から検査のために指示された入院については支払いの対象となる場合がある。
2. **最も不適切**。更新型の医療保険の更新において、保険期間中の入院給付金の受取や健康状態に関係なく、原則としてそれまでと同一の保障内容等により更新される。
3. **適切**。引受基準緩和型の医療保険は、通常の医療保険より告知内容を簡素化することにより、健康状態に不安がある人でも加入しやすくした保険商品である。そのため、他の契約者との公平性の見地から他の条件が同一であれば、通常のタイプより保険料は割高となる。
4. **適切**。先進医療給付金の支払対象とされている先進医療は、「療養を受けた日時点」において厚生労働大臣によって定められたものである。

正 解 2

問 23 生命保険料控除に関する次の記述のうち、最も適切なものはどれか。なお、各選択肢において、ほかに必要とされる要件等はすべて満たしているものとする。

1．2012年1月1日以後に締結した生命保険契約に付加された傷害特約の保険料は、生命保険料控除の対象となる。

2．2012年1月1日以後に締結した生命保険契約の保険料は、一般の生命保険料または個人年金保険料のうち、いずれか1つに区分される。

3．住宅ローンの借入れの際に加入した団体信用生命保険の保険料は、一般の生命保険料控除の対象となる。

4．終身保険の月払保険料のうち、2024年1月に払い込まれた2023年12月分の保険料は、2024年分の生命保険料控除の対象となる。

解　説　　　　　　　　　チェック☐☐☐

1．**不適切**。2012年1月1日以後に締結した生命保険契約では、身体の傷害のみに基因して保険金が支払われるもの（傷害特約、災害割増特約、災害入院特約）などの保険料は、生命保険料控除の対象とならない。

2．**不適切**。2012年1月1日以後に締結した生命保険契約の保険料は、一般の生命保険料、個人年金保険料、介護医療保険料のうちいずれか1つに区分される。

3．**不適切**。団体信用生命保険の保険料は、生命保険料控除の対象とならない。

4．**最も適切**。生命保険料控除は実際に保険料を支払った年分において対象となる。

正 解 4

生命保険の税金

生命保険料控除（所得控除）

問 24 2012年1月1日以後に締結された生命保険契約の保険料に係る生命保険料控除に関する次の記述のうち、最も不適切なものはどれか。

1. 終身保険の月払保険料のうち、2023年1月に払い込まれた2022年12月分の保険料は、2023年分の一般の生命保険料控除の対象となる。
2. 変額個人年金保険の保険料は、個人年金保険料控除の対象とはならず、一般の生命保険料控除の対象となる。
3. 終身保険の保険料について、自動振替貸付により払込みに充当された金額は、貸し付けられた年分の一般の生命保険料控除の対象とはならず、返済した年分の一般の生命保険料控除の対象となる。
4. 終身保険に付加された傷害特約の保険料は、介護医療保険料控除の対象とならない。

解　説　　　　チェック□□□

1. **適切**。生命保険料控除は、保険料を支払った年においての適用となる。
2. **適切**。変額タイプの生命保険（終身、有期、個人年金）の保険料は、いずれも一般の生命保険料控除の対象となる。
3. **最も不適切**。自動振替貸付により払い込まれた保険料についても、その年分の生命保険料控除の対象となる。
4. **適切**。2012年1月1日以後に締結された生命保険契約では、傷害特約などの身体の傷害のみに基因して保険金が支払われるものに関する保険料は、生命保険料控除の対象とはならない。

正解　3

生命保険の税金

生命保険料控除（所得控除）

2022年9月出題

問 25 2012年1月1日以後に締結した生命保険契約の保険料に係る生命保険料控除に関する次の記述のうち、最も適切なものはどれか。

1．終身保険の月払保険料について、保険料の支払いがなかったため自動振替貸付により保険料の払込みに充当された金額は、生命保険料控除の対象となる。
2．一般の生命保険料控除、個人年金保険料控除および介護医療保険料控除の控除限度額は、所得税では各3万円である。
3．勤労者財産形成貯蓄積立保険（一般財形）の保険料は、一般の生命保険料控除の対象となる。
4．特定（三大）疾病保障定期保険の保険料は、介護医療保険料控除の対象となる。

解 説　　　　　　　　　　　　　　チェック□□□

1．**最も適切**。自動振替貸付により保険料の払込みに充当された金額は、生命保険料控除の対象となる。
2．**不適切**。2012年1月1日以後に締結した生命保険契約（新契約）に係る生命保険料控除では、一般の生命保険料控除、個人年金保険料控除および介護医療保険料控除の3区分があり、所得税における控除限度額は各4万円である。
3．**不適切**。勤労者財産形成貯蓄積立保険（一般財形）の保険料は、生命保険料控除の対象とはならない。他に保険期間5年未満の貯蓄保険や、少額短期保険商品等の保険料も対象外であるので覚えておきたい。
4．**不適切**。特定（三大）疾病保障定期保険の保険料は、一般の生命保険料控除の対象となる。

正 解 **1**

生命保険の税金

生命保険料控除（所得控除）

問26 2012年1月1日以後に締結した保険契約の保険料に係る生命保険料控除に関する次の記述のうち、最も適切なものはどれか。なお、各選択肢において、ほかに必要とされる要件等はすべて満たしているものとする。

1. 一般の生命保険料控除、個人年金保険料控除および介護医療保険料控除の控除限度額は、所得税では各5万円である。
2. 生命保険契約に付加された傷害特約の保険料は、介護医療保険料控除の対象となる。
3. 変額個人年金保険の保険料は、個人年金保険料控除の対象とはならず、一般の生命保険料控除の対象となる。
4. 少額短期保険の保険料は、一般の生命保険料控除や介護医療保険料控除の対象となる。

解　説　　　　　　　　　チェック☐☐☐

1. **不適切**。2012年1月1日以後に締結した保険契約（以後「新契約」という）における生命保険料控除は「一般の生命保険料控除」、「個人年金保険料控除」、「介護医療保険料控除」の3区分となっており、所得税における控除限度額は、各4万円である。
2. **不適切**。新契約において身体の傷害特約などのように身体の傷害のみに基因して保険金が支払われるものについては、生命保険料控除の対象外である。
3. **最も適切**。変額個人年金の保険料は、個人年金保険料控除の対象とはならず、一般の生命保険料控除の対象となる。
4. **不適切**。少額短期保険の保険料は、生命保険料控除の対象とならない。

正　解 **3**

問27 個人年金保険の税金に関する次の記述のうち、最も適切なものはどれか。なお、いずれも契約者（＝保険料負担者）および年金受取人は同一人であり、個人であるものとする。

1. 個人年金保険の年金に係る雑所得の金額は、その年金額から、その年金額に対応する払込保険料および公的年金等控除額を差し引いて算出する。
2. 個人年金保険の年金に係る雑所得の金額が25万円以上である場合、その年金の支払時に当該金額の20.315％相当額が源泉徴収等される。
3. 個人年金保険（10年確定年金）において、年金受取人が年金受取開始日後に将来の年金給付の総額に代えて受け取った一時金は、一時所得として所得税の課税対象となる。
4. 個人年金保険（保証期間付終身年金）において、保証期間中に年金受取人が死亡して遺族が取得した残りの保証期間の年金受給権は、雑所得として所得税の課税対象となる。

解 説

チェック□□□

1. **不適切**。所得における雑所得には、「公的年金等に係る雑所得」と「それ以外の雑所得」があり、公的年金等控除額の適用を受けることができるのは、前者である。個人年金保険の年金については、「それ以外の雑所得」に分類され、公的年金等控除の対象ではない。個人年金保険の年金における雑所得の金額の計算は「その年の年金額－必要経費」で計算をするが、この必要経費は単純に払込保険料を充てるというものではなく、「必要経費＝年金年額×必要経費率」「必要経費率＝払込保険料等の総額÷年金の支給総額（または見込み額）」といった少し複雑な計算を行うことになる。2級FP試験としては、そこまで深堀する必要性は低いと思われる。
2. **不適切**。個人年金保険の年金に係る雑所得の金額が25万円以上の場合、「雑所得の金額×10％」の源泉徴収がなされる。
3. **最も適切**。問題文のとおり。一時所得として所得税の課税対象となる。
4. **不適切**。遺族が取得した年金受給権に対して相続税が課税される。

正解 3

生命保険の税金

保険金・給付金等（個人契約）

重要度 **A**

2023年9月出題

問 28 生命保険の税金に関する次の記述のうち、最も不適切なものはどれか。なお、いずれも契約者（＝保険料負担者）および保険金受取人は個人であるものとする。

1. 契約者と被保険者が同一人である養老保険において、被保険者の相続人ではない者が受け取った死亡保険金は、相続税の課税対象となる。
2. 契約者と被保険者が同一人である終身保険において、被保険者がリビング・ニーズ特約に基づいて受け取る特約保険金は、非課税となる。
3. 契約者と年金受取人が同一人である個人年金保険において、年金受取人が毎年受け取る年金は、所得税における公的年金等控除の対象となる。
4. 契約から10年を経過した一時払養老保険を解約して契約者が受け取る解約返戻金は、所得税において総合課税の対象となる。

解 説

チェック□□□

1. **適切**。契約者（＝保険料負担者）と被保険者が同一人である生命保険契約において、被保険者以外である死亡保険金受取人が受け取った死亡保険金は、相続税の課税対象となる（遺贈による取得）。なお、相続人ではない者が受け取る場合は、「500万円×法定相続人の数」で計算をする生命保険金等の非課税枠の適用は受けることができない。
2. **適切**。リビング・ニーズ特約保険金は、非課税である。ただし、リビング・ニーズ特約保険金を受けた後に、受取人である被保険者が死亡した場合、その受けたリビング・ニーズ特約保険金に残額があるときのその残額については、本来の相続財産として相続税の課税対象となる。また、この場合、生命保険金等の非課税枠の適用はない。
3. **最も不適切**。契約者と年金受取人が同一人である個人年金保険において、年金受取人が毎年受け取る年金は、公的年金等以外の雑所得として所得税・住民税の課税対象となる。公的年金等以外の雑所得であるので、公的年金等控除の適用は受けられない。
4. **適切**。一時払養老保険の解約返戻金は、一時所得として所得税において総合課税の対象となる。なお、保険期間が5年以下（5年を超える契約であっても5年以内に解約した場合含む）の一時払またはそれに準ずるなど所定の要件を満たした「金融類似商品」の場合は、総合課税ではなく、20.315%（所得税15%、復興特別所得税0.315%、住民税5%）の源泉分離課税となる。

正 解 3

問 29 生命保険の税金に関する次の記述のうち、最も不適切なものはどれか。なお、いずれも契約者（＝保険料負担者）ならびに保険金、年金および給付金の受取人は個人であるものとする。

1. 契約者と被保険者が異なる終身保険において、被保険者がリビング・ニーズ特約に基づいて受け取る特約保険金は非課税となる。
2. 契約者と被保険者が異なる個人年金保険において、年金受取開始前に被保険者が死亡して契約者が受け取った死亡給付金は、相続税の課税対象となる。
3. 契約者、被保険者および年金受取人が同一人である個人年金保険（保証期間付終身年金）において、保証期間内に被保険者が死亡し、残りの保証期間について相続人等が受け取る年金の年金受給権は、相続税の課税対象となる。
4. 一時払終身保険を契約から5年以内に解約したことにより契約者が受け取る解約返戻金は、一時所得として総合課税の対象となる。

解 説

チェック□□□

1. **適切**。リビング・ニーズ特約に基づいて支払われる特約保険金は非課税である。
2. **最も不適切**。契約者と被保険者が異なり、年金受取開始前に被保険者が死亡したことによる死亡給付金を契約者が受け取る場合、死亡給付金は契約者の一時所得として所得税および住民税の課税対象となる。
3. **適切**。本来被保険者が受け取るはずであった残りの保証期間分の年金受給権を、相続人等が承継するので、相続税の課税対象となる。
4. **適切**。一時払いの契約で契約から5年以内の解約ということで、金融類似商品と間違いやすいが、金融類似商品の対象となるのは養老保険等のように「満期がある」商品である。終身保険は満期がない商品なので、一時払いで5年以内の解約であっても金融類似商品とはならず一時所得として総合課税の対象となる。

正解 2

生命保険の税金

法人契約の税務

問30 契約者（＝保険料負担者）を法人とする生命保険に係る保険料等の経理処理に関する次の記述のうち、**最も不適切なもの**はどれか。なお、いずれの保険契約も保険料は年払いかつ全期払いで、2023年10月に締結したものとする。

1. 被保険者が役員、死亡保険金受取人が法人である終身保険の支払保険料は、その全額を資産に計上する。
2. 被保険者が役員・従業員全員、死亡保険金受取人が被保険者の遺族、満期保険金受取人が法人である養老保険の支払保険料は、その全額を損金の額に算入することができる。
3. 被保険者が役員・従業員全員、給付金受取人が法人である医療保険について、法人が受け取った入院給付金および手術給付金は、その全額を益金の額に算入する。
4. 被保険者が役員、死亡保険金受取人が法人で、最高解約返戻率が80％である定期保険（保険期間30年）の支払保険料は、保険期間の前半4割相当期間においては、その60％相当額を資産に計上し、残額を損金の額に算入することができる。

解 説

チェック□□□

1. **適切**。法人契約の生命保険の税務において、終身保険のように貯蓄性のある保険商品の保険料については、全額資産計上となる。一方、定期保険のように貯蓄性のない保険については、原則損金に算入する。
2. **最も不適切**。養老保険は貯蓄性の高い保険商品なので、基本として保険料は資産計上することになる。ただし、被保険者を役員・従業員「全員」、死亡保険金受取人を被保険者の遺族、満期保険金受取人を法人とした場合、「ハーフタックスプラン」「1／2養老保険」と呼ばれ、支払保険料の2分の1を資産計上、2分の1を損金に算入することができる。
3. **適切**。法人が受け取る医療保険の給付金は、その全額が益金に算入され法人税の課税対象となる。一方、当該従業員に対して見舞金を支払った場合は、福利厚生費として損金に計上する。
4. **適切**。2019年7月8日以降の契約における定期保険（保険期間3年以上、年間保険料30万円超）は、最高解約返戻率が50％超の場合、最高解約返戻率により経理処理が異なる。最高解約返戻率が70％超85％以下の場合、保険期間の前半4割相当期間においては、支払保険料の60％相当額を資産計上し、残額を損金の額に算入することができ、資産計上期間経過後は、支払保険料は全額損金の額に算入し、保険期間75％経過後から保険期間終了日までにおいて、前半に資産計上した保険料積立金を均等に取崩し、損金の額に算入する。

正解 2

問31 契約者（＝保険料負担者）を法人、被保険者を従業員とする損害保険に係る保険金の経理処理に関する次の記述のうち、最も適切なものはどれか。

1. 業務中の事故によるケガが原因で入院をした従業員が、普通傷害保険の入院保険金を保険会社から直接受け取った場合、法人は当該保険金相当額を益金の額に算入する。
2. 業務中の事故で従業員が死亡したことにより、法人が普通傷害保険の死亡保険金を受け取った場合、法人は当該保険金相当額を益金の額に算入する。
3. 従業員が法人の所有する自動車で対人事故を起こし、その相手方に保険会社から自動車保険の対人賠償保険の保険金が直接支払われた場合、法人は当該保険金相当額を益金の額に算入する。
4. 従業員が法人の所有する自動車で交通事故を起こし、法人が、当該車両が全損したことにより受け取った自動車保険の車両保険の保険金で業務用機械設備を取得した場合、圧縮記帳が認められる。

解　説

チェック□□□

1. **不適切**。保険金受取人が被保険者である場合、保険金が支払われたときに法人の経理処理は不要である。
2. **最も適切**。保険金を法人が受け取った場合は、当該保険金相当額を雑収入として益金の額に算入する。上記1.との違いに注意。
3. **不適切**。対人賠償保険の保険金が直接相手側に支払われた場合、法人は直接その保険金の受領をしていないことから、益金として計上する必要はない。
4. **不適切**。圧縮記帳を受ける要件の一つとして、受け取った保険金により滅失等した固定資産に代替する同一種類の固定資産を取得することがある。問題の場合、車両が全損したことによる車両保険金で、代替車両ではなく、機械設備の取得をしているので圧縮記帳の対象とならない。

正解 2

生命保険の税金

法人契約の税務

問32 法人を契約者（＝保険料負担者）とする生命保険等に係る保険料の経理処理に関する次の記述のうち、最も不適切なものはどれか。なお、いずれの保険契約も保険料は年払いかつ全期払いで、2022年10月に締結したものとする。

1. 被保険者が役員・従業員全員、死亡保険金受取人および満期保険金受取人が法人である養老保険の支払保険料は、その全額を資産に計上する。
2. 被保険者が役員、死亡保険金受取人が法人である終身保険の支払保険料は、その全額を損金の額に算入することができる。
3. 被保険者が役員、給付金受取人が法人である解約返戻金のない医療保険の支払保険料は、その全額を損金の額に算入することができる。
4. 被保険者が役員、死亡保険金受取人が法人で、最高解約返戻率が60％である定期保険（保険期間30年、年払保険料100万円）の支払保険料は、保険期間の前半4割相当期間においては、その40％相当額を資産に計上し、残額を損金の額に算入することができる。

解　説　　　　　　　　チェック☐☐☐

1. **適切**。養老保険の支払保険料の経理処理は、保険金の受取人により異なってくる。

被保険者	満期保険金受取人	死亡保険金受取人	経理処理
役員・従業員	法人	法人	資産計上
	役員・従業員	役員・従業員の遺族	給与
役員・従業員全員	法人	役員・従業員の遺族	1／2資産計上 1／2損金算入

2. **最も不適切**。保険金受取人が法人である貯蓄性のある保険商品の保険料の経理処理は、保険料に資産性があることから、資産計上となる。
3. **適切**。被保険者が役員、給付金受取人が法人である貯蓄性のない医療保険の保険料は、その全額を損金の額に算入することができる。
4. **適切**。2019年7月8日以降の契約における定期保険（保険期間3年以上、年間保険料30万円超）は、最高解約返戻率が50％超の場合、最高解約返戻率により経理処理が異なる。最高解約返戻率が50％超70％以下の場合、保険期間の前半4割相当期間においては、支払保険料の40％相当額を資産計上し、残額を損金の額に算入することができ、資産計上期間経過後は、支払保険料は全額損金の額に算入し、保険期間75％経過後から保険期間終了日までにおいて、前半に資産計上した保険料積立金を均等に取崩し、損金の額に算入する。

正解 2

生命保険の税金

法人契約の税務

問 33 契約者（＝保険料負担者）を法人とする生命保険の保険料の経理処理に関する次の記述のうち、最も不適切なものはどれか。なお、いずれの保険契約も保険料は年払いかつ全期払いで、2022年4月に締結したものとする。

1. 被保険者が役員、死亡保険金受取人が法人である終身保険の支払保険料は、その全額を資産に計上する。

2. 被保険者が役員・従業員全員、死亡保険金受取人および満期保険金受取人が法人である養老保険の支払保険料は、その全額を資産に計上する。

3. 被保険者が役員、死亡保険金受取人が法人で、最高解約返戻率が75％である定期保険（保険期間：40年、年払保険料：100万円）の支払保険料は、保険期間の前半4割相当期間においては、その60％相当額を資産に計上し、残額を損金の額に算入することができる。

4. 被保険者が役員、保険金受取人が法人である解約返戻金のない終身払いのがん保険（保険期間：終身、年払保険料：80万円）の支払保険料は、保険期間満了年齢を116歳とした保険期間の前半5割相当期間においては、その50％相当額を資産に計上し、残額を損金の額に算入することができる。

1．**適切**。法人契約である終身保険等の貯蓄性のある生命保険商品の保険料は、原則として保険料積立金として、その全額を資産計上する。

2．**適切**。被保険者が役員・従業員全員、死亡保険金および満期保険金受取人が法人である養老保険も上記1．の終身保険同様、貯蓄性があるので原則として保険料は資産計上となる。なお、被保険者が役員・従業員全員、死亡保険金受取人が被保険者の遺族、満期保険金受取人が法人である養老保険の保険料は、その2分の1を福利厚生費として、損金に算入することができる（ハーフタックスプラン）。

3．**適切**。最高解約返戻率が50％超の定期保険の保険料の経理処理は次のとおりとなる。

区分	資産計上期間	資産計上額	取崩期間
最高解約返戻率50％超70％以下	保険期間開始日から当該保険期間の40％相当期間	当期支払保険料×40％	保険期間の75％経過後から保険期間終了日まで
最高解約返戻率70％超85％以下		当期支払保険料×60％	
最高解約返戻率85％超	保険期間開始日から解約返戻率が最高となる期間の終了日	当期支払保険料×最高解約返戻率×70％（保険期間開始日から10年経過日までは90％）	解約返戻金相当額が最も高い金額となる期間経過後から保険期間終了日まで

4．**最も不適切**。解約返戻金のない法人契約のがん保険や医療保険等の支払保険料は、全期払の場合は、支払保険料全額を損金に算入することができる。ちなみに、短期払いの場合は、期間の経過に応じて損金の額に算入することになる。なお、解約返戻金のあるがん保険等、第三分野の税務処理は、定期保険に準じた取り扱いとなる。

2

リスク管理

正解　4

生命保険の税金

法人契約の税務

問 34 契約者（＝保険料負担者）を法人、被保険者を役員とする生命保険契約の経理処理に関する次の記述のうち、最も不適切なものはどれか。なお、いずれの保険契約も保険料は年払いかつ全期払いで、2021 年 10 月に締結したものとする。

1. 死亡保険金受取人が法人で、最高解約返戻率が 65％ である定期保険（保険期間 20年、年払保険料 120 万円）の支払保険料は、保険期間の前半 4 割相当期間においては、その 40％相当額を資産に計上し、残額を損金の額に算入することができる。
2. 死亡保険金受取人が法人である終身保険の支払保険料は、その全額を資産に計上する。
3. 死亡保険金受取人および満期保険金受取人が法人である養老保険の支払保険料は、その 2 分の 1 相当額を資産に計上し、残額を損金の額に算入することができる。
4. 給付金受取人が法人である解約返戻金のない医療保険の支払保険料は、その全額を損金の額に算入することができる。

解 説　　　　　チェック□□□

1. **適切**。2019 年 7 月 8 日以後契約の定期保険については、最高解約返戻率に応じて区分され、それぞれにおいて支払保険料の経理処理は異なる。問題の場合は、最高解約返戻率が 50％超 70％以下の区分に該当し、この場合は保険期間の当初 4 割相当の期間においては、支払保険料の 40％相当額を資産計上し残額を損金の額に算入する。そして、保険期間 7.5 割経過後から保険期間終了までにおいて当初 4 割の期間で資産計上した額を均等に取崩し損金の額に算入する。なお、最高解約返戻率が 50％以下（保険期間 3 年未満、最高解約返戻率 50％超 70％以下で一被保険者当たりの年換算保険料が 30 万円以下の契約含む）の契約の場合は、支払保険料の全額が損金の額に算入される。
2. **適切**。死亡保険金受取人が法人である終身保険の支払保険料は、保険料積立金として全額を資産計上する。なお、保険金受取人が被保険者の遺族の場合、給与として損金算入となる。
3. **最も不適切**。死亡保険金受取人および満期保険金受取人が法人である養老保険の支払保険料は、全額が資産計上となる。役員・従業員全員を被保険者とし、死亡保険金受取人を被保険者の遺族、満期保険金受取人を法人とする契約形態の場合は、支払保険料の 2 分の 1 を損金に算入することができる。
4. **適切**。最高解約返戻率が 50％以下の医療保険において給付金受取人が法人の場合の支払保険料は、その全額を損金の額に算入することができる。なお、給付金受取人が役員・従業員の場合、全員を被保険者とする場合は、福利厚生費として損金算入、特定の者を被保険者とする場合は、「給与」となる。

正 解 3

総合福祉団体定期保険

一般的な商品性

重要度 **A**

2024年1月出題

2

リスク管理

問35 総合福祉団体定期保険および団体定期保険（Bグループ保険）の一般的な商品性に関する次の記述のうち、最も不適切なものはどれか。

1. 総合福祉団体定期保険は、企業（団体）が保険料を負担し、従業員等を被保険者とする1年更新の定期保険である。
2. 総合福祉団体定期保険のヒューマン・ヴァリュー特約では、被保険者である従業員等が不慮の事故によって身体に障害を受けた場合や傷害の治療を目的として入院した場合に、所定の保険金が従業員等に支払われる。
3. 団体定期保険（Bグループ保険）は、従業員等が任意に加入する1年更新の定期保険であり、毎年、保険金額を所定の範囲内で見直すことができる。
4. 団体定期保険（Bグループ保険）の加入に際して、医師の診査は不要である。

解　説　　　　　　　　　チェック□□□

1. **適切**。総合福祉定期保険は、企業が契約者となり保険料を支払い、役員・従業員を被保険者とし従業員等の遺族保障資金の確保を目的とした、1年更新の定期保険である。
2. **最も不適切**。ヒューマン・バリュー特約は、被保険者である従業員等の死亡・高度障害により企業が被る経済的損失を補償することを目的とした特約であり、受取人は法人である。なお、特約の付加の際は、被保険者の同意が必要である。
3. **適切**。問題文のとおり。個別に保険会社と契約するより割安な保険料で保障を得ることができる。
4. **適切**。団体定期保険は告知書扱いである。

正　解　2

総合福祉団体定期保険
一般的な商品性

2023年9月出題

問 36 総合福祉団体定期保険の一般的な商品性に関する次の記述のうち、最も不適切なものはどれか。なお、契約者は法人であるものとする。

1．契約の締結には、被保険者になることについての加入予定者の同意が必要である。
2．保険期間は、1年から5年の範囲内で、被保険者ごとに設定することができる。
3．法人が負担した保険料は、その全額を損金の額に算入することができる。
4．ヒューマン・ヴァリュー特約を付加した場合、当該特約の死亡保険金受取人は法人となる。

解　説　　　　　　　　　　チェック□□□

1．**適切**。契約の締結には、被保険者になることについての加入予定者の同意が必要である。同意がない加入予定者を加入させることはできない。
2．**最も不適切**。総合福祉団体定期保険の保険期間は1年である。毎年自動更新される。
3．**適切**。法人が負担をした保険料は、その全額が損金の額に算入される。
4．**適切**。ヒューマン・バリュー特約は、役員・従業員の死亡等により法人が被る経済的損失を補償する特約で、法人が保険金受取人となる。特約の付加に際しては、被保険者の同意が必要となる。

正解　2

生命保険のプランニング

家庭のリスク管理

重要度 **A**

2022年5月出題

問 **37** 生命保険を利用した家庭のリスク管理に係る一般的なアドバイスに関する次の記述のうち、最も不適切なものはどれか。

1．「自分が死亡した場合の相続税の納税資金を確保するために生命保険に加入したい」という相談に対して、終身保険への加入を提案した。
2．「病気やケガで入院した場合の医療費の負担が不安なので生命保険に加入したい」という相談に対して、定期保険への加入を提案した。
3．「自分の老後の生活資金を準備するために生命保険に加入したい」という相談に対して、個人年金保険への加入を提案した。
4．「自分が死亡した後の子どもが社会人になるまでの生活資金を準備するために生命保険に加入したい」という相談に対して、収入保障保険への加入を提案した。

解 説　　　　　　　チェック□□□

1．**適切**。相続税の納税資金を確保する目的の場合、最も大切なのは自分の死亡時において確実に死亡保険金が支払われることである。終身保険は、満期が無く解約をしない限り被保険者死亡時において確実に死亡保険金を受け取ることができ、相続税の納税資金対策に適している。
2．**最も不適切**。定期保険は、保険期間において被保険者が死亡した場合、死亡保険金が支払われる保険商品である。入院等の医療費は保障対象ではない。入院時における医療費等に対応する目的であれば、医療保険等の提案が適している。
3．**適切**。個人年金保険は、契約により定めた年齢から契約により定めた年金額を受け取ることができる保険商品である。老後の生活資金準備目的に適している。
4．**適切**。収入保障保険は、死亡保険金を一時金ではなく年金形式で受け取る保険商品である（一時金で受け取ることも可能）。例えば、保険期間を子どもの成人年齢や大学卒業予定年齢等に設定し、自分が万が一死亡した場合に子どもの生活資金を準備することを目的とした活用法もある。

正 解 2

問 38 住宅用建物および家財を保険の対象とする火災保険の一般的な商品性に関する次の記述のうち、最も不適切なものはどれか。なお、特約については考慮しないものとする。

1. 消防活動により自宅建物に収容している家財に生じた水濡れによる損害は、補償の対象とならない。
2. 落雷により自宅建物に収容している家財に生じた損害は、補償の対象となる。
3. 経年劣化による腐食で自宅建物に生じた損害は、補償の対象とならない。
4. 竜巻により自宅建物に生じた損害は、補償の対象となる。

解 説

チェック□□□

1. **最も不適切**。消防活動に付随して生じる水濡れ損害は、火災保険の補償対象である。
2. **適切**。火災保険では、火災、落雷、破裂、爆発、風災、ひょう災、雪災による損害を基本補償としている。落雷により自宅建物に収容している家財や家電等に生じた損害も補償される。
3. **適切**。火災保険では、経年劣化により生じた損害は、補償対象とならない。
4. **適切**。選択肢2. 解説文を参照。

正 解 1

損害保険

火災保険・地震保険

2023年1月出題

問39 火災保険および地震保険の一般的な商品性に関する次の記述のうち、最も不適切なものはどれか。

1. 地震保険は、火災保険の契約時に付帯する必要があり、火災保険の保険期間の中途で付帯することはできない。
2. 地震保険の保険料には、「建築年割引」、「耐震等級割引」、「免震建築物割引」、「耐震診断割引」の割引制度があるが、これらは重複して適用を受けることはできない。
3. 保険始期が2017年1月1日以降となる地震保険における損害の程度の区分は、「全損」「大半損」「小半損」「一部損」である。
4. 専用住宅を対象とする火災保険の保険料を決定する要素の1つである建物の構造級別には、「M構造」「T構造」「H構造」の区分がある。

解 説 チェック□□□

1. **最も不適切**。地震保険は主契約となる火災保険に原則自動付帯となるため、主契約契約時に「地震保険を付帯しない」旨の申出がない限り、付帯される。なお、地震保険を付帯しなかった場合、すでに加入している火災保険に中途での付帯をすることもできる。
2. **適切**。これら4つの割引制度は、建築年または耐震性能により10～50％の割引が適用される。
3. **適切**。大きな地震が発生した場合、大規模な損害が予測される。その際、短期間で大量の損害調査を行い、保険金の支払いを迅速に行うことが重要である。そのため、地震保険においては実際の損害額ではなく「全損」「大半損」「小半損」「一部損」の4つに区分し、それぞれ保険金額に一定率を乗じた額を保険金として支払うこととなっている。
4. **適切**。専用住宅を対象とする火災保険の保険料は保険料率を用いて計算する。この保険料率は住宅建物の構造によりM構造（コンクリート造り共同住宅）、T構造（コンクリート造り・鉄骨造り戸建て）、H構造（木造住宅）に区分され、H構造が最も高くM構造が最も低い。

正 解 1

問 **40** 住宅用建物および家財を保険の対象とする火災保険の一般的な商品性に関する次の記述のうち、最も不適切なものはどれか。なお、特約については考慮しないものとする。

1. 火災保険の保険料は、対象となる住宅用建物の構造により、M構造、T構造、H構造の3つに区分されて算定される。
2. 保険金額が2,000万円（保険価額と同額）の火災保険に加入した後、火災により住宅用建物が損害を被り、損害保険金1,000万円が支払われた場合、保険契約は継続するが、保険期間満了日までの保険金額が1,000万円に減額される。
3. 火災保険では、隣家の火災の消火活動により住宅用建物に収容されている家財が損壊した場合、補償の対象となる。
4. 火災保険では、雪災により住宅用建物の屋根が損壊して100万円の損害が発生した場合、補償の対象となる。

解 説　　　　　　　チェック□□□

1. **適切**。火災保険の保険料は、建物の構造により3つに区分された構造級別により算定される。構造級別は住宅用建物の場合、M構造（コンクリート造りの共同住宅等）、T構造（コンクリート造り、鉄骨造り戸建て）、H構造（木造住宅）と区分され保険料はM構造が最も安く、H構造が最も高くなる。
2. **最も不適切**。火災保険で保険金額の全額は支払われた場合（保険金額の80%相当額を超えた保険金が支払われた場合としている保険会社もある）、保険契約は終了となるが、上記金額に満たない保険金の支払いの場合は、保険金額から支払われた保険金相当額の減額は行われず、元の保険金額のまま契約は継続する。
3. **適切**。火災保険では、消火活動による損害も補償対象となっている。隣家の火災の消火活動による放水などにより自宅および収容家財が損壊した場合、自身が加入している火災保険で補償される。
4. **適切**。火災保険では、雪の重みによる屋根の損壊、雪の圧力で窓ガラスが割れるなどの雪災（雪による損害）についても基本補償となっている。

正 解 2

損害保険

自動車保険（任意保険）

問 41 任意加入の自動車保険の一般的な商品性に関する次の記述のうち、最も不適切なものはどれか。なお、記載のない事項については考慮しないものとする。

1. 自動車保険のノンフリート等級別料率制度では、人身傷害保険の保険金が支払われる場合、3 等級ダウン事故となる。
2. 記名被保険者が被保険自動車を運転中に、ハンドル操作を誤って散歩をしていた同居の父に接触してケガをさせた場合、対人賠償保険の補償の対象とならない。
3. 台風による高潮で被保険自動車に損害が生じた場合、一般条件の車両保険の補償の対象となる。
4. 記名被保険者が被保険自動車を運転中に対人事故を起こし、法律上の損害賠償責任を負担する場合、自動車損害賠償責任保険等により補償される部分を除いた額が、対人賠償保険の補償の対象となる。

解　説　　　　　チェック□□□

1. **最も不適切**。ノンフリート等級では、1 年間無事故の場合は翌年の更新時は等級が 1 つ上がる（例えば 6 等級から 7 等級）。一方、保険事故により保険を使った場合は、事故の種類により翌年等級が下がる。対人・対物事故の場合は 3 等級下がり、車の盗難、台風洪水などにより車両保険のみを使用した場合は 1 等級下がる。問題にあるような人身傷害や搭乗者保険、弁護士費用特約などの場合は、「ノーカウント事故」となり、翌年は 1 等級「上がる」。
2. **適切**。任意加入の自動車保険において、対人賠償・対物賠償保険では、記名被保険者、記名被保険者の父母・配偶者・子は補償の対象外となっている。兄弟姉妹については対象となっているので注意したい。
3. **適切**。車両保険にはオールリスク型の「一般」、補償範囲を限定している「車対車＋ A」などがある。自損事故や当て逃げなどのケースは、一般では補償されるが「車対車＋ A」では補償されない。ただし、台風による高潮での損害については、いずれも補償対象となる。
4. **適切**。対人事故の場合、保険金はまず自賠責保険から支払われ、自賠責保険の限度額を超過する部分について任意加入の自動車保険の対人賠償保険から支払われる。

正解 1

問 42 任意加入の自動車保険の一般的な商品性に関する次の記述のうち、最も不適切なものはどれか。

1．被保険者が被保険自動車を運転中に、車庫入れを誘導していた運転者の同居の父親に誤って接触してケガをさせた場合、対人賠償保険の補償の対象となる。

2．被保険者が被保険自動車を運転中に、対人事故を起こして法律上の損害賠償責任を負った場合、自動車損害賠償責任保険等によって補償される部分を除いた額が、対人賠償保険の補償の対象となる。

3．被保険者が被保険自動車を運転中に、交通事故を起こして被保険者がケガをした場合、その損害額のうち、被保険者の過失割合に相当する部分についても人身傷害保険の補償の対象となる。

4．被保険者が被保険自動車を運転中に、ハンドル操作を誤って飲食店に衝突して損害を与えた場合、店舗を修復する期間の休業損害は対物賠償保険の補償の対象となる。

解　説　　　　　　チェック□□□

1．**最も不適切**。任意の自動車保険では、次の者に対する補償は行わない。
　　①記名被保険者
　　②被保険自動車を運転中の者またはその父母、配偶者もしくは子
　　③被保険者の父母、配偶者または子
　　④被保険者の業務に従事中の使用人
　　⑤被保険者の使用者の業務に従事中の使用人。ただし、被保険者が被保険自動車をその使用者の業務に使用している場合に限る
　　上記から、選択肢1.は最も不適切である。

2．**適切**。対人事故を起こし法律上の損害賠償責任を負った場合、まず、自動車損害賠償責任保険等から優先して補償が行われ、損害額がその補償の金額を超過する場合に、超過額に対して任意保険の対人賠償保険から保険金が支払われる。

3．**適切**。被保険者や同乗者が被保険自動車に搭乗中の事故により死傷した場合、過失相殺による減額をせず、被保険者の過失分を含めた損害額全額が保険金額の範囲内で支払われる。被保険自動車に搭乗中の事故だけを補償するタイプと、他の自動車搭乗中の事故や歩行中などにおける交通乗用具との事故等を補償の範囲に含めるタイプがある。

4．**適切**。問題文のとおり。対物賠償保険の補償対象である。

正　解　　1

問 43 任意加入の自動車保険の一般的な商品性に関する次の記述のうち、**最も不適切**なものはどれか。なお、特約については考慮しないものとする。

1. 駐車中の被保険自動車が当て逃げにより損害を被った場合、当て逃げの相手が判明しなくても、その損害は一般条件の車両保険の補償の対象となる。
2. 被保険自動車が地震を原因とする津波により水没した場合、その損害は一般条件の車両保険の補償の対象となる。
3. 被保険自動車を運転中に、誤って店舗建物に衝突して損壊させ、当該建物自体の損害に加え、建物の修理期間中の休業により発生した損害（休業損害）について法律上の損害賠償責任を負った場合、それらの損害は対物賠償保険の補償の対象となる。
4. 被保険自動車の運転中に、誤って兄の所有する自宅の車庫に衝突して損壊させ、法律上の損害賠償責任を負った場合、その損害は対物賠償保険の補償の対象となる。

解　説

チェック□□□

1. **適切**。任意保険の車両保険には、補償範囲が広い「一般型」と狭い「エコノミー型」がある。一般型では、交通事故や偶然の事故による損害を対象とし、単独事故や当て逃げによる損害も対象としているのに対し、エコノミー型では単独事故や当て逃げのように相手車が不明の事故の場合、補償対象とならない。
2. **最も不適切**。車両保険では、地震・噴火またはこれらによる津波により生じた損害に対しては、補償の対象外としている。
3. **適切**。被保険自動車を運転中の自動車事故により、誤って店舗建物に損害を与え休業損害が発生した場合、それらの損害は対物賠償保険の補償対象となる。
4. **適切**。対物賠償保険では次のいずれかに該当する者が所有・使用・管理する財物に損害を与えた場合、被保険者に損害賠償責任が生じても保険金の支払いは免責となる。
   ①記名被保険者
   ②被保険自動車を運転中の者またはその父母・配偶者・子
   　※兄弟姉妹が対象の場合は免責されない
   問題文は、相手が兄であるので免責にはならず、補償対象となる。

正　解 2

問44 任意加入の自動車保険の一般的な商品性に関する次の記述のうち、最も不適切なものはどれか。なお、記載のない事項については考慮しないものとする。

1. 被保険自動車を運転中に飛び石により窓ガラスにひびが入った場合、一般車両保険の補償の対象となる。
2. 被保険自動車を運転中に、通行人が連れていたペットに誤って衝突して死亡させ、法律上の損害賠償責任を負った場合、対物賠償保険の補償の対象となる。
3. 被保険自動車を運転中に衝突事故を起こして被保険者がケガをした場合、被保険者の過失割合にかかわらず、人身傷害（補償）保険の補償の対象となる。
4. 被保険自動車を運転中に衝突事故を起こして被保険者の配偶者がケガをした場合、対人賠償保険の補償の対象となる。

解　説

チェック□□□

1. **適切**。車両保険には、フルカバータイプの一般車両保険と、補償範囲を限定して保険料が割安なエコノミータイプがある。一般の場合、衝突・接触・転覆・火災・爆発・台風・洪水・高潮・盗難・飛来してきた他物との衝突等広範な補償が受けられる。
2. **適切**。自動車事故により第三者のペットに損害を与え、法律上の損害賠償責任を負った場合、対物賠償保険の補償対象となる。
3. **適切**。人身傷害（補償）保険は、自動車事故により被保険者がケガをした場合、実損害額を保険金額の範囲内で過失割合に関係なく補償する。被保険自動車に搭乗中の事故はもちろん、他の自動車に搭乗中の事故、歩行中の事故等についても補償される。
4. **最も不適切**。任意加入の自動車保険では記名被保険者、被保険者の父母・配偶者・子、被保険自動車を運転中の者またはその父母・配偶者・子等に対する補償は対人賠償責任保険および対物賠償責任保険ともに行われない。自賠責保険との違いはしっかり整理しておきたい。

正解 4

問45 任意加入の自動車保険の一般的な商品性に関する次の記述のうち、最も不適切なものはどれか。なお、記載のない事項については考慮しないものとする。

1. 対物賠償保険では、被保険自動車を運転中に、父の自宅の車庫に誤って衝突して車庫を損壊させた場合、補償の対象となる。
2. 対人賠償保険では、被保険自動車を運転中に、対人事故を起こした被保険者が法律上の損害賠償責任を負った場合、自動車損害賠償責任保険等によって補償される部分を除いた額が補償の対象となる。
3. 人身傷害保険では、被保険者が被保険自動車を運転中に起こした交通事故で死傷した場合、被保険者の過失割合にかかわらず、当該損害額が保険金額を限度として補償の対象となる。
4. 一般条件の車両保険では、被保険自動車が洪水で水没した場合、補償の対象となる。

解　説　　　　　　　チェック□□□

1. **最も不適切**。任意保険の対物賠償保険では、①記名被保険者②被保険自動車を運転中の者またはその父母、配偶者もしくは子③被保険者またはその父母、配偶者もしくは子、これらの者が所有・使用または管理する財物に対する損害について被保険者が被った損害は補償されない。
2. **適切**。任意保険の対人賠償保険では、自動車損害賠償責任保険（自賠責保険）等で支払われる金額を超過する額が補償の対象となる。
3. **適切**。過失割合に関係なく被保険者に自動車事故により生じた損害額が保険金額の範囲内で全額支払われる。したがって相手がいる事故か単独事故であるかも関係ない。また、被保険者は加害者との示談成立を待つことなく保険金を受けることができるのも大きな特徴である。
4. **適切**。車両保険では、衝突や接触だけでなく、盗難、物の飛来、墜落、転覆、火災、爆発、台風、洪水などあらゆる偶然の事故や被保険者の過失により発生した事故などが補償対象となる。

正解 1

問46 傷害保険の一般的な商品性に関する次の記述のうち、最も不適切なものはどれか。なお、特約については考慮しないものとする。

1. 普通傷害保険では、海外旅行中に転倒したことによるケガは補償の対象とならない。
2. 家族傷害保険では、保険期間中に誕生した契約者（＝被保険者本人）の子は被保険者となる。
3. 海外旅行傷害保険では、海外旅行中に罹患したウイルス性食中毒は補償の対象となる。
4. 国内旅行傷害保険では、国内旅行中に発生した地震および地震を原因とする津波によるケガは補償の対象とならない。

解　説　　　　　　　　チェック□□□

1. **最も不適切**。普通傷害保険は、国内外、業務中外問わず、日常生活上の傷害を補償する。
2. **適切**。家族傷害保険における「家族」とは、「本人・本人の配偶者・本人または配偶者と生計を一にする同居の親族および別居の未婚の子」を指し、これは契約時ではなく事故発生時で判定を行う。したがって、保険期間中に生まれた被保険者の子も被保険者となる。
3. **適切**。細菌性食中毒やウイルス性食中毒は国内旅行傷害保険ならびに海外旅行傷害保険では補償対象となる（普通傷害保険等では補償されない）。
4. **適切**。問題文のとおり。なお、海外旅行傷害保険では地震・噴火・津波を原因とする傷害は補償対象となる。

正解 1

損害保険

傷害保険

重要度 **A**

2022年9月出題

問47 傷害保険の一般的な商品性に関する次の記述のうち、最も不適切なものはどれか。なお、特約については考慮しないものとする。

1. 家族傷害保険では、保険期間中に記名被保険者に子が生まれた場合、その子を被保険者に加えるためには追加保険料を支払う必要がある。
2. 普通傷害保険では、被保険者が就業中の事故によりケガをした場合、補償の対象となる。
3. 国内旅行傷害保険では、被保険者が旅行中の飲食により細菌性食中毒を発症した場合、補償の対象となる。
4. 海外旅行傷害保険では、被保険者が旅行先の火山の噴火により発生した津波でケガをした場合、補償の対象となる。

解　説

チェック□□□

1. **最も不適切**。家族傷害保険は、家族全員を被保険者とし補償内容は普通傷害保険と同じである。被保険者となる家族の範囲は、本人、本人の配偶者、本人または配偶者と同居の親族および別居の未婚の子となり、傷害の原因となる事故発生時において判断する。追加の保険料も必要ない。
2. **適切**。普通傷害保険は、国内外を問わず日常生活上における傷害を補償する。就業中の事故によるケガも補償対象である。
3. **適切**。国内旅行傷害保険は、国内旅行行程中における傷害に対して補償される。また、普通傷害保険等では補償されない細菌性・ウイルス性食中毒についても特約なしで補償されるのが特徴である。
4. **適切**。海外旅行傷害保険は、海外旅行行程中における傷害・疾病などを補償する。国内旅行傷害保険同様、細菌性・ウイルス性食中毒を基本約款で補償するほか、国内旅行傷害保険等では補償されない、地震・噴火・津波による傷害も補償対象とする。

正解 1

問48 傷害保険等の一般的な商品性に関する次の記述のうち、最も不適切なものはどれか。なお、特約については考慮しないものとする。

1．交通事故傷害保険では、交通乗用具に搭乗中の交通事故や交通乗用具の火災事故によるケガは補償の対象となるが、交通乗用具にエレベーターは含まれない。
2．普通傷害保険では、自転車で転倒して負ったケガが原因で罹患した破傷風は補償の対象となる。
3．海外旅行（傷害）保険では、海外旅行中に罹患したウイルス性食中毒は補償の対象となる。
4．所得補償保険では、日本国内外において、保険会社が定める病気やケガによって就業不能となった場合、補償の対象となる。

解　説　　　　　　　　　チェック□□□

1．**最も不適切**。交通事故傷害保険における交通乗用具には、自動車や電車、航空機、船舶、エレベーター、エスカレーター、動く歩道などが範囲となる。
2．**適切**。普通傷害保険では、自転車で転倒して負ったケガが原因で罹患（りかん）した破傷風は保障対象となる。
3．**適切**。なお、国内旅行傷害保険においても、旅行中に罹患したウイルス性食中毒は保障対象となる。
4．**適切**。なお、あくまで就業不能であることが要件なので、入院しているか否かは問われない。

正 解 1

2

リスク管理

問49 個人を契約者（＝保険料負担者）および被保険者とする損害保険の税金に関する次の記述のうち、最も不適切なものはどれか。

1. 業務中のケガで入院したことにより契約者が受け取る傷害保険の入院保険金は、非課税となる。
2. 契約者が不慮の事故で死亡したことにより契約者の配偶者が受け取る傷害保険の死亡保険金は、相続税の課税対象となる。
3. 被保険自動車を運転中に自損事故を起こしたことにより契約者が受け取る自動車保険の車両保険金は、当該車両の修理をしない場合、所得税の課税対象となる。
4. 自宅が火災で焼失したことにより契約者が受け取る火災保険の保険金は、非課税となる。

解　説　　　　　　　　チェック□□□

1. **適切**。保険料の負担に関わらず、本人、配偶者、直系血族、生計を一にするその他の親族が心身に加えられた損害により取得する保険金は非課税である。
2. **適切**。生命保険の死亡保険金と同様の取り扱いとなる。保険料負担者、被保険者、受取人により課税関係が異なる。

＜死亡保険金の課税関係＞

契約者 （＝保険料負担者）	被保険者	受取人	税金
A	A	B	相続税
A	B	A	所得税・住民税
A	B	C	贈与税

3. **最も不適切**。車両保険のようにモノに損害が生じたことにより支払われる保険金は、非課税である。
4. **適切**。選択肢3.の解説参照。自宅が火災消失した場合の火災保険金も非課税である。

正 解　3

問 50 個人を契約者（＝保険料負担者）および被保険者とする損害保険等の税金に関する次の記述のうち、最も適切なものはどれか。

1. 病気で入院したことにより契約者が所得補償保険から受け取る保険金は、所得税の課税対象となる。
2. 水災で家財に損害が生じたことにより契約者が火災保険から受け取る保険金は、その保険金で新たに同等の家財を購入しない場合、所得税の課税対象となる。
3. 契約者が被保険自動車の運転中の交通事故により死亡し、契約者の配偶者が自動車保険の搭乗者傷害保険から受け取る死亡保険金は、相続税の課税対象となる。
4. 自宅建物が全焼したことにより契約者が火災保険から受け取る保険金の額が、当該建物の時価額より多い場合、保険金の額と当該建物の時価額との差額が所得税の課税対象となる。

<hr />

解　説

チェック□□□

1. **不適切**。所得補償保険から受け取る保険金は、非課税である。
2. **不適切**。火災保険から受け取る損害保険金は、受け取った保険金の使途に関係なく非課税である。
3. **最も適切**。搭乗者傷害保険を含め、傷害保険から受け取る死亡保険金は、生命保険と同様となり、契約者、被保険者、受取人により、相続税、贈与税、所得税のいずれかの課税対象となる。

＜死亡保険金の課税関係＞

契約者	被保険者	受取人	税金
A	A	B	相続税
A	B	C	贈与税
A	B	A	所得税

4. **不適切**。家屋や家財が火災等で損害を受けたことにより支払われる保険金は、非課税である。

正解 3

損害保険契約の経理処理

法人契約の税務

重要度 **A**

2023年1月出題

問51 法人が所有する建物等を対象とした火災保険から受け取る保険金と圧縮記帳に関する次の記述のうち、最も適切なものはどれか。なお、契約している火災保険の契約者（＝保険料負担者）および保険金受取人は法人であるものとする。

1．工場建物および建物内に収容されている機械が全焼し、同一事業年度中に受け取った火災保険金で、焼失前と同様の工場建物および同一の機械を新たに取得した場合、当該工場建物・機械ともに圧縮記帳の対象となる。
2．工場建物が全焼し、同一事業年度中に受け取った火災保険金で、その滅失した工場建物と同一種類に区分される倉庫建物を新築した場合、当該倉庫建物は圧縮記帳の対象とならない。
3．工場建物が全焼し、同一事業年度中に受け取った火災保険金で、当該工場建物が滅失等をしたときにおいて現に建設中であった他の工場建物を完成させた場合、完成後の工場建物は圧縮記帳の対象となる。
4．保険金で取得した代替資産の圧縮限度額を算出する際、「所有固定資産の滅失または損壊により支出する経費」には、ケガ人に対する見舞金を含めることができる。

解　説　　　　チェック□□□

1．**最も適切**。圧縮記帳は、法人所有の固定資産（棚卸資産は対象外）の滅失等により受けた火災保険金（滅失等のあった日から３年以内に支払い確定したもの）で被災した資産と同種の代替資産を取得等したときに対象とすることができる。
2．**不適切**。圧縮記帳の対象となるのは、代替資産が被災した資産と同種のものでなければならない。問題では、工場と倉庫が同種の資産であるかがポイントとなるが、「同一種類に区分される」とあることから、圧縮記帳の対象であることがわかる。
3．**不適切**。圧縮記帳における代替資産は、被災した固定資産に代替するものとして取得等される固定資産に限定される。滅失時において現に自己が建設、制作、製造または改造中であった資産は代替資産に該当しない。
4．**不適切**。圧縮限度額を計算する際の「所有固定資産の滅失または損壊により支出する経費」とは、建物の取り壊し費用や、残存物の整理費用等を指し、見舞金等は含まれない。

正　解　**1**

損害保険契約の経理処理

法人契約の税務

問 52 契約者（＝保険料負担者）を法人とする損害保険契約の経理処理に関する次の記述のうち、最も不適切なものはどれか。

1. 火災により倉庫を焼失するリスクに備えて、保険期間5年の火災保険に加入し、5年分の保険料を一括で支払った場合、その事業年度に、支払った保険料の全額を損金の額に算入することができる。

2. 業務中の事故によりケガを負うリスクに備えて、すべての役員・従業員を被保険者および保険金受取人とする普通傷害保険に加入した場合、その支払った保険料の全額を損金の額に算入することができる。

3. 法人が所有する業務用自動車が交通事故で損壊し、法人が受け取った自動車保険の車両保険の保険金で修理をした場合、当該保険金を益金の額に算入し、当該修理費を損金の額に算入することができる。

4. 積立傷害保険が満期を迎え、法人が満期返戻金と契約者配当金を受け取った場合、その全額を益金の額に算入し、資産に計上していた積立保険料の累計額を損金の額に算入することができる。

解　説　　　　　チェック□□□

1. **最も不適切**。複数年の保険料を一括払いした場合は、その事業年度に対応する分を損金の額に算入し、残りの部分については翌期以降対応する事業年度において損金の額に算入していく。

2. **適切**。法人契約の普通傷害保険において、被保険者をすべての役員・従業員とする場合、法人が支払った保険料は全額を損金の額に算入することができる。特定の従業員等のみ被保険者とする場合は、原則として給与となる。

3. **適切**。法人契約の自動車保険の車両保険・保険金で修理をした場合、保険金は益金の額に算入され、一方、当該修理費用については損金の額に算入される。

4. **適切**。法人が受け取った満期返戻金および契約者配当金は益金算入し、それまで資産計上していた積立保険料を取崩し、損金の額に算入する。その差額が課税対象となる。

正解 1

家庭のリスク管理

問 53 損害保険を利用した家庭のリスク管理に関する次の記述のうち、最も不適切なものはどれか。なお、契約者（＝保険料負担者）は会社員の個人であるものとする。

1. 国内旅行中の食事が原因で細菌性食中毒を発症するリスクに備えて、国内旅行傷害保険を契約した。
2. 同居の子が自転車で通学中に他人に接触してケガをさせ、法律上の損害賠償責任を負うリスクに備えて、火災保険の加入時に個人賠償責任補償特約を付帯した。
3. 地震により発生した火災で自宅建物が焼失するリスクに備えて、住宅建物を保険の対象とする火災保険に地震保険を付帯して契約した。
4. 自宅の車庫に保管している自動車が火災で損害を被るリスクに備えて、家財を保険の対象とする火災保険を契約した。

解 説　　　　チェック□□□

1. **適切**。国内旅行傷害保険では、旅行行程中の食事を原因とする細菌性食中毒を補償対象としている。
2. **適切**。個人賠償責任補償特約は、日常生活上における法律上の損害賠償責任を負うリスクに備えることができ、火災保険に限らず、自動車保険や傷害保険等、様々な商品に特約として付加することができる。また、個人賠償責任保険という単独で加入する保険商品もある。
3. **適切**。地震保険は単独で加入することができず、主契約となる火災保険に付加するかたちで契約をする。
4. **最も不適切**。自動車が火災で損害を被るリスクに備えたい場合、火災保険ではなく自動車保険の車両保険に加入する。

正 解 4

問54 損害保険を活用した家庭のリスク管理に関する次の記述のうち、**最も不適切な**ものはどれか。なお、契約者（＝保険料負担者）は会社員の個人であるものとする。

1．自動車の運転中に誤って単独事故を起こして車両が破損するリスクに備えて、自動車保険の一般条件の車両保険を契約した。
2．海岸近くに自宅を新築したので、地震による津波で自宅が損壊するリスクに備えて、火災保険に地震保険を付帯して契約した。
3．同居の子が原動機付自転車で通学中に、他人に接触してケガをさせて法律上の損害賠償責任を負うリスクに備えて、火災保険加入時に個人賠償責任補償特約を付帯した。
4．所定の病気やケガにより会社の業務にまったく従事することができなくなるリスクに備えて、所得補償保険を契約した。

解 説　　　　チェック□□□

1．**適切**。任意の自動車保険の車両保険は補償内容により、一般車両保険やエコノミー車両保険等がある。一般車両保険はオールリスク型であり相手がいる場合、単独事故の場合に関わらず補償されるが、エコノミー型の場合は、単独事故における車両破損は補償の対象とはならない。
2．**適切**。地震保険は、地震、噴火またはこれらによる津波を原因とする、火災・損壊・埋没または流出による損害を補償する。
3．**最も不適切**。個人賠償責任保険（補償特約）は、国内外を問わず、被保険者が居住している住宅の管理により起きた事故や、日常生活に起因して発生した法律上の損害賠償責任により被る損害を補償する保険商品である。ただし、仕事中の賠償事故や自動車による賠償事故等は補償の対象とならない。原動機付自転車による法律上の損害賠償責任を負うリスクに備えるには自動車保険が適している。
4．**適切**。所得補償保険は、病気やケガにより就業ができなくなることにより喪失する所得を補償する保険商品である。

正 解 3

損害保険のプランニング

事業活動のリスク管理

2024年1月出題

問55 損害保険を活用した事業活動のリスク管理に関する次の記述のうち、最も不適切なものはどれか。

1. 生活用品を製造する事業者が、製造した製品の欠陥が原因で顧客がケガをして、法律上の損害賠償責任を負担する場合に備えて、生産物賠償責任保険（ＰＬ保険）を契約した。
2. 建設業を営む事業者が、建設中の建物が火災により損害を被る場合に備えて、建設工事保険を契約した。
3. 清掃業務を請け負っている事業者が、清掃業務中の事故により従業員がケガをして、法律上の損害賠償責任を負担する場合に備えて、請負業者賠償責任保険を契約した。
4. ボウリング場を運営する事業者が、設備の管理不備に起因する事故により顧客がケガをして、法律上の損害賠償責任を負担する場合に備えて、施設所有（管理）者賠償責任保険を契約した。

解　説　　　　　チェック☐☐☐

1. **適切**。生産物賠償責任保険（PL保険）は、製造・販売した財物等が他人に引き渡された後、その物や仕事の結果により生じた賠償責任を補償する保険である。
2. **適切**。建設工事保険は、建設工事において工事期間中の火災等不測かつ突発的な事故により工事の目的物に生じる損害について補償する保険である。
3. **最も不適切**。従業員の業務中の事故によるケガなどにより、事業者が法律上の損害賠償責任を負担する場合に備える場合、労働災害総合保険や傷害保険が適している。請負賠償責任保険は、建設や土木など請負業者が請け負った業務により生じた事故（例：足場から工具を落とし通行人がケガをした等）による賠償責任を補償する保険である。
4. **適切**。施設所有（管理）者賠償責任保険は、施設自体の構造上の欠陥や管理の不備、その施設で働く者の業務中の事故により、第三者に損害を与え、施設の所有・管理者が被る損害賠償責任を補償する保険である。

正解　3

損害保険のプランニング

事業活動のリスク管理

問56 損害保険を利用した事業活動のリスク管理に関する次の記述のうち、最も不適切なものはどれか。

1. 家庭用品を製造する事業者が、製造した製品が原因で、当該製品を使用した顧客がケガをして法律上の損害賠償責任を負うリスクに備えて、生産物賠償責任保険（PL保険）を契約した。
2. ボウリング場を経営する事業者が、施設の管理不備により、来場者がケガをして法律上の損害賠償責任を負うリスクに備えて、施設所有（管理）者賠償責任保険を契約した。
3. 建設業を営む事業者が、従業員が業務中の事故によりケガをする場合に備えて、労働者災害補償保険（政府労災保険）の上乗せとして労働災害総合保険（法定外補償）を契約した。
4. 事業用ビルの賃貸業を営む事業者が、賃貸ビルに設置した機械設備が火災により損害を被る場合に備えて、機械保険を契約した。

解　説　　　　　チェック□□□

1. **適切**。生産物賠償責任保険（PL保険）は、製造業者等が製造または販売した製品等が原因で、他人にケガをさせたり他人の物を壊したりしたため、事業者が法律上の損害賠償責任を負うリスクに備える保険である。
2. **適切**。施設所有（管理）者賠償責任保険は、事業者が所有、使用、管理する施設の欠陥や従業員の仕事の遂行に起因する賠償責任を補償する保険である。
3. **適切**。労働災害総合保険は、従業員が政府労災保険等で給付対象となる労働災害を被った場合に、事業主が災害補償金（法定外補償）や損害賠償金（使用者賠償責任保険）を負担することによる損害を補償する保険である。
4. **最も不適切**。機械保険は、機械・機械設備および装置を保険の対象とし、火災および火災等による爆発・破裂以外の不測かつ突発的な事故による損害を補償する保険である。機械設備の火災による損害に備える場合は、機械設備を保険の対象とした火災保険が適している。

正解　4

損害保険のプランニング

事業活動のリスク管理

問 57 損害保険を利用した事業活動のリスク管理に関する次の記述のうち、最も不適切なものはどれか。

1. 製造業を営む事業者が、従業員が就業中や通勤途上でケガをする場合に備えて、すべての従業員を被保険者として普通傷害保険に就業中のみの危険補償特約を付帯して契約した。

2. 貸しビル業を営む事業者が、所有するビル内に設置した機械が火災により損害を被る場合に備えて、機械保険を契約した。

3. レストランを営む事業者が、フロア担当従業員が誤って来店客の衣服を汚損する場合に備えて、施設所有（管理）者賠償責任保険を契約した。

4. 小型家電製品を製造する事業者が、製造した製品の欠陥が原因で顧客がケガをする場合に備えて、生産物賠償責任保険（PL 保険）を契約した。

解　説 チェック☐☐☐

1. **適切**。従業員のケガに備えて傷害保険に加入することは適切である。問題のように就業中や通勤途上のケガに補償を限定させたい場合は、就業中のみ危険補償特約を付帯する。

2. **最も不適切**。機械保険は、機械や設備装置が火災等による爆発・破裂以外の不測かつ突発的な事故により損害を被った場合、必要な修理費用を補償する保険である。火災による機械への損害に備えたい場合は、火災保険に加入する。

3. **適切**。施設所有（管理）者賠償責任保険は、施設の所有者、管理者がその施設の所有・使用・管理する施設の構造上の欠陥、管理上の不備等に起因する賠償責任、施設に関わる販売やサービス等の業務遂行に起因する賠償責任を補償する保険である。

4. **適切**。生産物賠償責任保険（PL 保険）は、事業者が製造・販売・提供した製品の欠陥に起因する賠償責任や、事業者が行った仕事の結果に起因する賠償責任を補償する保険である。

正 解 2

損害保険のプランニング

問 58 損害保険による損害賠償等に関する次の記述のうち、最も不適切なものはどれか。

1. 政府の自動車損害賠償保障事業による損害の填補は、自動車損害賠償責任保険と同様に、人身事故による損害が対象となり、物損事故による損害は対象とならない。

2. 自動車保険の対人賠償保険では、被保険者が被保険自動車の運転中に起こした事故が原因で、兄弟姉妹がケガをしたことにより法律上の損害賠償責任を負った場合、補償の対象となる。

3. 失火の責任に関する法律によれば、失火により他人に損害を与えた場合、その失火者に重大な過失がなかったときは、民法第709条（不法行為による損害賠償）の規定が適用される。

4. 生産物賠償責任保険（PL保険）では、被保険者が製造した商品の欠陥が原因で、商品を使用した者がケガをしたことにより法律上の損害賠償責任を負った場合、補償の対象となる。

解　説　　　　　　　　　　　チェック□□□

1. **適切**。政府の自動車損害賠償保障事業は、自動車損害賠償保障法（自賠法）に基づき、ひき逃げ事故や無保険事故等、自賠責保険の対象とならない被害者に対する救済制度である。人身事故による損害が対象で物損事故は対象とならない。政府保障事業によるてん補金額は、自賠責保険の支払い基準に準じている。

2. **適切**。自動車保険の対人賠償保険では、記名被保険者や被保険自動車を運転中の者の父母や配偶者、子などについては補償の対象とはしないが、兄弟姉妹については補償対象となる。

3. **最も不適切**。失火責任法により、軽過失による失火により隣家に対し延焼損害を与えた場合、民法709条の規定に基づく損害賠償責任は逃れると規定されている。ただし、失火者の故意や重過失による失火は損害賠償責任を逃れることはできない。

4. **適切**。生産物賠償責任保険では、被保険者が製造・販売した商品または仕事の結果に基因して、他人に損害を与えたことにより法律上の損害賠償責任を負った場合、補償の対象となる。

正解 **3**

少額短期保険

問 59 少額短期保険に関する次の記述のうち、最も適切なものはどれか。

1. 少額短期保険業者と締結した保険契約は、保険法の適用対象となる。
2. 少額短期保険業者が取り扱う保険契約は、生命保険契約者保護機構または損害保険契約者保護機構の保護の対象となる。
3. 少額短期保険の保険料は、保障内容に応じて、所得税の生命保険料控除または地震保険料控除の対象となる。
4. 少額短期保険の保険期間は、損害保険では1年、生命保険および傷害疾病保険では2年が上限である。

リスク管理

解 説　　　　　チェック□□□

1. **最も適切**。少額短期保険業者と締結した保険契約は、保険法の適用対象となる。また、農協や生協等による共済契約についても保険法の適用対象である。
2. **不適切**。少額短期保険業者が取り扱う保険契約は、生命保険契約者保護機構および損害保険契約者保護機構の保護の対象とならない。
3. **不適切**。少額短期保険に係る保険料は、所得税の所得控除の対象にならない。
4. **不適切**。少額短期保険の保険期間は、損害保険では2年、生命保険および傷害疾病保険では1年が上限である。

正 解 **1**

少額短期保険

問60 少額短期保険に関する次の記述のうち、最も適切なものはどれか。

1. 少額短期保険は、低発生率保険および経過措置を適用している少額短期保険業者が引き受ける保険契約を除き、被保険者1人につき加入できる保険金額の合計額は1,000万円が上限である。
2. 少額短期保険の保険期間は、生命保険、傷害疾病保険および損害保険のいずれも1年が上限である。
3. 少額短期保険では、保険期間の満了時に満期返戻金を受け取ることができる。
4. 少額短期保険業者が取り扱う保険契約は、保障内容に応じて、生命保険契約者保護機構または損害保険契約者保護機構のいずれかの保護の対象となる。

解　説　　　　　　　　チェック□□□

1. **最も適切**。少額短期保険では、死亡保険や医療保険等の保険区分に応じて1被保険者について引受保険金額の上限が定められており、その保険金額の合計額は1,000万円が上限となっている。なお、低発生率保険とは損害保険のうち特に保険事故発生率が低いと見込まれる、個人の日常生活に伴う損害賠償責任保険（自動車運行に係るものを除く）をいい、経過措置適用の少額短期保険業者とは、少額短期保険制度が創設された際にすでに共済事業を行っていた業者の円滑な新制度への移行のために設けられた激変緩和措置の対象となっている業者である。
2. **不適切**。少額短期保険の保険期間は、生命保険、傷害疾病保険（第三分野の保険）については1年、損害保険については2年が上限とされる。
3. **不適切**。少額短期保険では、満期返戻金のある保険契約は引き受けできない。
4. **不適切**。少額短期保険業者が取り扱う保険契約は、保険契約者保護機構の保護対象外である。

正解 **1**

3

金融資産運用

問 1 物価等に関する次の記述の空欄（ア）〜（ウ）に当てはまる語句の組み合わせとして、最も適切なものはどれか。

・財やサービスの価格（物価）が継続的に上昇する状態をインフレーション（インフレ）という。インフレには、その発生原因に着目した分類として、好景気等を背景とした需要の増大が原因となる（　ア　）型や、賃金や材料費の上昇等が原因となる（　イ　）型などがある。
・消費者物価指数（ＣＰＩ）と（ウ）は、いずれも物価変動に係る代表的な指標であるが、消費者物価指数（ＣＰＩ）がその対象に輸入品の価格を含む一方、(ウ) は、国内生産品の価格のみを対象とする点などで違いがある。なお、(ウ) は、国内要因による物価動向を反映することから、ホームメイド・インフレを示す指標と呼ばれる。

1．（ア）コストプッシュ　　（イ）ディマンドプル　　（ウ）企業物価指数
2．（ア）ディマンドプル　　（イ）コストプッシュ　　（ウ）ＧＤＰデフレーター
3．（ア）コストプッシュ　　（イ）ディマンドプル　　（ウ）ＧＤＰデフレーター
4．（ア）ディマンドプル　　（イ）コストプッシュ　　（ウ）企業物価指数

解　説

チェック□□□

・財やサービスの価格（物価）が継続的に上昇する状態をインフレーション（インフレ）という。インフレには、その発生原因に着目した分類として、好景気等を背景とした需要の増大が原因となる（ア　**ディマンドプル**）型や、賃金や材料費の上昇等が原因となる（イ　**コストプッシュ**）型などがある。
・消費者物価指数（CPI）と（ウ　**GDP デフレーター**）は、いずれも物価変動に係る代表的な指標であるが、消費者物価指数（CPI）がその対象に輸入品の価格を含む一方、（ウ　**GDP デフレーター**）は、国内生産品の価格のみを対象とする点などで違いがある。なお、（ウ　**GDP デフレーター**）は、国内要因による物価動向を反映することから、ホームメイド・インフレを示す指標と呼ばれる。

　ちなみに、GDP デフレーターは、名目 GDP から実質 GDP を算出する際に使用される物価の指標である。

正　解　2

マーケット環境の理解

おもな経済指標

問 2 景気動向指数および全国企業短期経済観測調査（日銀短観）に関する次の記述のうち、最も不適切なものはどれか。

1．景気動向指数は、生産、雇用などさまざまな経済活動での重要かつ景気に敏感に反応する指標の動きを統合することによって作成された指標であり、ディフュージョン・インデックス（DI）を中心として公表される。

2．景気動向指数に採用されている系列は、おおむね景気の1つの山もしくは谷が経過するごとに見直しが行われている。

3．日銀短観は、日本銀行が全国約1万社の企業を対象に、四半期ごとに実施する統計調査であり、全国の企業動向を的確に把握し、金融政策の適切な運営に資することを目的としている。

4．日銀短観で公表される「業況判断DI」は、回答時点の業況とその3ヵ月後の業況予測について、「良い」と回答した企業の社数構成比から「悪い」と回答した企業の社数構成比を差し引いて算出される。

3

金融資産運用

解 説　　　　　チェック□□□

1．**最も不適切**。景気動向指数には、コンポジット・インデックス（CI）とディフュージョン・インデックス（DI）があり、CIは構成する経済指標の動きを合成することで景気変動の大きさやテンポ（量感）を、DIは構成する経済指標のうち、改善している指標の割合を算出して景気の波及度を測定している。以前は、DIが中心であったが、2008年4月分以降はCI中心の公表形態になっている。

2．**適切**。記述のとおり。直近では、2021年3月に第16循環の景気の山の暫定設定時にあわせ、第13次改定として採用系列の見直しが行われた。

3．**適切**。記述のとおり。日銀短観は、3・6・9・12月に調査が行われ、翌月初め（12月のみ12月中旬）には公表される速報性の高い経済指標として、マーケット関係者の注目度も高い。

4．**適切**。記述のとおり。ちなみに、業況判断DIの単位は「％ポイント」であり、その推移は景気の動きに少し先行して動くという特徴が挙げられる。

正 解 1

問 3 為替相場や金利の変動要因等に関する次の記述のうち、最も不適切なものはどれか。

1. 日本の物価が米国と比較して相対的に上昇することは、一般に円高米ドル安の要因となる。
2. 米国が政策金利を引き上げ、日本と米国との金利差が拡大することは、一般に円安米ドル高の要因となる。
3. 日本の対米貿易赤字が拡大することは、一般に円安米ドル高の要因となる。
4. 日本銀行が、国債買入オペによって長期国債（利付国債）を買い入れ、金融市場に資金を供給することは、一般に市中金利の低下要因となる。

解　説

チェック□□□

1. **最も不適切**。物価の上昇は、お金の価値の実質的な目減りを意味している。日本の物価が米国と比較して相対的に上昇すると、円の価値がドルに比べて低下していくので円安米ドル高の要因となる。
2. **適切**。記述のとおり。米国が利上げして日本との金利差が拡大すると、円を売って米ドルを買う動きが強まるので、一般に円安米ドル高の要因となる。
3. **適切**。記述のとおり。日本の対米貿易赤字が拡大するということは、輸出よりも輸入が多い貿易赤字状態が拡大することを意味しているので、輸入を増やすための円売り米ドル買いが進むことになる。したがって、円安米ドル高の要因となる。
4. **適切**。記述のとおり。日銀がお金を出して市場で流通している長期国債などを買うと、市場に資金が流れることになる。市場に流通するお金の量が増えると、金利が多少低くても運用したい投資家が増加したり、高い金利でお金を借りようとする人は減少したりする。結果として、市中金利は低下傾向になる。

正解 1

マーケット環境の理解　重要度 B

おもな経済指標　2022年9月出題

問 4　為替相場や金利の変動要因に関する次の記述のうち、最も不適切なものはどれか。

1．日本の貿易黒字の拡大は、一般に、円安要因となる。
2．日本の物価が米国と比較して相対的に上昇することは、一般に、円安要因となる。
3．米国が政策金利を引き上げることにより、日本と米国との金利差が拡大することは、一般に、円安要因となる。
4．日本銀行の金融市場調節の主な手段の１つである公開市場操作において、日本銀行が国債の買入れを行うことで市中に出回る資金量が増加することは、一般に、市中金利の低下要因となる。

3

金融資産運用

解　説　　チェック□□□

1．**最も不適切**。貿易黒字とは、輸入額よりも輸出額のほうが多い状態をいう。貿易黒字が拡大すると、輸出によって得られた外貨を円に換える需要が高まるので、円高要因になる。
2．**適切**。記述のとおり。物価上昇率の高い国と低い国の２国間通貨の為替相場は、物価上昇によって通貨の価値が下がる分、物価上昇率の高い国の通貨のほうが安くなるのが一般的である。
3．**適切**。記述のとおり。米国の政策金利の引き上げによって、日本よりも米国のほうが金利が高くなり、さらに、その差が拡大することは、円からドルに資金が流れることにつながり、円安傾向となるのが一般的である。
4．**適切**。記述のとおり。日本銀行が国債などの買入れを行う「買いオペ」をすると、市中に出回る資金量が増え、資金の需要よりも供給が多くなることで、市中金利は低下傾向になるのが一般的である。

正 解　1

問 5 全国企業短期経済観測調査（日銀短観）に関する次の記述のうち、最も適切なものはどれか。

1. 日銀短観は、統計法に基づいて行われる調査であり、全国の企業動向を的確に把握し、政府の財政政策の適切な運営に資することを目的としている。
2. 日銀短観の調査は年4回実施され、その結果は、3月、6月、9月、12月に公表される。
3. 日銀短観の調査対象企業は、全国の資本金1,000万円以上の民間企業（金融機関等を除く）の中から抽出され、各種計数が業種別および企業規模別に公表される。
4. 日銀短観で公表される「業況判断DI」は、回答時点の業況とその3カ月後の業況予測について、「良い」と回答した企業の社数構成比から「悪い」と回答した企業の社数構成比を差し引いて算出される。

解 説　　　　　　　　チェック□□□

1. **不適切**。日銀短観は、正式名称を「全国企業短期経済観測調査」といい、統計法に基づいて日本銀行が行っている統計調査で、全国の企業動向を的確に把握し、金融政策の適切な運営に資することを目的としている。
2. **不適切**。日銀短観は、3月、6月、9月、12月に調査が行われ、原則として翌月初めに公表される。ただし、12月調査だけは12月中旬に公表される。
3. **不適切**。日銀短観の調査対象企業は、全国の資本金2,000万円以上の民間企業（金融機関等を除く）の中から抽出され、各種計数が業種別および企業規模別に公表される。
4. **最も適切**。記述のとおり。業況判断DIは、業況が「良い」と答えた企業の割合から、「悪い」と答えた企業の割合を差し引いて算出される。単位は、「％ポイント」。

正 解 4

貯蓄型金融商品

銀行等の金融商品の特徴

問 6 銀行等の金融機関で取り扱う預貯金の一般的な商品性に関する次の記述のうち、最も不適切なものはどれか。

1. 決済用預金は、「無利息」「要求払い」「決済サービスを提供できること」という3つの条件を満たした預金である。
2. 当座預金は、株式の配当金の自動受取口座として利用することができる。
3. スーパー定期預金は、預入期間が3年以上の場合、単利型と半年複利型があるが、半年複利型を利用することができるのは法人に限られる。
4. 大口定期預金は、最低預入金額が1,000万円に設定された固定金利型の定期預金である。

解 説

チェック□□□

1. **適切**。記述のとおり。決済用預金は、預金保険制度によって金額にかかわらず全額保護となる。
2. **適切**。記述のとおり。当座預金は、企業や個人事業主が業務上の支払いに利用する預金で、預け入れは1円以上1円単位、満期なし。支払われた手形や小切手の決済だけでなく、公共料金の自動支払い、株式配当金等の自動受け取りといった機能がある。預金保険制度の「決済用預金」に該当する。
3. **最も不適切**。預入期間3年以上のスーパー定期預金で、半年複利型を利用できるのは、法人ではなく、個人に限定されている。
4. **適切**。記述のとおり。大口定期預金は、預入金額1,000万円以上1円単位の定期預金である。1,000万円までであれば預金保険の保護の対象となる。

正 解 3

問 7 銀行等の金融機関で取り扱う預金商品の一般的な商品性に関する次の記述のうち、最も適切なものはどれか。

1. 貯蓄預金は、給与、年金等の自動受取口座や公共料金等の自動振替口座に指定することができる。
2. 決済用預金のうち、当座預金は、個人、法人のいずれも利用することができるが、無利息型普通預金は、法人が利用することはできない。
3. 期日指定定期預金は、据置期間経過後から最長預入期日までの間で、任意の日を満期日として指定することができる。
4. 総合口座において、紙の通帳の代わりにオンライン上で入出金の明細や残高を確認することができるサービスを提供しているのは、ネット専業銀行に限られる。

解 説

チェック□□□

1. **不適切**。貯蓄預金は、普通預金同様、いつでも出し入れはできるが、給与、年金等の自動受取口座や公共料金等の自動振替口座に指定することはできない。
2. **不適切**。決済用預金に該当する当座預金および無利息型普通預金は、個人、法人いずれも利用することができる。
3. **最も適切**。記述のとおり。期日指定定期預金は、預入時に満期日を定めるのではなく、預入後に満期期日を指定して引出しができる定期預金。据置期間（通常1年）経過後に、引出し希望日（満期日）を指定する。利息計算は、1年複利。
4. **不適切**。紙の通帳を発行しない代わりに、Web上で入出金明細や残高等を確認できるサービス（デジタル通帳、通帳レスサービスなど）は、ネット専業銀行以外の銀行でも広く取り扱われている。

正 解 3

貯蓄型金融商品

銀行等の金融商品の特徴

重要度 **A**

2022年5月出題

問 8 銀行等の金融機関で取り扱う預金商品の一般的な商品性等に関する次の記述のうち、最も不適切なものはどれか。なお、本問においては、「民間公益活動を促進するための休眠預金等に係る資金の活用に関する法律」を休眠預金等活用法という。

1. 決済用預金は、「無利息」「要求払い」「決済サービスを提供できること」という3つの条件を満たした預金であり、法人も個人も預け入れることができる。
2. オプション取引などのデリバティブを組み込んだ仕組預金には、金融機関の判断によって満期日が繰り上がる商品がある。
3. 自動積立定期預金は、各指定日に普通預金口座からの口座振替等により、指定金額を預入することができる定期預金である。
4. 2009年1月1日以降、取引がないまま7年が経過した普通預金は、休眠預金等活用法に基づく「休眠預金等」に該当する。

3

金融資産運用

解　説

チェック□□□

1. **適切**。記述のとおり。決済用預金は、個人も法人も預け入れることができる。ちなみに、決済用預金は、預金保険制度によって金額にかかわらず全額保護される。
2. **適切**。記述のとおり。仕組預金には、金融機関の判断によって満期日が繰り上がる商品もある。
3. **適切**。記述のとおり。自動積立定期預金は、毎月の指定された日に普通預金からの口座振替等によって定期預金に積み立てられる仕組みである。
4. **最も不適切**。休眠預金等に該当するのは、取引がないまま10年以上経過した預金等である。

正 解 4

問 9 債券のデュレーションに関する次の記述の空欄（ア）、（イ）にあてはまる語句の組み合わせとして、最も適切なものはどれか。

> デュレーションは、債券への投資資金の平均回収期間を表すとともに、債券投資における金利変動リスクの度合い（金利変動に対する債券価格の感応度）を表す指標としても用いられる。他の条件が同一であれば、債券の表面利率が（　ア　）ほど、また残存期間が長いほど、デュレーションは長くなる。なお、割引債券のデュレーションは、残存期間（　イ　）。

1．（ア）高い　　（イ）と等しくなる
2．（ア）低い　　（イ）よりも短くなる
3．（ア）高い　　（イ）よりも短くなる
4．（ア）低い　　（イ）と等しくなる

解 説　　　　　チェック□□□

　デュレーションは、債券への投資資金の平均回収期間を表すとともに、債券投資における金利変動リスクの度合い（金利変動に対する債券価格の感応度）を表す指標としても用いられる。他の条件が同一であれば、債券の表面利率が（ア：**低い**）ほど、また残存期間が長いほど、デュレーションは長くなる。なお、割引債券のデュレーションは、残存期間（イ：**と等しくなる**）。

正 解 4

問 10 債券のイールドカーブ（利回り曲線）の一般的な特徴等に関する次の記述のうち、最も不適切なものはどれか。

1. イールドカーブは、縦軸を債券の利回り、横軸を債券の残存期間として、利回りと投資期間の関係を表した曲線である。
2. イールドカーブは、好況時に中央銀行が金融引締めを行うとスティープ化し、不況時に中央銀行が金融緩和を行うとフラット化する傾向がある。
3. イールドカーブは、将来の景気拡大が予想されるとスティープ化し、将来の景気後退が予想されるとフラット化する傾向がある。
4. イールドカーブの形状は、通常、右上がりの順イールドであるが、急激な金融引締め時に右下がりの逆イールドとなる傾向がある。

3

金融資産運用

解 説　　　　　　　　　チェック□□□

1. **適切**。記述のとおり。債券の残存期間ごとに利回りがどの程度であるかをグラフで見ることができるものである。
2. **最も不適切**。イールドカーブは、中央銀行が利下げなどの金融緩和を行うとスティープ化（＝傾きが急になること）し、金融引締めを行うとフラット化する傾向がある。
3. **適切**。記述のとおり。将来の景気拡大、すなわち、金利上昇が予想されるとスティープ化し、景気後退、すなわち、金利低下が予想されるとフラット化する傾向がある。
4. **適切**。記述のとおり。イールドカーブは、通常、順イールドの状態であることが多いが、急激な金融引締め時には逆イールドになることがある。

正 解 2

問11 固定利付債券の利回り（単利・年率）に関する次の記述の空欄（ア）、（イ）にあてはまる語句の組み合わせとして、最も適切なものはどれか。なお、手数料、経過利子、税金等については考慮しないものとし、計算結果は表示単位の小数点以下第3位を四捨五入するものとする。

> 表面利率が0.90％、償還までの残存期間が10年の固定利付債券を、額面100円当たり103円で購入した投資家が、購入から4年後に額面100円当たり102円で売却した場合の所有期間利回りは（　ア　）であり、償還期限まで10年保有した場合の最終利回りよりも（　イ　）。

1．（ア）0.63％　　（イ）高い
2．（ア）0.63％　　（イ）低い
3．（ア）0.58％　　（イ）高い
4．（ア）0.58％　　（イ）低い

解　説

チェック□□□

$$所有期間利回り（\%）＝ \frac{表面利率 + \dfrac{売付価格 - 買付価格}{所有期間（年）}}{買付価格} \times 100$$

なので、

$$\{0.9 + (102 - 103) \div 4\} \div 103 \times 100 = 0.631 \cdots \%$$
$$\fallingdotseq 0.63\%$$

$$最終利回り（\%）＝ \frac{表面利率 + \dfrac{100（円） - 買付価格}{残存期間（年）}}{買付価格} \times 100$$

なので、

$$\{0.9 + (100 - 103) \div 10\} \div 103 \times 100 = 0.582 \cdots \%$$
$$\fallingdotseq 0.58\%$$

となり、最終利回りよりも所有期間利回りのほうが高いことがわかる。

正解　**1**

債券

債券の利回り

問 12 表面利率が0.5%で、償還までの残存期間が8年の固定利付債券を額面100円当たり101円で購入し、購入から5年後に額面100円当たり100円で売却した場合の所有期間利回り（単利・年率）として、最も適切なものはどれか。なお、手数料、経過利子、税金等については考慮しないものとし、計算結果は表示単位の小数点以下第3位を四捨五入するものとする。

1. 0.17%
2. 0.30%
3. 0.37%
4. 0.50%

解　説　　　　　チェック□□□

$$所有期間利回り（\%）= \frac{表面利率 + \dfrac{売付価格 - 買付価格}{所有期間（年）}}{買付価格} \times 100$$

なので、

$$\{0.5 + (100 - 101) \div 5\} \div 101 \times 100 = 0.297\cdots\%$$
$$\fallingdotseq 0.30\%$$

正　解 2

債券

債券の利回り

問 13 市場金利の変動と固定利付債券の利回り（単利・年率）および価格との関係に関する次の記述の空欄（ア）～（ウ）にあてはまる語句の組み合わせとして、最も適切なものはどれか。なお、手数料、経過利子、税金等については考慮しないものとし、計算結果は表示単位の小数点以下第3位を四捨五入するものとする。

表面利率が0.50%、償還年限が10年の固定利付債券が額面100円当たり100円で新規に発行された。5年後、市場金利が当該債券の発行時に比べて上昇した結果、債券の価格は（　ア　）して、（　イ　）となり、当該債券の現時点（発行から5年後）における最終利回りは0.70%（単利・年率）となった。また、当該債券を発行時に購入し、発行から5年後に（　イ　）で売却した場合の所有期間利回りは（　ウ　）となる。

---

1. （ア）下落　　（イ）　99.03 円　　（ウ）0.31%
2. （ア）下落　　（イ）　99.03 円　　（ウ）0.69%
3. （ア）上昇　　（イ）100.98 円　　（ウ）0.69%
4. （ア）上昇　　（イ）100.98 円　　（ウ）0.31%

$$最終利回り（\%）＝\dfrac{表面利率＋\dfrac{額面（100円）－買付価格}{残存期間（年）}}{買付価格}×100$$

なので、

$0.70\% ＝ ｛0.50 ＋（100－X）÷5｝ ÷ X × 100$

$0.007X ＝ 0.50 ＋（100－X）÷5$

$0.035X ＝ 2.50 ＋ 100 － X$

$1.035X ＝ 102.50$

$X ＝ 99.033 \cdots ≒ 99.03 円$

$$所有期間利回り（\%）＝\dfrac{表面利率＋\dfrac{売付価格－買付価格}{所有期間（年）}}{買付価格}×100$$

なので、

$｛0.50 ＋（99.03－100）÷5｝ ÷ 100 × 100 ＝ 0.306\%$

$≒ 0.31\%$

債券の価格は（ア　**下落**）して、（イ　**99.03円**）となり、当該債券の現時点（発行から5年後）における最終利回りは0.70％（単利・年率）となった。また、当該債券を発行時に購入し、発行から5年後に（イ　**99.03円**）で売却した場合の所有期間利回りは（ウ　**0.31％**）となる。

3

金融資産運用

正　解　1

問 14 固定利付債券の利回り（単利・年率）と価格との関係に関する次の記述の空欄（ア）、（イ）にあてはまる語句の組み合わせとして、最も適切なものはどれか。なお、手数料、経過利子、税金等については考慮しないものとし、計算結果は表示単位の小数点以下第3位を四捨五入するものとする。

> 表面利率が1.00％で、償還までの残存期間が5年の固定利付債券を、額面100円当たり102円で購入した投資家が、2年後に、額面100円当たり101円で売却した。この場合の所有期間利回りは（　ア　）であり、償還期限まで5年間保有した場合の最終利回りよりも（　イ　）。

1．（ア）0.49％　　　（イ）高い
2．（ア）0.49％　　　（イ）低い
3．（ア）0.59％　　　（イ）高い
4．（ア）0.59％　　　（イ）低い

解　説　　　　　　チェック☐☐☐

$$所有期間利回り（％）＝\frac{表面利率＋\dfrac{売付価格－買付価格}{所有期間（年）}}{買付価格}×100$$

なので、

$$\{1.00＋(101－102)÷2\}÷102×100＝0.490\cdots\%$$
$$≒0.49\%$$

$$最終利回り（％）＝\frac{表面利率＋\dfrac{額面（100円）－買付価格}{残存期間（年）}}{買付価格}×100$$

なので、

$$\{1.00＋(100－102)÷5\}÷102×100＝0.588\cdots\%$$
$$≒0.59\%$$

　所有期間利回りは（ア　**0.49％**）であり、償還期限まで5年間保有した場合の最終利回りよりも（イ　**低い**）。

正　解 2

債券

債券の利回り

重要度 A

2022年5月出題

問15 年1回複利の割引率を年率0.3%とした場合、5年後の100万円の現在価値として、最も適切なものはどれか。なお、計算過程では端数処理を行わず、計算結果は円未満を切り捨てること。

1. 984,909円
2. 985,000円
3. 985,134円
4. 985,221円

解　説　　　　　　　　チェック□□□

割引率で5年後の資産の現在価値を求める計算式は以下のとおり。

現在価値＝5年後の資産の価値÷(1＋割引率)^5

したがって、この問題の場合は、

1,000,000円÷(1 + 0.003)^5 = 1,000,000円÷1.01509027

= 985,134.0610…円

= 985,134円（円未満切り捨て）

正解　3

株式
信用取引

問16 株式の信用取引の一般的な仕組みに関する次の記述のうち、最も適切なものはどれか。

1. 金融商品取引法では、株式の信用取引を行う際の委託保証金の額は20万円以上で、かつ、当該取引に係る株式の時価に100分の20を乗じた金額以上でなければならないとされている。

2. 信用取引では、売買が成立した後に相場が変動し、その日の終値を基に計算される委託保証金率が、証券会社が定める最低委託保証金維持率を下回った場合、追加保証金を差し入れるなどの方法により、委託保証金の不足を解消しなくてはならない。

3. 信用取引では、現物株式を所有していなければ、その株式の「売り」から取引を開始することができない。

4. 一般信用取引の建株を制度信用取引の建株に変更することはできるが、制度信用取引の建株を一般信用取引の建株に変更することはできない。

解　説　　　　　　　　　　　　　チェック□□□

1. **不適切**。信用取引の委託保証金の額は30万円以上で、かつ、当該取引にかかる株式の時価に100分の30を乗じた金額以上でなければならない。

2. **最も適切**。記述のとおり。日々の値動きによって計算される委託保証金率が、最低委託保証金維持率を下回った場合は、追加保証金を差し入れなければならない。

3. **不適切**。信用取引では、現物株式を持っていなくても、その株式を「売り」から始めることができる。

4. **不適切**。一般信用取引の建株を制度信用取引の建株に変更することはできない。また、その逆への変更もできない。

正解　2

株式

株式市場の各種指標

問 17　東京証券取引所の市場区分等に関する次の記述のうち、最も適切なものはどれか。

1. プライム市場の上場維持基準では、新規上場から一定期間経過後の株主数および流通株式数について、新規上場基準よりも高い数値基準が設定されている。
2. プライム市場の新規上場基準では、上場申請会社の直近事業年度における ROE の数値基準について、8％以上と定められている。
3. スタンダード市場の上場会社がプライム市場へ市場区分の変更を申請することはできるが、プライム市場の上場会社がスタンダード市場へ市場区分の変更を申請することはできない。
4. JPX 日経インデックス 400 は、プライム市場、スタンダード市場、グロース市場を主市場とする普通株式の中から、ＲＯＥや営業利益等の指標等により選定された 400 銘柄を対象として算出される。

解　説　　　　チェック☐☐☐

1. **不適切**。プライム市場の上場維持基準では、新規上場時と同様の数値基準（株主数 800 人以上、流通株式数 2 万単位以上など）が設定されている。
2. **不適切**。プライム市場の新規上場基準では、利益の額または売上高についての基準はあるが、ROE（株主資本利益率）についての数値基準は定められていない。
3. **不適切**。プライム市場の上場会社がスタンダード市場への市場区分変更を申請することも可能である。
4. **最も適切**。記述のとおり。JPX 日経インデックス 400 は、資本の効率的活用や株主を意識した経営など、グローバルな投資基準に求められる諸要件を満たす 400 銘柄で構成されている。東証に上場する全銘柄から、過去 3 期以内に債務超過や営業赤字がないことや、3 年平均 ROE などの基準をもとに、銘柄選定が行われる。

正解　4

問 18 東京証券取引所の市場区分等に関する次の記述のうち、最も適切なものはどれか。

1. スタンダード市場は、「多くの機関投資家の投資対象になりうる規模の時価総額（流動性）を持ち、より高いガバナンス水準を備え、投資者との建設的な対話を中心に据えて持続的な成長と中長期的な企業価値の向上にコミットする企業向けの市場」である。

2. プライム市場は、「高い成長可能性を実現するための事業計画及びその進捗の適時・適切な開示が行われ一定の市場評価が得られる一方、事業実績の観点から相対的にリスクが高い企業向けの市場」である。

3. スタンダード市場の上場会社がプライム市場へ市場区分の変更をするためには、プライム市場の新規上場基準と同様の基準に基づく審査を受ける必要がある。

4. 東証株価指数（TOPIX）は、プライム市場、スタンダード市場およびグロース市場の全銘柄を対象として算出されている。

解 説

チェック□□□

1. **不適切**。説明文がプライム市場の説明になっている。スタンダード市場は、「公開された市場における投資対象として一定の時価総額（流動性）を持ち、上場企業としての基本的なガバナンス水準を備えつつ、持続的な成長と中長期的な企業価値の向上にコミットする企業向けの市場」である。

2. **不適切**。説明文がグロース市場の説明になっている。プライム市場は、「多くの機関投資家の投資対象になりうる規模の時価総額（流動性）を持ち、より高いガバナンス水準を備え、投資者との建設的な対話を中心に据えて持続的な成長と中長期的な企業価値の向上にコミットする企業向けの市場」である。

3. **最も適切**。記述のとおり。各市場区分はそれぞれ独立しており、上場会社が他の市場区分へ変更する場合には、変更先の市場区分の新規上場基準と同等の基準に基づく審査を改めて受け、その基準に適合することが必要である。

4. **不適切**。TOPIX は、東証の市場再編後も旧東証一部上場全銘柄を対象として算出されてきたが、流通株式時価総額100億円未満の銘柄については「段階的ウエイト低減銘柄」とし、2022年10月末から2025年1月末まで、四半期ごと10段階で構成比率を低減していくことが決められている。

正解 **3**

問 19 東京証券取引所の市場区分等に関する次の記述のうち、最も不適切なものはどれか。

1. 東京証券取引所は、プライム市場、スタンダード市場、グロース市場および TOKYO PRO Market の4つの株式市場を開設している。
2. 日経平均株価は、プライム市場に上場している銘柄のうち、時価総額上位225銘柄を対象として算出される株価指標である。
3. プライム市場における上場維持基準は、株主数や流通株式数等において、スタンダード市場およびグロース市場よりも高い数値が設定されている。
4. グロース市場に上場している銘柄であっても、プライム市場における新規上場基準等の要件を満たせば、所定の手続きにより、プライム市場に市場区分の変更をすることができる。

3

金融資産運用

解　説　　　　　　チェック□□□

1. **適切**。記述のとおり。東京証券取引所は、2022年4月4日、それまでの市場第一部、市場第二部、マザーズ市場、ジャスダック市場という区分を見直し、プライム市場、スタンダード市場、グロース市場および TOKYO PRO Market という市場区分になった。
2. **最も不適切**。日経平均株価は、東証プライム市場に上場している銘柄から選定された225銘柄を対象として算出されているが、時価総額の上位225銘柄というわけではない。
3. **適切**。記述のとおり。プライム市場が最も上場維持基準が厳しくなっている。
4. **適切**。記述のとおり。新規上場基準等の要件を満たせば、市場区分を上位に変更することもできる。

正　解 2

問20 東京証券取引所の市場区分等に関する次の記述のうち、最も適切なものはどれか。

1. 東証株価指数（TOPIX）は、東京証券取引所市場第一部に上場している全銘柄を対象として算出されていたが、東京証券取引所の市場区分見直しが実施された2022年4月4日以降、新たな市場区分であるプライム市場の全銘柄を対象として算出されている。

2. プライム市場のコンセプトは、「多くの機関投資家の投資対象になりうる規模の時価総額（流動性）を持ち、より高いガバナンス水準を備え、投資者との建設的な対話を中心に据えて持続的な成長と中長期的な企業価値の向上にコミットする企業向けの市場」である。

3. スタンダード市場のコンセプトは、「高い成長可能性を実現するための事業計画及びその進捗の適時・適切な開示が行われ一定の市場評価が得られる一方、事業実績の観点から相対的にリスクが高い企業向けの市場」である。

4. グロース市場のコンセプトは、「公開された市場における投資対象として一定の時価総額（流動性）を持ち、上場企業としての基本的なガバナンス水準を備えつつ、持続的な成長と中長期的な企業価値の向上にコミットする企業向けの市場」である。

解　説

チェック□□□

1. **不適切**。市場区分の再編にともなって、旧東証一部上場銘柄のうち、流通株式時価総額100億円未満の銘柄については「段階的ウエイト低減銘柄」とし、2022年10月末から2025年1月末まで、四半期ごと10段階で構成比率を低減していくことになっている。

2. **最も適切**。記述のとおり。プライム市場は、グローバルな投資家との建設的な対話を中心に据えた企業向けの市場とされている。

3. **不適切**。スタンダード市場のコンセプトは、「公開された市場における投資対象として一定の時価総額（流動性）を持ち、上場企業としての基本的なガバナンス水準を備えつつ、持続的な成長と中長期的な企業価値の向上にコミットする企業向けの市場」とされている。

4. **不適切**。グロース市場のコンセプトは、「高い成長可能性を実現するための事業計画及びその進捗の適時・適切な開示が行われ一定の市場評価が得られる一方、事業実績の観点から相対的にリスクが高い企業向けの市場」とされている。

正解 2

株式

株式市場の各種指標

問 21 株式指標の一般的な特徴に関する次の記述のうち、最も適切なものはどれか。

1. 同規模・同一業種の銘柄間においては、PER の高い銘柄が割安と考えられる。
2. 同規模・同一業種の銘柄間においては、PBR の高い銘柄が割安と考えられる。
3. 配当性向は、企業の当期純利益に対する年間配当金の割合を示す指標である。
4. ROA は、企業の売上高に対する当期純利益の割合を示す指標である。

3
金融資産運用

解 説　　　　　　チェック□□□

1. **不適切**。PER の低い銘柄が割安と考えられる。
2. **不適切**。PBR の低い銘柄が割安と考えられる。
3. **最も適切**。記述のとおり。利益のうち、どのくらいの割合を配当金として支払ったのかを見る指標である。
4. **不適切**。ROA（総資産利益率）は、会社の総資産を利用してどれだけの利益を上げたのかがわかる指標である。

正 解 3

株式
個別銘柄の投資指標

重要度 **A**

2024年1月出題

問 22 下記＜Ｘ社のデータ＞に基づき算出される投資指標に関する次の記述のうち、最も不適切なものはどれか。

＜Ｘ社のデータ＞

株価	4,500 円
発行済株式数	0.8 億株
売上高	2,500 億円
営業利益	180 億円
当期純利益	120 億円
自己資本（＝純資産）	2,000 億円
配当金総額	36 億円

1．ROE は、6 ％である。
2．PER は、20 倍である。
3．PBR は、1.8 倍である。
4．配当利回りは、1 ％である。

解 説　　　　　　　　　　チェック□□□

1．**適切**。「ROE ＝当期純利益÷自己資本×100」なので、
　　120 億円÷2,000 億円×100 ＝ 6 ％
2．**最も不適切**。「PER ＝株価÷1 株当たり利益」なので、
　　4,500 円÷（120 億円÷0.8 億株）＝ 30 倍
3．**適切**。「PBR ＝株価÷1 株純資産」なので、
　　4,500 円÷（2,000 億円÷0.8 億株）＝ 1.8 倍
4．**適切**。「配当利回り＝1 株当たり配当金÷株価×100」なので、
　　（36 億円÷0.8 億株）÷4,500 円×100 ＝ 1 ％

正 解 2

問 **23** 下記＜X社のデータ＞に基づき算出される株式の投資指標に関する次の記述のうち、最も不適切なものはどれか。

＜X社のデータ＞

株価	18,000 円
当期純利益	3,000 億円
純資産（自己資本）	1 兆 5,000 億円
配当金総額	540 億円
発行済株式数	3 億株

1．ROE は、20.0％である。
2．PER は、18 倍である。
3．PBR は、3.6 倍である。
4．配当利回りは、1.2％である。

解 説

チェック□□□

1．**適切**。「ROE ＝当期純利益÷自己資本×100」なので、
　3,000 億円÷ 1 兆 5,000 億円× 100 ＝ 20.0％
2．**適切**。「PER ＝株価÷ 1 株当たり利益」なので、
　18,000 円÷（3,000 億円÷ 3 億株）＝ 18 倍
3．**適切**。「PBR ＝株価÷ 1 株純資産」なので、
　18,000 円÷（1 兆 5,000 億円÷ 3 億株）＝ 3.6 倍
4．**最も不適切**。「配当利回り＝ 1 株当たり配当金÷株価× 100」なので、
　（540 億円÷ 3 億株）÷ 18,000 円× 100 ＝ 1.0％

正 解 4

問 24 下記 <X 社のデータ> に基づき算出される投資指標に関する次の記述のうち、**最も不適切なものはどれか。**

<X社のデータ>

株価	2,700 円
発行済株式数	0.5 億株
売上高	2,000 億円
経常利益	120 億円
当期純利益	75 億円
自己資本（＝純資産）	2,500 億円
配当金総額	30 億円

1．ROE は、3.75％である。
2．PER は、18 倍である。
3．PBR は、0.54 倍である。
4．配当性向は、40％である。

解 説　　　　　　　　チェック□□□

1．**最も不適切**。「ROE ＝当期純利益÷自己資本× 100」なので、
　75 億円÷ 2,500 億円× 100 ＝ 3.00％
2．**適切**。「PER ＝株価÷ 1 株当たり利益」なので、
　2,700 円÷（75 億円÷ 0.5 億株）＝ 18 倍
3．**適切**。「PBR ＝株価÷ 1 株純資産」なので、
　2,700 円÷（2,500 億円÷ 0.5 億株）＝ 0.54 倍
4．**適切**。「配当性向＝配当金総額÷当期純利益× 100」なので、
　30 億円÷ 75 億円× 100 ＝ 40％

正 解 1

株式

重要度 A

個別銘柄の投資指標

2023年1月出題

問 25 下記＜ X 社のデータ＞に基づき算出される投資指標に関する次の記述のうち、最も適切なものはどれか。

＜ X 社のデータ＞

株価	12,000 円
発行済株式数	12 億株
時価総額	144,000 億円
自己資本（＝純資産）	60,000 億円
配当金総額	720 億円
PER	20 倍

1．1 株当たり当期純利益は、500 円である。
2．ROE は、15.0％である。
3．PBR は、3.0 倍である。
4．配当利回りは、0.5％である。

解 説

チェック□□□

1．**不適切**。「PER ＝株価÷ 1 株当たり利益」なので、
　　20 倍 = 12,000 円 ÷ X
　　20X = 12,000
　　　X = 　600 円
2．**不適切**。「ROE ＝当期純利益÷自己資本× 100」なので、
　　（600 円× 12 億株）÷ 60,000 億円× 100 = 12.0％
3．**不適切**。「PBR ＝株価÷ 1 株当たり純資産」なので、
　　12,000 円÷（60,000 億円÷ 12 億株）= 2.4 倍
4．**最も適切**。記述のとおり。「配当利回り＝ 1 株当たり配当金÷株価× 100」なので、
　　（720 億円÷ 12 億株）÷ 12,000 円× 100 = 0.5％

正 解 4

問 26 上場会社であるA株式会社（以下「A社」という）に係る株式投資の指標に関する次の記述のうち、最も不適切なものはどれか。

＜A社のデータ＞

株価：2,500円
発行済株式数：600万株
配当金総額（年）：4億5,000万円
当期純利益（年）：12億円
自己資本（＝純資産）：300億円
※上記以外の数値は考慮しないものとする。

1．A社株式のPERは、12.5倍である。
2．A社株式のPBRは、2.0倍である。
3．A社株式の配当利回りは、3.0％である。
4．A社のROEは、4.0％である。

解　説　　　　チェック□□□

1．**適切**。記述のとおり。「PER＝株価÷1株当たり利益」なので、
2,500円÷（12億円÷600万株）＝12.5倍
2．**最も不適切**。「PBR＝株価÷1株純資産」なので、
2,500円÷（300億円÷600万株）＝0.5倍
3．**適切**。記述のとおり。「配当利回り＝1株当たり配当金÷株価×100」なので、
（4億5,000万円÷600万株）÷2,500円×100＝3.0％
4．**適切**。記述のとおり。「ROE＝当期純利益÷自己資本×100」なので、
12億円÷300億円×100＝4.0％

正　解 2

投資信託

問27 一般的な投資信託の分類方法に関する次の記述のうち、最も不適切なものはどれか。

1. 組入れ資産のほとんどを債券が占め、株式をまったく組み入れていない証券投資信託であっても、約款上、株式に投資することができれば、株式投資信託に分類される。
2. 契約型投資信託は、委託者指図型と委託者非指図型に大別され、委託者指図型投資信託は、投資信託委託会社（委託者）と信託銀行等（受託者）との信託契約により、委託者の運用指図に基づいて運用される投資信託である。
3. 単位型投資信託は、投資信託が運用されている期間中いつでも購入できる投資信託であり、追加型投資信託は、当初募集期間にのみ購入できる投資信託である。
4. パッシブ型投資信託は、対象となるベンチマークに連動する運用成果を目指して運用される投資信託である。

1. **適切**。記述のとおり。株式を一切組み入れられないのが公社債投資信託で、株式を組み入れることができるようになっているのが株式投資信託である。実際に株式が組み入れられているかどうかは関係ない。
2. **適切**。記述のとおり。委託者指図型は、委託者（運用会社）が運用の指図を行うタイプであり、日本の投資信託の大半を占めている。一方、委託者非指図型は、受益者兼委託者である投資家は運用の指図をせず、受託者が自ら運用を行うタイプである。
3. **最も不適切**。単位型投資信託が当初募集期間にのみ購入できるもので、追加型投資信託はいつでも購入できるものである。
4. **適切**。記述のとおり。パッシブ型は対象となるベンチマークに連動する成果を目指すタイプで、アクティブ型はベンチマークを上回る成果を目指すタイプである。なお、コスト負担はアクティブ型のほうが重くなっているのが一般的である。

正解 3

投資信託
運用スタイル

重要度 **A**

2024年1月出題

問 28 公募株式投資信託の費用に関する次の記述のうち、最も不適切なものはどれか。

1. 購入時手数料がかからない投資信託は、一般に、ノーロード型（ノーロードファンド）と呼ばれる。
2. 運用管理費用（信託報酬）は投資信託の銘柄ごとに定められており、一般に、インデックス型投資信託よりもアクティブ型投資信託の方が高い傾向がある。
3. 会計監査に必要な費用（監査報酬）や組入有価証券に係る売買委託手数料は、信託財産から支出されるため、受益者（投資家）の負担となる。
4. 信託財産留保額は、長期に投資信託を保有する投資家との公平性を確保するための費用であり、すべての投資信託に設定されている。

解　説

チェック□□□

1. **適切**。記述のとおり。ロード（手数料）がノー（ない）ので、ノーロード型と呼ばれている。ちなみに、金融庁が定めている NISA の「つみたて投資枠」対象ファンドの基準の1つに「ノーロード型であること」がある。
2. **適切**。記述のとおり。インデックス型（パッシブ型）とアクティブ型を比較すると、投資家にとってのコスト負担である運用管理費用（信託報酬）はアクティブ型のほうが高い傾向がある。
3. **適切**。記述のとおり。運用管理費用（信託報酬）以外にも、監査費用や売買委託手数料などはファンドの信託財産から支払われているため、投資家にとっては間接的に負担しているコストだといえる。
4. **最も不適切**。信託財産留保額は、ファンドの解約者のために現金化する際のコスト負担等を、解約者にも一部負担させる目的で、基準価額の 0.1 ～ 0.3％程度を信託財産に留保してもらうもの。したがって、販売会社や運用会社が徴収する手数料とは異なる。ファンドによって信託財産留保額が設定されているものと設定されていないものがある。また、ごく一部のファンドでは、解約時だけでなく購入時に信託財産留保額がかかるものもある。

正 解 4

問29 株式投資信託の一般的な運用手法等に関する次の記述のうち、最も不適切なものはどれか。

1. 株価が現在の資産価値や利益水準などから割安と評価される銘柄に投資する手法は、バリュー投資と呼ばれる。
2. 個別企業の業績の調査や財務分析によって投資対象となる銘柄を選定し、その積上げによってポートフォリオを構築する手法は、ボトムアップ・アプローチと呼ばれる。
3. 割安な銘柄の売建てと割高な銘柄の買建てをそれぞれ同程度の金額で行い、市場の価格変動に左右されない絶対的な収益の確保を目指す手法は、マーケット・ニュートラル運用と呼ばれる。
4. ベンチマークの動きに連動して同等の運用収益率を得ることを目指すパッシブ運用は、アクティブ運用に比べて運用コストが低い傾向がある。

3

金融資産運用

解　説

チェック□□□

1. **適切**。記述のとおり。PERやPBRなどの指標を使って割安な銘柄に投資する手法をバリュー投資という。
2. **適切**。記述のとおり。ちなみに、マクロ的な視点で、投資先の国や地域、業種、銘柄を絞り込んでポートフォリオを構築する手法は、トップダウン・アプローチと呼ばれる。
3. **最も不適切**。マーケット・ニュートラル運用とは、割安な銘柄の買建て（ロング）と割高な銘柄の売建て（ショート）を同程度の金額で行い、市場の価格変動に左右されない絶対的な収益の確保を目指す手法である。
4. **適切**。記述のとおり。ベンチマークの動きに連動する運用成果を目指すパッシブ運用（インデックス運用）は、機械的に運用していくこともあり、アクティブ運用に比べて運用コストは低い傾向がある。

正解 3

問30 上場投資信託（ETF）の一般的な特徴に関する次の記述のうち、最も不適切なものはどれか。

1．レバレッジ型ETFは、日経平均株価などの指標の日々の変動率に一定の正の倍数を乗じて算出される指数に連動した運用成果を目指して運用されるETFである。
2．インバース型ETFは、日経平均株価などの指標の日々の変動率に一定の負の倍数を乗じて算出される指数に連動した運用成果を目指して運用されるETFである。
3．リンク債型ETFは、所定の指標に連動した投資成果を目的とする債券（リンク債）に投資することにより、ETFの一口当たり純資産額の変動率を対象指標の変動率に一致させる運用手法を採用するETFである。
4．ETFの分配金には、普通分配金と元本払戻金（特別分配金）があり、税法上、普通分配金は課税対象となり、元本払戻金（特別分配金）は非課税となる。

解　説　　　　　　　　　　チェック□□□

1．**適切**。記述のとおり。レバレッジ型ETFは、日経平均株価やTOPIXなどの指標の変動率に1倍や2倍などの倍率をかけた変動率で運用されるETFである。指標が上昇したら利益が出る「ブル型」のタイプである。
2．**適切**。記述のとおり。インバース型ETFは、日経平均株価やTOPIXなどの指標の変動率に－1倍や－2倍などの倍率をかけた変動率で運用されるETFである。指標が下落したら利益が出る「ベア型」のタイプである。
3．**適切**。記述のとおり。なお、ETFが投資対象とするリンク債は、その償還価格が指標の動きに連動するようにリンク債発行者が保証しているため、1口あたり純資産額の変動率と指標の変動率の間に乖離（トラッキングエラー）が発生しない反面、リンク債の発行者の信用リスクが存在する。
4．**最も不適切**。ETFの分配金は、株式の配当金と同様に全額が課税対象となるため、一般の株式投資信託のような普通分配金と元本払戻金の区別はされない。

正　解　4

投資信託

ETF（上場投資信託）の特徴　2022年5月出題

重要度 A

問31 上場投資信託（ETF）の一般的な特徴に関する次の記述のうち、最も適切なものはどれか。

1．ETFは、非上場の投資信託と異なり、運用管理費用（信託報酬）は発生しない。
2．ETFは、支払われる分配金が自動で再投資されるため、投資の複利効果を得ることができる。
3．ETFには、つみたてNISAの対象となっているものがある。
4．ETFには、株価指数に連動するものはあるが、REIT指数や商品指数に連動するものはない。

解　説　　　　　　　チェック□□□

1．**不適切**。ETFも運用管理費用（信託報酬）は発生する。比較的、運用管理費用の負担は軽いものが多い。
2．**不適切**。ETFの分配金が自動で再投資されることはない。
3．**最も適切**。記述のとおり。2023年4月27日現在、8本のETFがつみたてNISAの対象となっている。
4．**不適切**。REIT指数や商品指数に連動するETFもある。

正　解　3

重要度 A

2023年9月出題

問 32 わが国における上場投資信託（ETF）および上場不動産投資信託（J-REIT）の特徴に関する次の記述のうち、最も適切なものはどれか。

1. ETFは、非上場の投資信託と異なり、運用管理費用（信託報酬）は発生しない。
2. ETFを市場で売却する際には、信託財産留保額はかからない。
3. J-REITの分配金は、所得税の配当控除の対象となる。
4. J-REITは、一般に、信託財産の解約ができるオープン・エンド型の投資信託として設定されている。

解 説

チェック□□□

1. **不適切**。ETFも運用管理費用（信託報酬）はかかるが、非上場の投資信託と比べると比較的安めに設定されているものが多い。
2. **最も適切**。記述のとおり。ETFでは信託財産留保額はかからない。ただし、上場株式の取引と同様に、証券会社ごとの売買委託手数料がかかる。
3. **不適切**。J-REIT（上場不動産投資法人）は、収益の9割以上を分配に回していることを理由に法人税が課されないようになっている。そのため、J-REITの分配金は、法人税と所得税の二重課税を軽減することが目的の配当控除は受けられないようになっている。
4. **不適切**。J-REITは、信託財産の解約を認めないクローズド・エンド型の投資信託として設定されるのが通常である。

正 解 2

外貨建て金融商品
債券

重要度 **A**

2023年1月出題

問33 個人が保有する外貨建て債券に関する次の記述の空欄（ア）～（ウ）にあてはまる語句の組み合わせとして、最も適切なものはどれか。

米ドル建て債券（為替ヘッジなし）を保有しているとき、米ドルに対する円の為替レートが円安に変動することは、当該債券の円換算の投資利回りの（　ア　）要因となる。一方、為替レートが円高に変動したときは、当該債券の円換算の投資利回りの（　イ　）要因となる。このように、外国通貨と自国通貨間の相対的な価値の変動により、外貨建て債券の自国通貨換算額が変動して利益や損失が生じる不確実性のことを（　ウ　）変動リスクという。

---

1. （ア）上昇　　（イ）低下　　（ウ）金利
2. （ア）上昇　　（イ）低下　　（ウ）為替
3. （ア）低下　　（イ）上昇　　（ウ）金利
4. （ア）低下　　（イ）上昇　　（ウ）為替

<hr>

解　説　　　　　　　チェック□□□

　外貨建て債券（為替ヘッジなし）を保有しているときに円安が進むと、円換算では為替差益の拡大もしくは為替差損の縮小によって利回りが上昇する。一方、円高が進むと、円換算では為替差益の縮小もしくは為替差損の拡大によって利回りが低下する。

　米ドル建て債券（為替ヘッジなし）を保有しているとき、米ドルに対する円の為替レートが円安に変動することは、当該債券の円換算の投資利回りの（ア　**上昇**）要因となる。一方、為替レートが円高に変動したときは、当該債券の円換算の投資利回りの（イ　**低下**）要因となる。このように、外国通貨と自国通貨間の相対的な価値の変動により、外貨建て債券の自国通貨換算額が変動して利益や損失が生じる不確実性のことを（ウ　**為替**）変動リスクという。

正　解　2

問 34 外国株式の取引の一般的な仕組みや特徴に関する次の記述のうち、最も不適切なものはどれか。

1. 国外の証券取引所に上場している外国株式を国内店頭取引により売買する場合、外国証券取引口座を開設する必要がある。
2. 一般顧客が国内の証券会社を通じて購入した外国株式は、日本投資者保護基金による補償の対象とならない。
3. 国内の証券取引所に上場している外国株式を国内委託取引（普通取引）により売買した場合の受渡日は、国内株式と同様に、売買の約定日から起算して3営業日目である。
4. 外国株式については、一部銘柄を除き、金融商品取引法に基づくディスクロージャー制度の適用を受けず、同法に基づく企業内容等の開示は行われない。

解　説　　　　チェック□□□

1. **適切**。記述のとおり。国内の証券会社が在庫として保有している外国株式を売買する国内店頭取引であっても、外国証券取引口座は開設する必要がある。
2. **最も不適切**。国内の証券会社を通じて購入した外国株式は、日本投資者保護基金による補償の対象となっている。
3. **適切**。記述のとおり。国内の証券取引所に上場している外国株式を売買する場合は、国内株式と同様の受渡日となる。
4. **適切**。記述のとおり。外国株式などの外国証券は、国内の証券取引所に上場しているものや、不特定多数の投資家に販売することを目的とした一部の商品を除き、金融商品取引法上のディスクロージャー制度の適用は受けない。

正 解　2

問35 以下の＜条件＞で、円貨を米ドルに交換して米ドル建て定期預金に10,000米ドルを預け入れ、満期時に米ドルを円貨に交換して受け取る場合における円ベースでの利回り（単利・年率）として、最も適切なものはどれか。なお、税金については考慮しないものとし、計算結果は表示単位の小数点以下第3位を四捨五入するものとする。

＜条件＞
・預入期間　1年
・預金金利　3.00％（年率）
・為替予約なし
・為替レート（米ドル／円）

	ＴＴＳ	ＴＴＢ
預入時	130.00円	129.00円
満期時	135.00円	134.00円

1．3.17％
2．4.79％
3．6.17％
4．7.79％

3

金融資産運用

預入時の TTS が 130.00 円なので、円ベースでの預入金額は、

10,000 米ドル× 130.00 円 = 1,300,000 円

となる。

米ドルベースの利息は、

10,000 米ドル× 3.00% = 300 米ドル

なので、米ドルベースの元利合計は、

10,000 米ドル + 300 米ドル = 10,300 米ドル

となる。

満期時の TTB が 134.00 円なので、円ベースでの元利合計は、

10,300 米ドル× 134.00 円 = 1,380,200 円

となる。

したがって、円ベースでの利回りは、

(1,380,200円 − 1,300,000円)÷1,300,000円×100

= 6.169・・・%

≒ 6.17%

となる。

正解　3

外貨建て金融商品

総合

問36 個人（居住者）が国内の金融機関等を通じて行う外貨建て金融商品の取引等に関する次の記述のうち、最も不適切なものはどれか。

1. 外貨建て金融商品の取引に係る為替手数料の料率は、同一の外貨を対象にする場合であっても、取扱金融機関により異なることがある。
2. 国外の証券取引所に上場している外国株式を、国内店頭取引により売買する場合、外国証券取引口座を開設する必要がある。
3. 外国為替証拠金取引では、証拠金にあらかじめ決められた倍率を掛けた金額まで売買することができるが、倍率の上限は各取扱業者が決めており、法令による上限の定めはない。
4. 米ドル建て債券を保有している場合、為替レートが円安・米ドル高に変動することは、当該債券に係る円換算の投資利回りの上昇要因となる。

解 説　　　　　　　　　　チェック☐☐☐

1. **適切**。記述のとおり。為替手数料は、通貨によって異なるだけでなく、取扱金融機関によっても異なることがある。
2. **適切**。記述のとおり。外国株式の国内店頭取引とは、国内の証券会社が在庫として持っている外国株式を店頭取引（＝相対取引）で売買するものをいう。この場合も、外国証券取引口座を開設する必要がある。
3. **最も不適切**。国内の外国為替証拠金取引（FX）のレバレッジは、金融庁による規制で最大25倍とされている。
4. **適切**。記述のとおり。為替レートが円安ドル高に動くと、米ドル建て債券の円換算利回りは上昇していく。

正 解 3

問 37 オプション取引の一般的な特徴に関する次の記述のうち、最も不適切なものはどれか。

1. オプション取引において、コール・オプションは「権利行使価格で買う権利」であり、プット・オプションは「権利行使価格で売る権利」である。

2. オプション取引のうち、満期日だけに権利行使ができるものはヨーロピアンタイプと呼ばれ、満期日までの権利行使期間中であればいつでも権利行使ができるものはアメリカンタイプと呼ばれる。

3. コール・オプションおよびプット・オプションは、他の条件が同一であれば、いずれも満期までの期間が長いほど、プレミアム（オプション料）が高くなる。

4. プット・オプションの売り手の最大利益は無限定であるが、コール・オプションの売り手の最大利益はプレミアム（オプション料）に限定される。

解　説　　　　　チェック□□□

1. **適切**。記述のとおり。コール・オプションは「買う権利」を売買する取引で、プット・オプションは「売る権利」売買する取引である。

2. **適切**。記述のとおり。大阪取引所で取引されている株価指数オプション取引や有価証券オプション取引はヨーロピアンタイプで、国債先物オプション取引はアメリカンタイプである。

3. **適切**。記述のとおり。満期までの期間が長いほど、満期までの間に原証券の価格が権利行使価格を上回る（または、下回る）可能性を感じる投資家が増えるので、その分だけプレミアム（オプション料）は高くなる。

4. **最も不適切**。コール・オプションもプット・オプションも、売り手の最大利益はプレミアム（オプション料）に限定される。

正解 4

金融派生商品
デリバティブ取引

問 38 **金融派生商品に関する次の記述のうち、最も適切なものはどれか。**

1. クーポンスワップは、異なる通貨間で将来の金利および元本を交換する通貨スワップである。
2. 先物取引を利用したヘッジ取引には、将来の価格上昇リスク等を回避または軽減する売りヘッジと、将来の価格下落リスク等を回避または軽減する買いヘッジがある。
3. オプション取引において、コール・オプションの買い手は「権利行使価格で買う権利」を放棄することができるが、プット・オプションの買い手は「権利行使価格で売る権利」を放棄することができない。
4. オプション取引において、コール・オプションの売り手の最大利益とプット・オプションの売り手の最大利益は、いずれもプレミアム（オプション料）の額となる。

解 説　　　　　　　　　　　チェック□□□

1. **不適切**。クーポンスワップとは、金利のみを交換する通貨スワップのことで、元本の交換も行うものはオーソドックスな通貨スワップである。
2. **不適切**。将来の価格上昇リスク等を回避または軽減するのは買いヘッジで、将来の価格下落リスク等を回避または軽減するのは売りヘッジである。
3. **不適切**。コールもプットもオプションの買い手は、権利を放棄することができるため、損失は支払ったプレミアム（オプション料）に限定される。一方、オプションの売り手は買い手の権利行使に応じる義務があるので、損失は限定されない。
4. **最も適切**。記述のとおり。オプションの売り手の最大利益は、プレミアム（オプション料）となる。

正 解 4

金融派生商品

デリバティブ取引

問39 先物取引やオプション取引に関する次の記述のうち、最も不適切なものはどれか。

1. 現在保有している現物資産が将来値下がりすることに備えるため、先物を売り建てた。
2. 将来保有しようとする現物資産が将来値上がりすることに備えるため、先物を買い建てた。
3. 現在保有している現物資産が将来値下がりすることに備えるため、プット・オプションを売った。
4. 将来保有しようとする現物資産が将来値上がりすることに備えるため、コール・オプションを買った。

解　説　　　　　　　チェック☐☐☐

1. **適切**。現物資産の値下がりに備えて先物を売り建てることで、現物資産の評価損を先物の利益でカバーすることができる。これを売りヘッジという。
2. **適切**。先に先物を買い建てておくことで、将来現物を買おうするときまでの価格上昇分を先物の利益でカバーできる。これを買いヘッジという。
3. **最も不適切**。現物資産の値下がりに備えるためには、プット・オプションを買う必要がある。プット・オプションを売ると、現物資産が値上がりしたときに一定の利益を確保するかたちになってしまう。
4. **適切**。現物資産の値上がりに備えてコール・オプションを買うことは、現物資産の値上がりによってオプションのプレミアム（オプション料）も値上がりしていくので、理にかなっている。

正解 3

問40 金融派生商品に関する次の記述のうち、最も適切なものはどれか。

1. 金融派生商品を利用する場合、現物取引を行った場合と同等の投資効果を得るには、現物取引よりも多額の資金を投入する必要がある。

2. 現物価格の変動による利益と同額の利益が発生するように、現物と同じポジションの先物を保有することなどにより、価格変動リスク等を回避または軽減することを狙う取引を、ヘッジ取引という。

3. 現物価格と当該現物を原資産とする先物の理論価格との間で価格差が生じた場合、割安な方を売り、割高な方を買うポジションを組み、その価格差を利益として得ることを狙う取引を、裁定取引という。

4. 先物の将来の価格を予想してポジションを取り、予想どおりの方向に変動したときに反対売買を行って利益を確定することを狙う取引を、スペキュレーション取引という。

3

金融資産運用

解 説

チェック□□□

1. **不適切**。金融派生商品（いわゆるデリバティブ）は、現物取引よりも少額の資金で現物取引と同等の投資効果を得られる場合もある。

2. **不適切**。ヘッジ取引は、現物と逆のポジションの先物を保有することなどにより、価格変動リスク等を回避または軽減することを狙う取引である。

3. **不適切**。裁定取引は、現物価格と先物の理論価格との価格差が生じた際に、割安な方を買い、割高な方を売るポジションを組むことで収益を狙う取引である。

4. **最も適切**。記述のとおり。スペキュレーション取引とは、先物価格が上がりそうなら買い、下がりそうなら売り、予想どおりに動いたときに反対売買を行って利益を確定することを狙う取引である。

正 解 4

ポートフォリオ理論

総合

問41 **ポートフォリオ理論に関する次の記述のうち、最も不適切なものはどれか。**

1．システマティック・リスクは、市場全体の変動の影響を受けるリスクであり、分散投資によっても消去しきれないリスクとされている。

2．ポートフォリオのリスクは、組み入れた各資産のリスクを組入比率で加重平均した値以下となる。

3．異なる2資産からなるポートフォリオにおいて、2資産間の相関係数が－1である場合、ポートフォリオを組成することによる分散投資の効果（リスクの低減）は得られない。

4．同一期間における収益率が同じ2つのファンドをシャープ・レシオで比較する場合、収益率の標準偏差の値が小さいファンドの方が、収益率の標準偏差の値が大きいファンドよりも当該期間において効率的に運用されていたと評価することができる。

解　説

チェック□□□

1．**適切**。記述のとおり。システマティック・リスク（市場リスク）は分散投資でも消去しきれないが、アンシステマティック・リスク（非市場リスク）は分散投資によって組み入れ銘柄を増やすことで消去できると考えられている。

2．**適切**。記述のとおり。ポートフォリオの期待リターンは、組み入れた各資産の期待リターンの加重平均値になるが、ポートフォリオのリスクは加重平均値以下になる。

3．**最も不適切**。相関係数が－1である2資産を組み合わせるのが最もリスク低減効果が大きくなり、理屈上はリスクをゼロにできる組み合わせの割合も存在する。

4．**適切**。記述のとおり。シャープ・レシオは、リスク（標準偏差）1単位当たりの超過リターンを測るもので、収益率が同じ場合は、標準偏差の値が小さいほうがリスク1単位当たりのリターンが大きかったことがわかる。

正　解 3

ポートフォリオ理論

総合

2023年9月出題

問42 ポートフォリオ理論に関する次の記述のうち、最も適切なものはどれか。

1. ポートフォリオのリスクは、組み入れた各資産のリスクを組入比率で加重平均した値以下となる。
2. ポートフォリオのリスクのうち、分散投資によって消去できないリスクをアンシステマティック・リスクという。
3. ポートフォリオの期待収益率は、組み入れた各資産の期待収益率を組入比率で加重平均した値よりも大きくなる。
4. 国債や社債のうち、発行時に将来の利息支払額が確定する固定利付債券は、すべて安全資産（無リスク資産）に分類される。

解　説　　　　　　　　　チェック□□□

1. **最も適切**。ちなみに、ポートフォリオのリスクが組み入れ資産のリスクの加重平均以下になることをポートフォリオ効果という。
2. **不適切**。どれだけたくさんの銘柄に分散投資をしても消去できないリスクを、システマティック・リスク（市場リスク）といい、分散投資によって低くすることができるリスクを、アンシステマティック・リスク（非市場リスク）という。
3. **不適切**。ポートフォリオの期待収益率は、組み入れ資産の期待収益率の加重平均値となる。
4. **不適切**。固定利付債券のすべてが安全資産（無リスク資産）に分類されるわけではない。なお、リスクフリー・レート（安全資産の収益率）としては、無担保コール翌日物金利や普通預金金利、国債の利回りなどが使われるのが一般的である。

正　解 1

ポートフォリオ理論

総合

2023年5月出題

問 43 ポートフォリオ理論の一般的な考え方等に関する次の記述のうち、最も不適切なものはどれか。

1. ポートフォリオ理論は、期待リターンが同じであれば、投資家はリスクのより低い投資を選好する「リスク回避者」であることを前提としている。
2. アセットアロケーションとは、投資資金を株式、債券、不動産等の複数の資産クラスに配分することをいう。
3. 運用期間中、各資産クラスへの資産の配分比率を維持する方法として、値下がりした資産クラスの資産を売却し、値上がりした資産クラスの資産を購入するリバランスという方法がある。
4. 各資産クラスのリスク量が同等になるように資産配分を行うリスクパリティ運用（戦略）では、特定の資産クラスのボラティリティが上昇した場合、当該資産クラスの資産の一部売却を行う。

解　説　　　　　　　　　　　　チェック□□□

1. **適切**。記述のとおり。期待リターンが同じであればリスクの低いものを、リスクが同じであれば期待リターンの高いものを選好することを前提としている。
2. **適切**。記述のとおり。資産クラスのことをアセットクラスとも呼ぶが、そのアセットクラスの配分割合を決めることをアセットアロケーションという。
3. **最も不適切**。リバランスとは、値上がりした資産の一部を売却して、値下がりした資産を購入し、当初の割合から崩れた割合を元の割合に戻すことをいう。
4. **適切**。記述のとおり。各アセットクラスのリスク量を同程度にするリスクパリティ運用では、特定の資産のボラティリティ（値動きの幅）が大きくなった場合、リスク量を調整するために一部売却を行う。

正　解 3

ポートフォリオ理論

総合　**2023年5月出題**

問44 Aさんは、預金、債券、株式でポートフォリオを組んだが、その後各資産の構成比の見直しを行った。Aさんのポートフォリオが下表のとおりであった場合、Aさんの見直し前のポートフォリオの期待収益率と見直し後のポートフォリオの期待収益率の差（見直し後の期待収益率 - 見直し前の期待収益率）として、最も適切なものはどれか。

資産	期待収益率	標準偏差	見直し前の ポートフォリオの構成比	見直し後の ポートフォリオの構成比
預金	0.1%	0.0%	60%	20%
債券	2.0%	3.0%	20%	30%
株式	8.0%	20.0%	20%	50%

1. 0.486%
2. 2.060%
3. 2.560%
4. 4.620%

3

金融資産運用

解　説　　チェック□□□

　ポートフォリオの期待収益率は、各資産の期待収益率に構成比をかけて足したもの（＝加重平均値）なので、

　見直し前のポートフォリオの期待収益率は、

0.1% × 0.6 + 2.0% × 0.2 + 8.0% × 0.2 = 2.06%　　となる。

　そして、見直し後のポートフォリオの期待収益率は、

0.1% × 0.2 + 2.0% × 0.3 + 8.0% × 0.5 = 4.62%　　となる。

　したがって、差は、4.62% − 2.06% = 2.56%　　となる。

正 解　3

問 45 ポートフォリオ理論に関する次の記述のうち、最も不適切なものはどれか。

1. ポートフォリオのリスクとは、一般に、組成されたポートフォリオの損失額の大きさを示すのではなく、そのポートフォリオの期待収益率と実際の収益率の乖離の度合いをいう。
2. 異なる2資産からなるポートフォリオにおいて、2資産間の相関係数がゼロである場合、ポートフォリオを組成することによる分散投資の効果（リスクの低減効果）は生じない。
3. ポートフォリオの期待収益率は、組み入れた各資産の期待収益率を組入比率で加重平均した値となる。
4. ポートフォリオのリスクは、組み入れた各資産のリスクを組入比率で加重平均した値以下となる。

解 説　　　　　　　　チェック□□□

1. **適切**。記述のとおり。もう少し簡単に言うなら、ポートフォリオのリスクとは、そのポートフォリオの期待収益率（期待リターン）に対して実際のリターンがどの程度ブレる可能性があるのかを数値化したものである。
2. **最も不適**。2資産間の相関係数が＋1の場合はリスク低減効果が得られないが、＋1未満であればリスク低減効果は得られる。
3. **適切**。記述のとおり。ポートフォリオの期待収益率は、組み入れた各資産の期待リターンの加重平均値となる。
4. **適切**。記述のとおり。ポートフォリオのリスクは、組み入れた各資産のリスクの加重平均値以下となる。

正解 2

ポートフォリオ理論

パフォーマンス評価

2023年1月出題

問46 下記<資料>に基づくファンドＡとファンドＢの過去5年間の運用パフォーマンスの比較評価に関する次の記述の空欄（ア）、（イ）にあてはまる語句の組み合わせとして、最も適切なものはどれか。

<資料>ファンドＡとファンドＢの過去5年間の運用パフォーマンス

ファンド名	実績収益率の平均値	実績収益率の標準偏差
ファンドＡ	3.2%	1.0%
ファンドＢ	12.0%	5.0%

ファンドの運用パフォーマンスに係る評価指標の1つとして、シャープレシオがある。無リスク金利を全期間にわたり1.0%とし、<資料>の数値により、ファンドＡのシャープレシオの値を算出すると（　ア　）となる。同様にファンドＢのシャープレシオの値を算出したうえで、両ファンドの運用パフォーマンスを比較する場合、シャープレシオの比較においては、過去5年間は（　イ　）であったと判断される。

1．（ア）2.2　　（イ）ファンドＡとファンドＢの運用効率は同等
2．（ア）2.2　　（イ）ファンドＡの方が効率的な運用
3．（ア）3.2　　（イ）ファンドＡとファンドＢの運用効率は同等
4．（ア）3.2　　（イ）ファンドＡの方が効率的な運用

解　説

チェック□□□

「シャープレシオ＝（実績収益率－無リスク金利）÷標準偏差」なので、
ファンドＡのシャープレシオ＝（3.2%－1.0%）÷1.0%＝2.2
ファンドＢのシャープレシオ＝（12.0%－1.0%）÷5.0%＝2.2
であることがわかる。

　ファンドの運用パフォーマンスに係る評価指標の1つとして、シャープレシオがある。無リスク金利を全期間にわたり1.0%とし、<資料>の数値により、ファンドＡのシャープレシオの値を算出すると（ア　**2.2**）となる。同様にファンドＢのシャープレシオの値を算出したうえで、両ファンドの運用パフォーマンスを比較する場合、シャープレシオの比較においては、過去5年間は（イ　**ファンドＡとファンドＢの運用効率は同等**）であったと判断される。

正　解　1

問 **47** 下記＜資料＞に基づくファンドAとファンドBの過去3年間の運用パフォーマンスの比較評価に関する次の記述の空欄（ア）～（ウ）にあてはまる語句または数値の組み合わせとして、最も適切なものはどれか。

＜資料＞ファンドAとファンドBの過去3年間の運用パフォーマンスに関する情報

ファンド名	実績収益率の平均値	実績収益率の標準偏差
ファンドA	4.2%	4.0%
ファンドB	8.8%	12.0%

無リスク金利を1.0%として、＜資料＞の数値によりファンドAのシャープレシオの値を算出すると（　ア　）となり、同様に算出したファンドBのシャープレシオの値は（　イ　）となる。両ファンドの運用パフォーマンスを比較すると、過去3年間は（　ウ　）の方が効率的な運用であったと判断される。

1．（ア）1.05　　（イ）0.73　　（ウ）ファンドA
2．（ア）1.0　　（イ）0.73　　（ウ）ファンドB
3．（ア）0.80　　（イ）0.65　　（ウ）ファンドA
4．（ア）0.80　　（イ）0.65　　（ウ）ファンドB

解　説

チェック□□□

「シャープレシオ＝（実績収益率－無リスク金利）÷標準偏差」なので、
ファンドAのシャープレシオ＝（4.2％－1.0％）÷4.0％＝0.8
ファンドBのシャープレシオ＝（8.8％－1.0％）÷12.0％＝0.65
　そして、シャープレシオの数値の大きいファンドAのほうが、効率的な運用だったと判断される。

正解 **3**

金融商品と税金

重要度 **A**

上場株式等の配当および譲渡の税金

2023年9月出題

問48 上場株式等の譲渡および配当等（一定の大口株主等が受けるものを除く）に係る所得税の課税等に関する次の記述のうち、最も適切なものはどれか。なお、本問においては、特定口座のうち、源泉徴収がされない口座を簡易申告口座といい、源泉徴収がされる口座を源泉徴収選択口座という。

1. 上場株式等の配当等について、総合課税を選択して確定申告をした場合、上場株式等に係る譲渡損失の金額と損益通算することができる。
2. 上場株式等に係る配当所得等の金額と損益通算してもなお控除しきれない上場株式等に係る譲渡損失の金額は、確定申告をすることにより、翌年以後3年間にわたって繰り越すことができる。
3. 簡易申告口座では、源泉徴収選択口座と異なり、その年中における口座内の取引内容が記載された「特定口座年間取引報告書」が作成されないため、投資家自身でその年中の上場株式等に係る譲渡損益および配当等の金額を計算する必要がある。
4. 年末調整の対象となる給与所得者が、医療費控除の適用を受けるために確定申告をする場合、源泉徴収選択口座における上場株式等に係る譲渡所得等および配当所得等についても申告しなければならない。

解　説

チェック□□□

1. **不適切**。上場株式等の譲渡損失と損益通算できるのは、申告分離課税を選択して確定申告をした場合である。
2. **最も適切**。記述のとおり。譲渡損失の繰り越し控除は、翌年以降3年間にわたって繰り越せることになっている。
3. **不適切**。簡易申告口座でも「特定口座年間取引報告書」が作成されるため、確定申告の際にはそれを添付した簡易な申告で済むようになっている。
4. **不適切**。源泉徴収口座では税金の計算と納税まで取引金融機関が行っているので、医療費控除を受けるための確定申告をする場合でも、上場株式等の譲渡所得や配当所得等の申告は不要である。

正解 2

問 49 上場株式等の譲渡および配当等（一定の大口株主等が受けるものを除く）に係る税金に関する次の記述のうち、最も不適切なものはどれか。なお、本問においては、NISA（少額投資非課税制度）により投資収益が非課税となる口座をNISA口座という。

1. 上場株式の配当に係る配当所得の金額について、総合課税を選択して所得税の確定申告をした場合、特定口座内で生じた上場株式等に係る譲渡損失の金額と損益通算することができる。
2. NISA口座で保有する上場株式の配当金を非課税扱いにするためには、配当金の受取方法として株式数比例配分方式を選択しなければならない。
3. 上場株式等に係る配当所得等の金額と損益通算してもなお控除しきれない上場株式等に係る譲渡損失の金額は、所得税の確定申告をすることにより、翌年以後3年間にわたって繰り越すことができる。
4. NISA口座で取得した上場株式等を売却したことにより生じた損失の金額については、特定口座内で保有する上場株式等の配当等に係る配当所得の金額と損益通算することができない。

解 説

チェック□□□

1. **最も不適切**。配当所得を特定口座内の上場株式等の譲渡損失と損益通算できるのは、申告分離課税を選択して確定申告をした場合である。
2. **適切**。記述のとおり。株式数比例配分方式とは、証券会社の口座で持ち株数に応じた配当金を受け取る方式である。
3. **適切**。記述のとおり。譲渡損失が消えるまで、最大3年間、繰り越し控除ができる。
4. **適切**。記述のとおり。NISA口座内の損益は、プラスもマイナスもカウントしないので、他の口座と損益通算できない。

正 解 1

金融商品と税金

NISA（少額投資非課税制度）

問 50 NISA（少額投資非課税制度）に関する次の記述のうち、最も適切なものはどれか。なお、本問においては、NISA により投資収益が非課税となる口座を NISA 口座という。

1. NISA 口座で保有する上場株式の配当金を非課税扱いにするためには、配当金の受取方法として登録配当金受領口座方式を選択しなければならない。
2. NISA 口座で保有する金融商品を売却することで生じた譲渡損失の金額は、確定申告を行うことにより、同一年中に特定口座や一般口座で保有する金融商品を売却することで生じた譲渡益の金額と通算することができる。
3. 2024 年に NISA 口座を開設できるのは、国内に住所を有する者のうち、2024 年 1 月 1 日現在で 20 歳以上の者に限られる。
4. NISA 口座の開設先を現在開設している金融機関から別の金融機関に変更する場合、変更したい年分の前年の 10 月 1 日から変更したい年分の属する年の 9 月 30 日までに変更手続きを行う必要がある。

解 説　　チェック□□□

1. **不適切**。NISA 口座で受け取る配当金を非課税にするためには、受取方法を株式数比例配分方式にしなければならない。
2. **不適切**。NISA 口座内で生じた譲渡益や譲渡損は、いずれも他の口座の譲渡損益などと通算することはできない。
3. **不適切**。2024 年に NISA 口座を開設できるのは、2024 年 1 月 1 日現在で 18 歳以上の者である。
4. **最も適切**。記述のとおり。NISA 口座を開設する金融機関は、毎年変更することができる。変更は、前年の 10 月 1 日から可能である。

正 解　4

問 51 上場株式の譲渡および配当（一定の大口株主等が受けるものを除く）に係る税金に関する次の記述のうち、最も適切なものはどれか。なお、本問においては、NISA（少額投資非課税制度）により投資収益が非課税となる口座をNISA口座という。

1. 上場株式の配当について、総合課税を選択して確定申告をした場合、上場株式の譲渡損失の金額と損益通算することができる。
2. 上場株式等に係る配当所得等の金額と損益通算してもなお控除しきれない上場株式の譲渡損失の金額は、確定申告をすることにより、翌年以後5年間にわたって繰り越すことができる。
3. NISA口座で保有する上場株式の配当金を非課税扱いにするためには、配当金の受取方法として株式数比例配分方式を選択しなければならない。
4. NISA口座で保有する上場株式を売却したことで生じた譲渡損失の金額は、確定申告をすることにより、特定口座内の上場株式の譲渡益の金額と通算することができる。

解 説　　　　　チェック□□□

1. **不適切**。上場株式の配当について、上場株式の譲渡損失と損益通算ができるのは、申告分離課税を選択した場合である。
2. **不適切**。損益通算しても控除しきれない譲渡損失の金額は、確定申告をすることで、翌年以後3年間にわたって繰り越し控除ができる。
3. **最も適切**。記述のとおり。NISA口座で上場株式の配当金を非課税扱いにするためには、株式数比例配分方式を選択しなければならない。
4. **不適切**。NISA口座内で生じた譲渡損失は、なかったものとされるため、他の口座の譲渡益と通算することはできない。

正 解 **3**

金融商品と税金

NISA（少額投資非課税制度）

問 **52** NISA（少額投資非課税制度）に関する次の記述のうち、最も適切なものはどれか。なお、本問においては、2024年以降の特定非課税累積投資契約による非課税口座を NISA 口座という。また、2023年以前の一般 NISA により投資収益が非課税となる非課税口座を一般 NISA 口座という。

1. 特定口座で保有する上場株式を NISA 口座に設定される非課税管理勘定に移管することにより、移管後に生じた当該上場株式の譲渡益は非課税となる。
2. NISA 口座で保有する上場株式を売却することで生じた譲渡損失の金額のうち、損益通算してもなお控除しきれない金額は、確定申告を行うことにより、翌年以後3年間にわたって繰り越すことができる。
3. NISA 口座で保有する上場株式を売却することで生じた譲渡損失の金額は、上場株式の配当金の受取方法として株式数比例配分方式を選択した場合、当該口座で保有する上場株式の配当金の金額と通算することができる。
4. 2023年末までに一般 NISA 口座で受け入れていた金融商品を、非課税期間が終了した後において、2024年以降の新しい NISA 口座に移すことはできない。

解 説

チェック☐☐☐

1. **不適切**。すでに保有している上場株式を NISA 口座に入れることはできない。
2. **不適切**。NISA 口座で保有している上場株式を売却することで生じた利益も損失も税務上はカウントされないので、損益通算もできない。
3. **不適切**。NISA 口座で保有している上場株式を売却することで生じた譲渡損失を配当金と通算することもできない。
4. **最も適切**。2023年末までの旧制度の一般 NISA では、非課税期間が終了したときに、新たに翌年の非課税投資枠に移管させることができた（ロールオーバー）。しかし、旧制度と2024年以降の新しい NISA 制度は別枠となるため、2023年末までの一般 NISA 口座で受け入れていた金融商品を、新しい NISA 口座へ移すことはできない。

正 解 4

問 53 NISA（少額投資非課税制度）に関する次の記述のうち、最も適切なものはどれか。なお、本問においては、特定非課税累積投資契約による非課税口座のうち、特定非課税管理勘定を「成長投資枠」といい、特定累積投資勘定を「つみたて投資枠」という。また、2023年以前の一般NISA（非課税上場株式等管理契約に係る少額投資非課税制度）により投資収益が非課税となる勘定を一般NISA勘定という。

1. 2024年以降のNISA口座における年間投資枠は1人当たり、「成長投資枠」は120万円、「つみたて投資枠」は240万円の合計360万円である。
2. 「成長投資枠」と「つみたて投資枠」は、同一年中において、併せて新規投資に利用することができない。
3. 「つみたて投資枠」に受け入れている金融商品を売却することで生じた譲渡損失は、確定申告を行うことにより、同一年中に特定口座や一般口座で保有する金融商品を売却することで生じた譲渡益と通算することができる。
4. 2023年末までに一般NISA勘定に受け入れていた金融商品の非課税期間が終了し、受け入れていた金融商品を特定口座に移管する場合、当該特定口座における取得価額は、非課税期間終了時の時価となる。

解　説 チェック□□□

1. **不適切**。「つみたて投資枠」の非課税枠は120万円で、「成長投資枠」の非課税枠は240万円である。
2. **不適切**。「成長投資枠」や「つみたて投資枠」を同一年中に併用することはできる。
3. **不適切**。「成長投資枠」や「つみたて投資枠」で保有している金融商品を売却することで生じた譲渡損益は、利益も損失もなかったものとされるので、他の口座の譲渡損益と通算することはできない。
4. **最も適切**。記述のとおり。非課税期間の終了時の時価が、特定口座における取得価額となる。

正 解　4

問54 わが国における個人による金融商品取引に係るセーフティネットに関する次の記述のうち、最も不適切なものはどれか。

1. 日本国内に本店のある銀行の海外支店や外国銀行の在日支店に預け入れた預金は、その預金の種類にかかわらず、預金保険制度の保護の対象とならない。
2. 日本国内に本店のある銀行の国内支店に預け入れた外貨預金は、その金額の多寡にかかわらず、預金保険制度による保護の対象とならない。
3. 日本国内の証券会社が破綻し、分別管理が適切に行われていなかったために、一般顧客の資産の一部または全部が返還されない事態が生じた場合、日本投資者保護基金により、補償対象債権に係る顧客資産について一般顧客1人当たり1,000万円を上限として補償される。
4. 日本国内の証券会社が保護預かりしている一般顧客の外国株式は、日本投資者保護基金による補償の対象とならない。

解　説　　　　　チェック☐☐☐

1. **適切**。記述のとおり。国内銀行の海外支店や、外国銀行の在日支店の預金は、預金保険制度の保護の対象とはならない。
2. **適切**。記述のとおり。外貨預金は、預金保険制度の保護の対象外である。
3. **適切**。記述のとおり。国内証券会社が破綻しても、法律上の義務である分別管理が適切に行われているのであれば、顧客の資産は金額にかかわらず、すべて顧客に返還されるのが原則である。
4. **最も不適切**。外国株式であっても日本投資者保護基金による補償の対象である。

正　解 4

問55 わが国における個人による金融商品取引に係るセーフティネットに関する次の記述のうち、最も適切なものはどれか。

1. 外国銀行の在日支店に預け入れた当座預金は預金保険制度による保護の対象とならないが、日本国内に本店のある銀行の海外支店に預け入れた当座預金は預金保険制度による保護の対象となる。

2. 金融機関の破綻時において、同一の預金者が当該金融機関に複数の預金口座を有している場合、普通預金や定期預金などの一般預金等については、原則として、1口座ごとに元本1,000万円までとその利息等が、預金保険制度による保護の対象となる。

3. 日本国内で事業を行う生命保険会社が破綻した場合、生命保険契約者保護機構による補償の対象となる保険契約については、高予定利率契約を除き、原則として、破綻時点の責任準備金等の90％まで補償される。

4. 証券会社が破綻し、分別管理が適切に行われていなかったために、一般顧客の資産の一部または全部が返還されない事態が生じた場合、日本投資者保護基金は、補償対象債権に係る顧客資産について、その金額の多寡にかかわらず、全額を補償する。

解　説

チェック□□□

1. **不適切**。預金保険制度の保護の対象になる日本国内に本店のある銀行でも、その海外の支店に預け入れられた預金は保護の対象外である。

2. **不適切**。1口座ごとではなく、複数の口座がある場合は名寄せされて1人あたり元本1,000万円までとその利息等が保護の対象となる。

3. **最も適切**。記述のとおり。なお、一定の基準利率を超える高予定利率契約については、所定の計算式に基づき補償限度が引き下げられるようになっている。

4. **不適切**。全額ではなく、1人あたり1,000万円を上限に補償することになっている。

正　解 3

問56 わが国における個人による金融商品取引に係るセーフティネットに関する次の記述のうち、最も適切なものはどれか。

1. 確定拠出年金の加入者が運用の方法として選択した定期預金は、加入者の預金として、預金保険制度による保護の対象となる。

2. 日本国内で事業を行う生命保険会社が破綻した場合、生命保険契約者保護機構による補償の対象となる保険契約については、高予定利率契約を除き、原則として、破綻時点の責任準備金等の80%まで補償される。

3. 証券会社が破綻し、分別管理が適切に行われていなかったために、一般顧客の資産の一部または全部が返還されない事態が生じた場合、日本投資者保護基金により、補償対象債権に係る顧客資産について一般顧客1人当たり2,000万円を上限として補償される。

4. 銀行で購入した投資信託は、日本投資者保護基金による保護の対象となる。

3

金融資産運用

<hr>

解　説　　　　　　　　　　チェック□□□

1. **最も適切**。記述のとおり。確定拠出年金の中で利用した定期預金も預金保険制度による保護の対象であるため、1金融機関につき、1人あたり元本1,000万円とその利息が保護される。

2. **不適切**。原則として、破綻時点の責任準備金等の80%ではなく、破綻時点の責任準備金等の90%まで補償される。

3. **不適切**。日本投資者保護基金による補償は、一般顧客1人当たり2,000万円ではなく、一般顧客1人当たり1,000万円が上限である。

4. **不適切**。銀行で購入した投資信託は、日本投資者保護基金による保護の対象外である。ただ、銀行にも分別管理の義務付けはあるので、分別管理が適切に行われているのであれば、販売した銀行が破綻しても、顧客の投資信託には直接的な影響はない。

正　解　1

問 57 わが国における個人による金融商品取引に係るセーフティネットに関する次の記述のうち、最も適切なものはどれか。

1. 国内銀行に預け入れられている円建ての仕組預金は、他に預金を預け入れていない場合、預金者1人当たり元本1,000万円までと、その利息のうち通常の円建ての定期預金（仕組預金と同一の期間および金額）の店頭表示金利までの部分が預金保険制度による保護の対象となる。

2. ゆうちょ銀行に預け入れられている通常貯金は、他に貯金を預け入れていない場合、貯金者1人当たり元本1,300万円までとその利息が預金保険制度による保護の対象となる。

3. 金融機関同士が合併した場合、合併存続金融機関において、預金保険制度による保護の対象となる預金の額は、合併後1年間に限り、全額保護される預金を除き、預金者1人当たり1,300万円とその利息等となる。

4. 国内に本店のある銀行で購入した投資信託は、日本投資者保護基金による補償の対象となる。

解　説

チェック□□□

1. **最も適切**。記述のとおり。仕組預金も円建てであれば預金保険の保護の対象である。ただし、仕組預金の利息等については、預入時における通常の円定期預金（仕組預金と同一の期間および金額）の店頭表示金利までが預金保険の対象となり、それを超える部分は預金保険の対象外となる。

2. **不適切**。預金保険の保護の対象となるのは、元本1,000万円までとその利息等である。

3. **不適切**。金融機関が合併した場合は、合併後1年間に限り、全額保護される預金を除き「預金者1人当たり1,000万円×合併等に関わった金融機関の数」とその利息等となる。

4. **不適切**。銀行で購入した投資信託は、日本投資者保護基金による補償の対象外である。

正　解 1

問 58 わが国における個人による金融商品取引に係るセーフティネットに関する次の記述のうち、最も不適切なものはどれか。

1. 日本国内に本店のある銀行の国内支店に預け入れた円建ての仕組預金は、その元本、利息のいずれも預金保険制度による保護の対象とならない。
2. 日本国内に本店のある銀行の国内支店に預け入れた外貨預金は、その金額の多寡にかかわらず、預金保険制度による保護の対象とならない。
3. 日本国内に本店のある銀行の海外支店や外国銀行の在日支店に預け入れた預金は、その預金の種類にかかわらず、預金保険制度による保護の対象とならない。
4. 証券会社が破綻し、分別管理が適切に行われていなかったために、一般顧客の資産の一部または全部が返還されない事態が生じた場合、日本投資者保護基金により、補償対象債権に係る顧客資産について一般顧客1人当たり1,000万円を上限として補償される。

3

金融資産運用

解　説　　　　　　　　チェック□□□

1. **最も不適切**。円建ての仕組預金は、元本、利息のいずれも預金保険制度の保護の対象である。ただし、仕組預金の利息等については、預入時における通常の円定期預金（仕組預金と同一の期間および金額）の店頭表示金利までが預金保険の対象となり、それを超える部分は預金保険の対象外となる。
2. **適切**。記述のとおり。外貨預金は、預金保険制度の保護の対象外である。
3. **適切**。記述のとおり。日本国内に本店があっても、その銀行の海外の支店や、外国銀行の在日支店に預け入れられた預金は、預金保険制度の保護の対象外である。
4. **適切**。記述のとおり。ちなみに、破綻した証券会社が分別管理を適切に行っていれば、顧客の資産はすべて顧客に返還される。

正　解　　1

問 59 金融商品の取引等に係る各種法令に関する次の記述のうち、最も不適切なものはどれか。なお、本問においては、「金融サービスの提供に関する法律」を金融サービス提供法という。

1. 金融サービス提供法において、金融サービス仲介業の登録を受けた事業者は、銀行業・金融商品取引業・保険業・貸金業に係る金融サービスのうち、顧客に対し高度に専門的な説明を必要とする金融サービスを仲介することが認められている。

2. 金融商品取引法において、金融商品取引業者等が顧客と金融商品取引契約を締結しようとするときは、原則として、あらかじめ、重要事項を記載した契約締結前交付書面を交付することが義務付けられている。

3. 大阪取引所における金、白金などのコモディティを対象とした市場デリバティブ取引は、金融商品取引法の適用対象となる。

4. 消費者契約法において、消費者が事業者の一定の行為により誤認または困惑し、それによって消費者契約の申込みまたは承諾の意思表示をしたときは、消費者はこれを取り消すことができるとされている。

解　説　　　　　　　　　　　　　チェック□□□

1. **最も不適切**。金融サービス仲介業者は、顧客に対し高度に専門的な説明を必要とする金融サービスを仲介することはできないと定められている。

2. **適切**。記述のとおり。契約締結の際には、必ず、契約締結前交付書面の交付が義務付けられている。

3. **適切**。記述のとおり。取引所で売買されている金や白金（プラチナ）などのコモディティ（商品）を対象としたデリバティブ取引（＝市場デリバティブ取引）は、金融商品取引法の適用対象となっている。

4. **適切**。記述のとおり。消費者契約法では、消費者が誤認や困惑によって契約した場合は、その契約を取り消すことができる。

正 解 1

金融商品の取引に係る各種法規制　2023年1月出題

問 60 金融商品の取引等に係る各種法令に関する次の記述のうち、最も適切なものはどれか。なお、本問においては、「金融サービスの提供に関する法律」を金融サービス提供法、「犯罪による収益の移転防止に関する法律」を犯罪収益移転防止法という。

1. 金融商品取引法では、金融商品取引契約を締結しようとする金融商品取引業者等は、あらかじめ顧客（特定投資家を除く）に契約締結前交付書面を交付しなければならないとされているが、顧客から交付を要しない旨の意思表示があった場合、その交付義務は免除される。

2. 金融サービス提供法では、金融サービス仲介業の登録を受けた事業者は、銀行、証券、保険、貸金業の分野のサービスを仲介することができるが、特定の金融機関に所属し、その指導および監督を受けなければならないとされている。

3. 消費者契約法では、事業者の不適切な行為によって、消費者が誤認や困惑をし、それによって消費者契約の申込みまたはその承諾の意思表示をした場合、消費者は、当該契約によって生じた損害について賠償を請求することができるとされている。

4. 犯罪収益移転防止法では、金融機関等の特定事業者が顧客と特定業務に係る取引を行った場合、特定事業者は、原則として、直ちに当該取引に関する記録を作成し、当該取引の行われた日から7年間保存しなければならないとされている。

解 説　チェック□□□

1. **不適切**。金融商品取引契約の際の契約締結前交付書面は、顧客から交付を要しない旨の意思表示があっても、その交付義務は免除されない。

2. **不適切**。金融サービス仲介業は、1つの登録さえあれば、銀行・証券・保険や貸金すべての分野での仲介業務が実施可能になる業態を指す。ただし、「特定の金融機関への所属制の廃止」、「取り扱い可能なサービスの範囲の制限」などが決められている。

3. **不適切**。消費者契約法では、消費者が誤認や困惑によって契約した場合は、その契約を取り消すことができる。損害賠償が請求できるわけではない。

4. **最も適切**。記述のとおり。犯罪収益移転防止法では、金融機関等の特定事業者が顧客と特定業務に係る取引を行った場合、原則として、直ちに当該取引に関する記録を作成し、当該取引の行われた日から7年間保存しなければならない。

正 解 4

4

タックスプランニング

問 1 所得税の基本的な仕組みに関する次の記述のうち、最も適切なものはどれか。

1. 所得税では、納税者が申告した所得金額に基づき、納付すべき税額を税務署長が決定する賦課課税方式が採用されている。

2. 所得税の課税対象は国内において生じた所得のみであり、国外において生じた所得が課税対象となることはない。

3. 所得税における居住者とは、国内に住所を有し、または現在まで引き続いて1年以上居所を有する個人をいう。

4. 所得税額の計算において課税総所得金額に乗じる税率には、課税総所得金額が大きくなるにつれて段階的に税率が高くなる超過累進税率が採用されており、その最高税率は30%である。

解　説　　　　　　　　チェック□□□

1. **不適切**。納税義務者が所得や税額を計算する申告納税方式を採用している。申告納税方式と反対の関係にあるのが賦課課税方式であり個人住民税などが採用している。

2. **不適切**。下の図表①及び②参照。

3. **最も適切**。下の図表①参照。

4. **不適切**。課税総所得金額に対する所得税額は、最低5％から最高45％までの超過累進税率により計算される。

区分		定義	課税所得の範囲
居住者	① 非永住者以外の居住者	次のいずれかに該当する個人のうち非永住者以外の者 ・日本国内に住所を有する者 ・日本国内に現在まで引き続き1年以上居所を有する者	国内及び国外において生じた全ての所得
	② 非永住者	居住者のうち、次のいずれにも該当する者 ・日本国籍を有していない者 ・過去10年以内において、日本国内に住所又は居所を有していた期間の合計が5年以下である者	国外源泉所得以外の所得及び国外源泉所得で日本国内において支払われ、又は国外から送金されたもの
③	非居住者	居住者以外の個人	国内源泉所得

正解 3

所得税の仕組み

問 2 所得税の基本的な仕組みに関する次の記述のうち、最も不適切なものはどれか。

1. 所得税では、原則として、納税者本人の申告により納付すべき税額が確定し、この確定した税額を納付する申告納税制度が採用されている。
2. 所得税の納税義務を負うのは居住者のみであり、非居住者が所得税の納税義務を負うことはない。
3. 所得税では、課税対象となる所得を10種類に区分し、それぞれの所得の種類ごとに定められた計算方法により所得の金額を計算する。
4. 所得税額の計算において課税総所得金額に乗じる税率は、課税総所得金額が大きくなるにつれて段階的に税率が高くなる超過累進税率が採用されている。

解 説　　　　　　チェック□□□

1. **適切**。納税義務者が所得や税額を計算する申告納税方式を採用している。申告納税方式と反対の関係にあるのが賦課課税方式であり個人住民税などが採用している。
2. **最も不適切**。非居住者は国内において生じた所得（国内源泉所得）に限って課税される。
3. **適切**。所得を利子所得、配当所得、不動産所得、事業所得、給与所得、退職所得、山林所得、譲渡所得、一時所得、雑所得の10種類に分類し、さらに総合課税と分離課税に区分して所得の金額を計算する。
4. **適切**。課税総所得金額に対する所得税額は、最低5%から最高45%までの超過累進税率により計算される。

正 解 2

所得税の仕組み

問 3 所得税の基本的な仕組みに関する次の記述のうち、最も適切なものはどれか。

1. 非永住者以外の居住者は、国内源泉所得に加え、国外源泉所得のうち国内において支払われたものおよび国外から送金されたものに限り、所得税の納税義務がある。
2. 所得税における青色申告制度では、納税者に記帳義務および帳簿書類保存義務が課されている。
3. 各種所得の金額の計算上、収入金額には、原則として、その年において収入すべきことが確定した金額のうち、未収入の金額を控除した額を計上する。
4. 所得税は、納税者が申告をした後に、税務署長が所得や納付すべき税額を決定する賦課課税方式を採用している。

解　説

チェック□□□

1. **不適切**。

定義	課税所得の範囲
次のいずれかに該当する個人のうち非永住者以外の者 ・日本国内に住所を有する者 ・日本国内に現在まで引き続き1年以上居所を有する者	国内及び国外において生じた全ての所得

2. **最も適切**。不動産所得、事業所得、山林所得を生ずべき業務を営む者で税務署長の承認を受けている者が青色申告者となる。青色申告は法定の帳簿書類を備え付けて取引を記録し、かつ、保存することを要件としている。この要件を課す見返りとして税金計算上の特典を与えている。

3. **不適切**。収入金額には、原則として、その年において収入すべきことが確定した金額を計上する。

4. **不適切**。納税義務者が所得や税額を計算する申告納税方式を採用している。申告納税方式と反対の関係にあるのが賦課課税方式であり個人住民税などが採用している。

正 解 2

問 4 所得税の原則的な仕組みに関する次の記述のうち、最も不適切なものはどれか。

1. 所得税では、課税対象となる所得を 10 種類に区分し、それぞれの所得の種類ごとに定められた計算方法により所得の金額を計算する。
2. 合計所得金額は、損益通算後の各種所得の金額の合計額に、純損失や雑損失の繰越控除を適用した後の金額である。
3. 課税総所得金額に対する所得税額は、課税総所得金額に応じて 7 段階に区分された税率を用いて計算される。
4. 所得税では、納税者本人が所得の金額とこれに対応する税額を計算し、申告・納付する申告納税方式を採用している。

4 タックスプランニング

解　説　　チェック□□□

1. **適切**。所得を利子所得、配当所得、不動産所得、事業所得、給与所得、退職所得、山林所得、譲渡所得、一時所得、雑所得の 10 種類に分類している。
2. **最も不適切**。合計所得金額とは、事業所得、給与所得、雑所得、配当所得、不動産所得などの所得金額を合計した金額（損益通算後の金額）であり、純損失や雑損失等の繰越控除を適用する前の金額のことをいう。
3. **適切**。課税総所得金額に対する所得税額は、最低 5 ％から最高 45 ％までの超過累進税率により計算される。
4. **適切**。納税義務者が所得や税額を計算する申告納税方式を採用している。申告納税方式と反対の関係にあるのが賦課課税方式であり個人住民税などが採用している。

正　解 2

問 5 所得税における各種所得に関する次の記述のうち、最も適切なものはどれか。

1. 不動産の貸付けをしたことに伴い敷金の名目により収受した金銭の額のうち、その全部または一部について、返還を要しないことが確定した金額は、その確定した日の属する年分の不動産所得の金額の計算上、総収入金額に算入する。

2. 老齢基礎年金の受給者の公的年金等に係る雑所得以外の所得に係る合計所得金額が1,000万円を超える場合、雑所得の金額の計算上、老齢基礎年金に係る収入金額から公的年金等控除額は控除されない。

3. 退職一時金を受け取った退職者が、「退職所得の受給に関する申告書」を提出している場合、所得税および復興特別所得税として、退職一時金の支給額の20.42％が源泉徴収される。

4. 為替予約を締結していない外貨定期預金を満期時に円貨で払い戻した結果生じた為替差益は、一時所得として総合課税の対象となる。

解 説

チェック□□□

1. **最も適切**。保証金・敷金等のうち不動産等の貸付期間に関係なく返還を要しないこととなる部分の金額は、不動産取得の総収入金額に算入する。

2. **不適切**。公的年金等に係る雑所得以外の所得に係る合計所得金額が1,000万円を超える場合でも、最低40万円から最高185.5万円控除できる。

3. **不適切**。受給者が「退職所得の受給に関する申告書」を提出している場合は、原則として「（退職手当等の金額－退職所得控除額）×１／２＝課税退職所得金額」に対して一定の源泉徴収及び特別徴収をする。受給者が「退職所得の受給に関する申告書」を提出していない場合は、「退職手当等の金額×20.42％」を源泉徴収する。この場合は、確定申告が必要である。

4. **不適切**。為替差益は雑所得として総合課税の対象となる。

正 解 1

問 6 所得税における所得の種類に関する次の記述のうち、最も適切なものはどれか。

1. 不動産の貸付けを事業的規模で行ったことにより生じた賃料収入に係る所得は、不動産所得となる。
2. 会社の役員が役員退職金を受け取ったことによる所得は、給与所得となる。
3. 個人年金保険の契約者（＝保険料負担者）である個人が、その保険契約に基づき、年金受給開始後に将来の年金給付の総額に代えて受け取った一時金に係る所得は、退職所得となる。
4. 会社員が勤務先から無利息で金銭を借り入れたことにより生じた経済的利益は、雑所得となる。

4
タックスプランニング

解 説

チェック□□□

1. **最も適切**。不動産の賃料収入は貸付け規模の大小に関係なく不動産所得となる。
2. **不適切**。役員退職金は退職所得になる。受給者が「退職所得の受給に関する申告書」を提出している場合は、退職所得＝「(収入金額－退職所得控除額（勤続年数に応じた金額))×1／2」となる。ただし、特定役員退職手当等である場合は、計算式の2分の1計算の適用はない。
3. **不適切**。年金受取人が個人年金保険の年金を一括で受け取る場合は、一時所得となる。
4. **不適切**。会社員が無利息で金銭を借り入れたことによる経済的利益は、通常支払うべき利息に相当する金額が給与所得となる。

正 解 **1**

所得金額の計算方法

所得の種類

問 7 所得税における各種所得の金額の計算方法に関する次の記述のうち、最も不適切なものはどれか。

1. 利子所得の金額は、「利子等の収入金額－元本を取得するために要した負債の利子の額」の算式により計算される。
2. 不動産所得の金額は、原則として、「不動産所得に係る総収入金額－必要経費」の算式により計算される。
3. 一時所得の金額は、「一時所得に係る総収入金額－その収入を得るために支出した金額－特別控除額」の算式により計算される。
4. 退職所得の金額は、特定役員退職手当等および短期退職手当等に係るものを除き、「（退職手当等の収入金額－退職所得控除額）×１／２」の算式により計算される。

解 説　　　　チェック□□□

1. **最も不適切**。利子所得の金額＝「利子等の収入金額」で計算する。
2. **適切**。不動産所得の金額＝「不動産所得に係る総収入金額－必要経費」。
3. **適切**。一時所得の金額＝「一時所得に係る総収入金額－その収入を得るために支出した金額の合計額－特別控除額（最高で50万円）」。なお、２分の１は総所得金額を計算する際に行う。
4. **適切**。退職所得の金額＝「（収入金額－退職所得控除額（勤続年数に応じた金額））×１／２」。
※特定役員退職手当等および短期退職手当等以外
（参考）退職所得控除額

勤続年数	退職所得控除額
20年以下	40万円×勤続年数（最低80万円）
20年超	800万円＋70万円×（勤続年数－20年）

正 解 1

所得金額の計算方法

所得の種類

問 **8** 所得税における各種所得に関する次の記述のうち、最も不適切なものはどれか。

1. 事業所得の金額は、原則として、その年中の「事業所得に係る総収入金額－必要経費」の算式により計算される。
2. 給与所得の金額は、原則として、その年中の「給与等の収入金額－給与所得控除額」の算式により計算される。
3. 不動産所得の金額は、原則として、その年中の「不動産所得に係る総収入金額－必要経費」の算式により計算される。
4. 一時所得の金額は、原則として、その年中の「一時所得に係る総収入金額－その収入を得るために支出した金額の合計額」の算式により計算される。

解 説　　　　　　**チェック□□□**

1. **適切**。事業所得＝「事業所得に係る総収入金額－必要経費」。
2. **適切**。給与所得＝「給与等の収入金額－給与所得控除額」。特定支出加算額がある場合は給与所得控除額に加算することができる。
3. **適切**。不動産所得＝「不動産所得に係る総収入金額－必要経費」。
4. **最も不適切**。一時所得＝「総収入金額－その収入を得るために支出した金額の合計額－特別控除額（最高で50万円）」。なお、2分の1は総所得金額を計算する際に行う。

正 解　**4**

問 9 所得税における各種所得に関する次の記述のうち、最も不適切なものはどれか。

1. 不動産所得の金額は、原則として、「不動産所得に係る総収入金額－必要経費」の算式により計算される。
2. 賃貸の用に供している土地の所有者が、当該土地を取得した際に支出した仲介手数料は、当該土地の取得価額に算入されるため、その支払った年分の不動産所得の金額の計算上、必要経費に算入することはできない。
3. 個人による不動産の貸付けが事業的規模である場合、その賃貸収入による所得は、事業所得に該当する。
4. 借家人が賃貸借の目的とされている居宅の立退きに際して受け取る立退き料（借家権の消滅の対価の額に相当する部分の金額を除く）は、原則として一時所得に該当する。

解 説

チェック□□□

1. **適切**。不動産所得＝「不動産所得に係る総収入金額－必要経費」。
2. **適切**。その資産の購入代価、仲介手数料等の付随費用及び事業の用に供するために直接要した費用が取得価額に算入される。ちなみに、不動産取得税や登録免許税その他登記のために要する費用等の額は、たとえ固定資産の取得に関連して支出するものであっても、これを固定資産の取得価額に算入しないことができる。
3. **最も不適切**。不動産所得である。貸付け規模の大小に関係なく賃貸収入は不動産所得となる。
4. **適切**。一時所得とは、営利を目的とする継続的行為から生じた所得以外の所得で、労務や役務の対価としての性質や資産の譲渡による対価としての性質を有しない一時の所得をいう。例えば、競馬や競輪の払戻金、生命保険の一時金や損害保険の満期返戻金等が該当する。

正 解 3

課税標準と損益通算

損益通算

問10 所得税の損益通算に関する次の記述のうち、最も適切なものはどれか。

1. 先物取引に係る雑所得の金額の計算上生じた損失の金額は、不動産所得の金額と損益通算することができる。
2. 業務用車両を譲渡したことによる譲渡所得の金額の計算上生じた損失の金額は、事業所得の金額と損益通算することができる。
3. 不動産所得の金額の計算上生じた損失の金額のうち、不動産所得を生ずべき土地の取得に要した負債の利子の額に相当する部分の金額は、事業所得の金額と損益通算することができる。
4. 生命保険の解約返戻金を受け取ったことによる一時所得の金額の計算上生じた損失の金額は、不動産所得の金額と損益通算することができる。

解　説

チェック□□□

　損益通算の対象となる損失は、①不動産所得の損失（例外有り）、②事業所得の損失、③譲渡所得の損失（例外有り）、④山林所得の損失である。

1. **不適切**。上記①から④に該当しないため損益通算の対象とならない。
2. **最も適切**。総合課税の譲渡所得として上記③に該当し、事業所得や給与所得などの他の所得と損益通算することができる。
3. **不適切**。上記①の（例外有り）に該当する。不動産所得の金額の計算上生じた損失の金額のうち、土地等の取得に要した負債利子は損益通算の対象とならない。
4. **不適切**。上記①から④に該当しないため損益通算の対象とならない。

正解 2

重要度 **A**

2023年9月出題

問 11 所得税の損益通算に関する次の記述のうち、最も適切なものはどれか。

1. 終身保険の解約返戻金を受け取ったことによる一時所得の金額の計算上生じた損失の金額は、給与所得の金額と損益通算することができる。

2. 先物取引に係る雑所得の金額の計算上生じた損失の金額は、上場株式等に係る譲渡所得の金額と損益通算することができる。

3. 不動産所得の金額の計算上生じた損失の金額のうち、不動産所得を生ずべき業務の用に供する土地の取得に要した負債の利子の額に相当する部分の金額は、事業所得の金額と損益通算することができる。

4. 業務用車両を売却したことによる譲渡所得の金額の計算上生じた損失の金額は、事業所得の金額と損益通算することができる。

解　説

チェック□□□

　損益通算の対象となる損失は、①不動産所得の損失（例外有り）、②事業所得の損失、③譲渡所得の損失（例外有り）、④山林所得の損失である。

1. **不適切**。一時所得の損失は、上記①から④に該当しないため損益通算の対象とならない。

2. **不適切**。先物取引に係る雑所得の損失は、上記①から④に該当しないため損益通算の対象とならない。

3. **不適切**。上記①の（例外有り）に該当する。不動産所得の金額の計算上生じた損失の金額のうち、土地等の取得に要した負債利子は損益通算の対象とならない。

4. **最も適切**。総合課税の譲渡所得として上記③に該当し、事業所得や給与所得などの他の所得と損益通算することができる。

正解 4

問 12 所得税の損益通算に関する次の記述のうち、最も適切なものはどれか。

1. 不動産所得の金額の計算上生じた損失の金額のうち、不動産所得を生ずべき業務の用に供する土地の取得に要した負債の利子に相当する部分の金額は、給与所得の金額と損益通算できる。
2. 先物取引に係る雑所得の金額の計算上生じた損失の金額は、不動産所得の金額と損益通算することができる。
3. 生命保険を解約して解約返戻金を受け取ったことによる一時所得の金額の計算上生じた損失の金額は、事業所得の金額と損益通算することができる。
4. 農業に係る事業所得の金額の計算上生じた損失の金額は、不動産所得の金額と損益通算することができる。

解　説　　　　　チェック□□□

　損益通算の対象となる損失は、①不動産所得の損失（例外有り）、②事業所得の損失、③譲渡所得の損失（例外有り）、④山林所得の損失である。

1. **損益通算できない。** 不動産所得の損失は損益通算できるが、例外として土地等の取得に要した負債利子は損益通算できない。上記①の例外に該当する。
2. **損益通算できない。** 上記①～④に該当しない。
3. **損益通算できない。** 上記①～④に該当しない。
4. **損益通算できる。** 上記②に該当する。

正 解 **4**

問 13 所得税の各種所得の金額の計算上生じた次の損失の金額のうち、他の所得の金額と損益通算できないものはどれか。

1．不動産所得の金額の計算上生じた損失の金額のうち、不動産所得を生ずべき建物の取得に要した負債の利子に相当する部分の金額
2．生活の用に供していた自家用車を売却したことによる譲渡所得の金額の計算上生じた損失の金額
3．コンサルティング事業を行ったことによる事業所得の金額の計算上生じた損失の金額
4．取得してから5年が経過した山林を伐採して譲渡したことによる山林所得の金額の計算上生じた損失の金額

解　説　　　　　　　　　　チェック□□□

　損益通算の対象となる損失は、①不動産所得の損失（例外有り）、②事業所得の損失、③譲渡所得の損失（例外有り）、④山林所得の損失である。
1．**損益通算できる**。不動産所得の損失は損益通算できる。ただし、例外として土地等の取得に要した負債利子は損益通算できない。
2．**損益通算できない**。自家用車の譲渡は所得税法上非課税となる。譲渡利益が非課税なので、その逆の譲渡損失は他の所得との損益通算ができない。
3．**損益通算できる**。上記②に該当する。
4．**損益通算できる**。上記④に該当する。

正解 2

問 **14** 「居住用財産の買換え等の場合の譲渡損失の損益通算及び繰越控除」（以下「本特例」という）に関する次の記述のうち、最も適切なものはどれか。

1. 納税者が本特例の適用を受けるためには、譲渡した居住用財産の所有期間が、譲渡した日の属する年の1月1日時点で10年を超えていなければならない。
2. 本特例のうち、譲渡損失の損益通算の特例の適用を受けるためには、買換資産を取得した日の属する年の12月31日時点において、買換資産に係る住宅借入金等の金額を有していなければならない。
3. 本特例のうち、譲渡損失の損益通算の特例の適用を受けるためには、納税者のその年分の合計所得金額が3,000万円以下でなければならない。
4. 納税者が本特例の適用を受けた場合、買換資産に係る住宅借入金等の金額を有していたとしても、住宅借入金等特別控除の適用を受けることはできない。

4

タックスプランニング

解　説

チェック□□□

1. **不適切**。譲渡の年の1月1日における所有期間が5年を超える資産で日本国内にあるものの譲渡であること。
2. **最も適切**。買換資産を取得した年の12月31日において買換資産について償還期間10年以上の住宅借入金等を有すること。なお、繰越控除の適用を受ける場合は、繰越控除を適用する年の12月31日においても償還期間10年以上の住宅借入金等を有すること。
3. **不適切**。新たにこの特例の適用を受ける年分に合計所得金額要件はない。繰越控除の適用を受ける年分（新たにこの特例の適用を受けた翌年分以降の年分）においては、その年の合計所得金額が3,000万円を超えないことが要件となっている。
4. **不適切**。譲渡資産に係る本特例と買換資産に係る住宅借入金等特別控除は併用できる。

正解 2

課税標準と損益通算

損益通算

2022年5月出題

問 15 所得税の各種所得の金額の計算上生じた次の損失の金額のうち、他の所得の金額と損益通算できるものはどれか。

1. 不動産所得の金額の計算上生じた損失の金額のうち、不動産所得を生ずべき建物の取得に要した負債の利子に相当する部分の金額
2. 生活の用に供していた自家用車を売却したことにより生じた損失の金額
3. 別荘を譲渡したことにより生じた損失の金額
4. ゴルフ会員権を譲渡したことにより生じた損失の金額

解　説　　　　　チェック□□□

1. **損益通算できる。** 不動産所得の損失は損益通算できる。ただし、例外として土地等の取得に要した負債利子は損益通算できない。
2. **損益通算できない。** 自家用車の譲渡は所得税法上非課税となる。譲渡利益が非課税なので、その逆の譲渡損失は他の所得との損益通算ができない。
3. **損益通算できない。** 別荘等の生活に通常必要でない資産の譲渡損失（平成26年4月1日以後に行ったゴルフ会員権の譲渡により生じた損失を含む。）は損益通算できない。
4. **損益通算できない。** 上記3と同じ。

正 解 1

所得控除

総合

問 16 所得税における所得控除に関する次の記述のうち、最も適切なものはどれか。

1．納税者が支払った生命保険の保険料は、その金額の多寡にかかわらず、支払った全額を生命保険料控除として総所得金額等から控除することができる。
2．納税者が支払った地震保険の保険料は、その金額の多寡にかかわらず、支払った全額を地震保険料控除として総所得金額等から控除することができる。
3．控除対象扶養親族のうち、その年の 12 月 31 日現在の年齢が 19 歳以上 23 歳未満の者は、特定扶養親族に該当する。
4．控除対象扶養親族のうち、その年の 12 月 31 日現在の年齢が 65 歳以上の者は、老人扶養親族に該当する。

解 説　　　　　　チェック☐☐☐

1．**不適切**。生命保険料控除額の限度額は 12 万円（合計金額）である。対象となる生命保険の種類は新・旧生命保険料、介護医療保険料、新・旧個人年金保険料があり、一定の計算式により算出された金額の合計金額を控除する。
2．**不適切**。地震保険料控除額の限度額は 5 万円である。支払保険料 5 万円以下であればその支払保険料全額、支払保険料 5 万円超であれば 5 万円となる。
3．**最も適切**。下表③
4．**不適切**。老人扶養親族は下表⑤である。

扶養親族の種類		控除額
①年少扶養親族	16 歳未満	控除なし
②一般扶養親族	16 歳〜 18 歳	38 万円
③特定扶養親族	19 歳〜 22 歳	63 万円
④一般扶養親族	23 歳〜 69 歳	38 万円
⑤老人扶養親族	70 歳以上　一般	48 万円
	同居老親	58 万円

正 解 3

問 17 所得税における所得控除に関する次の記述のうち、最も適切なものはどれか。

1. 納税者が医師の診療に係る医療費を支払った場合、その全額を医療費控除として総所得金額等から控除することができる。
2. 納税者が特定一般用医薬品等（スイッチOTC医薬品等）の購入費を支払った場合、その全額を医療費控除として総所得金額等から控除することができる。
3. 納税者が確定拠出年金の個人型年金の掛金を支払った場合、その全額を社会保険料控除として総所得金額等から控除することができる。
4. 納税者が国民年金基金の掛金を支払った場合、その全額を社会保険料控除として総所得金額等から控除することができる。

解　説

チェック□□□

1. **不適切**。「医療費控除額（最高200万円）＝医療費－保険金等で補填された金額－次のいずれか低い金額」
  （注）① 10万円と② 総所得金額等の合計額の5％相当額
2. **不適切**。特定一般用医薬品等購入費の合計額（保険金等により補填される部分の金額を除く。）のうち、12,000円を超える部分の金額（88,000円を限度）を控除できる。
3. **不適切**。確定拠出年金の個人型年金の掛金は、その全額を小規模企業共済等掛金控除として総所得金額等から控除することができる。
4. **最も適切**。納税者や納税者と生計を一にしている配偶者その他の親族が負担することになっている健康保険、厚生年金保険、雇用保険、国民健康保険、国民年金、国民年金基金等の保険料等の全額が、納税者の社会保険料控除の対象である。

正解 4

問 **18** 所得税における所得控除に関する次の記述のうち、最も不適切なものはどれか。なお、ほかに必要とされる要件等はすべて満たしているものとする。

1. 所得税法上の障害者に該当する納税者は、その年分の合計所得金額の多寡にかかわらず、障害者控除の適用を受けることができる。
2. 納税者は、その年分の合計所得金額の多寡にかかわらず、基礎控除の適用を受けることができる。
3. 納税者は、その年分の合計所得金額が500万円を超える場合、ひとり親控除の適用を受けることができない。
4. 納税者は、その年分の合計所得金額が1,000万円を超える場合、配偶者の合計所得金額の多寡にかかわらず、配偶者控除の適用を受けることができない。

解 説

チェック□□□

1. **適切**。障害者に該当する納税者の合計所得金額要件はない。
2. **最も不適切**。①納税者の合計所得金額2,400万円以下は48万円
   ②納税者の合計所得金額2,400万円超2,450万円以下は32万円
   ③納税者の合計所得金額2,450万円超2,500万円以下は16万円
   ④納税者の合計所得金額2,500万円超は0円
3. **適切**。納税者の合計所得金額は500万円以下であること。
4. **適切**。①納税者の合計所得金額900万円以下は38万円
   ②納税者の合計所得金額900万円超950万円以下は26万円
   ③納税者の合計所得金額950万円超1,000万円以下は13万円
   ④納税者の合計所得金額1,000万円超は0円

正解 2

問 19 次のうち、納税者本人が所得金額調整控除の適用の対象とならないものはどれか。なお、納税者本人の給与等の収入金額は 850 万円を超えており、納税者本人に公的年金等に係る雑所得の金額はないものとする。

1．納税者本人が特別障害者である場合
2．納税者本人の同一生計配偶者が特別障害者である場合
3．納税者本人が年齢 23 歳未満の扶養親族を有する場合
4．納税者本人が年齢 70 歳以上の扶養親族を有する場合

解 説　　　　　チェック□□□

　所得金額調整控除は、給与等の収入金額が 850 万円を超える給与所得者で、次の①から③のいずれかに該当する給与所得者の総所得金額を計算する場合に控除する。

控除額＝｛給与等の収入金額（1,000 万円超の場合は 1,000 万円）－ 850 万円｝× 10%

＜適用対象者＞
　① 本人が特別障害者に該当する者
　② 年齢 23 歳未満の扶養親族を有する者
　③ 特別障害者である同一生計配偶者又は扶養親族を有する者
1．対象となる。上記①に該当する。
2．対象となる。上記③に該当する。
3．対象となる。上記②に該当する。
4．**対象とならない。上記①から③のいずれにも該当しない。**

正 解 　4

問20 所得税における医療費控除に関する次の記述のうち、最も適切なものはどれか。

1．医療費はその年中に実際に支払った金額が医療費控除の対象となり、未払いとなっている医療費は実際に支払われるまで医療費控除の対象とならない。
2．入院に際し必要となる寝巻きや洗面具などの身の回り品の購入費用は、医療費控除の対象となる。
3．自家用車で通院した際に支払ったガソリン代や駐車場代は、医療費控除の対象となる。
4．給与所得者は、年末調整により医療費控除の適用を受けることができる。

解　説

チェック□□□

1．**最も適切**。未払医療費は控除できない。支払った年分で控除する。
2．**不適切**。入院の室料（通常のもの）や入院中の食事代（通常のもの）は医療費控除の対象となるが、入院の際の身の回り品は医療費控除の対象とならない。
3．**不適切**。通院に要した電車代やバス代は医療費控除の対象となるが、自家用車で通院したときのガソリン代や駐車場代は医療費控除の対象とならない。
4．**不適切**。年末調整で適用されない所得控除は、①雑損控除、②医療費控除、③寄附金控除の3項目である。

正　解　1

問 21 所得税における医療費控除に関する次の記述のうち、最も不適切なものはどれか。なお、「特定一般用医薬品等購入費を支払った場合の医療費控除の特例」は考慮しないものとする。

1. 納税者が自己と生計を一にする配偶者のために支払った医療費の金額は、当該納税者の医療費控除の対象となる。
2. 医師等による診療等を受けるために電車、バス等の公共交通機関を利用した場合に支払った通院費で通常必要なものは、医療費控除の対象となる。
3. 医療費の補塡として受け取った保険金は、その補塡の対象となった医療費の金額を限度として、支払った医療費の金額から差し引かれる。
4. 納税者が自己の風邪の治療のために支払った医薬品の購入費の金額は、医師の処方がない場合、医療費控除の対象とはならない。

解　説　　　　　チェック□□□

1. **適切**。納税者本人だけでなく、納税者と生計を一にする配偶者やその他の親族のために支払った医療費も医療費控除の対象となる。
2. **適切**。通院に要した電車代やバス代は医療費控除の対象となるが、自家用車で通院したときのガソリン代や駐車場代は医療費控除の対象とならない。
3. **適切**。保険金などで補てんされる金額は、その給付の目的となった医療費の金額を限度として差し引くことになる。引ききれない金額が生じた場合であっても他の医療費からは差し引かない。
4. **最も不適切**。医師の処方がない場合でも、治療又は療養に必要な医薬品の購入費は医療費控除の対象となる。

正解 4

所得控除

寡婦控除

問 **22** 所得税における寡婦控除に関する次の記述のうち、最も不適切なものはどれか。なお、記載されたもの以外の要件はすべて満たしているものとする。

1. 夫と死別した後に婚姻をしていない納税者は、扶養親族を有していない場合であっても、寡婦控除の適用を受けることができる。
2. 夫と離婚した後に婚姻をしていない納税者は、納税者と事実上婚姻関係と同様の事情にあると認められる一定の者がいる場合であっても、寡婦控除の適用を受けることができる。
3. 納税者の合計所得金額が500万円を超えている場合、寡婦控除の適用を受けることはできない。
4. 寡婦控除とひとり親控除は、重複して適用を受けることができない。

解 説

チェック□□□

寡婦とは次のいずれかに該当する者（ひとり親に該当する者を除く）をいう。
(1) 夫と離婚した後婚姻をしていない者のうち、
　①扶養親族があること
　②合計所得金額が500万円以下であること
　③住民票の続柄に「夫（未届）」の記載がされていないこと
(2) 夫と死別した後婚姻をしていない者又は夫の生死が明らかでないなどの者のうち、
　①合計所得金額が500万円以下であること
　②住民票の続柄に「夫（未届）」の記載がされていないこと
1. **適切**。上記（2）は扶養親族の要件はない。
2. **最も不適切**。上記（1）の③の要件を満たさないので寡婦控除の適用を受けられない。
3. **適切**。上記（1）及び（2）ともに要件となっている。
4. **適切**。上記の通り。

正解 2

問 23 所得税における住宅借入金等特別控除（以下「住宅ローン控除」という）に関する次の記述のうち、最も不適切なものはどれか。なお、2023年3月に住宅ローンを利用して住宅を取得し、同年中にその住宅を居住の用に供したものとする。

1．住宅ローン控除の適用を受けるためには、原則として、住宅を取得した日から6ヵ月以内に自己の居住の用に供し、適用を受ける年分の12月31日まで引き続き居住していなければならない。

2．住宅ローン控除の対象となる住宅は、床面積が40㎡以上であり、その3分の2以上に相当する部分がもっぱら自己の居住の用に供されるものでなければならない。

3．中古住宅を取得し、住宅ローン控除の適用を受ける場合、当該住宅は、1982年1月1日以降に建築された住宅、または一定の耐震基準に適合する住宅でなければならない。

4．新たに取得した住宅を居住の用に供した年に、これまで居住していた居住用財産を譲渡して「居住用財産を譲渡した場合の3,000万円の特別控除」の適用を受けた場合、住宅ローン控除の適用を受けることはできない。

解　説

チェック□□□

1．**適切**。家屋を取得後6ヵ月以内に居住の用に供し、原則として、各年の12月31日まで引き続き居住することが適用要件となっている。

2．**最も不適切**。住宅ローン控除の対象となる住宅は、床面積が50㎡以上（合計所得金額が1,000万円以下の者は40㎡以上）であり、床面積の2分の1以上が専ら自己の居住用であることが適用要件となっている。

3．**適切**。2022年度税制改正により2022年1月1日居住分から築年数要件は撤廃され、新耐震基準に適合する家屋（1982年1月1日以降に建築された家屋は新耐震基準に適合する家屋とみなす）が適用対象となる中古住宅の要件に加えられた。

4．**適切**。居住の用に供した年とその前2年、後3年の6年間に、居住用財産を譲渡した場合の長期譲渡所得の課税の特例などの適用を受けている場合は住宅ローン控除の適用を受けることはできない。

正 解 2

税額控除

住宅ローン控除

重要度 **A**

2023年1月出題

問24 所得税における住宅借入金等特別控除（以下「住宅ローン控除」という）に関する次の記述のうち、最も不適切なものはどれか。なお、記載されたもの以外の要件はすべて満たしているものとする。

1. 住宅ローンの一部繰上げ返済を行い、借入金の償還期間が当初の借入れの日から10年未満となった場合であっても、残りの控除期間について住宅ローン控除の適用を受けることができる。
2. 中古住宅を取得した場合であっても、当該住宅が一定の耐震基準に適合するときは、住宅ローン控除の適用を受けることができる。
3. 転勤に伴う転居等のやむを得ない事由により、住宅ローン控除の適用を受けていた者がその住宅を居住の用に供しなくなった場合に、翌年以降に再び当該住宅を居住の用に供すれば、原則として、再入居した年以後の控除期間内について住宅ローン控除の適用を受けることができる。
4. 住宅ローン控除の適用を受ける最初の年分は、必要事項を記載した確定申告書に一定の書類を添付し、納税地の所轄税務署長に提出しなければならない。

4
タックスプランニング

解　説

チェック□□□

1. **最も不適切**。対象となる借入金は償還期間が10年以上（繰上げ返済を行った場合でも、当初の借入日から10年以上）で割賦償還のものであることが適用要件となっている。
2. **適切**。2022年度税制改正により2022年1月1日居住分から中古住宅における築年数要件が撤廃され、新耐震基準に適合する家屋（1982年1月1日以降に建築された家屋は新耐震基準に適合する家屋とみなす）が適用対象に加えられた。
3. **適切**。その住宅に再び居住した場合には、一定の要件の下、その再居住年以後住宅ローン控除の再適用を受けることができる。再適用を受けるためには、再度確定申告が必要である。
4. **適切**。最初の年は確定申告が必要である。2年目以降は年末調整により控除を受けることができる。

正 解 1

問 25 所得税における住宅借入金等特別控除（以下「住宅ローン控除」という）に関する次の記述のうち、**最も適切なもの**はどれか。なお、2022年4月に住宅ローンを利用して住宅を取得し、同月中にその住宅を居住の用に供したものとする。

1. 住宅ローン控除の対象となる家屋は、納税者がもっぱら居住の用に供する家屋に限られ、店舗併用住宅は対象とならない。
2. 住宅を新築した場合の住宅ローン控除の控除額の計算上、借入金等の年末残高に乗じる控除率は、0.7％である。
3. 住宅ローン控除の適用を受けようとする場合、納税者のその年分の合計所得金額は3,000万円以下でなければならない。
4. 住宅ローン控除の適用を受けていた者が、転勤等のやむを得ない事由により転居したため、取得した住宅を居住の用に供しなくなった場合、翌年以降に再び当該住宅をその者の居住の用に供したとしても、再入居した年以降、住宅ローン控除の適用を受けることはできない。

解 説

チェック□□□

1. **不適切**。店舗併用住宅も一定要件を満たせば適用対象となる。店舗併用住宅などの場合は家屋の床面積全体の2分の1以上が専ら自己の居住用であることが適用要件となっている。
2. **最も適切**。2022年度税制改正により2022年1月1日居住分から控除率は0.7％（改正前は1％）となった。
3. **不適切**。2022年度税制改正により2022年1月1日居住分から合計所得金額要件は2,000万円（改正前は3,000万円）以下となった。
4. **不適切**。その住宅に再び居住した場合には、一定の要件の下、その再居住年以後住宅ローン控除の再適用を受けることができる。再適用を受けるためには、再度確定申告が必要である。

正解 **2**

問26 住宅を新築または取得した場合の所得税における住宅借入金等特別控除（以下「住宅ローン控除」という）に関する次の記述のうち、最も適切なものはどれか。

1. 住宅ローン控除の対象となる借入金は、契約による償還期間が15年以上のものに限られる。
2. 住宅ローン控除の対象となる家屋は、床面積の2分の1以上に相当する部分がもっぱら自己の居住の用に供されるものでなければならない。
3. 住宅ローン控除の適用を受けるためには、その対象となる家屋を新築または取得した日から3ヵ月以内に自己の居住の用に供さなければならない。
4. 住宅ローン控除は、納税者が給与所得者である場合、所定の書類を勤務先に提出することにより、住宅を取得し、居住の用に供した年分から年末調整により適用を受けることができる。

解　説　　　　　　　チェック□□□

1. **不適切**。対象となる借入金は償還期間が10年以上（繰上げ返済を行った場合でも、当初の借入日から10年以上）で割賦償還のものであることが適用要件となっている。
2. **最も適切**。店舗併用住宅も一定要件を満たせば適用対象となる。店舗併用住宅などの場合は家屋の床面積全体の2分の1以上が専ら自己の居住用であることが適用要件となっている。
3. **不適切**。家屋を取得後6ヵ月以内に居住の用に供し、原則として、各年の12月31日まで引き続き居住することが適用要件となっている。
4. **不適切**。最初の年は確定申告が必要である。2年目以降は年末調整により控除を受けることができる。

正　解 2

問 27 所得税の申告に関する次の記述のうち、最も適切なものはどれか。

1. 青色申告者は、仕訳帳、総勘定元帳その他一定の帳簿を原則として10年間保存しなければならない。
2. 青色申告者が申告期限後に確定申告書を提出した場合、適用を受けることができる青色申告特別控除額は最大55万円となる。
3. 青色申告者の配偶者で青色事業専従者として給与の支払いを受ける者は、その者の合計所得金額の多寡にかかわらず、控除対象配偶者には該当しない。
4. 青色申告者に損益通算してもなお控除しきれない損失の金額（純損失の金額）が生じた場合、その損失の金額を翌年以後最長で7年繰り越して、各年分の所得金額から控除することができる。

解　説

チェック□□□

1. **不適切**。帳簿の保存期間は7年間である。
2. **不適切**。55万円（一定の要件を満たす場合は65万円）の青色申告特別控除額の適用を受けるには、正規の簿記の原則に従って記録し期限内申告が要件となっている。その他は最高10万円の青色申告特別控除額となる。
3. **最も適切**。青色事業専従者給与の金額に関係なく、配偶者が青色専従者給与の支払いを受けている場合には控除対象配偶者に該当しない。よって配偶者控除の適用はない。
4. **不適切**。青色申告者の特典として損益通算しても控除しきれない金額（純損失の金額）が生じたときには、その損失額を翌年以後3年間にわたって繰越控除できる。

正　解 **3**

問 28 所得税の申告に関する次の記述のうち、最も適切なものはどれか。

1. その年中の公的年金等の収入金額の合計が 450 万円であり、それ以外の所得が原稿料に係る雑所得の金額 20 万円のみである者は、確定申告を行う必要はない。
2. 年の中途で死亡した者のその年分の所得税について確定申告を要する場合、原則として、その相続人は、相続の開始があったことを知った日の翌日から 2 ヵ月以内に、死亡した者に代わって確定申告をしなければならない。
3. その年の 1 月 16 日以後新たに業務を開始した者が、その年分から青色申告の適用を受けようとする場合、その業務を開始した日の属する月の翌月までに、「所得税の青色申告承認申請書」を納税地の所轄税務署長に提出しなければならない。
4. 前年からすでに業務を行っている者が、本年分から新たに青色申告の適用を受けるために、提出期限までに「所得税の青色申告承認申請書」を提出した場合、その年の 12 月 31 日までに、その申請につき承認または却下の処分がなかったときは、青色申告の承認があったものとみなされる。

4
タックスプランニング

解　説

チェック□□□

1. **不適切**。公的年金等の収入金額が 400 万円以下で、かつ、その公的年金等に係る雑所得以外の所得金額が 20 万円以下である場合は、確定申告は不要である。
2. **不適切**。年の中途で死亡した人の場合は、相続人等が、1 月 1 日から死亡した日までに確定した所得金額及び税額を計算して、相続の開始があったことを知った日の翌日から 4 ヵ月以内に申告と納税をしなければならない。これを準確定申告という。
3. **不適切**。青色申告の承認を受けようとする年の 3 月 15 日までに納税地の所轄税務署長に「青色申告承認申請書」を提出しなければならない。なお、その年の 1 月 16 日以後新たに事業を開始した場合には開業後 2 ヵ月以内が期限となる。
4. **最も適切**。青色申告の承認を受けようとする年の 12 月 31 日（その年の 11 月 1 日以降新たに業務を開始した場合には、その年の翌年の 2 月 15 日）までに処分の通知がなかったときは、承認されたものとみなされる。

正解 4

問 29 所得税の申告と納付等に関する次の記述のうち、最も不適切なものはどれか。

1. 給与所得者が、医療費控除の適用を受けることにより、給与から源泉徴収された税金の還付を受けようとする場合、納税地の所轄税務署長に確定申告書を提出する必要がある。
2. 年間の給与収入の金額が 2,000 万円を超える給与所得者は、年末調整の対象とならない。
3. 確定申告書を提出した納税者が、法定申告期限後に計算の誤りにより所得税を過大に申告していたことに気づいた場合、原則として、法定申告期限から 5 年以内に限り、更正の請求をすることができる。
4. 納税者が、確定申告に係る所得税について延納の適用を受けようとする場合、納期限までに納付すべき所得税額の 3 分の 1 相当額以上を納付する必要がある。

解 説

チェック□□□

1. **適切**。所得控除のうち雑損控除、医療費控除、寄附金控除の適用を受ける場合は確定申告が必要である。年末調整では控除できない。
2. **適切**。給与の年収が 2,000 万円を超える者は、支払者が年末調整を行うことができないため、確定申告をする必要がある。
3. **適切**。納める税金が多過ぎた場合や還付される税金が少な過ぎた場合は更正の請求をすることができる。更正の請求ができる期間は、原則として法定申告期限から 5 年以内である。
4. **最も不適切**。確定申告により納付する所得税額の 2 分の 1 以上の金額を納期限までに納付し、残りの額を同年 5 月 31 日まで延納することができる。延納期間中は利子税がかかる。

正解 **4**

問30 次のうち、青色申告者のみが適用を受けることができる所得税の青色申告の特典として、最も不適切なものはどれか。

1. 棚卸資産の評価における低価法の選択
2. 純損失の繰戻還付
3. 雑損失の繰越控除
4. 中小事業者の少額減価償却資産の取得価額の必要経費算入

解 説　　　　　　　チェック□□□

青色申告の主な特典は次の通りである。

① 青色事業専従者給与（必要経費に算入）
② 青色申告特別控除（10万円、55万円、65万円）
③ 純損失の繰越控除（翌年以降3年間繰越控除）
④ 純損失の繰戻し還付（前年分の所得税のうち一定の金額の還付）
⑤ 中小企業者の少額減価償却資産の取得価額の必要経費算入（取得価額が30万円未満の減価償却資産が対象）

1. **適切**。棚卸資産の低価法による評価が可能。
2. **適切**。上記④に該当する。
3. **最も不適切**。雑損失（災害、盗難、横領による損失）の繰越控除は白色申告でも適用を受けることができる。
4. **適切**。上記⑤に該当する。

正解 3

個人住民税・個人事業税 重要度 A

個人住民税

問31 個人住民税の原則的な仕組みに関する次の記述のうち、最も適切なものはどれか。

1. 個人住民税の課税は、その年の4月1日において都道府県内または市町村（特別区を含む）内に住所を有する者に対して行われる。
2. 個人住民税の所得割額は、所得税の所得金額の計算に準じて計算した前々年中の所得金額から所得控除額を控除し、その金額に税率を乗じて得た額から税額控除額を差し引くことにより算出される。
3. 所得税および個人住民税の納税義務がある自営業者は、所得税の確定申告をした後、住民税の申告書も提出しなければならない。
4. 納税者が死亡した時点で未納付の個人住民税があったとしても、相続の放棄をした者は、その未納付分を納税する義務を負わない。

解　説　　　　　　　　　　チェック□□□

1. **不適切**。個人住民税の賦課期日は1月1日であり、1月1日の住所地の市町村（特別区）及び道府県（都）が納付先となる。
2. **不適切**。所得割額は、前年の所得金額に応じて課税される。
3. **不適切**。所得税の確定申告や年末調整を行っている場合、個人住民税の申告は不要。
4. **最も適切**。相続の開始があったことを知った時から3ヵ月以内に、家庭裁判所で相続放棄の手続きを行うことで未納税金を支払う必要はなくなる。

正解 4

法人税

法人税の仕組み

重要度 **A**

2024年1月出題

問 32 法人税の仕組みに関する次の記述のうち、最も適切なものはどれか。

1. 法人は、法人税の納税地に異動があった場合、原則として、異動前および異動後の納税地の所轄税務署長にその旨を届け出なければならない。
2. 新設法人が設立事業年度から青色申告の適用を受けようとする場合は、設立の日から1ヵ月以内に、「青色申告の承認申請書」を納税地の所轄税務署長に提出し、その承認を受けなければならない。
3. 期末資本金の額等が1億円以下の一定の中小法人に対する法人税の税率は、所得金額のうち年800万円以下の部分について軽減税率が適用される。
4. 青色申告法人は、仕訳帳・総勘定元帳等の帳簿を備えて取引に関する事項を記録するとともに、当該帳簿を、その事業年度の確定申告書の提出期限の翌日から事業の廃止日後7年を経過するまで保存しなければならない。

4

タックスプランニング

解　説　　　　　　　　　　チェック□□□

1. **不適切**。異動届出書は異動前の納税地の所轄税務署長に提出する。
2. **不適切**。新設法人が青色申告の承認を受けようとする場合の「青色申告の承認申請書」の提出期限は、設立の日から3ヵ月を経過した日の前日または最初の事業年度終了の日の前日のいずれか早い日までである。
3. **最も適切**。一定の中小法人に対する法人税の軽減税率は所得金額のうち800万円以下の部分について適用される。

<法人税の税率>

普通法人	23.2%	
中小法人	年800万円超	23.2%
	年800万円以下	15%

4. **不適切**。帳簿を備え付けてその取引を記録するとともに、その帳簿と取引等に関して作成または受領した書類を、その事業年度の確定申告書の提出期限の翌日から7年間（一定の場合は10年）保存しなければならない。

正　解 3

問 33 法人税の益金に関する次の記述のうち、最も不適切なものはどれか。なお、法人は内国法人（普通法人）であるものとする。

1. 法人が法人税の還付を受けた場合、その還付された金額は、原則として、還付加算金を除き、益金の額に算入する。
2. 法人が個人から債務の免除を受けた場合、その免除された債務の金額は、原則として、益金の額に算入する。
3. 法人が個人から無償で土地の譲渡を受けた場合、その土地の時価に相当する金額は、原則として、益金の額に算入する。
4. 法人が支払いを受けた完全支配関係のある他の法人の株式等（完全子法人株式等）に係る配当等の額は、所定の手続により、その全額が益金不算入となる。

解 説　　　　　チェック☐☐☐

1. **最も不適切**。法人税の還付金額は益金不算入、還付加算金は益金算入する。ちなみに、法人税の納付金額は損金不算入となる。
2. **適切**。免除された債務金額を債務免除益として益金算入する。
3. **適切**。会社は時価で取得したものとされ、土地の時価相当額を受贈益として益金算入する。
4. **適切**。

株式等の区分（株式保有割合）	受取配当等の額
完全子法人株式等（100%）	100%益金不算入
関連法人株式等（3分の1超100%未満）	負債利子控除後の金額100%益金不算入
その他の株式等（5%超3分の1以下）	50%益金不算入
非支配目的株式等（5%以下）	20%益金不算入

正 解 1

法人税
法人税の仕組み

問34 法人税の仕組みに関する次の記述のうち、最も不適切なものはどれか。

1. 法人税の各事業年度の所得の金額は、その事業年度の益金の額から損金の額を控除した金額である。
2. 新設法人が設立事業年度から青色申告の適用を受けようとする場合は、設立の日から2ヵ月以内に、「青色申告の承認申請書」を納税地の所轄税務署長に提出し、その承認を受けなければならない。
3. 期末資本金の額等が1億円以下の一定の中小法人に対する法人税の税率は、所得金額のうち年800万円以下の部分については軽減税率が適用される。
4. 過去に行った法人税の確定申告について、計算に誤りがあったことにより、納付した税額が過大であったことが判明した場合、原則として、法定申告期限から5年以内に限り、更正の請求をすることができる。

解　説

チェック□□□

1. **適切**。税法上の所得金額は益金の額から損金の額を控除して計算する。一方、企業会計上の利益金額は収益の額から費用・損失の額を控除して計算するため、両者は必ずしも一致するものではない。したがって、企業会計上の当期純利益を基に申告調整（会計と税務の不一致を加算・減算調整）して税務上の課税所得金額を算出する。
2. **最も不適切**。新設法人が青色申告の承認を受けようとする場合の「青色申告の承認申請書」の提出期限は、設立の日から3ヵ月を経過した日の前日または最初の事業年度終了の日の前日のいずれか早い日までである。
3. **適切**。一定の中小法人に対する法人税の軽減税率は所得金額のうち800万円以下の部分について適用される。

　　＜法人税の税率＞

普通法人	23.2%	
中小法人	年800万円超	23.2%
	年800万円以下	15%

4. **適切**。納める税金が多過ぎた場合や還付される税金が少な過ぎた場合は更正の請求をすることができる。更正の請求ができる期間は、原則として法定申告期限から5年以内である。

正解 2

問 35 法人税の仕組みに関する次の記述のうち、最も適切なものはどれか。

1. 法人税の納税地は、原則として、その法人の代表者の住所または居所の所在地である。
2. 法人は、法人税の納税地に異動があった場合、原則として、異動前の納税地の所轄税務署長にその旨を届け出なければならない。
3. 法人税の確定申告書は、原則として、各事業年度終了の日の翌日から1ヵ月以内に、納税地の所轄税務署長に提出しなければならない。
4. 期末資本金の額等が1億円以下の一定の中小法人に対する法人税の税率は、所得金額のうち1,000万円以下の部分について軽減税率が適用される。

解　説

チェック□□□

1. **不適切**。法人の納税地は、その本店又は主たる事務所の所在地である。
2. **最も適切**。2017年4月1日以後の納税地の異動に係る異動届出書は、異動後の納税地の所轄税務署長への提出が不要となり異動前の納税地の所轄税務署長にのみ提出すればよいこととなった。
3. **不適切**。法人税の申告期限は各事業年度終了の日の翌日から2ヵ月以内である。なお、災害その他やむを得ない理由又は会計監査を受けなければならないことなどにより決算が確定しない場合には、申告期限の延長が認められる。
4. **不適切**。一定の中小法人に対する法人税の軽減税率は所得金額のうち800万円以下の部分について適用される。

正　解 2

法人税

法人税の仕組み

問 **36**　法人税の仕組みに関する次の記述のうち、最も適切なものはどれか。

1. 法人税の納税地は、原則として、その法人の代表者の住所または居所の所在地である。
2. 法人税の各事業年度の所得の金額は、その事業年度の益金の額からその事業年度の損金の額を控除した金額である。
3. 期末資本金の額等が1億円以下の一定の中小法人に対する法人税の税率は、所得金額のうち年1,000万円以下の部分について軽減税率が適用される。
4. 法人税の確定申告書は、原則として、各事業年度終了の日の翌日から1ヵ月以内に、納税地の所轄税務署長に提出しなければならない。

4　タックスプランニング

解　説　　　　チェック□□□

1. **不適切**。原則として、本店もしくは主たる事務所の所在地が納税地となる。
2. **最も適切**。税法上の所得金額は益金の額から損金の額を控除して計算する。一方、企業会計上の利益金額は収益の額から費用・損失の額を控除して計算するため、両者は必ずしも一致するものではない。したがって、企業会計上の当期純利益を基に申告調整（会計と税務の不一致を加算・減算調整）して税務上の課税所得金額を算出する。
3. **不適切**。中小法人（期末資本金の額1億円以下など）に適用される法人税の税率は、課税所得金額800万円以下の部分と課税所得金額800万円超の部分で異なる。その他の法人（期末資本金の額1億円超など）は課税所得金額の金額にかかわらず一律である。
4. **不適切**。法人税の申告（納付）期限は各事業年度終了の日の翌日から2ヵ月以内である。なお、災害その他やむを得ない理由又は会計監査を受けなければならないことなどにより決算が確定しない場合には、申告（納付）期限の延長が認められる。ただし、納付期限の延長分の利子税の負担が生じる。

正　解　**2**

問 37　法人税の損金に関する次の記述のうち、最も不適切なものはどれか。

1．法人が従業員の業務遂行中の交通違反に係る反則金を負担した場合、その負担金は、損金の額に算入することができる。

2．法人が減価償却資産として損金経理した金額のうち、償却限度額に達するまでの金額は、その全額を損金の額に算入することができる。

3．損金の額に算入される租税公課のうち、事業税については、原則として、その事業税に係る納税申告書を提出した日の属する事業年度の損金の額に算入することができる。

4．法人が国または地方公共団体に対して支払った寄附金は、原則として、その全額を損金の額に算入することができる。

解　説　　　　　チェック□□□

1．**最も不適切**。損金不算入となる租税公課は法人税、法人住民税、延滞税、延滞金、加算税、過怠税、交通反則金などである。

2．**適切**。減価償却費は当期の償却限度額の範囲内で損金経理した金額が損金の額に算入される。

3．**適切**。損金算入となる租税公課は法人事業税、固定資産税、都市計画税、事業所税、自動車税などである。損金算入時期は事業税、事業所税、酒税などの申告納税方式による租税については、納税申告書を提出した事業年度である。

4．**適切**。国、地方公共団体に対する寄附金や財務大臣の指定した寄附金などは全額損金に算入される。

正　解　1

法人税

損金

2023年5月出題

問38 **法人税の損金に関する次の記述のうち、最も不適切なものはどれか。**

1. 法人が納付した法人税の本税の額は、損金の額に算入することができない。
2. 法人が納付した法人住民税の本税の額は、損金の額に算入することができる。
3. 法人が納付した法人事業税の本税の額は、損金の額に算入することができる。
4. 法人が負担した従業員の業務中の交通違反に対して課された交通反則金の額は、損金の額に算入することができない。

4
タックスプランニング

解 説　　　　チェック□□□

1. **適切**。損金不算入となる租税公課は法人税、法人住民税、延滞税、延滞金、加算税、過怠税、交通反則金などである。
2. **最も不適切**。上記1と同じ。
3. **適切**。損金算入となる租税公課は法人事業税、固定資産税、都市計画税、事業所税、自動車税などである。損金算入時期は酒税、事業税、事業所税などの申告納税方式による租税については、納税申告書を提出した事業年度である。
4. **適切**。上記1と同じ。

正 解 2

問 39 法人税の損金に関する次の記述のうち、最も不適切なものはどれか。

1. 法人が国または地方公共団体に対して支払った寄附金は、確定申告書に当該寄附金の明細を記載した書類を添付することで、その全額を損金の額に算入することができる。

2. 得意先への接待のために支出した飲食費で、参加者1人当たりの支出額が5,000円以下であるものについては、一定の書類を保存している場合、その全額を損金の額に算入することができる。

3. 法人が役員に支給した定期同額給与を損金の額に算入するためには、所定の時期に確定額を支給する旨の定めの内容をあらかじめ税務署長に届け出なければならない。

4. 損金の額に算入される租税公課のうち、事業税については、原則として、その事業税に係る納税申告書を提出した日の属する事業年度の損金の額に算入することができる。

解 説

チェック□□□

1. **適切**。国、地方公共団体に対する寄附金や財務大臣の指定した寄附金などは全額損金に算入される。

2. **適切**。1人当たり5,000円以下の飲食費（役職員間の飲食費を除く。）は、法人税の計算上、交際費等の額に含まれない。

3. **最も不適切**。法人が役員に対して支給する給与の額のうち定期同額給与、事前確定届出給与又は業績連動給与のいずれにも該当しないものの額は損金の額に算入されない。

　定期同額給与とは、その支給時期が1か月以下の一定の期間ごとである給与で、その事業年度の各支給時期における支給額又は支給額から源泉税等の額を控除した金額が同額であるものをいう。税務署長への届出は不要である。

4. **適切**。事業税は損金算入される租税公課である。損金算入時期は酒税、事業税、事業所税などの申告納税方式による租税については、納税申告書を提出した事業年度である。

正 解 3

問40 法人税に関する次の記述のうち、最も適切なものはどれか。

1. 法人が特定公益増進法人に支払った寄附金（確定申告書に明細を記載した書類の添付あり）は、その全額を損金の額に算入することができる。
2. 法人が納付した法人税の本税および法人住民税の本税は、その全額を損金の額に算入することができる。
3. 法人が減価償却費として損金経理した金額のうち、償却限度額に達するまでの金額は、その事業年度の損金の額に算入することができる。
4. 期末資本金の額等が1億円以下の一定の中小法人が支出した交際費等のうち、年1,000万円までの金額は、損金の額に算入することができる。

解 説

チェック□□□

1. **不適切**。一般の寄附金の損金算入限度額とは別枠で特定公益増進法人に対する寄附金の損金算入限度額が設けられている。
2. **不適切**。損金算入となる租税公課は法人事業税、固定資産税、都市計画税、事業所税、自動車税などである。一方、損金不算入となる租税公課は法人税、法人住民税、延滞税、延滞金、加算税、過怠税、交通反則金などである。
3. **最も適切**。減価償却費は当期の償却限度額の範囲内で損金経理した金額が損金の額に算入される。
4. **不適切**。次の①と②いずれかの選択適用。
   ① 交際費等の額のうち、800万円以下を全額損金算入
   ② 交際費等の額のうち、飲食のために支出する費用の額の50%を損金算入

正 解 **3**

問 41 法人税の損金に関する次の記述のうち、最も不適切なものはどれか。

1. 法人が法人税および法人住民税を納付した場合、その全額を損金の額に算入することができる。
2. 法人が会議に関連して、茶菓、弁当その他これらに類する飲食物を供与するために通常要する費用を支出した場合、その全額を損金の額に算入することができる。
3. 法人が役員に対して定期同額給与を支給した場合、不相当に高額な部分の金額など一定のものを除き、その全額を損金の額に算入することができる。
4. 法人が減価償却費として損金経理した金額のうち、償却限度額に達するまでの金額は、その全額を損金の額に算入することができる。

解 説

チェック□□□

1. **最も不適切**。損金算入となる租税公課は法人事業税、固定資産税、都市計画税、事業所税、自動車税などである。一方、損金不算入となる租税公課は法人税、法人住民税、延滞税、延滞金、加算税、過怠税、交通反則金などである。
2. **適切**。会議に関連して、茶菓、弁当その他これらに類する飲食物を供与するために通常要する費用（会議費）やカレンダー、手帳、扇子、うちわ、手ぬぐいその他これらに類する物品を贈与するために通常要する費用（広告宣伝費）などは損金の額に算入される。
3. **適切**。役員給与は「定期同額給与」、「事前確定届出給与」、「業績連動給与」が原則として損金に算入される。なお、これらの給与に該当しても不相当に高額な部分の金額は損金の額に算入されない。
4. **適切**。減価償却費は当期の償却限度額の範囲内で損金経理した金額が損金の額に算入される。

正解 **1**

法人税

会社と役員間の取引

2024年1月出題

問42 会社と役員間の取引に係る所得税・法人税に関する次の記述のうち、最も不適切なものはどれか。

1. 会社が役員に対して無利息で金銭の貸付けを行った場合、原則として、通常収受すべき利息に相当する金額が、会社の益金の額に算入される。
2. 役員が会社の所有する社宅に無償で居住している場合、原則として、通常の賃貸料相当額が、その役員の給与所得の収入金額に算入される。
3. 会社が役員に対して支給する当該会社の株式上場に係る記念品（現物に代えて支給する金銭は含まない）であって、社会通念上記念品としてふさわしく、かつ、その価額が1万円以下のものは、役員の給与所得の収入金額に算入しない。
4. 役員が所有する建物を適正な時価の2分の1以上かつ適正な時価未満の価額で会社に譲渡した場合、その役員は、適正な時価により当該土地を譲渡したものとして譲渡所得の計算を行う。

解　説

チェック□□□

1. **適切**。会社は通常の利息相当額を益金に算入する。一方、役員は通常の利息相当額が給与所得となり所得税・住民税が課税される。
2. **適切**。会社は通常の賃貸料相当額で賃貸したものとされ、通常の賃貸料相当額が役員給与として取り扱われる。一方、役員は通常の賃貸料相当額が給与所得となり所得税・住民税が課税される。
3. **適切**。記念品（現物に代えて支給する金銭は含まない。）で、次に掲げる要件のいずれにも該当するものについては、課税しない。
   ①その支給する記念品が社会通念上記念品としてふさわしいものであり、かつ、そのものの価額（処分見込価額により評価した価額）が1万円以下のものであること。
   ②創業記念のように一定期間ごとに到来する記念に際し支給する記念品については、創業後相当な期間（おおむね5年以上の期間）ごとに支給するものであること。
4. **最も不適切**。譲渡対価が時価の2分の1以上のときは、実際の譲渡対価を譲渡収入とする。ちなみに、譲渡対価が時価の2分の1未満の場合は、役員は時価で譲渡したものとみなされる。

正解 4

問 43 会社と役員間の取引に係る所得税・法人税に関する次の記述のうち、最も不適切なものはどれか。

1. 会社が役員に対して無利息で金銭の貸付けを行った場合、原則として、通常収受すべき利息に相当する金額が、その会社の所得金額の計算上、益金の額に算入される。

2. 会社が役員からの借入金について債務免除を受けた場合、その債務免除を受けた金額が、その会社の所得金額の計算上、益金の額に算入される。

3. 役員が所有する土地を適正な時価の2分の1未満の価額で会社に譲渡した場合、その役員は、適正な時価の2分の1に相当する金額により当該土地を譲渡したものとして譲渡所得の計算を行う。

4. 役員が会社の所有する社宅に無償で居住している場合、原則として、通常の賃貸料相当額が、その役員の給与所得の収入金額に算入される。

解　説　　　　　　　チェック□□□

1. **適切**。会社は通常の利息相当額を益金に算入する。一方、役員は通常の利息相当額が給与所得となり所得税・住民税が課税される。

2. **適切**。会社は債務免除益として益金算入する。

3. **最も不適切**。譲渡対価が時価の2分の1未満の場合は、役員は時価で譲渡したものとみなされる。なお、譲渡対価が時価の2分の1以上のときは、実際の譲渡対価を譲渡収入とする。

4. **適切**。会社は通常の賃貸料相当額で賃貸したものとされ、通常の賃貸料相当額が役員給与として取り扱われる。一方、役員は通常の賃貸料相当額が給与所得となり所得税・住民税が課税される。

正解 3

法人税

会社と役員間の取引

問44 会社と役員間の取引に係る所得税・法人税に関する次の記述のうち、最も不適切なものはどれか。

1. 会社が株主総会の決議を経て役員に対して退職金を支給した場合、その退職金の額は、不相当に高額な部分の金額など一定のものを除き、その会社の所得金額の計算上、損金の額に算入することができる。
2. 会社が役員に対して無利息で金銭の貸付けを行った場合、原則として、通常収受すべき利息に相当する金額が、その会社の所得金額の計算上、益金の額に算入される。
3. 役員が所有する土地を適正な時価の2分の1未満の価額で会社に譲渡した場合、その役員は、適正な時価により当該土地を譲渡したものとして譲渡所得の計算を行う。
4. 役員が会社の所有する社宅に無償で居住している場合、原則として、通常の賃貸料相当額が、その役員の雑所得の収入金額に算入される。

解 説　　　チェック☐☐☐

1. **適切**。役員退職給与は原則として損金算入される。ただし、会社が事実を隠蔽又は仮装して経理した役員退職給与や、不相当に高額な部分の金額は損金算入しない。
2. **適切**。会社は適正な利息相当額を益金の額に算入する。適正な利息相当額より低い場合の差額は役員給与として取り扱われる。一方、役員は適正な利息相当額との差額が給与所得となり所得税・住民税が課税される。
3. **適切**。会社は時価で取得したものとされる。適正な時価より低い価額で譲渡した場合は、会社はその差額を益金（受贈益）として取り扱う。一方、役員においては、譲渡対価が時価の2分の1未満で譲渡したときは、時価で譲渡したものとみなされる。また、譲渡対価が時価の2分の1以上のときは、実際の譲渡対価を譲渡収入とする。
4. **最も不適切**。会社は通常の賃貸料相当額で賃貸したものとされ、通常の賃貸料相当額が役員給与として取り扱われる。一方、役員は通常の賃貸料相当額が給与所得となり所得税・住民税が課税される。

正解 4

問 45 会社と役員間の取引に係る所得税・法人税に関する次の記述のうち、最も不適切なものはどれか。

1. 会社が役員からの借入金について債務免除を受けた場合、会社はその債務免除を受けた金額を益金の額に算入する。
2. 会社が役員に対して無利息で金銭の貸付けを行った場合、原則として、通常収受すべき利息に相当する金額が、会社の益金の額に算入される。
3. 役員が所有する建物を適正な時価の2分の1以上かつ時価未満の価額で会社に譲渡した場合、役員は、時価相当額を譲渡価額として譲渡所得の計算を行う。
4. 会社が役員に対して支給した退職金は、不相当に高額な部分の金額など一定のものを除き、損金の額に算入することができる。

解 説 チェック□□□

1. **適切**。会社は債務免除益として益金算入する。
2. **適切**。会社は通常の利息相当額を益金に算入する。一方、役員は通常の利息相当額が給与所得となり所得税・住民税が課税される。
3. **最も不適切**。役員は譲渡対価が時価の2分の1未満のときは、役員は時価で譲渡したものとみなされる。なお、譲渡対価が時価の2分の1以上のときは、実際の譲渡対価を譲渡収入とする。
4. **適切**。役員退職給与は原則として損金算入される。ただし、会社が事実を隠蔽又は仮装して経理した役員退職給与や、不相当に高額な部分の金額は損金算入しない。

正 解 3

問 46 会社と役員間の取引に係る所得税・法人税に関する次の記述のうち、最も不適切なものはどれか。

1. 会社が株主総会の決議を経て役員に対して退職金を支給した場合、その退職金の額は、不相当に高額な部分の金額など一定のものを除き、その会社の所得金額の計算上、損金の額に算入することができる。
2. 会社が役員の所有する土地を時価未満の価額で譲り受けた場合、時価と譲受対価の差額相当額は、その会社の所得金額の計算上、益金の額に算入される。
3. 役員が会社に無利息で金銭の貸付けを行った場合、原則として、通常収受すべき利息に相当する金額が、その役員の雑所得の収入金額に算入される。
4. 役員が会社の所有する社宅に無償で居住している場合、原則として、通常の賃料相当額が、その役員の給与所得の収入金額に算入される。

4
タックスプランニング

解 説

チェック□□□

1. **適切。** 役員退職給与は原則として損金算入される。ただし、会社が事実を隠蔽又は仮装して経理した役員退職給与や、不相当に高額な部分の金額は損金算入しない。
2. **適切。** 会社は時価で取得したものとされる。適正な時価より低い価額で譲渡した場合は、会社はその差額を益金（受贈益）として取り扱う。一方、役員においては、譲渡対価が時価の2分の1未満で譲渡したときは、時価で譲渡したものとみなされる。また、譲渡対価が時価の2分の1以上のときは、実際の譲渡対価を譲渡収入とする。
3. **最も不適切。** 役員が会社に無利息で金銭を貸付けた場合には、原則として課税関係は生じない。なお、利息を受け取った場合には雑所得として総合課税の対象となる。
4. **適切。** 会社は通常の賃貸料相当額で賃貸したものとされ、通常の賃貸料相当額が役員給与として取り扱われる。一方、役員は通常の賃貸料相当額が給与所得となり所得税・住民税が課税される。

正 解 3

問47 会社と役員間の取引に係る所得税・法人税に関する次の記述のうち、最も不適切なものはどれか。

1. 役員が所有する土地を会社に譲渡した場合、その譲渡価額が適正な時価の2分の1未満であるときは、適正な時価により譲渡所得の金額が計算される。
2. 役員が会社に無利息で金銭の貸付けを行った場合、原則として、通常収受すべき利息に相当する金額が、その役員の雑所得の収入金額に算入される。
3. 会社が所有する建物を適正な時価よりも高い価額で役員に譲渡した場合、その会社の所得の金額の計算上、適正な時価と譲渡対価の差額は、益金の額に算入される。
4. 会社が役員に無利息で金銭の貸付けを行った場合、原則として、その会社の所得の金額の計算上、適正な利率により計算した利息相当額が益金の額に算入される。

解　説

チェック□□□

1. **適切**。会社は時価で取得したものとされる。適正な時価より低い価額で譲渡した場合は、会社はその差額を益金（受贈益）として取り扱う。一方、役員においては、譲渡対価が時価の2分の1未満で譲渡したときは、時価で譲渡したものとみなされる。また、譲渡対価が時価の2分の1以上のときは、実際の譲渡対価を譲渡収入とする。
2. **最も不適切**。役員が会社に無利息で金銭を貸付けた場合には、原則として課税関係は生じない。なお、利息を受け取った場合には雑所得として総合課税の対象となる。
3. **適切**。会社が時価より高く譲渡したときの差額は受贈益として益金の額に算入される。一方、役員は時価との差額を会社に寄附をしたことになる。
4. **適切**。会社は適正な利息相当額を益金の額に算入する。適正な利息相当額より低い場合の差額は役員給与として取り扱われる。一方、役員は適正な利息相当額との差額が給与所得となり所得税・住民税が課税される。

正　解 2

問 **48** 貸借対照表および損益計算書の一般的な特徴に関する次の記述のうち、最も不適切なものはどれか。

1. 貸借対照表の無形固定資産は、物理的な形態を持たない特許権や商標権等の資産の金額を表示している。
2. 貸借対照表の固定負債は、返済期限が決算日の翌日から起算して1年以内に到来しない借入金等の負債の金額を表示している。
3. 損益計算書の営業利益は、売上総利益金額から販売費及び一般管理費の合計額を控除した金額を表示している。
4. 損益計算書の税引前当期純利益は、経常利益または経常損失の金額に営業外収益・営業外費用を加算・減算した金額を表示している。

解 説　　　　チェック☐☐☐

1. **適切**。無形固定資産には、特許権、商標権、借地権などやソフトウエア、営業権などがある。
2. **適切**。固定負債とは、支払い期日が1年を超えて到来する負債である。
3. **適切**。下記②に該当する。
4. **最も不適切**。下記④に該当する。
   損益計算書の利益の区分には次の5つがある。
   　　①売上高－売上原価＝売上総利益
   　　②売上総利益－販売費及び一般管理費＝営業利益
   　　③営業利益＋営業外収益－営業外費用＝経常利益
   　　④経常利益＋特別利益－特別損失＝税引前当期純利益
   　　⑤税引前当期純利益－法人税等＝当期純利益

正 解　**4**

財務諸表等

問 49 決算書の見方に関する次の記述のうち、最も不適切なものはどれか。

1. 損益計算書の営業利益の額は、売上総利益の額から販売費及び一般管理費の額を差し引いた額である。
2. 損益計算書の税引前当期純利益の額は、経常利益の額に営業外損益の額を加算・減算した額である。
3. 流動比率（％）は、「流動資産÷流動負債×100」の算式で計算される。
4. 自己資本比率（％）は、「自己資本÷総資産×100」の算式で計算される。

解 説　　　　　　　　　　チェック□□□

損益計算書の利益の区分には次の5つがある。
- ①売上高－売上原価＝売上総利益
- ②売上総利益－販売費及び一般管理費＝営業利益
- ③営業利益＋営業外収益－営業外費用＝経常利益
- ④経常利益＋特別利益－特別損失＝税引前当期純利益
- ⑤税引前当期純利益－法人税等＝当期純利益

1. **適切**。上記②に該当する。
2. **最も不適切**。上記④に該当する。
3. **適切**。流動比率（％）＝流動資産÷流動負債×100
   企業の短期的な債務の支払能力を見るための指標であり、その比率は高い方が望ましい。
4. **適切**。自己（株主）資本比率（％）＝自己（株主）資本÷総資産×100
   自己資本は純資産とも呼ばれ、企業の貸借対照表上で資本金、法定準備金、剰余金などから構成される。自己資本は他人資本とは異なって返済義務がない資金である。したがって、自己資本比率が高いほど財務の健全性が高いということになる。

正 解 2

財務諸表等

2023年5月出題

問 50 損益計算書、貸借対照表およびキャッシュフロー計算書の一般的な特徴に関する次の記述のうち、最も不適切なものはどれか。

1．損益計算書において、営業利益の額は、売上総利益の額から販売費及び一般管理費の額を差し引いた額である。
2．損益計算書において、経常利益の額は、営業利益の額に特別利益・特別損失の額を加算・減算した額である。
3．貸借対照表において、資産の部の合計額と、負債の部および純資産の部の合計額は一致する。
4．キャッシュフロー計算書は、一会計期間における企業の資金の増減を示したものである。

解 説

チェック□□□

損益計算書の利益の区分には次の5つがある。
　①売上高－売上原価＝売上総利益
　②売上総利益－販売費及び一般管理費＝営業利益
　③営業利益＋営業外収益－営業外費用＝経常利益
　④経常利益＋特別利益－特別損失＝税引前当期純利益
　⑤税引前当期純利益－法人税等＝当期純利益

1．**適切**。上記②に該当する。
2．**最も不適切**。上記③に該当する。
3．**適切**。資産の部の合計額と（負債の部＋純資産の部）の合計額は、必ず一致する。例えば、貸借対照表は次のようになる。

資産の部　2億円	負債の部　　　1億円
	純資産の部　　1億円

4．**適切**。キャッシュフロー計算書は一定期間の資金の増減を示す書類である。ちなみにキャッシュフロー計算書は会社法上の計算書類ではない。会社法上は、貸借対照表、損益計算書、株主資本等変動計算書、個別注記表である。

正　解 2

財務諸表等

問 51 決算書の分析に関する次の記述のうち、最も不適切なものはどれか。

1. 流動比率（％）は、「流動資産÷総資産×100」の算式で計算される。
2. 当座比率（％）は、「当座資産÷流動負債×100」の算式で計算される。
3. 固定比率（％）は、「固定資産÷自己資本×100」の算式で計算される。
4. 自己資本比率（％）は、「自己資本÷総資産×100」の算式で計算される。

解　説　　　　　　　　　　チェック□□□

1. **最も不適切**。流動比率（％）＝流動資産÷流動負債×100
   企業の短期的な債務の支払能力を見るための指標であり、その比率は高い方が望ましい。
2. **適切**。当座比率（％）＝当座資産÷流動負債×100
   流動資産の中から特に換金性が高いもの（現金・預金・受取手形・売掛金・有価証券など）を「当座資産」という。当座比率とは、短期の負債に対する企業の支払い能力を見るための指標であり、その比率は高い方が望ましい。
3. **適切**。固定比率（％）＝固定資産÷自己（株主）資本×100
   固定資産がどの程度自己資本でまかなわれているのかをみることができる指標であり、その比率は低ければ低いほど好ましいとされる。
4. **適切**。自己（株主）資本比率（％）＝自己（株主）資本÷総資産×100
   自己資本は純資産とも呼ばれ、企業の貸借対照表上で資本金、法定準備金、剰余金などから構成される。自己資本は他人資本とは異なって返済義務がない資金である。したがって、自己資本比率が高いほど財務の健全性が高いということになる。

正　解 1

財務諸表等

重要度 **A**

2022年9月出題

問 **52** 決算書に関する次の記述のうち、最も適切なものはどれか。

1．損益計算書の売上総利益の額は、売上高の額から売上原価の額を差し引いた額である。
2．損益計算書の営業利益の額は、経常利益の額から販売費及び一般管理費の額を差し引いた額である。
3．損益計算書の税引前当期純利益の額は、営業利益の額から特別損益の額を加算・減算した額である。
4．貸借対照表の資産の部の合計額と負債の部の合計額は一致する。

解　説

チェック□□□

4
タックスプランニング

損益計算書の利益の区分には次の5つがある。
　　①売上高－売上原価＝売上総利益
　　②売上総利益－販売費及び一般管理費＝営業利益
　　③営業利益＋営業外収益－営業外費用＝経常利益
　　④経常利益＋特別利益－特別損失＝税引前当期純利益
　　⑤税引前当期純利益－法人税等＝当期純利益

1．**最も適切**。上記①に該当する。
2．**不適切**。上記②に該当する。
3．**不適切**。上記④に該当する。
4．**不適切**。資産の部の合計額と（負債の部＋純資産の部）の合計額は、必ず一致する。

　例えば、貸借対照表は次のようになる。

資産の部　2億円	負債の部　　　1億円
	純資産の部　1億円

正 解 1

問 53 企業の決算書および法人税の申告書に関する次の記述のうち、最も不適切なものはどれか。

1. 貸借対照表は、決算期末時点等、一時点における企業の財政状態を示したものである。
2. 損益計算書は、企業の資金の調達源泉とその用途を示したものである。
3. キャッシュフロー計算書は、一会計期間における企業の資金の増減を示したものである。
4. 法人税法上の所得金額は、確定した決算に基づく企業会計上の当期純利益または当期純損失を基に申告調整を行い、計算される。

解　説　　　　　チェック□□□

1. **適切**。貸借対照表は決算期末時点における財政状態（資金の調達源泉と使途）を示す書類である。
2. **最も不適切**。損益計算書は一定期間の経営成績（収入や費用・損失を記載し、その結果の利益金額）を示す書類である。
3. **適切**。キャッシュフロー計算書は一定期間の資金の増減を示す書類である。ちなみにキャッシュフロー計算書は会社法上の計算書類ではない。会社法上は、貸借対照表、損益計算書、株主資本等変動計算書、個別注記表である。
4. **適切**。税法上の所得金額は益金の額から損金の額を控除して計算する。一方、企業会計上の利益金額は収益の額から費用・損失の額を控除して計算するため、両者は必ずしも一致するものではない。したがって、企業会計上の当期純利益（損失）を基に申告調整（会計と税務の不一致を加算・減算調整）して税務上の課税所得金額を算出する。

正 解 2

消費税

問54 消費税に関する次の記述のうち、最も不適切なものはどれか。

1. 消費税の課税事業者が行う居住の用に供する家屋の貸付けは、その貸付期間が1ヵ月以上であれば、消費税の課税取引に該当する。
2. 簡易課税制度の適用を受けることができるのは、消費税の課税期間に係る基準期間における課税売上高が5,000万円以下の事業者である。
3. 消費税の課税事業者が行う金融商品取引法に規定する有価証券の譲渡は、消費税の非課税取引に該当する。
4. 消費税の課税事業者である法人は、原則として、消費税の確定申告書を各課税期間の末日の翌日から2ヵ月以内に、納税地の所轄税務署長に提出しなければならない。

4

タックスプランニング

解 説

チェック□□□

1. **最も不適切**。居住用家屋（住宅）の貸付け（貸付期間1ヵ月以上）は非課税取引である。土地の譲渡や有価証券等の譲渡なども非課税取引となる。
2. **適切**。簡易課税を選択できるのは基準期間の課税売上高が5,000万円以下の事業者である。ちなみに、消費税簡易課税制度選択届出書を提出している場合でも、基準期間の課税売上高が5,000万円超の課税期間は簡易課税制度の適用はない。なお、消費税簡易課税制度選択届出書の効力がなくなるわけではない。
3. **適切**。上記1の通り。
4. **適切**。法人の申告書の提出は課税期間（事業年度）の末日の翌日から2ヵ月以内である。個人事業者は課税期間（暦年）の末日の翌日から3ヵ月以内（3月31日）である。

正 解 1

消費税

問 55 消費税に関する次の記述のうち、最も不適切なものはどれか。

1．消費税の課税期間に係る基準期間は、個人事業者についてはその年の前年である。
2．消費税の課税期間に係る基準期間における課税売上高が1,000万円を超える法人は、その課税期間は消費税の課税事業者となる。
3．簡易課税制度の適用を受けることができる事業者は、消費税の課税期間に係る基準期間における課税売上高が5,000万円以下の事業者である。
4．簡易課税制度を選択した事業者は、事業を廃止した場合等を除き、原則として、2年間は簡易課税制度の適用を継続しなければならない。

解　説　　　　　　　　チェック☐☐☐

1．**最も不適切**。個人事業者の課税期間の基準期間はその年の前々年である。法人の場合はその事業年度の前々事業年度である。
2．**適切**。課税期間の基準期間における課税売上高（12ヵ月間換算ベース）が1,000万円超の事業者は課税事業者となる。また、特定期間（個人事業者は前年1月から6月まで、法人は前事業年度開始後6ヵ月（前事業年度が7ヵ月以下の場合は別途判定方法あり））の給与等支払額の合計額及び課税売上高がいずれか1,000万円超の事業者も課税事業者となる。
3．**適切**。簡易課税を選択できるのは基準期間の課税売上高が5,000万円以下の事業者である。ちなみに、消費税簡易課税制度選択届出書を提出している場合でも、基準期間の課税売上高が5,000万円超の課税期間は簡易課税制度の適用はない。なお、消費税簡易課税制度選択届出書の効力がなくなるわけではない。
4．**適切**。簡易課税制度を適用すると2年間は変更できない。

正解 1

消費税

問 56 消費税に関する次の記述のうち、最も不適切なものはどれか。

1. 土地の譲渡は、非課税取引に該当する。
2. 新たに設立した普通法人のうち、事業年度開始の日における資本金の額等が 1,000 万円以上である法人は、基準期間がない課税期間において消費税の課税事業者となる。
3. 基準期間における課税売上高が 1 億円である課税事業者は、所定の手続きにより、簡易課税制度の適用を受けることができる。
4. 課税事業者である個人事業者は、原則として、消費税の確定申告書をその年の翌年 3 月 31 日までに納税地の所轄税務署長に提出しなければならない。

解 説　　　　　　　　　チェック□□□

1. **適切**。土地の譲渡は非課税取引である。居住用家屋（住宅）の貸付け（貸付期間 1ヵ月以上）や有価証券等の譲渡なども非課税取引となる。
2. **適切**。新設法人である事業年度開始の日の資本金の額又は出資金の額が 1,000 万円以上の法人については、基準期間のない課税期間の納税義務は免除されない。
3. **最も不適切**。基準期間の課税売上高が 5,000 万円超の課税期間は簡易課税制度の適用はない。
4. **適切**。個人事業者の申告書の提出は課税期間（暦年）の末日の翌日から 3ヵ月以内（3 月 31 日）である。なお、法人は課税期間（事業年度）の末日の翌日から 2ヵ月以内。

正 解 　3

タックスプランニング

消費税

2023年1月出題

問 57 消費税に関する次の記述のうち、最も不適切なものはどれか。

1. 基準期間における課税売上高が 1,000 万円を超える法人は、消費税の免税事業者となることができない。
2. 特定期間における給与等支払額の合計額および課税売上高がいずれも 1,000 万円を超える法人は、消費税の免税事業者となることができない。
3. 基準期間における課税売上高が 5,000 万円を超える課税事業者は、簡易課税制度の適用を受けることができない。
4. 消費税の免税事業者が「消費税課税事業者選択届出書」を提出して消費税の課税事業者となったときは、事業を廃止した場合を除き、原則として 3 年間は消費税の免税事業者に戻ることができない。

解 説　　　　　チェック□□□

1. **適切**。課税期間の基準期間（法人の場合は前々事業年度、個人事業者の場合は前々年）における課税売上高（12 ヵ月間換算ベース）が 1,000 万円以下の事業者は免税事業者となる（ただし、**その課税期間の基準期間における課税売上高が 1,000 万円以下であっても選択肢2. に該当する場合は、課税事業者となる**）。

2. **適切**。特定期間（個人事業者は前年 1 月から 6 月まで、法人は前事業年度開始後 6 ヵ月（前事業年度が 7 ヵ月以下の場合は別途判定方法あり））の給与等支払額の合計額及び課税売上高がいずれか 1,000 万円以下の事業者は免税事業者となる。

3. **適切**。簡易課税を選択できるのは基準期間の課税売上高が 5,000 万円以下の事業者である。ちなみに、消費税簡易課税制度選択届出書を提出している場合でも、基準期間の課税売上高が 5,000 万円超の課税期間は簡易課税制度の適用はない。なお、消費税簡易課税制度選択届出書の効力がなくなるわけではない。

4. **最も不適切**。消費税課税事業者選択届出書を提出している場合は課税事業者となる。ただし、課税事業者を選択すると 2 年間は免税事業者に戻れない。

正 解　**4**

消費税

重要度 **A**

2022年9月出題

問58 消費税に関する次の記述のうち、最も適切なものはどれか。

1. 消費税の課税期間に係る基準期間は、個人事業者についてはその年の前々年である。
2. 消費税の課税事業者が行う居住の用に供する家屋の貸付けは、その貸付期間が1ヵ月以上であれば、消費税の課税取引に該当する。
3. 消費税の課税事業者である個人は、原則として、消費税の確定申告書をその年の翌年3月15日までに納税地の所轄税務署長に提出しなければならない。
4. 簡易課税制度の適用を受けることができるのは、消費税の課税期間に係る基準期間における課税売上高が1億円以下の事業者である。

4
タックスプランニング

解 説　　　　　　　　　　チェック□□□

1. **最も適切**。課税期間の基準期間（法人の場合は前々事業年度、個人事業者の場合は前々年）における課税売上高（12ヵ月間換算ベース）が1,000万円以下の事業者は免税事業者となる。特定期間、個人事業者は前年1月から6月まで、法人は前事業年度開始後6ヵ月（前事業年度が7ヵ月以下の場合は別途判定方法あり）の給与等支払額の合計額及び課税売上高のいずれか1,000万円以下の事業者は免税事業者となる。
2. **不適切**。居住用家屋（住宅）の貸付け（貸付期間1ヵ月以上）は非課税取引に該当する。ちなみに、土地の譲渡や有価証券等の譲渡なども非課税取引である。
3. **不適切**。個人事業者の申告書の提出は課税期間（暦年）の末日の翌日から3ヵ月以内（3月31日）である。なお、法人は課税期間（事業年度）の末日の翌日から2ヵ月以内。
4. **不適切**。基準期間の課税売上高が5,000万円以下の事業者である。ちなみに、消費税簡易課税制度選択届出書を提出している場合でも、基準期間の課税売上高が5,000万円超の課税期間は簡易課税制度の適用はない。なお、消費税簡易課税制度選択届出書の効力がなくなるわけではない。

正 解 1

問59 消費税の簡易課税制度に関する次の記述のうち、最も不適切なものはどれか。

1. 簡易課税制度の適用を受けることができるのは、基準期間における課税売上高が5,000万円以下の事業者である。
2. 新たに事業を開始した事業者は、事業を開始した日の属する課税期間内に、「消費税簡易課税制度選択届出書」を所轄税務署長に提出することで、当該課税期間から簡易課税制度の適用を受けることができる。
3. 簡易課税制度を選択した事業者は、事業を廃止した場合を除き、原則として、5年間は簡易課税制度の適用を継続しなければならない。
4. 簡易課税制度の選択を取りやめる場合、原則として、その適用を取りやめようとする課税期間の初日の前日までに、「消費税簡易課税制度選択不適用届出書」を所轄税務署長に提出しなければならない。

解　説　　　　チェック□□□

1. **適切**。基準期間の課税売上高が5,000万円以下の事業者である。ちなみに、消費税簡易課税制度選択届出書を提出している場合でも、基準期間の課税売上高が5,000万円超の課税期間は簡易課税制度の適用はない。なお、消費税簡易課税制度選択届出書の効力がなくなるわけではない。
2. **適切**。適用を受けようとする課税期間の初日の前日まで（事業を開始した日の属する課税期間である場合には、その課税期間中）に提出しなければならない。
3. **最も不適切**。簡易課税制度を適用すると2年間は変更できない。
4. **適切**。適用をやめようとする課税期間の初日の前日までに提出しなければならない。ただし、消費税簡易課税制度の適用を受けた日の属する課税期間の初日から2年を経過する日の属する課税期間の初日以後でなければ提出することはできない。

正 解 3

税制全般

重要度 **A**

2023年5月出題

問60 わが国の税制に関する次の記述のうち、最も適切なものはどれか。

1. 所得税では、課税対象となる所得を8種類に区分し、それぞれの所得の種類ごとに定められた計算方法により所得の金額を計算する。
2. 相続税では、納税者が申告書に記載した被相続人の資産等の内容に基づき、税務署長が納付すべき税額を決定する賦課課税方式を採用している。
3. 相続税は直接税に該当し、消費税は間接税に該当する。
4. 固定資産税は国税に該当し、登録免許税は地方税に該当する。

解 説　　　　　　チェック☐☐☐

1. **不適切**。所得を利子所得、配当所得、不動産所得、事業所得、給与所得、退職所得、山林所得、譲渡所得、一時所得、雑所得の10種類に分類し、さらに総合課税と分離課税に区分して所得の金額を計算する。
2. **不適切**。相続税は納税義務者が課税財産や税額を計算する申告納税方式を採用している。申告納税方式と反対の関係にあるのが賦課課税方式であり個人住民税などが採用している。
3. **最も適切**。
   直接税：所得税、法人税、道府県民税、市町村民税、相続税、贈与税、固定資産税など
   間接税：消費税、地方消費税、酒税、たばこ税、ガソリン税など
4. **不適切**。
   国税：所得税、法人税、消費税、相続税、贈与税、登録免許税など
   地方税：道府県民税、市町村民税、地方消費税、事業税、固定資産税、不動産取得税など

正解 3

5

不動産

問 1 土地の価格に関する次の記述のうち、最も適切なものはどれか。

1. 地価公示の公示価格は、毎年4月1日を標準地の価格判定の基準日としている。
2. 都道府県地価調査の標準価格は、毎年7月1日を基準地の価格判定の基準日としている。
3. 相続税路線価は、地価公示の公示価格の70%を価格水準の目安としている。
4. 固定資産税評価額は、全国の各地域を管轄する国税局長が、固定資産評価基準に基づき決定する。

解 説　　　　　　　　チェック☐☐☐

1. **不適切**。地価公示の公示価格の基準日は、毎年1月1日である（地価公示法2条1項、施行規則2条）。
2. **最も適切**。都道府県地価調査の基準地の標準価格の基準日は、毎年7月1日である。
3. **不適切**。相続税路線価は、地価公示の公示価格の80%を価格水準の目安としている。
4. **不適切**。市町村長は、固定資産評価基準によって、固定資産の価格を決定しなければならない（地方税法403条1項）。市町村長が決定をする。

正解　2

問 **2** 土地の価格に関する次の記述のうち、最も適切なものはどれか。

1. 地価公示法による公示価格は、毎年4月1日を標準地の価格判定の基準日としている。
2. 都道府県地価調査の標準価格は、毎年1月1日を基準地の価格判定の基準日としている。
3. 相続税路線価は、地価公示法による公示価格の80%を価格水準の目安としている。
4. 評価替えの基準年度における宅地の固定資産税評価額は、前年の地価公示法による公示価格等の60%を目途として評定されている。

解 説

チェック□□□

1. **不適切**。地価公示の公示価格の基準日は、毎年1月1日である（地価公示法2条1項、施行規則2条）。
2. **不適切**。都道府県地価調査の基準地の標準価格の基準日は、毎年7月1日である。
3. **最も適切**。相続税路線価は、地価公示の公示価格の80%を価格水準の目安としている。
4. **不適切**。評価替えの基準年度における固定資産税評価額は、前年の地価公示の公示価格の70%が目安となっている。

正 解 **3**

問 3 土地の価格に関する次の記述のうち、最も不適切なものはどれか。

1. 地価公示法による公示価格は、毎年1月1日を標準地の価格判定の基準日としている。
2. 都道府県地価調査の標準価格は、毎年7月1日を基準地の価格判定の基準日としている。
3. 相続税路線価は、地価公示法による公示価格の70%を価格水準の目安としている。
4. 固定資産税評価額は、原則として、3年ごとの基準年度において評価替えが行われる。

解　説　　　　　　　チェック□□□

1. **適切**。地価公示の公示価格の基準日は、毎年1月1日である（地価公示法2条1項、施行規則2条）。
2. **適切**。都道府県地価調査の基準地の標準価格の基準日は、毎年7月1日である。
3. **最も不適切**。相続税路線価は、地価公示の公示価格の80%を価格水準の目安として設定されている。
4. **適切**。固定資産税評価額は、原則として、3年ごとに評価替えが行われる（地方税法349条）。

正解 3

問 **4** 不動産の鑑定評価の手法に関する次の記述のうち、最も不適切なものはどれか。

1. 原価法は、価格時点における対象不動産の再調達原価を求め、この再調達原価について減価修正を行って対象不動産の価格を求める手法である。
2. 取引事例比較法では、取引事例の取引時点が価格時点と異なり、その間に価格水準の変動があると認められる場合、当該取引事例の価格を価格時点の価格に修正する必要がある。
3. 収益還元法は、対象不動産が将来生み出すであろうと期待される純収益の現在価値の総和を求めることにより、対象不動産の価格を求める手法である。
4. 収益還元法は、文化財の指定を受けた建造物等の一般的に市場性を有しない不動産や賃貸の用に供されていない自用の不動産の価格を求める際には、基本的に適用してはならないとされる。

解　説

チェック□□□

1. **適切**。原価法は、価格時点における対象不動産の再調達原価を求め、この再調達原価について減価修正を行って対象不動産の試算価格を求める手法である。
2. **適切**。取引事例比較法は、まず多数の取引事例を収集して適切な事例の選択を行い、これらに係る取引価格に必要に応じて事情補正及び時点修正を行い、かつ、地域要因の比較及び個別的要因の比較を行って求められた価格を比較考量し、これによって対象不動産の試算価格を求める手法である。取引事例の取引時点が価格時点と異なり、その間に価格水準の変動があると認められる場合には、時点修正を行う必要がある。
3. **適切**。収益還元法は、対象不動産が将来生み出すであろうと期待される純収益の現在価値の総和を求めることにより対象不動産の試算価格を求める手法である。
4. **最も不適切**。収益還元法は、文化財の指定を受けた建造物等の一般的に市場性を有しない不動産以外のものには基本的にすべて適用すべきものであり、自用の不動産といえども賃貸を想定することにより適用されるものである。
   以上、不動産鑑定評価基準第7章

正　解　4

問 5 不動産鑑定評価基準における不動産の価格を求める鑑定評価の手法に関する次の記述のうち、最も不適切なものはどれか。

1．収益還元法は、文化財の指定を受けた建造物等の一般的に市場性を有しない不動産以外のものには基本的にすべて適用すべきものとされている。

2．収益還元法のうち直接還元法は、対象不動産の一期間の純収益を還元利回りで還元して対象不動産の価格を求める手法である。

3．原価法は、価格時点における対象不動産の再調達原価を求め、この再調達原価について減価修正を行って対象不動産の価格を求める手法である。

4．取引事例比較法では、取引事例の取引時点が価格時点と異なり、その間に価格水準の変動があると認められる場合であっても、当該取引事例の価格は取引時点の価格から修正する必要はないとされている。

解 説

チェック□□□

1．**適切**。収益還元法は、文化財の指定を受けた建造物等の一般的に市場性を有しない不動産以外のものには基本的にすべて適用すべきものであり、自用の不動産といえども賃貸を想定することにより適用されるものである。

2．**適切**。収益還元法のうち直接還元法とは、一期間の純収益を還元利回りによって還元する方法をいう。

3．**適切**。原価法は、評価時点における対象不動産の再調達原価を求め、この再調達原価について減価修正を行って対象不動産の資産価格を求める手法である。

4．**最も不適切**。取引事例比較法は、まず多数の取引事例を収集して適切な事例の選択を行い、これらに係る取引価格に必要に応じて事情補正及び時点修正を行い、かつ、地域要因の比較及び個別的要因の比較を行って求められた価格を比較考慮し、これによって対象不動産の資産価格を求める手法である。取引事例の取引時点が評価時点と異なり、その間に価格水準の変動があると認められる場合には、時点修正を行う必要がある。

正 解 **4**

不動産の価格

鑑定評価

問 6 不動産鑑定評価基準における不動産の鑑定評価に関する次の記述のうち、最も不適切なものはどれか。

1. 不動産の価格を求める鑑定評価の基本的な手法は、原価法、取引事例比較法および収益還元法に大別され、鑑定評価に当たっては、対象不動産に係る市場の特性等を考慮し、これらのうち最も適した1つの手法に限定して適用することとされている。

2. 最有効使用の原則は、不動産の効用が最高度に発揮される可能性に最も富む使用を前提として把握される価格を標準として不動産の価格が形成されるとする原則である。

3. 原価法は、価格時点における対象不動産の再調達原価を求め、この再調達原価について減価修正を行って対象不動産の価格を求める手法である。

4. 収益還元法は、対象不動産が賃貸用不動産である場合だけでなく、自用の不動産であっても、賃貸を想定することにより適用されるものであるとされている。

解 説　　　　　　　　　　　チェック□□□

1. **最も不適切**。不動産の価格を求める鑑定評価の基本的な手法は、原価法、取引事例比較法および収益還元法に大別される。鑑定評価の手法の適用に当たっては、鑑定評価の手法を当該案件に即して適切に適用すべきである。この場合、地域分析及び個別分析により把握した対象不動産に係る市場の特性等を適切に反映した複数の鑑定評価の手法を適用すべきであり、対象不動産の種類、所在地の実情、資料の信頼性等により複数の鑑定評価の手法の適用が困難な場合においても、その考え方をできるだけ参酌するように努めるべきである（不動産鑑定評価基準第8章）。原則として1つの手法に限定しない。

2. **適切**。不動産の価格は、その不動産の効用が最高度に発揮される可能性に最も富む使用（最有効使用）を前提として把握される価格を標準として形成される。これを最有効使用の原則という（第4章）。

3. **適切**。原価法は、価格時点における対象不動産の再調達原価を求め、この再調達原価について減価修正を行って対象不動産の価格を求める手法である（第7章）。

4. **適切**。収益還元法は、文化財の指定を受けた建造物等の一般的に市場性を有しない不動産以外のものには基本的にすべて適用すべきものであり、自用の不動産といえども賃貸を想定することにより適用されるものである（第7章）。

正 解 1

問 7 不動産の登記や調査に関する次の記述のうち、最も不適切なものはどれか。

1. 抵当権の登記の登記事項は、権利部乙区に記録される。
2. 区分建物を除く建物に係る登記記録において、床面積は、壁その他の区画の中心線で囲まれた部分の水平投影面積（壁芯面積）により記録される。
3. 新築した建物の所有権を取得した者は、その所有権の取得の日から1ヵ月以内に、所有権保存登記を申請しなければならない。
4. 登記情報提供サービスでは、登記所が保有する登記情報を、インターネットを使用してパソコン等で確認することができるが、取得した登記情報に係る電子データには登記官の認証文は付されない。

解　説　　　　　　　チェック□□□

1. **適切**。不動産登記の権利部は、甲区及び乙区に区分される。甲区には所有権に関する登記の登記事項を記録するものとし、乙区には所有権以外の権利に関する登記の登記事項を記録するものとする（不動産登記規則4条4項）。抵当権については乙区に記録される。
2. **適切**。建物の床面積は、各階ごとに壁その他の区画の中心線（区分建物にあっては、壁その他の区画の内側線）で囲まれた部分の水平投影面積による（115条）。区分建物以外の建物は、区画の中心線で囲まれた部分の水平投影面積による。
3. **最も不適切**。表示に関する登記については登記申請義務が課されるが、所有権保存登記のような権利に関する登記については、原則として登記申請義務は課されない。
4. **適切**。登記情報提供サービスで取得した登記情報に係る電子データには登記官の認証文は付されない。

正　解 3

不動産登記制度

登記記録の調査

問 8 不動産の登記や調査に関する次の記述のうち、最も適切なものはどれか。

1. 抵当権の登記の登記事項は、権利部甲区に記録される。
2. 不動産の登記事項証明書の交付を請求することができるのは、当該不動産に利害関係を有する者に限られる。
3. 区分建物を除く建物に係る登記記録において、床面積は、壁その他の区画の内側線で囲まれた部分の水平投影面積（内法面積）により記録される。
4. 同一の不動産について二重に売買契約が締結された場合、譲受人相互間においては、売買契約の締結の先後にかかわらず、原則として、所有権移転登記を先にした者が当該不動産の所有権の取得を対抗することができる。

解　説　　　　　　　　　　チェック□□□

1. **不適切**。不動産登記の権利部は、甲区及び乙区に区分される。甲区には所有権に関する登記の登記事項を記録するものとし、乙区には所有権以外の権利に関する登記の登記事項を記録するものとする（不動産登記規則4条4項）。抵当権については乙区に記録される。
2. **不適切**。何人も、登記官に対し、手数料を納付して、登記記録に記録されている事項の全部又は一部を証明した書面（登記事項証明書）の交付を請求することができる（不動産登記法119条1項）。登記事項証明書の交付を請求することができるのは、利害関係を有する者に限られない。
3. **不適切**。建物の床面積は、各階ごとに壁その他の区画の中心線（区分建物にあっては、壁その他の区画の内側線）で囲まれた部分の水平投影面積による（不動産登記規則115条）。区分建物以外の建物は、区画の中心線で囲まれた部分の水平投影面積による。
4. **最も適切**。不動産に関する物権の得喪及び変更は、登記をしなければ、第三者に対抗することができない（民法177条）。不動産の二重譲渡があった場合の譲受人間では、原則として、先に登記を備えた者が当該不動産の所有権の取得を対抗することができる。

5

不
動
産

正 解 4

不動産登記制度

登記記録の調査

重要度 A

2022年9月出題

問 9 不動産の登記や調査に関する次の記述のうち、最も不適切なものはどれか。

1. 同一の不動産について二重に売買契約が締結された場合、譲受人相互間においては、売買契約の締結の先後にかかわらず、原則として、所有権移転登記を先にした者が当該不動産の所有権の取得を対抗することができる。
2. 抵当権の設定を目的とする登記では、債権額や抵当権者の氏名または名称は、不動産の登記記録の権利部乙区に記載される。
3. 一般に公図と呼ばれる地図に準ずる図面は、地図が登記所に備え付けられるまでの間、これに代えて登記所に備えられているものであり、一筆または二筆以上の土地ごとに土地の位置、形状および地番を表示するものである。
4. 不動産の登記事項証明書の交付を請求することができるのは、当該不動産の利害関係者に限られる。

解 説

チェック□□□

1. **適切**。不動産に関する物権の得喪及び変更は、登記をしなければ、第三者に対抗することができない（民法177条）。不動産の二重譲渡があった場合の譲受人間では、原則として、先に登記を備えた者が当該不動産の所有権の取得を対抗することができる。
2. **適切**。不動産登記の権利部は、甲区及び乙区に区分される。甲区には所有権に関する登記の登記事項を記録するものとし、乙区には所有権以外の権利に関する登記の登記事項を記録するものとする（不動産登記規則4条4項）。したがって抵当権の設定を目的とする登記は権利部乙区に記録される。
3. **適切**。公図と呼ばれる地図に準ずる図面は、地図が登記所に備え付けられるまでの間、これに代えて登記所に備えられているものである。一筆又は二筆以上の土地ごとに土地の位置、形状及び地番を表示するものである。
4. **最も不適切**。何人も、登記官に対し、手数料を納付して、登記記録に記録されている事項の全部又は一部を証明した書面（登記事項証明書）の交付を請求することができる（不動産登記法119条1項）。登記事項証明書の交付を請求することができるのは、利害関係を有する者に限られない。

正 解 4

問 10 不動産の登記や調査に関する次の記述のうち、最も不適切なものはどれか。

1. 不動産の登記記録において、土地の所有者とその土地上の建物の所有者が異なる場合、その土地の登記記録に借地権の登記がなくても、借地権が設定されていることがある。
2. 不動産の登記事項証明書の交付を請求することができるのは、当該不動産に利害関係を有する者に限られる。
3. 不動産登記には公信力がないため、登記記録を確認し、その登記記録の内容が真実であると信じて取引しても、その登記記録の内容が真実と異なっていた場合、法的に保護されないことがある。
4. 公図（旧土地台帳附属地図）は、登記所に備え付けられており、対象とする土地の位置関係を確認する資料として有用である。

解　説　　　　　　　　チェック□□□

1. **適切**。借地権は、その登記がなくても、土地の上に借地権者が登記されている建物を所有するときは、これをもって第三者に対抗することができる（借地借家法 10 条 1 項）。土地の所有者とその土地上の建物の所有者が異なる場合は、第三者に対抗することができる借地権が設定されていることがある。
2. **最も不適切**。何人も、登記官に対し、手数料を納付して、登記記録に記録されている事項の全部又は一部を証明した書面（登記事項証明書）の交付を請求することができる（不動産登記法 119 条 1 項）。登記事項証明書の交付を請求することができるのは、利害関係を有する者に限られない。
3. **適切**。不動産登記には、原則として公信力が認められない（民法 192 条参照）。そのため、登記記録を確認し、その登記記録の内容が真実であると信じて取引した場合であっても、その登記記録の内容が真実と異なるときは、原則として、法的な保護を受けることができない。
4. **適切**。公図（旧土地台帳附属地図）は、登記所に備え付けられている。対象とする土地の位置関係等を確認する資料として有用である。

5

不

動

産

正　解　　2

不動産の取引
売買契約上の留意点

重要度 **A**

2023年9月出題

問11 不動産の売買契約に係る民法の規定に関する次の記述のうち、最も不適切なものはどれか。なお、特約については考慮しないものとする。

1. 同一の不動産について二重に売買契約が締結された場合、譲受人相互間においては、売買契約の締結の先後にかかわらず、原則として、所有権移転登記を先にした者が、当該不動産の所有権の取得を他方に対抗することができる。

2. 不動産の売買契約において買主が売主に手付金を交付した場合、売主が契約の履行に着手する前であれば、買主はその手付金を放棄することで契約を解除することができる。

3. 不動産が共有されている場合に、各共有者が、自己の有している持分を第三者に譲渡するときは、他の共有者の同意を得る必要がある。

4. 売買の目的物である建物が、その売買契約の締結から当該建物の引渡しまでの間に、地震によって全壊した場合、買主は、売主に対する建物代金の支払いを拒むことができる。

解　説

チェック□□□

1. **適切**。不動産に関する物権の得喪及び変更は、登記をしなければ、第三者に対抗することができない（民法177条）。不動産の二重譲渡があった場合の譲受人間では、原則として、先に登記を備えた者が当該不動産の所有権の取得を対抗することができる。

2. **適切**。買主が売主に手付を交付したときは、買主はその手付を放棄し、売主はその倍額を現実に提供して、契約の解除をすることができる。ただし、その相手方が契約の履行に着手した後は、この限りでない（557条1項）。売主が契約の履行に着手する前であれば、買主は手付金を放棄することで契約を解除することができる。

3. **最も不適切**。共有者が自己の持分を処分する場合、他の共有者の同意を得る必要はない。他の共有者の同意を得なくとも、自己の持分を第三者に譲渡することができる。

4. **適切**。当事者双方の責めに帰することができない事由によって債務を履行することができなくなったときは、債権者は、反対給付の履行を拒むことができる（536条1項）。建物が地震によって全壊した場合、買主は建物代金の支払いを拒むことができる。

正解 3

問 **12** 不動産の売買契約に係る民法の規定に関する次の記述のうち、最も適切なものはどれか。なお、特約については考慮しないものとする。

1．同一の不動産について二重に売買契約が締結された場合、譲受人相互間においては、所有権移転登記の先後にかかわらず、原則として、売買契約を先に締結した者が当該不動産の所有者となる。

2．売買の目的物である建物が、その売買契約の締結から当該建物の引渡しまでの間に、台風によって全壊した場合、売主の責めに帰することができない事由であるため、買主は、売主に対する建物代金の支払いを拒むことはできない。

3．不動産が共有されている場合、各共有者は、自己が有している持分を第三者に譲渡するときは、他の共有者全員の同意を得なければならない。

4．売買契約締結後、買主の責めに帰することができない事由により、当該契約の目的物の引渡債務の全部が履行不能となった場合、買主は履行の催告をすることなく、直ちに契約の解除をすることができる。

解　説

チェック□□□

1．**不適切**。不動産に関する物権の得喪及び変更は、登記をしなければ、第三者に対抗することができない（民法177条）。不動産の二重譲渡があった場合の譲受人間では、原則として、先に登記を終えた者が当該不動産の所有権の取得を対抗することができる。

2．**不適切**。当事者双方の責めに帰することができない事由によって債務を履行することができなくなったときは、債権者は、反対給付の履行を拒むことができる（536条1項）。建物が台風によって全壊した場合、買主は建物代金の支払いを拒むことができる。

3．**不適切**。共有者が自己の持分を処分する場合、他の共有者の同意を得る必要はない。他の共有者の同意を得なくとも、自己の持分を第三者に譲渡することができる。

4．**最も適切**。債務の全部の履行が不能であるときは、債権者は履行の催告をしなくとも契約を解除することができる（542条1項1号）。

5

不

動

産

正　解 　4

問 13 不動産の売買契約に係る民法の規定に関する次の記述のうち、最も不適切なものはどれか。なお、特約については考慮しないものとする。

1. 売買の目的物である建物が、その売買契約の締結から当該建物の引渡しまでの間に、地震によって全壊した場合、買主は売主に対して建物代金の支払いを拒むことができる。
2. 不動産が共有されている場合に、各共有者が、自己が有している持分を第三者に譲渡するときは、他の共有者の同意を得る必要はない。
3. 売買契約締結後、買主の責めに帰することができない事由により、当該契約の目的物の引渡債務の全部が履行不能となった場合、買主は履行の催告をすることなく、直ちに契約の解除をすることができる。
4. 売主が種類または品質に関して契約の内容に適合しないことを知りながら、売買契約の目的物を買主に引き渡した場合、買主は、その不適合を知った時から1年以内にその旨を売主に通知しなければ、契約の解除をすることができない。

解　説　　　　チェック□□□

1. **適切**。当事者双方の責めに帰することができない事由によって債務を履行することができなくなったときは、債権者は、反対給付の履行を拒むことができる（民法536条1項）。建物が地震によって全壊した場合、買主は建物代金の支払いを拒むことができる。
2. **適切**。共有者が自己の持分を処分する場合、他の共有者の同意を得る必要はない。他の共有者の同意を得なくとも、自己の持分を第三者に譲渡することができる。
3. **適切**。債務の全部の履行が不能であるときは、債権者は履行の催告をしなくとも契約を解除することができる（542条1項1号）。
4. **最も不適切**。売主が種類又は品質に関して契約の内容に適合しない目的物を買主に引き渡した場合において、買主がその不適合を知った時から1年以内にその旨を売主に通知しないときは、買主は、その不適合を理由として、履行の追完の請求、代金の減額の請求、損害賠償の請求及び契約の解除をすることができない。ただし、売主が引渡しの時にその不適合を知り、又は重大な過失によって知らなかったときは、この限りでない（566条）。売主が不適合を知りながら引き渡した場合、買主は不適合を知ったときから1年以内に通知をしなくとも契約を解除することができる。

正解 4

問 **14** 不動産の売買契約に係る民法の規定に関する次の記述のうち、最も不適切なものはどれか。なお、特約については考慮しないものとする。

1. 売買契約締結後、買主の責めに帰すことのできない事由により、当該契約の目的物の引渡債務の全部が履行不能となった場合、買主は、履行の催告をすることなく、直ちに契約の解除をすることができる。
2. 売主が種類または品質に関して契約の内容に適合しないことを過失なく知らないまま、売買契約の目的物を買主に引き渡した場合、買主は、不適合を知った時から1年以内にその旨を売主に通知しないときは、その不適合を理由として契約の解除をすることができない。
3. 買主が売主に解約手付を交付した後、売買代金の一部を支払った場合、売主は、受領した代金を返還し、かつ、手付金の倍額を現実に提供しても、契約を解除することができない。
4. 売買の目的物である建物が、その売買契約の締結から当該建物の引渡しまでの間に、台風によって全壊した場合、売主の責めに帰すことのできない事由であることから、買主は、売主に対して建物代金の支払いを拒むことはできない。

解 説

チェック□□□

1. **適切**。債務の全部の履行が不能であるとき、債権者は催告をすることなく、直ちに契約の解除をすることができる（民法542条1項）。
2. **適切**。売主が種類又は品質に関して契約の内容に適合しない目的物を買主に引き渡した場合において、買主がその不適合を知った時から1年以内にその旨を売主に通知しないときは、買主は、原則として、その不適合を理由として、履行の追完の請求、代金の減額の請求、損害賠償の請求及び契約の解除をすることができない（566条）。
3. **適切**。買主が売主に手付を交付したときは、買主はその手付を放棄し、売主はその倍額を現実に提供して、契約の解除をすることができる。ただし、その相手方が契約の履行に着手した後は、この限りでない（557条1項）。買主が売買代金の一部を支払った（契約の履行に着手した）以上、売主は手付により解除をすることはできない。
4. **最も不適切**。当事者双方の責めに帰することができない事由によって債務を履行することができなくなったときは、債権者は、反対給付の履行を拒むことができる（536条1項）。買主は、建物代金の支払いを拒むことができる。

5

不

動

産

正 解 4

不動産の取引

売買契約上の留意点

問15 不動産の売買契約に係る民法の規定に関する次の記述のうち、最も適切なものはどれか。なお、特約については考慮しないものとする。

1．不動産の売買契約は、契約書を作成しなければその効力を生じない。
2．建物が共有の場合、各共有者は、自己が有している持分を第三者に譲渡するときには、他の共有者の同意は必要としない。
3．買主が売主に解約手付を交付した場合、買主が代金の一部を支払った後でも、売主は、自らが契約の履行に着手するまでは、受領した代金を返還し、かつ、受領した手付の倍額を買主に現実に提供することにより、契約を解除することができる。
4．同一の不動産について二重に売買契約が締結された場合、譲受人相互間においては、所有権移転登記の先後にかかわらず、原則として、売買契約を先に締結した者が当該不動産の所有者となる。

解　説　　　　　チェック□□□

1．**不適切**。売買は、当事者の一方がある財産権を相手方に移転することを約し、相手方がこれに対してその代金を支払うことを約することによって、その効力を生ずる（民法555条）。契約書がなくとも売主と買主の意思が合致すれば契約は成立する。
2．**最も適切**。共有持分の処分（譲渡など）をする場合、他の共有者の同意は不要である。
3．**不適切**。買主が売主に手付を交付したときは、買主はその手付を放棄し、売主はその倍額を現実に提供して、契約の解除をすることができる。ただし、その相手方が契約の履行に着手した後は、この限りでない（557条1項）。代金の一部支払いは、契約の履行に着手したといえるため、相手方である売主は手付金の倍額を現実に提供して、契約を解除することはできない。
4．**不適切**。不動産に関する物権の得喪及び変更は、登記をしなければ、第三者に対抗することができない（177条）。不動産の二重譲渡があった場合の譲受人間では、原則として、先に登記を備えた者が当該不動産の所有権の取得を対抗することができる。

正 解　2

不動産の取引

宅地建物取引業法

問 16 宅地建物取引業法に関する次の記述のうち、最も適切なものはどれか。なお、買主は宅地建物取引業者ではないものとする。

1. アパートやマンションの所有者が、当該建物の賃貸を自ら業として行うためには、あらかじめ宅地建物取引業の免許を取得しなければならない。
2. 宅地建物取引業者が、自ら売主となる宅地の売買契約の締結に際して手付を受領したときは、その手付がいかなる性質のものであっても、買主が契約の履行に着手する前であれば、当該宅地建物取引業者はその手付を返還することで、契約の解除をすることができる。
3. 専任媒介契約を締結した宅地建物取引業者は、依頼者に対し、当該専任媒介契約に係る業務の処理状況を、5日間に1回以上報告しなければならない。
4. 宅地建物取引業者は、自ら売主となる宅地の売買契約の締結に際して、代金の額の10分の2を超える額の手付を受領することができない。

解 説

チェック□□□

1. **不適切**。免許が必要となる宅地建物取引業とは、宅地若しくは建物の売買若しくは交換又は宅地若しくは建物の売買、交換若しくは貸借の代理若しくは媒介をする行為で業として行うものをいう（宅建業法2条2号）。自己所有の物件の賃貸を行うことはこれに当たらず、免許を必要としない。
2. **不適切**。宅地建物取引業者が、自ら売主となる宅地又は建物の売買契約の締結に際して手付を受領したときは、その手付がいかなる性質のものであっても、買主はその手付を放棄して、当該宅地建物取引業者はその倍額を現実に提供して、契約の解除をすることができる（39条2項）。受領した手付の倍額を提供する必要がある。
3. **不適切**。宅地建物取引業者は、専任媒介契約を締結したときは、契約の相手方を探索するため、専任媒介契約の締結の日から7日（専属専任媒介契約にあっては、5日）以内に、当該専任媒介契約の目的物である宅地又は建物につき、所在、規模、形質、売買すべき価額その他国土交通省令で定める事項を、指定流通機構に登録しなければならない（34条の2第5項、施行規則15条の10第1項）。
4. **最も適切**。宅地建物取引業者は、自ら売主となる宅地又は建物の売買契約の締結に際して、代金の額の10分の2を超える額の手付を受領することができない（39条1項）。

正 解 4

問17 宅地建物取引業法に関する次の記述のうち、**最も不適切な**ものはどれか。なお、買主は宅地建物取引業者ではないものとする。

1. 宅地建物取引業者が建物の貸借の媒介を行う場合、貸主と借主の双方から受け取ることができる報酬の合計額は、当該建物の借賃（消費税等相当額を除く）の2ヵ月分に相当する額に消費税等相当額を加算した額が上限となる。
2. 宅地建物取引業者は、自ら売主となる宅地の売買契約の締結に際して、代金の額の10分の2を超える額の手付を受領することができない。
3. 宅地建物取引業者が、自ら売主となる宅地の売買契約の締結に際して手付を受領したときは、その手付がいかなる性質のものであっても、買主が契約の履行に着手する前であれば、当該宅地建物取引業者はその倍額を現実に提供して、契約の解除をすることができる。
4. 専任媒介契約の有効期間は、3ヵ月を超えることができず、これより長い期間を定めたときは、その期間は3ヵ月とされる。

解　説

チェック□□□

1. **最も不適切**。宅地建物取引業者が宅地又は建物の貸借の媒介に関して依頼者の双方から受けることのできる報酬の額の合計額は、当該宅地又は建物の借賃の1月分に相当する金額以内とする（報酬告示第4）。借賃の2ヵ月分相当を受け取ることはできない。
2. **適切**。宅地建物取引業者は、自ら売主となる宅地又は建物の売買契約の締結に際して、代金の額の10分の2を超える額の手付を受領することができない（宅建業法39条1項）。
3. **適切**。宅地建物取引業者が、自ら売主となる宅地又は建物の売買契約の締結に際して手付を受領したときは、その手付がいかなる性質のものであっても、買主はその手付を放棄して、当該宅地建物取引業者はその倍額を現実に提供して、契約の解除をすることができる。ただし、その相手方が契約の履行に着手した後は、この限りでない（39条2項）。
4. **適切**。依頼者が他の宅地建物取引業者に重ねて売買又は交換の媒介又は代理を依頼することを禁ずる媒介契約（専任媒介契約）の有効期間は、3月を超えることができない。これより長い期間を定めたときは、その期間は、3月とする（34条の2第3項）。

正解 1

問 **18** 民法および借地借家法に関する次の記述のうち、最も不適切なものはどれか。なお、本問においては、借地借家法第38条における定期建物賃貸借契約を定期借家契約といい、それ以外の建物賃貸借契約を普通借家契約という。また、記載のない特約については考慮しないものとする。

1. 賃借人は、建物の引渡しを受けた後の通常の使用および収益によって生じた建物の損耗ならびに経年変化については、賃貸借が終了したときに原状に復する義務を負わない。

2. 普通借家契約において、賃借人が賃貸人の同意を得て建物に付加した造作について、賃貸借終了時、賃借人が賃貸人に、その買取りを請求しない旨の特約をした場合、その特約は無効である。

3. 定期借家契約を締結するときは、賃貸人は、あらかじめ、賃借人に対し、契約の更新がなく、期間満了により賃貸借が終了することについて、その旨を記載した書面を交付し、または、賃借人の承諾を得て当該書面に記載すべき事項を電磁的方法により提供して、説明しなければならない。

4. 定期借家契約において、経済事情の変動があっても賃貸借期間中は賃料を増減額しないこととする特約をした場合、その特約は有効である。

解 説

チェック□□□

1. **適切**。賃借人は、賃借物を受け取った後にこれに生じた損傷（通常の使用及び収益によって生じた賃借物の損耗並びに賃借物の経年変化を除く。）がある場合において、賃貸借が終了したときは、その損傷を原状に復する義務を負う（民法621条）。通常の使用及び収益によって生じた賃借物の損耗並びに賃借物の経年変化は除かれる。

2. **最も不適切**。借家契約において、賃借人が賃貸人の同意を得て建物に付加した造作について、賃貸借終了時、賃借人が賃貸人にその買取りを請求しない旨の特約は有効である（借地借家法37条、33条）。

3. **適切**。定期借家契約を締結するときは、賃貸人は、あらかじめ、賃借人に対し、契約の更新がなく、期間満了により賃貸借が終了することについて、その旨を記載した書面を交付し、又は、賃借人の承諾を得て当該書面に記載すべき事項を電磁的方法により提供して、説明しなければならない（38条3項・4項）。

4. **適切**。定期借家契約において、賃料増減額請求を認めない旨の特約は有効である（38条9項、32条）。

5

不

動

産

正 解 2

問19 借地借家法に関する次の記述のうち、最も不適切なものはどれか。なお、本問においては、同法第22条の借地権を一般定期借地権といい、第22条から第24条の定期借地権等以外の借地権を普通借地権という。

1. 普通借地権の設定契約において、期間の定めがないときは、存続期間は30年とされる。

2. 普通借地権の存続期間が満了した時点で借地上に建物が存在しない場合は、借地権者が契約の更新を請求しても、従前の契約と同一の条件で契約が更新されたものとはみなされない。

3. 一般定期借地権の設定契約において、存続期間は30年とすることができる。

4. 一般定期借地権の設定契約は、公正証書による等書面（電磁的記録による場合を含む）によってしなければならない。

解 説　　　　　　　チェック□□□

1. **適切**。普通借地権の存続期間は、30年とする（借地借家法3条）。期間の定めがないときは、30年となる。

2. **適切**。借地権の存続期間が満了した後、借地権者が土地の使用を継続するときは、建物がある場合に限り、従前の契約と同一の条件で契約を更新したものとみなす（5条2項）。借地上に建物がある場合に限られる。

3. **最も不適切**。存続期間を50年以上として借地権を設定する場合においては、一般定期借地権を設定することができる（22条1項）。30年とすることはできない。

4. **適切**。一般定期借地権の設定契約は、公正証書による等書面（電磁的記録による場合を含む）によってしなければならない（22条1項）。

正解 3

問 20 借地借家法に関する次の記述のうち、最も適切なものはどれか。なお、本問においては、同法第38条による定期建物賃貸借契約を定期借家契約といい、それ以外の建物賃貸借契約を普通借家契約という。

1. 普通借家契約において存続期間を6ヵ月と定めた場合、その存続期間は1年とみなされる。
2. 期間の定めのない普通借家契約において、建物の賃貸人が賃貸借の解約の申入れをし、正当の事由があると認められる場合、建物の賃貸借は、解約の申入れの日から6ヵ月を経過することによって終了する。
3. もっぱら事業の用に供する建物について定期借家契約を締結する場合、その契約は公正証書によってしなければならない。
4. 定期借家契約は、契約当事者間の合意があっても、存続期間を3ヵ月未満とすることはできない。

解　説　　　　　チェック□□□

1. **不適切**。期間を1年未満とする建物の賃貸借は、期間の定めがない建物の賃貸借とみなす（借地借家法29条1項）。
2. **最も適切**。期間の定めのない普通借家契約において、建物の賃貸人が賃貸借の解約の申入れをし、正当の事由があると認められる場合、建物の賃貸借は、解約の申入れの日から6ヵ月を経過することによって終了する（27条1項、28条）。
3. **不適切**。期間の定めがある建物の賃貸借をする場合においては、公正証書による等書面によって契約をするときに限り、契約の更新がないこととする旨を定めることができる（38条1項）。建物の用途に関わらず、書面によって契約をすればよい。
4. **不適切**。定期借家契約は、1年未満の存続期間を定めることができる（38条1項、29条1項）。

正解　**2**

5

不動産

問21 借地借家法に関する次の記述のうち、最も適切なものはどれか。なお、本問においては、同法第22条の借地権を一般定期借地権といい、同法第22条から第24条の定期借地権等以外の借地権を普通借地権という。

1. 事業の用に供する建物の所有を目的とするときは、一般定期借地権を設定することができない。
2. 一般定期借地権の存続期間は、50年以上としなければならない。
3. 普通借地権の存続期間は30年とされており、契約でこれより長い期間を定めることはできない。
4. 普通借地権の存続期間が満了する場合において、借地権者が契約の更新を請求し、借地権設定者に更新を拒絶する正当の事由がないときは、借地上に建物があるかどうかにかかわらず、従前の契約と同一の条件で契約を更新したものとみなされる。

解 説　　　チェック☐☐☐

1. **不適切**。存続期間を50年以上として借地権を設定する場合においては、一般定期借地権を設定することができる（借地借家法22条1項）。事業用定期借地権と異なり、借地上に所有する建物の用途は制限されない。
2. **最も適切**。前述の通り、存続期間を50年以上として借地権を設定する場合においては、一般定期借地権を設定することができる。
3. **不適切**。普通借地権の存続期間は、30年とする。ただし、契約でこれより長い期間を定めたときは、その期間とする（3条）。30年よりも長い期間とすることもできる。
4. **不適切**。借地権の存続期間が満了する場合において、借地権者が契約の更新を請求したときは、建物がある場合に限り、従前の契約と同一の条件で契約を更新したものとみなす（5条1項）。借地上に建物がある場合に限られる。

正解　2

問 22 借地借家法に関する次の記述のうち、最も適切なものはどれか。なお、本問においては、同法第 22 条の借地権を一般定期借地権、第 23 条の借地権を事業用定期借地権等といい、第 22 条から第 24 条の定期借地権等以外の借地権を普通借地権という。

1. 普通借地権の設定契約において、その存続期間は 50 年を超えることができない。
2. 借地権者の債務不履行により普通借地権の設定契約が解除された場合、借地権者は借地権設定者に対し、借地上の建物を時価で買い取るべきことを請求することができない。
3. 一般定期借地権の設定契約を公正証書等の書面で行う場合は、その存続期間を 30 年とすることができる。
4. 法人は従業員の社宅として利用する建物の所有を目的として、事業用定期借地権等の設定契約をすることができる。

解 説　　　　チェック□□□

1. **不適切**。借地権の存続期間は、30 年とする。ただし、契約でこれより長い期間を定めたときは、その期間とする（借地借家法 3 条）。50 年を超えて定めることもできる。
2. **最も適切**。借地権の存続期間が満了した場合において、契約の更新がないときは、借地権者は、借地権設定者に対し、建物その他借地権者が権原により土地に附属させた物を時価で買い取るべきことを請求することができる（13 条 1 項）。借地権者の債務不履行により解除された場合、借地権者は建物買取請求権を行使することができない。
3. **不適切**。一般の定期借地権は存続期間を 50 年以上としなければならない（22 条 1 項）。公正証書で行った場合でも同様である。
4. **不適切**。事業用定期借地権は、専ら事業の用に供する建物（居住の用に供するものを除く。）の所有を目的としなければならない（23 条 1 項）。法人が建物を所有する場合であっても社宅として利用するのであれば、事業用定期借地権を設定することはできない。

正 解 2

5

不動産

問 23 借地借家法に関する次の記述のうち、最も不適切なものはどれか。なお、本問においては、同法第38条における定期建物賃貸借契約を定期借家契約といい、それ以外の建物賃貸借契約を普通借家契約という。

1. 普通借家契約において、存続期間を3ヵ月と定めた場合、期間の定めがない建物の賃貸借とみなされる。
2. 定期借家契約において、賃借人は、その建物の賃借権の登記がなくても、引渡しを受けていれば、その後その建物について物権を取得した者に建物の賃借権を対抗することができる。
3. 賃貸人は、定期借家契約締結後、速やかに、建物の賃借人に対して契約の更新がなく、期間の満了により当該建物の賃貸借が終了する旨を記載した書面を交付しなければならない。
4. 定期借家契約は、公正証書以外の書面でも締結することができる。

解　説

チェック□□□

1. **適切**。期間を1年未満とする建物の賃貸借は、期間の定めがない建物の賃貸借とみなされる（借地借家法29条1項）。
2. **適切**。建物の賃貸借は、その登記がなくても、建物の引渡しがあったときは、その後その建物について物権を取得した者に対し、その効力を生ずる（31条）。
3. **最も不適切**。定期借家契約を締結する場合、建物の賃貸人は、あらかじめ、建物の賃借人に対し、契約の更新がなく、期間の満了により賃貸借は終了することについて、その旨を記載した書面を交付して説明しなければならない（38条3項）。あらかじめ、交付しなければならない。
4. **適切**。期間の定めがある建物の賃貸借をする場合においては、公正証書による等書面によって契約をするときに限り、契約の更新がないこととする旨を定めることができる（38条1項）。公正証書以外の書面でもよい。

正 解 3

問 **24** 借地借家法に関する次の記述のうち、最も適切なものはどれか。なお、本問においては、同法第38条による定期建物賃貸借契約を定期借家契約といい、それ以外の建物賃貸借契約を普通借家契約という。また、記載された特約以外のものについては考慮しないものとする。

1. 普通借家契約において存続期間を1年未満に定めた場合、その存続期間は1年とみなされる。
2. 期間の定めがある普通借家契約において、賃借人は、正当の事由がなければ、賃貸人に対し、更新しない旨の通知をすることができない。
3. 定期借家契約は、もっぱら居住の用に供する建物に限られ、事業の用に供する建物については締結することができない。
4. 定期借家契約において、その賃料が、近傍同種の建物の賃料に比較して不相当となっても、賃貸借期間中は増減額させないこととする特約をした場合、その特約は有効である。

解　説

チェック□□□

1. **不適切**。期間を1年未満とする建物の賃貸借は、期間の定めがない建物の賃貸借とみなす（借地借家法29条1項）。
2. **不適切**。建物賃貸人は、正当事由がなければ更新拒絶の通知をすることができない（28条）。建物賃借人による更新拒絶の通知は正当事由を必要としない。
3. **不適切**。期間の定めがある建物の賃貸借については、要件を満たすことにより定期建物賃貸借契約とすることができる（38条1項）。建物の用途については制限がないため、事業用の建物についても適用される。
4. **最も適切**。賃料増減額請求は、定期建物賃貸借契約において、借賃の改定に係る特約がある場合には、適用しない（38条9項）。したがって、賃料を増減額させないこととする特約をした場合、その特約は有効である。

正解　**4**

不動産関連法規

借地借家法

2022年5月出題

問 25 借地借家法に関する次の記述のうち、最も適切なものはどれか。なお、本問においては、同法第22条から第24条の定期借地権等以外の借地権を普通借地権という。

1. 普通借地権の設定契約において、居住以外の用に供する建物の所有を目的とする場合、期間の定めがないときは、存続期間は30年となるが、契約で期間を50年と定めたときは、存続期間は50年となる。
2. 普通借地権の存続期間が満了した時点で借地上に建物が存在しない場合、借地権者が借地権設定者に契約の更新を請求したときは、従前の契約と同一の条件で契約は更新されたものとみなす。
3. 借地権者の債務不履行により普通借地権の設定契約が解除された場合、借地権者は借地権設定者に対し、借地上の建物を時価で買い取るべきことを請求することができる。
4. 借地権者は、普通借地権について登記がされていない場合において、当該土地上に借地権者の名義で登記がされている建物が滅失したときは、滅失後3年以内にその旨を当該土地上の見やすい場所に掲示すれば、当該借地権を第三者に対抗することができる。

***

解　説　　　　　　　　　　チェック□□□

1. **最も適切**。借地権の存続期間は、30年とする。ただし、契約でこれより長い期間を定めたときは、その期間とする（借地借家法3条）。期間の定めがない場合、30年となる。
2. **不適切**。借地権の存続期間が満了する場合において、借地権者が契約の更新を請求したときは、建物がある場合に限り、従前の契約と同一の条件で契約を更新したものとみなす（5条1項）。借地上に建物がない場合、請求による更新はされない。
3. **不適切**。借地権の存続期間が満了した場合において、契約の更新がないときは、借地権者は、借地権設定者に対し、建物その他借地権者が権原により土地に附属させた物を時価で買い取るべきことを請求することができる（13条1項）。借地権者の債務不履行により解除された場合、建物買取請求権を行使することはできない。
4. **不適切**。借地上の建物の滅失があっても、借地権者が、その建物を特定するために必要な事項、その滅失があった日及び建物を新たに築造する旨を土地の上の見やすい場所に掲示するときは、借地権は、対抗力を有する。ただし、建物の滅失があった日から2年を経過した後にあっては、その前に建物を新たに築造し、かつ、その建物につき登記した場合に限る。2年経過後は、建物を再築し、登記をしている必要がある。

正 解 1

問 26 建物の区分所有等に関する法律に関する次の記述のうち、最も不適切なものはどれか。

1．管理者は、少なくとも毎年1回、集会を招集しなければならない。
2．区分所有者は、敷地利用権が数人で有する所有権である場合、規約に別段の定めがない限り、敷地利用権を専有部分と分離して処分することができない。
3．共用部分に対する各区分所有者の共有持分は、各共有者が有する専有部分の床面積の割合によるものとされ、規約で別段の定めをすることはできない。
4．専有部分が数人の共有に属するときは、共有者は、議決権を行使すべき者1人を定めなければならない。

解 説

チェック□□□

1．**適切**。管理者は、少なくとも毎年1回集会を招集しなければならない（区分所有法34条2項）。
2．**適切**。敷地利用権が数人で有する所有権その他の権利である場合には、区分所有者は、その有する専有部分とその専有部分に係る敷地利用権とを分離して処分することができない。ただし、規約に別段の定めがあるときは、この限りでない（22条1項）。
3．**最も不適切**。各共有者の持分は、その有する専有部分の床面積の割合による。ただし、規約で別段の定めをすることを妨げない（14条1項・4項）。
4．**適切**。専有部分が数人の共有に属するときは、共有者は、議決権を行使すべき者1人を定めなければならない（40条）。

正解 3

問 27 建物の区分所有等に関する法律に関する次の記述のうち、最も不適切なものはどれか。

1. 建物ならびにその敷地および附属施設の管理を行うための団体は、区分所有者によって構成されるが、その構成員になるかどうかの選択についてはそれぞれの区分所有者の任意である。
2. 一棟の建物のうち、構造上の独立性と利用上の独立性を備えた建物の部分は、区分所有権の目的となる専有部分の対象となるが、規約により共用部分とすることができる。
3. 区分所有者が建物および建物が所在する土地と一体として管理または使用する庭、通路その他の土地は、規約により建物の敷地とすることができる。
4. 集会においては、区分所有者および議決権の各5分の4以上の多数により、建替え決議をすることができる。

解 説　　　チェック☐☐☐

1. **最も不適切**。区分所有者は、全員で、建物並びにその敷地及び附属施設の管理を行うための団体（管理組合）を構成し、集会を開き、規約を定め、及び管理者を置くことができる（区分所有法3条）。区分所有者は当然に管理組合の構成員となり、選択制ではない。
2. **適切**。一棟の建物のうち、構造上の独立性と利用上の独立性を備えた建物の部分は、区分所有権の目的となる専有部分の対象となるが、規約により共用部分とすることができる（1条、4条2項）
3. **適切**。区分所有者が建物及び建物が所在する土地と一体として管理又は使用をする庭、通路その他の土地は、規約により建物の敷地とすることができる（5条1項）
4. **適切**。集会においては、区分所有者及び議決権の各5分の4以上の多数で、建物を取り壊し、かつ、当該建物の敷地若しくはその一部の土地又は当該建物の敷地の全部若しくは一部を含む土地に新たに建物を建築する旨の決議（建替え決議）をすることができる（62条1項）。

正 解 1

問 **28** 建物の区分所有等に関する法律に関する次の記述のうち、最も不適切なものはどれか。

1. 区分所有者は、敷地利用権が数人で有する所有権その他の権利である場合、規約に別段の定めがない限り、敷地利用権を専有部分と分離して処分することができる。
2. 区分所有者は、規約に別段の定めがない限り、集会の議決によって管理者を選任し、または解任することができる。
3. 集会においては、区分所有者および議決権の各5分の4以上の多数により建替え決議をすることができる。
4. 共用部分に対する区分所有者の共有持分は、規約に別段の定めがない限り、各共有者が有する専有部分の床面積の割合による。

解 説

チェック□□□

1. **最も不適切**。敷地利用権が数人で有する所有権その他の権利である場合には、区分所有者は、その有する専有部分とその専有部分に係る敷地利用権とを分離して処分することができない。ただし、規約に別段の定めがあるときは、この限りでない（区分所有法22条1項）。分離処分禁止が原則である。
2. **適切**。区分所有者は、規約に別段の定めがない限り集会の決議によって、管理者を選任し、又は解任することができる（25条1項）。
3. **適切**。集会においては、区分所有者及び議決権の各5分の4以上の多数で、建物を取り壊し、かつ、当該建物の敷地若しくはその一部の土地又は当該建物の敷地の全部若しくは一部を含む土地に新たに建物を建築する旨の決議（建替え決議）をすることができる（62条1項）。
4. **適切**。各共有者の持分は、その有する専有部分の床面積の割合による。なお、規約で別段の定めをすることを妨げない（14条1項・4項）。

5

不
動
産

正 解　1

問 29 建物の区分所有等に関する法律に関する次の記述のうち、最も不適切なものはどれか。

1. 区分所有建物ならびにその敷地および附属施設の管理を行うための区分所有者の団体（管理組合）は、区分所有者全員で構成される。
2. 区分所有建物のうち、構造上の独立性と利用上の独立性を備えた建物の部分は、区分所有権の目的となる専有部分であり、規約によって共用部分とすることはできない。
3. 共用部分に対する区分所有者の共有持分は、規約に別段の定めがない限り、各共有者が有する専有部分の床面積の割合による。
4. 規約を変更するためには、区分所有者および議決権の各4分の3以上の多数による集会の決議が必要となり、この変更が一部の区分所有者の権利に特別の影響を及ぼすべきときは、当該区分所有者の承諾を得なければならない。

解 説

チェック☐☐☐

1. **適切**。区分所有者は、全員で、建物並びにその敷地及び附属施設の管理を行うための団体（管理組合）を構成し、集会を開き、規約を定め、及び管理者を置くことができる（区分所有法3条）。
2. **最も不適切**。構造上の独立性と利用上の独立性を備えた建物の部分は、区分所有権の目的となる専有部分である。規約によって共用部分とすることもできる（4条2項）。
3. **適切**。共用部分に対する区分所有者の共有持分は、規約に別段の定めがない限り、各共有者が有する専有部分の床面積の割合による（14条1項・4項）。
4. **適切**。規約の設定、変更又は廃止は、区分所有者及び議決権の各4分の3以上の多数による集会の決議によってする。この場合において、規約の設定、変更又は廃止が一部の区分所有者の権利に特別の影響を及ぼすべきときは、その承諾を得なければならない（31条1項）。

正 解 2

問30 建物の区分所有等に関する法律に関する次の記述のうち、最も適切なものはどれか。

1. 管理者は、少なくとも毎年1回、集会を招集しなければならない。
2. 集会の招集の通知は、原則として、開催日の少なくとも1ヵ月前までに、会議の目的たる事項を示して各区分所有者に発しなければならない。
3. 形状または効用の著しい変更を伴わない共用部分の変更を行うためには、原則として、区分所有者および議決権の各4分の3以上の多数による集会の決議が必要である。
4. 集会の決議は、原則として、当該決議後に区分所有権を譲り受けた者に対して、その効力を有しない。

解　説　　　　チェック□□□

1. **最も適切**。管理者は、少なくとも毎年1回集会を招集しなければならない（区分所有法34条2項）。
2. **不適切**。集会の招集の通知は、会日より少なくとも1週間前に、会議の目的たる事項を示して、各区分所有者に発しなければならない。ただし、この期間は、規約で伸縮することができる（35条1項）。
3. **不適切**。形状または効用の著しい変更を伴わない共用部分の変更を行うためには、原則として、区分所有者及び議決権の各過半数の多数による集会の決議が必要である（17条1項、39条1項）。
4. **不適切**。規約及び集会の決議は、区分所有者の特定承継人（買主など）に対しても、その効力を生ずる（46条1項）。

正　解　**1**

問 31 都市計画法に関する次の記述のうち、最も適切なものはどれか。

1. すべての都市計画区域について、都市計画に市街化区域と市街化調整区域の区域区分を定めなければならない。

2. 都市計画区域のうち、市街化調整区域は、おおむね10年以内に優先的かつ計画的に市街化を図るべき区域である。

3. 開発許可を受けた開発区域内の土地においては、開発工事完了の公告があるまでの間は、原則として、建築物を建築することができない。

4. 市街化調整区域内において、農業を営む者の居住の用に供する建築物の建築を目的として行う開発行為は、開発許可を受ける必要がある。

解　説　　　　チェック□□□

1. **不適切**。都市計画区域について無秩序な市街化を防止し、計画的な市街化を図るため必要があるときは、都市計画に、市街化区域と市街化調整区域との区分（区域区分）を定めることができる（都市計画法7条1項）。すべての都市計画区域に定めるわけではない。

2. **不適切**。市街化調整区域は、市街化を抑制すべき区域である（7条3項）。おおむね10年以内に優先的かつ計画的に市街化を図るべき区域は市街化区域である。

3. **最も適切**。開発許可を受けた開発区域内の土地においては、開発工事完了の公告があるまでの間は、原則として、建築物を建築し、又は特定工作物を建設してはならない（37条）。

4. **不適切**。市街化調整区域、区域区分が定められていない都市計画区域又は準都市計画区域内において行う開発行為で、農業、林業若しくは漁業の用に供する政令で定める建築物又はこれらの業務を営む者の居住の用に供する建築物の建築の用に供する目的で行うものは開発許可を受ける必要がない（29条1項2号）。

正解 3

問 32 都市計画法に関する次の記述のうち、最も適切なものはどれか。

1．すべての都市計画区域において、都市計画に市街化区域と市街化調整区域の区分（区域区分）を定めなければならない。
2．都市計画区域のうち、用途地域が定められている区域については、防火地域または準防火地域のいずれかを定めなければならない。
3．市街化調整区域内において、農業を営む者の居住の用に供する建築物の建築の用に供する目的で行う開発行為は、開発許可を受ける必要はない。
4．土地区画整理事業の施行として行う開発行為は、開発許可を受けなければならない。

解　説

チェック□□□

1．**不適切**。都市計画区域について無秩序な市街化を防止し、計画的な市街化を図るため必要があるときは、都市計画に、市街化区域と市街化調整区域との区分（区域区分）を定めることができる（都市計画法7条1項）。すべての都市計画区域で定めるわけではない。
2．**不適切**。防火地域又は準防火地域は、市街地における火災の危険を防除するため定める地域とする（9条21項）。すべての用途地域に定めるわけではない。
3．**最も適切**。市街化調整区域、区域区分が定められていない都市計画区域又は準都市計画区域内において行う開発行為で、農業、林業若しくは漁業の用に供する政令で定める建築物又はこれらの業務を営む者の居住の用に供する建築物の建築の用に供する目的で行うものは開発許可を受ける必要がない（29条1項2号）。
4．**不適切**。土地区画整理事業の施行として行う開発行為は開発許可を受ける必要がない（29条1項5号）。

正解 3

5
不
動
産

問33 都市計画法に関する次の記述のうち、最も適切なものはどれか。

1. すべての都市計画区域において、都市計画に市街化区域と市街化調整区域との区分（区域区分）を定めるものとされている。
2. 土地の分筆は、その行為が建築物の建築または特定工作物の建設を目的としていなくても、都市計画法上の開発行為に該当する。
3. 土地区画整理事業の施行として行う開発行為は、都道府県知事等による開発許可を受ける必要はない。
4. 農業を営む者の居住の用に供する建築物の建築を目的として市街化調整区域内で行う開発行為は、都道府県知事等による開発許可を受ける必要がある。

解　説

チェック□□□

1. **不適切**。都市計画区域について無秩序な市街化を防止し、計画的な市街化を図るため必要があるときは、都市計画に、市街化区域と市街化調整区域との区分（区域区分）を定めることができる（都市計画法7条1項）。原則として、区域区分の指定は任意である。
2. **不適切**。開発行為とは、主として建築物の建築又は特定工作物の建設の用に供する目的で行なう土地の区画形質の変更をいう（4条12項）。建築物の建築又は特定工作物の建設を目的としない土地の分筆はこれに当たらない。
3. **最も適切**。土地区画整理事業の施行として行う開発行為は、開発許可を受ける必要はない（29条1項5号）。
4. **不適切**。市街化調整区域、区域区分が定められていない都市計画区域又は準都市計画区域内において行う開発行為で、農業、林業若しくは漁業の用に供する政令で定める建築物又はこれらの業務を営む者の居住の用に供する建築物の建築の用に供する目的で行うものは、開発許可を受ける必要はない（29条1項12号）。

正解　3

不動産の行政法規

建築基準法

問 34 都市計画区域および準都市計画区域内における建築基準法の規定に関する次の記述のうち、最も不適切なものはどれか。

1. 建築基準法第42条第2項により道路境界線とみなされる線と道路との間の敷地部分（セットバック部分）は、建蔽率を算定する際の敷地面積に算入することができない。
2. 建築物の敷地が2つの異なる用途地域にわたる場合、その全部について、敷地の過半の属する用途地域の建築物の用途に関する規定が適用される。
3. 防火地域内にある耐火建築物は、いずれの用途地域内にある場合であっても、建蔽率の制限に関する規定の適用を受けない。
4. 商業地域内の建築物には、北側斜線制限（北側高さ制限）は適用されない。

解 説
チェック□□□

1. **適切**。いわゆる2項道路において、道路境界線とみなされる線と道路との間の敷地部分（セットバック部分）は、建蔽率を算定する際の敷地面積に算入することができない（建築基準法42条2項）。
2. **適切**。建築物の敷地が2つの異なる用途地域にわたる場合、その全部について、敷地の過半の属する用途地域の建築物の用途に関する規定が適用される（91条）。
3. **最も不適切**。防火地域（建蔽率の限度が10分の8とされている地域に限る。）内にある耐火建築物等には、建蔽率の制限は適用されない。すべての用途地域ではない。
4. **適切**。北側斜線制限は、第一種低層住居専用地域、第二種低層住居専用地域若しくは田園住居地域内又は第一種中高層住居専用地域若しくは第二種中高層住居専用地域にのみ適用がある（56条1項3号）。

正 解 3

問 35 都市計画区域および準都市計画区域内における建築基準法の規定に関する次の記述のうち、最も不適切なものはどれか。

1. 商業地域、工業地域および工業専用地域においては、地方公共団体の条例で日影規制（日影による中高層の建築物の高さの制限）の対象区域として指定することができない。

2. 建築物の高さに係る隣地斜線制限は、第一種低層住居専用地域、第二種低層住居専用地域および田園住居地域には適用されない。

3. 第一種低層住居専用地域内には、原則として、老人ホームを建築することはできるが、病院を建築することはできない。

4. 道路斜線制限（前面道路との関係についての建築物の各部分の高さの制限）は、原則として、第一種低層住居専用地域、第二種低層住居専用地域における建築物にのみ適用され、商業地域における建築物には適用されない。

解 説　　　　　　　　チェック□□□

1. **適切**。商業地域、工業地域、工業専用地域は、地方公共団体の条例で日影規制の対象区域として指定することができない（建築基準法別表第4）。

2. **適切**。隣地斜線制限は、第一種・第二種低層住居専用地域及び田園住居地域では適用されない（56条1項2号）。

3. **適切**。第一種低層住居専用地域内には、原則として、老人ホームを建築することはできるが、病院を建築することはできない（別表第2）。

4. **最も不適切**。道路斜線制限はすべての用途地域に適用される（56条1項1号）。商業地域内の建築物にも適用される。

正 解　**4**

問 36 都市計画区域および準都市計画区域内における建築基準法の規定に関する次の記述のうち、最も不適切なものはどれか。

1．建築基準法第42条第2項により道路境界線とみなされる線と道路との間の敷地部分（セットバック部分）は、建蔽率および容積率を算定する際の敷地面積に算入することができない。

2．第一種低層住居専用地域、第二種低層住居専用地域または田園住居地域内における建築物の高さは、原則として、10mまたは12mのうち都市計画で定められた限度を超えることができない。

3．近隣商業地域、商業地域および工業地域においては、地方公共団体の条例で日影規制（日影による中高層の建築物の高さの制限）の対象区域として指定することができない。

4．建築物が防火地域および準防火地域にわたる場合においては、原則として、その全部について防火地域内の建築物に関する規定が適用される。

解 説

チェック□□□

1．**適切**。建築基準法42条2項により道路とされる道については、原則として、その中心線からの水平距離2mの線をその道路の境界線とみなす（建築基準法42条2項）。したがって、建蔽率および容積率を算定する際の敷地面積に算入することができない。

2．**適切**。第1種低層住居専用地域、第2種低層住居専用地域、田園住居地域内においては、建築物の高さは、10m又は12mのうち当該地域に関する都市計画において定められた建築物の高さの限度を超えてはならない（55条1項）。

3．**最も不適切**。商業地域、工業地域、工業専用地域は、地方公共団体の条例で日影規制の対象区域として指定することができない（別表第4）。近隣商業地域には指定することができる。

4．**適切**。建築物が防火地域及び準防火地域にわたる場合においては、原則として、その全部について防火地域内の建築物に関する規定を適用する（65条2項）。

正 解 3

問 37 都市計画区域および準都市計画区域内における建築基準法の規定に関する次の記述のうち、最も不適切なものはどれか。

1. 敷地の前面道路の幅員が12m未満である建築物の容積率は、原則として、「都市計画で定められた容積率」と「前面道路の幅員に一定の数値を乗じて得たもの」とのいずれか低い方が上限となる。
2. 建築物の高さに係る隣地斜線制限は、第一種低層住居専用地域、第二種低層住居専用地域および田園住居地域には適用されない。
3. 第一種住居地域内においては、建築物の高さは10mまたは12mのうち当該地域に関する都市計画において定められた建築物の高さの限度を超えてはならない。
4. 建築物の敷地は、原則として、建築基準法に規定する道路に2m以上接していなければならない。

解　説　　　　チェック☐☐☐

1. **適切**。敷地の前面道路の幅員が12m未満である建築物の容積率は、原則として、都市計画で定められた容積率と前面道路の幅員に一定の数値を乗じて得たものとのいずれか低い方が上限となる（建築基準法52条1項・2項）。
2. **適切**。隣地斜線制限は、第1種低層住居専用地域、第2種低層住居専用地域、田園住居地域には適用されない（56条1項2号）。
3. **最も不適切**。第1種低層住居専用地域、第2種低層住居専用地域、田園住居地域内においては、建築物の高さは、10m又は12mのうち当該地域に関する都市計画において定められた建築物の高さの限度を超えてはならない（55条1項）。第1種住居地域にはこのような規制はない。
4. **適切**。建築物の敷地は、原則として、建築基準法に規定する道路に2m以上接していなければならない（43条1項）。

正　解 **3**

問 38 都市計画区域および準都市計画区域内における建築基準法の規定に関する次の記述のうち、最も不適切なものはどれか。

1. 準工業地域、工業地域および工業専用地域においては、地方公共団体の条例で日影規制（日影による中高層の建築物の高さの制限）の対象区域として指定することができない。
2. 商業地域内の建築物には、北側斜線制限（北側高さ制限）は適用されない。
3. 建築物の敷地が2つの異なる用途地域にわたる場合、その敷地の全部について、敷地の過半の属する用途地域の建築物の用途に関する規定が適用される。
4. 建築物の敷地が接する前面道路の幅員が12 m 未満である場合、当該建築物の容積率は、「都市計画で定められた容積率」と「前面道路の幅員に一定の数値を乗じて得たもの」のいずれか低い方の数値以下でなければならない。

解 説

チェック□□□

1. **最も不適切**。日影規制は、商業地域、工業地域及び工業専用地域以外の用途地域で適用される（建築基準法56条の2第1項、別表第4）。準工業地域を指定することもできる。
2. **適切**。北側斜線制限は、第1種・第2種低層住居専用地域、田園住居地域、第1種・第2種中高層住居専用地域に適用がある（56条1項3号）。
3. **適切**。建築物の敷地が2つの異なる用途地域にわたる場合、その敷地の全部について、敷地の過半の属する用途地域の建築物の用途に関する規定が適用される（91条）。
4. **適切**。建築物の敷地が接する前面道路の幅員が12m 未満である場合、当該建築物の容積率は、「都市計画で定められた容積率」と「前面道路の幅員に一定の数値を乗じて得たもの」のいずれか低い方の数値以下でなければならない（52条1項・2項）。

正 解 1

5

不

動

産

問39 都市計画区域および準都市計画区域内における建築基準法の規定に関する次の記述のうち、最も不適切なものはどれか。

1．建築物の敷地は、原則として、建築基準法に規定する道路に2m以上接していなければならない。
2．敷地の前面道路の幅員が12m未満である建築物の容積率は、原則として、「都市計画で定められた容積率」と「前面道路の幅員に一定の数値を乗じて得たもの」とのいずれか低い方が上限となる。
3．商業地域、工業地域および工業専用地域においては、地方公共団体の条例で日影規制（日影による中高層の建築物の高さの制限）の対象区域として指定することができない。
4．第二種低層住居専用地域においては、高さが8mを超える建築物を建築することはできない。

解　説

チェック□□□

1．**適切**。建築物の敷地は、原則として道路に2m以上接しなければならない（建築基準法43条1項）。
2．**適切**。敷地の前面道路の幅員が12m未満である建築物の容積率は、原則として、都市計画で定められた容積率と前面道路の幅員に一定の数値を乗じて得たものとのいずれか低い方が上限となる（52条1項・2項）。
3．**適切**。日影規制は、商業地域、工業地域及び工業専用地域以外の用途地域で適用される（56条の2第1項、別表第4）。
4．**最も不適切**。第一種低層住居専用地域、第二種低層住居専用地域又は田園住居地域内においては、建築物の高さは、10m又は12mのうち当該地域に関する都市計画において定められた建築物の高さの限度を超えてはならない（55条1項）。8mではない。

正　解 4

問 40 不動産の取得に係る税金に関する次の記述のうち、最も不適切なものはどれか。

1. 不動産取得税は、相続により不動産を取得した場合には課されないが、贈与により不動産を取得した場合には課される。
2. 不動産取得税は、土地の取得について所有権移転登記が未登記であっても、当該取得に対して課される。
3. 登録免許税は、建物を新築した場合の建物表題登記に対して課される。
4. 登録免許税は、贈与により不動産を取得した場合の所有権移転登記に対して課される。

解 説

チェック□□□

1. **適切**。不動産を取得した場合には、不動産取得税が課せられる（地方税法73条の2第1項）。贈与により取得した場合も課せられる。しかし、相続（包括遺贈及び被相続人から相続人に対してなされた遺贈を含む。）による不動産の取得は、形式的な所有権の移転等に該当し、不動産取得税は課せられない（73条の7第1号）。
2. **適切**。1で述べた通り、不動産を取得した場合には、不動産取得税が課せられる。所有権移転登記が未登記の土地であっても同様である。
3. **最も不適切**。建物を新築した場合の建物表題登記には、登録免許税は課せられない。
4. **適切**。所有権移転登記には登録免許税が課せられる（登録免許税法別表第1）。贈与を原因とする場合も同様である。

正 解 **3**

5

不

動

産

不動産と税金

不動産の取得と税金

問41 不動産の取得に係る税金に関する次の記述のうち、最も適切なものはどれか。

1. 不動産取得税は、相続により不動産を取得した場合は課されるが、贈与により不動産を取得した場合は課されない。

2. 一定の要件を満たす戸建て住宅（認定長期優良住宅を除く）を新築した場合、不動産取得税の課税標準の算定に当たっては、1戸につき最高1,200万円を価格から控除することができる。

3. 登録免許税は、贈与により不動産を取得した場合の所有権移転登記では課されない。

4. 登録免許税は、建物を新築した場合の建物表題登記であっても課される。

解 説　　　　　　　　　チェック□□□

1. **不適切**。相続（包括遺贈及び被相続人から相続人に対してなされた遺贈を含む。）による不動産の取得は、形式的な所有権の移転等に該当し、不動産取得税は課せられない（地方税法73条の7第1号）。それに対して、贈与により取得した場合は、不動産取得税が課せられる。

2. **最も適切**。一定の新築住宅（認定長期優良住宅を除く）を新築した場合、不動産取得税の課税標準から1,200万円が控除される（73条の14第1項）。

3. **不適切**。所有権移転登記には登録免許税が課せられる（登録免許税法別表第一）。贈与を原因とする場合も同様である。

4. **不適切**。建物を新築したことに伴う表題登記には、登録免許税は課税されない（登録免許税法別表第1）。

正解 2

問 42 不動産の取得に係る税金に関する次の記述のうち、最も適切なものはどれか。

1. 不動産取得税は、相続や贈与により不動産を取得した場合は課されない。
2. 一定の要件を満たす戸建て住宅（認定長期優良住宅を除く）を新築した場合、不動産取得税の課税標準の算定に当たっては、1戸につき最高1,200万円を価格から控除することができる。
3. 所有権移転登記に係る登録免許税の税率は、登記原因が相続による場合の方が贈与による場合に比べて高くなる。
4. 登録免許税は、建物を新築した場合の建物表題登記であっても課される。

解 説

チェック□□□

1. **不適切**。不動産取得税は、不動産の取得に対し、当該不動産所在の道府県において、当該不動産の取得者に課する（地方税法73条の2第1項）。相続（包括遺贈及び被相続人から相続人に対してなされた遺贈を含む。）による不動産の取得は非課税となるが（73条の7第1号）、単なる贈与の場合は、原則通り課税される。
2. **最も適切**。一定の要件を満たす戸建て住宅（認定長期優良住宅を除く）を新築した場合、不動産取得税の課税標準の算定に当たっては、1戸につき最高1,200万円を価格から控除することができる（73条の14第1項）。
3. **不適切**。相続による所有権移転登記の登録免許税の税率は1,000分の4、贈与による所有権移転登記の登録免許税の税率は1,000分の20である（登録免許税法別表第1）。
4. **不適切**。建物表題登記については、登録免許税は課されない。

正 解 2

不動産と税金
不動産の保有と税金

重要度 **A**

2024年1月出題

問 43 不動産に係る固定資産税および都市計画税に関する次の記述のうち、最も不適切なものはどれか。

1. 年の中途に固定資産税の課税対象となる土地または家屋が譲渡された場合、その譲受人は、原則として、その年度内の所有期間に応じた当年度分の固定資産税を納付しなければならない。

2. 住宅用地に係る固定資産税の課税標準については、小規模住宅用地（住宅1戸当たり200㎡以下の部分）について、課税標準となるべき価格の6分の1相当額とする特例がある。

3. 土地および家屋に係る固定資産税の標準税率は1.4％と定められているが、各市町村はこれと異なる税率を定めることができる。

4. 都市計画税は、都市計画区域のうち、原則として、市街化区域内に所在する土地または家屋の所有者に対して課される。

解　説

チェック□□□

1. **最も不適切**。固定資産税は賦課期日（1月1日）現在の固定資産の所有者に課される（地方税法359条）。したがって、年の中途に固定資産を売却した場合であっても、譲渡人が固定資産税の全額を納付する義務があり、譲受人には納付義務はない。

2. **適切**。固定資産税の課税標準は、住宅用地のうち、小規模住宅用地については6分の1、その他の住宅用地は3分の1となる（349条の3の2第1項、2項）。

3. **適切**。固定資産税の標準税率は、1.4％である（350条1項）。条例で異なる税率を定めることも可能である。

4. **適切**。都市計画税は、都市計画区域のうち、市街化区域内（又は一定の非線引区域）に所在する土地又は家屋の所有者に対して課される（702条1項）。

正　解　**1**

問 **44** 不動産に係る固定資産税および都市計画税に関する次の記述のうち、最も不適切なものはどれか。

1. 固定資産税の納税義務者が、年の中途にその課税対象となっている家屋を取り壊した場合であっても、当該家屋に係るその年度分の固定資産税の全額を納付する義務がある。
2. 住宅用地に係る固定資産税の課税標準については、住宅1戸当たり200㎡以下の部分について課税標準となるべき価格の3分の1相当額とする特例がある。
3. 都市計画税は、都市計画区域のうち、原則として市街化区域内に所在する土地または家屋の所有者に対して課される。
4. 都市計画税の税率は各地方自治体の条例で定められるが、制限税率である0.3%を超えることはできない。

解 説

チェック□□□

1. **適切**。固定資産税の賦課期日は、当該年度の初日の属する年の1月1日とする（地方税法359条）。したがって、年の中途にその課税対象となっている家屋を取り壊した場合であっても、当該家屋に係るその年度分の固定資産税の全額を納付する義務がある。
2. **最も不適切**。住宅用地に係る固定資産税の課税標準については、住宅1戸当たり200㎡以下の部分（いわゆる小規模住宅用地）について課税標準となるべき価格の6分の1相当額とする特例がある（349条の3の2第2項）。3分の1ではない。
3. **適切**。都市計画税は、都市計画区域のうち、原則として市街化区域内に所在する土地又は家屋の所有者に対して課される（702条1項）。
4. **適切**。都市計画税の税率は、100分の0.3を超えることができない(702条の4)。

正 解 **2**

問 45 不動産賃貸に係る所得税に関する次の記述のうち、最も不適切なものはどれか。

1. 不動産所得の金額の計算上、2023年中に取得した建物を同年中に貸し付けた場合の当該建物の減価償却費の計算においては、定額法または定率法の選択が可能である。

2. 不動産所得の金額の計算上、当該不動産所得に係る所得税および住民税の額は必要経費に算入されない。

3. 不動産所得に係る総収入金額を計算する場合において、契約により支払日が定められている賃貸料は、原則として、その定められた支払日が収入すべき時期となる。

4. アパート等の貸付けが不動産所得における事業的規模であるかどうかの判定において、貸与することができる独立した室数がおおむね10以上であれば、特に反証がない限り、事業的規模として取り扱われる。

解　説

チェック□□□

1. **最も不適切**。不動産所得の金額の計算上、2023年中に取得した建物を同年中に貸し付けた場合の当該建物の減価償却費の計算においては、定額法によらなければならない（所得税法施行令120条・120条の2）。

2. **適切**。不動産所得の金額の計算上、当該不動産所得に係る所得税及び住民税の額は必要経費に算入されない（所得税法37条1項）。

3. **適切**。不動産所得に係る総収入金額を計算する場合において、契約により支払日が定められている賃貸料は、原則として、その定められた支払日が収入すべき時期となる（所得税基本通達36-5）。

4. **適切**。アパート等の貸付けが不動産所得における事業的規模であるかどうかの判定において、貸与することができる独立した室数がおおむね10以上であれば、特に反証がない限り、事業的規模として取り扱われる（所得税基本通達26-9）。

正　解 1

不動産と税金

重要度 A

不動産の保有と税金

2022年9月出題

問 46 不動産に係る固定資産税および都市計画税に関する次の記述のうち、最も適切なものはどれか。

1. 年の中途に固定資産税の課税対象となる土地または家屋が譲渡された場合、その譲受人は、原則として、その年度内の所有期間に応じた当年度分の固定資産税を納付しなければならない。
2. 住宅用地に係る固定資産税の課税標準については、住宅1戸当たり400㎡以下の部分について課税標準となるべき価格の6分の1相当額とする特例がある。
3. 都市計画税の税率は各地方自治体の条例で定められるが、100分の0.3を超えることはできない。
4. 都市計画税は、都市計画区域のうち、原則として、市街化調整区域および非線引きの区域内に所在する土地および家屋の所有者に対して課される。

解 説

チェック☐☐☐

1. **不適切**。固定資産税の賦課期日は、当該年度の初日の属する年の1月1日とする（地方税法359条）。したがって、土地・家屋の固定資産税は、毎年1月1日における土地・家屋の所有者に対して課される（343条）。年の途中で譲渡があったとしても同様である。
2. **不適切**。住宅用地でその面積が200㎡以下であるものに対して課する固定資産税の課税標準は、当該住宅用地に係る固定資産税の課税標準となるべき価格の6分の1の額とする（349条の3の2第2項）。
3. **最も適切**。都市計画税の税率は、100分の0.3を超えることができない（702条の4）。
4. **不適切**。都市計画税は、都市計画区域のうち、原則として市街化区域内に所在する土地または家屋の所有者に対して課される（702条1項）。

正 解 3

不動産と税金

不動産の譲渡と税金

重要度 **A**

2024年1月出題

問 47 個人が土地を譲渡した場合の譲渡所得に関する次の記述のうち、最も不適切なものはどれか。

1. 土地の譲渡に係る所得については、その土地を譲渡した日の属する年の1月1日における所有期間が10年以下の場合、短期譲渡所得に区分される。
2. 譲渡所得の金額の計算上、譲渡した土地の取得費が不明な場合には、譲渡収入金額の5％相当額を取得費とすることができる。
3. 相続（限定承認に係るものを除く）により取得した土地を譲渡した場合、その土地の所有期間を判定する際の取得の時期は、被相続人の取得の時期が引き継がれる。
4. 土地を譲渡する際に支出した仲介手数料は、譲渡所得の金額の計算上、譲渡費用に含まれる。

解説

チェック□□□

1. **最も不適切**。土地、建物の譲渡所得のうち、その土地を譲渡した日の属する年の1月1日における所有期間が5年以下のものについては短期譲渡所得に区分される（租税特別措置法32条1項）。
2. **適切**。譲渡所得の金額の計算上、取得費が不明又は実際の取得費が譲渡収入金額の5％相当額を下回る場合には、譲渡収入金額の5％相当額を取得費とすることができる（31条の4第1項）。
3. **適切**。相続（限定承認に係るものを除く）により資産を譲渡した場合における譲渡所得の金額の計算については、被相続人が引き続きこれを所有していたものとみなす（相続税法60条1項）。被相続人の取得の時期がそのまま取得した相続人に引き継がれる。
4. **適切**。資産の譲渡に際して支出した仲介手数料、運搬費、登記に要する費用その他当該譲渡のために直接要した費用は譲渡費用に含まれる（所得税基本通達33-7）。

正解 1

不動産と税金

不動産の譲渡と税金

問 48 不動産の譲渡に係る各種特例に関する次の記述のうち、最も適切なものはどれか。なお、記載されたもの以外の要件はすべて満たしているものとする。

1. 自宅を譲渡して「居住用財産を譲渡した場合の3,000万円の特別控除」の適用を受ける場合、当該自宅の所有期間は、譲渡した日の属する年の1月1日において10年を超えていなければならない。
2. 自宅を譲渡して「居住用財産を譲渡した場合の長期譲渡所得の課税の特例」（軽減税率の特例）の適用を受ける場合、同年に取得して入居した家屋について住宅借入金等特別控除の適用を受けることはできない。
3. 「居住用財産を譲渡した場合の3,000万円の特別控除」と「居住用財産を譲渡した場合の長期譲渡所得の課税の特例」（軽減税率の特例）は、重複して適用を受けることができない。
4. 相続により取得した土地について、「相続財産に係る譲渡所得の課税の特例」（相続税の取得費加算の特例）の適用を受けるためには、当該土地を、当該相続の開始があった日の翌日から相続税の申告期限の翌日以後1年を経過する日までの間に譲渡しなければならない。

解 説　　　　　　　　　　　チェック□□□

1. **不適切**。居住用財産を譲渡した場合の3,000万円特別控除については、所有期間の要件はない（租税特別措置法35条参照）。
2. **最も適切**。居住用財産を譲渡した場合の長期譲渡所得の課税の特例と住宅借入金等特別控除は、重複して適用を受けることができない（31条の3、40条22項）。
3. **不適切**。居住用財産を譲渡した場合の3,000万円特別控除と居住用財産を譲渡した場合の長期譲渡所得の課税の特例は、適用要件を満たせば、重複して適用を受けることができる（31条の3、35条）。
4. **不適切**。相続により取得した土地について、相続財産に係る譲渡所得の課税の特例の適用を受けるためには、当該土地を、当該相続の開始があった日の翌日から相続税の申告期限の翌日以後3年を経過する日までの間に譲渡しなければならない（39条1項）。

5

不
動
産

正 解 2

問49 個人が土地を譲渡した場合の譲渡所得に関する次の記述のうち、最も不適切なものはどれか。

1. 相続により取得した土地を譲渡した場合、その土地の所有期間を判定する際の取得の日は、相続人が当該相続を登記原因として所有権移転登記をした日である。
2. 土地の譲渡に係る所得が長期譲渡所得に区分される場合、課税長期譲渡所得金額に対し、原則として、所得税（復興特別所得税を含む）が15.315%、住民税が5％の税率で課される。
3. 土地の譲渡に係る所得については、その土地を譲渡した日の属する年の1月1日における所有期間が5年以下の場合、短期譲渡所得に区分される。
4. 譲渡所得の金額の計算上、譲渡した土地の取得費が不明な場合には、譲渡収入金額の5％相当額を取得費とすることができる。

解　説　　　　　　　　チェック□□□

1. **最も不適切。** 相続（限定承認に係るものを除く）により資産を譲渡した場合における譲渡所得の金額の計算については、被相続人が引き続きこれを所有していたものとみなす（所得税法60条1項）。被相続人の取得の時期がそのまま取得した相続人に引き継がれる。
2. **適切。** 土地の譲渡が長期譲渡所得に区分される場合、課税長期譲渡所得に対して、原則として、所得税（復興特別所得税を含む）15.315%、住民税5％の税率により課税される（租税特別措置法31条1項、地方税法附則34条1項・4項）。
3. **適切。** 個人が土地・建物等を譲渡した場合の短期譲渡所得とは、その年1月1日において所有期間が5年以下のものの譲渡をいう（租税特別措置法32条）。
4. **適切。** 譲渡所得の金額の計算上、取得費が不明又は実際の取得費が譲渡収入金額の5％相当額を下回る場合には、譲渡収入金額の5％相当額を取得費とすることができる（31条の4第1項）。

正　解　　**1**

不動産と税金

不動産の譲渡と税金

問 50 個人が土地を譲渡した場合の譲渡所得に関する次の記述のうち、最も不適切なものはどれか。

1．相続（限定承認に係るものを除く）により取得した土地を譲渡した場合、その土地の所有期間を判定する際の取得の日は、被相続人の取得時期が引き継がれる。
2．土地の譲渡に係る所得が長期譲渡所得に区分される場合、課税長期譲渡所得金額に対し、原則として、所得税（復興特別所得税を含む）30.63％、住民税9％の税率で課税される。
3．土地の譲渡に係る所得については、その土地を譲渡した日の属する年の1月1日における所有期間が5年以下の場合、短期譲渡所得に区分される。
4．土地を譲渡する際に支出した仲介手数料は、譲渡所得の金額の計算上、譲渡費用に含まれる。

解　説　　　　　　　　　　　チェック□□□

1．**適切**。相続（限定承認に係るものを除く）により資産を譲渡した場合における譲渡所得の金額の計算については、被相続人が引き続きこれを所有していたものとみなす（相続税法60条1項）。被相続人の取得の時期がそのまま取得した相続人に引き継がれる。
2．**最も不適切**。土地の譲渡が長期譲渡所得に区分される場合、課税長期譲渡所得に対して、原則として、所得税（復興特別所得税を含む）15.315%、住民税5％の税率により課税される（租税特別措置法31条1項、地方税法附則34条1項・4項）。
3．**適切**。個人が土地・建物等を譲渡した場合の短期譲渡所得とは、その年1月1日において所有期間が5年以下のものの譲渡をいう（租税特別措置法32条）。
4．**適切**。資産の譲渡に際して支出した仲介手数料、運搬費、登記に要する費用その他当該譲渡のために直接要した費用は譲渡費用に含まれる（所得税基本通達33-7）。

正解 2

問 51 居住用財産を譲渡した場合の 3,000 万円の特別控除（以下「3,000 万円特別控除」という）および居住用財産を譲渡した場合の長期譲渡所得の課税の特例（以下「軽減税率の特例」という）に関する次の記述のうち、最も不適切なものはどれか。なお、記載されたもの以外の要件はすべて満たしているものとする。

1. 3,000 万円特別控除は、居住用財産を配偶者に譲渡した場合には適用を受けることができない。
2. 3,000 万円特別控除は、譲渡した居住用財産の所有期間が、譲渡した日の属する年の 1 月 1 日において 10 年を超えていなければ、適用を受けることができない。
3. 軽減税率の特例では、課税長期譲渡所得金額のうち 6,000 万円以下の部分の金額について、所得税（復興特別所得税を含む）10.21％、住民税 4％の軽減税率が適用される。
4. 3,000 万円特別控除と軽減税率の特例は、重複して適用を受けることができる。

解　説

チェック□□□

1. **適切**。配偶者等一定の関係を有する者へ譲渡した場合には、居住用財産を譲渡した場合の 3,000 万円特別控除の適用を受けることができない（租税特別措置法 35 条 2 項 1 号、施行令 20 条の 3 第 1 項 1 号）。
2. **最も不適切**。居住用財産を譲渡した場合の 3,000 万円特別控除については、所有期間の要件はない（35 条参照）。
3. **適切**。居住用財産を譲渡した場合の長期譲渡所得の課税の特例の適用を受ける場合、6,000 万円以下の譲渡所得に所得税 10.21％、住民税 4％の軽減税率が適用される（31 条の 3 第 1 項、地方税法附則 34 条の 3 第 1 項・3 項）。
4. **適切**。居住用財産を譲渡した場合の 3,000 万円特別控除と居住用財産を譲渡した場合の長期譲渡所得の課税の特例（軽減税率の特例）は、適用要件を満たせば、重複して適用を受けることができる（租税特別措置法 31 条の 3、35 条）。

正 解 2

不動産と税金

不動産の譲渡と税金

問 52 個人が土地を譲渡した場合の譲渡所得に関する次の記述のうち、最も不適切なものはどれか。

1. 譲渡所得の金額の計算上、譲渡した土地の取得費が不明な場合には、譲渡収入金額の10%相当額を取得費とすることができる。
2. 譲渡所得のうち、土地を譲渡した日の属する年の1月1日における所有期間が5年以下のものについては、短期譲渡所得に区分される。
3. 土地売却時に生じた譲渡所得が長期譲渡所得に区分される場合、課税長期譲渡所得金額に対し、原則として、所得税（復興特別所得税を含む）15.315%、住民税5％の税率により課税される。
4. 土地を譲渡する際に支出した仲介手数料は、譲渡所得の金額の計算上、譲渡費用に含まれる。

解 説

チェック□□□

1. **最も不適切**。譲渡所得の金額の計算上、取得費が不明又は実際の取得費が譲渡収入金額の5％相当額を下回る場合には、譲渡収入金額の5％相当額を取得費とすることができる（租税特別措置法31条の4第1項）。
2. **適切**。個人が土地・建物等を譲渡した場合の短期譲渡所得とは、その年1月1日において所有期間が5年以下のものの譲渡をいう（32条）。
3. **適切**。土地の譲渡が長期譲渡所得に区分される場合、課税長期譲渡所得に対して、原則として、所得税（復興特別所得税を含む）15.315%、住民税5％の税率により課税される（租税特別措置法31条1項、地方税法附則34条1項・4項）。
4. **適切**。資産の譲渡に際して支出した仲介手数料、運搬費、登記に要する費用その他当該譲渡のために直接要した費用は譲渡費用に含まれる（所得税基本通達33-7）。

正 解 1

不動産と税金

不動産の譲渡と税金

2022年5月出題

問 53 個人が土地を譲渡した場合における譲渡所得の金額の計算に関する次の記述のうち、最も不適切なものはどれか。

1. 土地の譲渡に係る所得については、その土地を譲渡した日の属する年の1月1日における所有期間が10年以下の場合には短期譲渡所得に区分される。
2. 土地の譲渡に係る所得が短期譲渡所得に区分される場合、課税短期譲渡所得金額に対し、所得税（復興特別所得税を含む）30.63％、住民税9％の税率で課税される。
3. 取得費が不明または実際の取得費が譲渡収入金額の5％相当額を下回る場合、譲渡所得の金額の計算上、譲渡収入金額の5％相当額を取得費とすることができる。
4. 相続（限定承認に係るものを除く）により取得した土地を譲渡した場合、その土地の所有期間を判定する際の取得の日は、被相続人の取得時期がそのまま相続人に引き継がれる。

解　説

チェック□□□

1. **最も不適切**。個人が土地・建物等を譲渡した場合の短期譲渡所得とは、その年1月1日において所有期間が5年以下のものの譲渡をいう（租税特別措置法32条）。
2. **適切**。土地の譲渡が短期譲渡所得に区分される場合、課税長期譲渡所得に対して、原則として、所得税（復興特別所得税を含む）30.63％、住民税9％の税率により課税される（租税特別措置法32条1項、地方税法附則35条1項・5項）。
3. **適切**。譲渡所得の金額の計算上、取得費が不明又は実際の取得費が譲渡収入金額の5％相当額を下回る場合には、譲渡収入金額の5％相当額を取得費とすることができる（租税特別措置法31条の4第1項）。
4. **適切**。相続（限定承認に係るものを除く）により取得した資産を譲渡した場合における譲渡所得の金額の計算については、被相続人が引き続きこれを所有していたものとみなす（相続税法60条1項）。被相続人の取得の時期がそのまま取得した相続人に引き継がれる。

正　解 1

不動産の投資判断

問 54 不動産の投資判断手法等に関する次の記述のうち、最も適切なものはどれか。

1. NOI 利回り（純利回り）は、対象不動産から得られる年間の総収入を総投資額で除して算出される利回りであり、不動産の収益性を測る指標である。

2. DCF 法は、連続する複数の期間に発生する総収入および復帰価格を、その発生時期に応じて現在価値に割り引き、それぞれを合計して対象不動産の収益価格を求める手法である。

3. 借入金併用型投資では、投資の収益率が借入金の金利を下回っている場合、レバレッジ効果により、自己資金に対する投資の収益率向上を期待することができる。

4. IRR（内部収益率）とは、投資によって得られる将来のキャッシュフローの現在価値と投資額が等しくなる割引率をいう。

解　説　　　　　　　　　チェック□□□

1. **不適切**。NOI 利回りは、不動産の収益性を測る指標である。対象不動産から得られる年間の純収益を総投資額で除して算出される利回りである。総収入ではなく、純収益である。

2. **不適切**。DCF 法においては、連続する複数の期間に発生する純収益および復帰価格を、その発生時期に応じて現在価値に割り引き、それぞれを合計して対象不動産の収益価格を求める。総収入ではなく、純収益を割り引く。

3. **不適切**。借入金併用型の不動産投資において、自己資金に対する収益率の向上が期待できるのは、総投下資本に対する収益率が借入金の金利を上回っている場合である。下回ると、いわゆる逆ざやとなり損失が発生する。

4. **最も適切**。IRR とは、投資によって得られる将来のキャッシュフローの現在価値と、投資額の現在価値が等しくなる割引率をいう。

正 解　4

不動産の投資判断

重要度 **B**

2023年9月出題

問 55 不動産の投資判断の手法等に関する次の記述のうち、最も適切なものはどれか。

1. DCF 法は、対象不動産の一期間の純収益を還元利回りで還元して対象不動産の収益価格を求める手法である。
2. NPV 法（正味現在価値法）による投資判断においては、対象不動産から得られる収益の現在価値の合計額が投資額を上回っている場合、その投資は有利であると判定することができる。
3. NOI 利回り（純利回り）は、対象不動産から得られる年間の総収入額を総投資額で除して算出される利回りであり、不動産の収益性を測る指標である。
4. DSCR（借入金償還余裕率）は、対象不動産から得られる収益による借入金の返済余裕度を評価する指標であり、対象不動産に係る当該指標の数値が 1.0 を下回っている場合は、対象不動産から得られる収益だけで借入金を返済することができる。

解 説

チェック□□□

1. **不適切**。DCF 法は、連続する複数の期間に発生する純収益及び復帰価格を、その発生時期に応じて現在価値に割り引き、それぞれを合計して対象不動産の収益価格を求める手法である。一期間の純収益を還元するのは直接還元法である。
2. **最も適切**。NPV 法による投資判断においては、対象不動産から得られる収益の現在価値の合計額が投資額の現在価値の合計額を上回っている場合、その投資は有利であると判定することができる。
3. **不適切**。NOI 利回りは、不動産の収益性を測る指標である。対象不動産から得られる年間の純収益を総投資額で除して算出される利回りである。年間の総収入ではなく、純収益を用いる。
4. **不適切**。DSCR は、対象不動産から得られる収益による借入金の返済余裕度を評価する指標である。対象不動産に係る当該指標の数値が 1.0 を下回っている場合は、収益のみでは借入金を返済できないこととなる。

正 解 2

不動産の投資判断

重要度 B

2023年5月出題

問 **56** 不動産の投資判断の手法等に関する次の記述のうち、最も不適切なものはどれか。

1. レバレッジ効果とは、投資に対する収益率が借入金の金利を上回っている場合に、借入金の利用により自己資金に対する利回りが上昇する効果をいう。
2. DCF法は、連続する複数の期間に発生する純収益および復帰価格を、その発生時期に応じて現在価値に割り引いて、それぞれを合計して対象不動産の収益価格を求める手法である。
3. NPV法（正味現在価値法）による投資判断においては、対象不動産から得られる収益の現在価値の合計額が投資額を上回っている場合、その投資は有利であると判定することができる。
4. IRR法（内部収益率法）による投資判断においては、対象不動産に対する投資家の期待収益率が対象不動産の内部収益率を上回っている場合、その投資は有利であると判定することができる。

解　説　　　　　　　チェック□□□

1. **適切**。レバレッジ効果とは、投資に対する収益率が借入金の金利を上回っている場合に、借入金の利用により自己資金に対する利回りが上昇する効果をいう。
2. **適切**。DCF法は、連続する複数の期間に発生する純収益及び復帰価格を、その発生時期に応じて現在価値に割り引き、それぞれを合計して対象不動産の収益価格を求める手法である。
3. **適切**。NPV法による投資判断においては、対象不動産から得られる収益の現在価値の合計額が投資額の現在価値の合計額を上回っている場合、その投資は投資適格であると判定することができる。
4. **最も不適切**。IRR法による投資判断においては、「内部収益率」が対象不動産に対する「投資家の期待収益率」を上回っている場合、その投資は有利であると判定することができる。

正　解 4

不動産の投資判断

問 57 不動産の投資判断の手法等に関する次の記述のうち、最も適切なものはどれか。

1. DCF 法は、連続する複数の期間に発生する総収入および復帰価格を、その発生時期に応じて現在価値に割り引き、それぞれを合計して対象不動産の収益価格を求める手法である。

2. NPV 法（正味現在価値法）による投資判断においては、対象不動産から得られる収益の現在価値の合計額が投資額の現在価値の合計額を上回っている場合、その投資は投資適格であると判定する。

3. 借入金併用型の不動産投資において、レバレッジ効果が働いて自己資金に対する収益率の向上が期待できるのは、借入金の金利が総投下資本に対する収益率を上回っている場合である。

4. NOI 利回り（純利回り）は、対象不動産から得られる年間の総収入を総投資額で除して算出される利回りであり、不動産の収益性を測る指標である。

解　説

チェック□□□

1. **不適切**。DCF 法は、連続する複数の期間に発生する「純収益」及び「復帰価格」を、その発生時期に応じて現在価値に割り引き、それぞれを合計して対象不動産の収益価格を求める手法である。総収入ではない。

2. **最も適切**。NPV 法による投資判断においては、対象不動産から得られる「収益の現在価値の合計額」が「投資額の現在価値の合計額」を上回っている場合、その投資は投資適格であると判定することができる。

3. **不適切**。借入金併用型の不動産投資において、レバレッジ効果が働いて自己資金に対する収益率の向上が期待できるのは、「借入金の金利」が「総投下資本に対する収益率」を「下回っている」場合である。

4. **不適切**。NOI 利回りは、対象不動産から得られる年間の「純収益」を「総投資額」で除して算出される利回りである。総収入ではない。

正　解　**2**

問 58 不動産の有効活用の一般的な特徴に関する次の記述のうち、最も不適切なものはどれか。

1. 事業受託方式は、土地有効活用の企画、建設会社の選定および土地上に建設する建物の管理・運営をデベロッパーに任せることができるが、建設資金の調達は土地所有者が行う必要がある。

2. 建設協力金方式は、土地所有者が、建設する建物を貸し付ける予定のテナントから、建設資金の全部または一部を借り受けてビルや店舗等を建設する方式である。

3. 定期借地権方式では、土地所有者は土地を一定期間貸し付けることによって地代収入を得ることができ、当該土地上に建設される建物の建設資金を調達する必要はない。

4. 等価交換方式では、土地所有者は土地の出資割合に応じて、建設される建物の一部を取得することができるが、建設資金の調達は土地所有者が行う必要がある。

解 説　　　　　　　　　　　チェック□□□

1. **適切**。事業受託方式では、デベロッパーに土地有効活用の企画、建設会社の選定、土地上に建設する建物の管理・運営を任せる。土地所有者は建設資金の調達や返済を行う。

2. **適切**。建設協力金方式では、土地所有者が、建設する建物を貸し付ける予定のテナントから建設資金の全部又は一部を借り受けて建物を建設する。

3. **適切**。定期借地権方式では、土地所有者は、土地を一定期間貸し付けることによる地代収入を得ることができる。建物の建設資金は借地権者が負担をし、土地所有者は建設資金を調達する必要はない。

4. **最も不適切**。等価交換方式では、土地所有者は土地所有権を提供し、その対価として、デベロッパーが建設した建物の一部を取得することができる。建設資金の調達はデベロッパーが行う。

正 解 4

不動産の有効活用

重要度 **A**

2022年9月出題

問 59 不動産の有効活用の手法の一般的な特徴に関する次の記述のうち、最も不適切なものはどれか。

1．建設協力金方式は、土地所有者が、建設する建物を貸し付ける予定のテナント等から建設資金の全部または一部を借り受け、ビルや店舗等を建設する方式である。
2．定期借地権方式では、土地所有者が自己の土地上に建設される建物の所有名義人となり、当該土地と建物を一定期間貸し付けることにより地代・賃料収入を得ることができる。
3．事業受託方式は、土地の有効活用の企画、建設会社の選定や当該土地上に建設された建物の管理・運営等をデベロッパーに任せ、建設資金の調達や返済は土地所有者が行う方式である。
4．等価交換方式における全部譲渡方式は、土地所有者がいったん土地の全部をデベロッパーに譲渡し、その対価としてその土地上にデベロッパーが建設した建物およびその土地の一部を譲り受ける方式である。

解 説

チェック□□□

1．**適切**。建設協力金方式では、土地所有者が、建設する建物のテナント等から建設資金の全部又は一部を借り受けて建物を建設する。
2．**最も不適切**。定期借地権方式では、土地所有者は、土地を一定期間貸し付けることによる地代収入を得ることができる。建物の建設資金は借地権者が負担をし、その所有者も借地権者である。
3．**適切**。事業受託方式では、デベロッパーに建物等の建築計画の策定から完成後の管理運営までの事業に必要な業務を任せる。土地所有者は建設資金の調達や返済を行う。
4．**適切**。等価交換方式における全部譲渡方式では、土地所有者は土地所有権を提供し、その対価として、土地やデベロッパーが建設した建物の一部を取得することができる。

正 解 2

不動産の有効活用

問 60 不動産の有効活用の手法の一般的な特徴に関する次の記述のうち、最も不適切なものはどれか。

1. 事業受託方式は、土地の有効活用の企画、建設会社の選定や当該土地上に建設された建物の管理・運営等をデベロッパーに任せ、建設資金の調達や返済は土地所有者が行う方式である。
2. 等価交換方式は、土地所有者とデベロッパーの共同事業として、土地所有者が土地を出資し、デベロッパーが建設資金を出資して建物を建て、それぞれの出資比率に応じて土地や建物を取得する方式である。
3. 建設協力金方式では、土地所有者が土地の上に建物を建てる際に、事業者が土地所有者に資金を提供するため、当該建物の所有名義は事業者となる。
4. 定期借地権方式では、土地所有者は土地を一定期間貸し付けることにより地代収入を得ることができ、当該土地上に建設される建物の建設資金を負担する必要がない。

解 説　　　　　チェック□□□

1. **適切**。事業受託方式では、デベロッパーに建物等の建築計画の策定から完成後の管理運営までの事業に必要な業務を任せる。土地所有者は建設資金の調達や返済を行う。
2. **適切**。等価交換方式では、土地所有者は土地所有権を提供し、デベロッパーは建設資金を提供し、それぞれの出資割合に応じて、土地や建設された建物の一部を取得することができる。
3. **最も不適切**。建設協力金方式では、土地所有者が、建設する建物のテナント等から建設資金の全部または一部を借り受けて建物を建設する。当該建物の所有名義は土地所有者となる。
4. **適切**。定期借地権方式では、土地所有者は、土地を一定期間貸し付けることによる地代収入を得ることができる。建物の建設資金は借地権者が負担をする。

正 解 3

5

不動産

6

相続・事業承継

問 1 民法上の相続人等に関する次の記述のうち、最も適切なものはどれか。なお、記載のない事項については考慮しないものとする。

1. 離婚した元配偶者との間に出生した被相続人の子が当該元配偶者の親権に服している場合、その子は相続人とならない。
2. 特別養子縁組による養子は、実方の父母および養親の相続人となる。
3. 被相続人の子が廃除により相続権を失った場合、その者に被相続人の直系卑属である子がいるときは、その子（被相続人の孫）は代襲相続人となる。
4. 被相続人と婚姻の届出をしていないが、被相続人といわゆる内縁関係にあった者は、被相続人の配偶者とみなされて相続人となる。

解 説

チェック□□□

1. **不適切**。民法第887条第1項「被相続人の子は、相続人となる。」親権の有無は関係ない。
2. **不適切**。民法第817条の2「特別養子縁組では養子と実方の父母及びその血族との親族関係は終了する。」ちなみに、普通養子縁組では養子と実方の父母との親族関係は継続する。
3. **最も適切**。民法第887条第2項「被相続人の子が、相続の開始以前に死亡したとき、又は相続人の欠格事由に該当し、若しくは廃除によって、その相続権を失ったときは、その者の子がこれを代襲して相続人となる。」
4. **不適切**。民法第890条「被相続人の配偶者は、常に相続人となる。」この配偶者は婚姻の届出をしている配偶者であり内縁関係にあった者は相続人とならない。

正解 3

問 **2** 民法上の相続分に関する次の記述のうち、最も適切なものはどれか。なお、記載のない事項については考慮しないものとする。

1. 被相続人は、遺言で、共同相続人の相続分を定めることができるが、これを定めることを第三者に委託することはできない。
2. 共同相続人の1人が遺産の分割前にその相続分を共同相続人以外の第三者に譲り渡した場合、他の共同相続人は、当該第三者に対して一定期間内にその価額および費用を支払うことで、その相続分を譲り受けることができる。
3. 父母の一方のみを同じくする兄弟姉妹の法定相続分は、父母の双方を同じくする兄弟姉妹の法定相続分と同じである。
4. 養子の法定相続分は、実子の法定相続分の2分の1である。

解　説

チェック□□□

1. **不適切**。民法第908条に、「被相続人は、遺言で、遺産の分割の方法を定め、若しくはこれを定めることを第三者に委託し、又は相続開始の時から5年を超えない期間を定めて、遺産の分割を禁ずることができる。」と定めている。
2. **最も適切**。民法第905条に、「共同相続人の一人が遺産の分割前にその相続分を第三者に譲り渡したときは、他の共同相続人は、その価額及び費用を償還して、その相続分を譲り受けることができる。」と定めている。
3. **不適切**。父母の一方のみを同じくする兄弟姉妹の相続分は、父母の双方を同じくする兄弟姉妹の相続分の2分の1とする（民法第900条第4号）。
4. **不適切**。養子と実子の法定相続分は同じである。

6

相続・事業承継

正　解　**2**

相続の知識
相続人と相続分

重要度 **A**

問 3 相続人が次の（ア）～（ウ）である場合、民法上、それぞれの場合における被相続人の配偶者の法定相続分の組み合わせとして、最も適切なものはどれか。

（ア）被相続人の配偶者および子の合計2人
（イ）被相続人の配偶者および母の合計2人
（ウ）被相続人の配偶者および兄の合計2人

1．（ア）1／2　（イ）1／3　（ウ）1／4
2．（ア）1／2　（イ）2／3　（ウ）3／4
3．（ア）3／4　（イ）2／3　（ウ）1／2
4．（ア）1／3　（イ）2／3　（ウ）3／4

解　説

チェック□□□

（ア）下表の第1順位である。
（イ）下表の第2順位である。
（ウ）下表の第3順位である。
　　したがって、**第2肢**が正解である。

	相続時の状況		相続人と相続分		備　　考
第1順位	子供	有	配偶者	1／2	配偶者がいなければ
			子	1／2	子が全財産を相続
第2順位	子供 直系尊属	無 有	配偶者 直系尊属	2／3 1／3	配偶者がいなければ 直系尊属が全財産を相続
第3順位	子供 直系尊属	無 無	配偶者 兄弟姉妹	3／4 1／4	配偶者がいなければ 兄弟姉妹が全財産を相続

正 解 2

相続の知識

相続人と相続分

重要度 **A**

2023年1月出題

問 4 民法に規定する相続分に関する次の記述のうち、最も不適切なものはどれか。なお、記載のない事項については考慮しないものとする。

1. 養子の法定相続分は、実子の法定相続分の2分の1である。
2. 父母の一方のみを同じくする兄弟姉妹の法定相続分は、父母の双方を同じくする兄弟姉妹の法定相続分の2分の1である。
3. 代襲相続人が1人である場合の当該代襲相続人の法定相続分は、被代襲者が受けるべきであった法定相続分と同じである。
4. 嫡出でない子の法定相続分は、嫡出である子の法定相続分と同じである。

解 説

チェック□□□

1. **最も不適切**。養子と実子の法定相続分は同じである。
2. **適切**。父母の一方のみを同じくする兄弟姉妹の相続分は、父母の双方を同じくする兄弟姉妹の相続分の2分の1とする（民法第900条第4号）。
3. **適切**。代襲相続人が1人の場合は被代襲者が受けるべきであった法定相続分と同じである（民法第901条）。
4. **適切**。2013年12月の民法改正により、法定相続分を定めた民法の規定のうち嫡出でない子の相続分を嫡出子の相続分の2分の1と定めた部分（民法第900条4号ただし書前半部分）を削除し、嫡出子と嫡出でない子の相続分を同等にした。

6

相続・事業承継

正 解 **1**

問 5 民法における配偶者居住権に関する次の記述のうち、最も適切なものはどれか。

1. 配偶者居住権の存続期間は、原則として、被相続人の配偶者の終身の間である。
2. 被相続人の配偶者は、取得した配偶者居住権を譲渡することができる。
3. 被相続人の配偶者は、居住建物を被相続人と被相続人の子が相続開始時において共有していた場合であっても、当該建物に係る配偶者居住権を取得することができる。
4. 被相続人の配偶者は、被相続人の財産に属した建物に相続開始時において居住していなかった場合であっても、当該建物に係る配偶者居住権を取得することができる。

解　説

チェック□□□

1. **最も適切**。配偶者居住権の存続期間は、原則として配偶者の終身の間であるが、遺産の分割の協議若しくは遺言の別段の定めがあるとき等はその定めるところによる。
2. **不適切**。配偶者居住権は譲渡することはできない。
ちなみに、居住建物の所有者の承諾を得た場合には第三者への賃貸ができる。
3. **不適切**。下記(3)の要件を満たしていない。
4. **不適切**。下記(1)の要件を満たしていない。

＜配偶者居住権の成立要件＞
(1) 配偶者が被相続人の財産に属した建物に相続開始の時に居住していたこと
(2) 次のいずれかの場合に該当すること
　① 遺産の分割によって配偶者居住権を取得するものとされた場合
　② 配偶者居住権が遺贈の目的とされた場合
(3) 被相続人が相続開始の時において居住建物を配偶者以外の者と共有していないこと

正　解　1

問 6 親族等に係る民法の規定に関する次の記述のうち、最も不適切なものはどれか。

1. 25歳以上の者は、配偶者を有していなくても、特別養子縁組により養親となることができる。
2. 特別養子縁組の成立には、原則として、養子となる者の父母の同意がなければならない。
3. 本人からみて、配偶者の妹は、2親等の姻族であり、親族に該当する。
4. 協議離婚後の財産分与について、当事者間に協議が調わない場合、当事者は、原則として、家庭裁判所に対して協議に代わる処分を請求することができる。

解 説　　　　　チェック□□□

1. **最も不適切**。民法第817条の3「養親となる者は、配偶者のある者でなければならない。」民法第817条の4「25歳に達しない者は、養親となることができない。ただし、養親となる夫婦の一方が25歳に達していない場合においても、その者が20歳に達しているときは、この限りでない。」

2. **適切**。民法第817条の6「特別養子縁組の成立には、養子となる者の父母の同意がなければならない。ただし、父母がその意思を表示することができない場合又は父母による虐待、悪意の遺棄その他養子となる者の利益を著しく害する事由がある場合は、この限りでない。」

3. **適切**。民法第725条「次に掲げる者は、親族とする。①6親等内の血族、②配偶者、③3親等内の姻族」ちなみに、血族は出生による血のつながりのある者をいい、姻族は配偶者の一方からみて他方の配偶者の血族をいう。

4. **適切**。民法第768条「財産の分与について、当事者間に協議が調わないとき、又は協議をすることができないときは、当事者は、家庭裁判所に対して協議に代わる処分を請求することができる。ただし、離婚の時から2年を経過したときは、この限りでない。」

6

相続・事業承継

正 解 1

問 7 　民法上の遺言に関する次の記述のうち、最も適切なものはどれか。

1．相続人が自筆証書遺言を発見し、家庭裁判所の検認を受ける前に開封した場合、その遺言は無効となる。
2．遺言者が自筆証書遺言に添付する財産目録をパソコンで作成する場合、当該目録への署名および押印は不要である。
3．公正証書遺言の作成において、遺言者の推定相続人とその配偶者は証人として立ち会うことができない。
4．公正証書遺言は、自筆証書遺言によって撤回することはできず、公正証書遺言によってのみ撤回することができる。

解　説

チェック□□□

1．**不適切**。自筆証書遺言は封印が要件ではないため家庭裁判所の検認前に開封した場合であっても、その遺言書が直ちに無効にはならない。なお、封印のある遺言書を家庭裁判所以外の場所で開封するなどの行為には罰金が科せられるが、この場合も遺言の効力に影響はない。
2．**不適切**。2019年1月13日以降に自筆証書遺言を作成する場合には、添付する財産目録等は手書きでなくてもよい。ただし、全ページに署名・押印が必要である。
3．**最も適切**。公正証書遺言は証人2人以上の立会いが必要である。未成年者、推定相続人・受遺者・その配偶者・直系血族、公証人の配偶者・4親等内の親族、書記・雇人は証人になることはできない。
4．**不適切**。自筆証書遺言及び公正証書遺言又は秘密証書遺言は、いつでも取り消すことができる。また、新たに作成することも可能である。その際に同一の遺言方式による必要はない。

正解 3

問 8 **遺言に関する次の記述のうち、最も不適切なものはどれか。**

1. 公正証書遺言を作成する際には、証人2人以上の立会いが必要とされる。
2. 公正証書遺言を作成した遺言者は、その遺言を自筆証書遺言によって撤回することができる。
3. 自筆証書遺言を作成する際に財産目録を添付する場合、その目録はパソコン等で作成することができる。
4. 自筆証書遺言は、自筆証書遺言書保管制度により法務局（遺言書保管所）に保管されているものであっても、相続開始後に家庭裁判所の検認を受けなければならない。

解　説 チェック□□□

1. **適切**。公正証書遺言は証人2人以上の立会いが必要である。未成年者、推定相続人・受遺者・その配偶者・直系血族、公証人の配偶者・4親等内の親族、書記・雇人は証人になることはできない。
2. **適切**。自筆証書遺言及び公正証書遺言又は秘密証書遺言は、いつでも取り消すことができる。また、新たに作成することも可能である。その際に同一の遺言方式による必要はない。
3. **適切**。2019年1月13日以降に自筆証書遺言を作成する場合には、添付する財産目録等は手書きでなくてもよい。ただし、全ページに署名・押印が必要である。
4. **最も不適切**。2020年7月10日から遺言書保管所に対して自筆証書遺言書の保管を申請することができる。遺言書保管所に保管されている遺言書については、遺言書の検認の規定は適用されない。

6

相続・事業承継

正　解 4

問 9 民法上の遺言に関する次の記述のうち、最も適切なものはどれか。

1. 遺言は、満18歳以上の者でなければすることができない。
2. 公正証書遺言を作成した者は、その遺言を自筆証書遺言によって撤回することはできず、公正証書遺言によってのみ撤回することができる。
3. 遺言による相続分の指定または遺贈によって、相続人の遺留分が侵害された場合、その遺言は無効となる。
4. 公正証書遺言を作成する場合において、遺言者の推定相続人は、証人として立ち会うことができない。

解 説　　　　　　チェック□□□

1. **不適切**。民法第961条「満15歳以上であれば遺言することができる。」。法定代理人の同意も不要である。
2. **不適切**。自筆証書遺言及び公正証書遺言又は秘密証書遺言は、いつでも撤回することができる。また、新たに作成することも可能である。その際に同一の遺言方式による必要はない。
3. **不適切**。遺留分を侵害する遺言でも遺言は有効である。遺留分とは、遺言が実行された後に、財産の多くを相続した者に対して請求できる一つの権利にすぎない。
4. **最も適切**。公正証書遺言は証人2人以上の立会いが必要である。未成年者、推定相続人・受遺者・その配偶者・直系血族、公証人の配偶者・4親等内の親族、書記・雇人は証人になることはできない。

正 解 4

相続の知識

遺産分割

問 10 遺産の分割に関する次の記述のうち、最も不適切なものはどれか。

1. 共同相続人は、一定の場合を除き、遺産の全部ではなく一部の分割内容のみを定めた遺産分割協議書を作成することができる。
2. 換価分割は、共同相続人が相続により取得した財産の全部または一部を金銭に換価し、その換価代金を共同相続人の間で分割する方法である。
3. 代償分割は、現物分割を困難とする事由がある場合に、共同相続人が家庭裁判所に申し立て、その審判を受けることにより認められる分割方法である。
4. 相続人が代償分割により他の相続人から交付を受けた代償財産は、相続税の課税対象となる。

解　説　　　　チェック□□□

1. **適切**。一部の遺産の分割協議は可能である。分割協議が未成立の遺産は共同相続人の共有財産の状態となる。
2. **適切**。換価分割は相続財産を金銭に換価し、その換価代金を分割する方法である。換価代金は譲渡所得となり課税される。
3. **最も不適切**。代償分割は共同相続人の協議による遺産分割であり、共同相続人全員が合意していれば遺産分割は成立する。したがって、家庭裁判所に申し立てる必要はない。
4. **適切**。代償分割により取得した代償財産は、相続の遺産分割の中での行為であり、他の相続人から取得したものであっても被相続人から取得した財産と同様に相続税の課税対象となる。

6

相続・事業承継

正　解　3

問 11 遺産分割に関する次の記述のうち、最も適切なものはどれか。

1. 適法に成立した遺産分割協議については、共同相続人全員の合意があったとしても、解除することは認められない。
2. 代償分割は、現物分割を困難とする事由がある場合に、共同相続人が家庭裁判所に申し立て、その審判を受けることにより認められる。
3. 相続財産である不動産を、共同相続人間で遺産分割するために譲渡して換価した場合、その譲渡による所得は、所得税において非課税所得とされている。
4. 被相続人は、遺言によって、相続開始の時から5年を超えない期間を定めて、遺産の分割を禁ずることができる。

解 説　　　　　　　　チェック□□□

1. **不適切**。遺産分割協議が成立した場合は原則としてやり直しができない。ただし、例外的に共同相続人全員が合意した場合は遺産分割協議のやり直しができる。ちなみに税務上は、当初の分割により共同相続人に分属した財産を分割のやり直しとして再配分した場合には、その態様に応じ贈与税等新たな課税関係が生じることになる。
2. **不適切**。代償分割は共同相続人の協議による遺産分割であり、共同相続人全員が合意していれば遺産分割は成立する。したがって、家庭裁判所に申し立てる必要はない。
3. **不適切**。換価分割は相続財産を金銭に換価し、その換価代金を分割する方法である。換価代金は譲渡所得となり課税される。
4. **最も適切**。民法第908条に、「被相続人は、遺言で、遺産の分割の方法を定め、若しくはこれを定めることを第三者に委託し、又は相続開始の時から5年を超えない期間を定めて、遺産の分割を禁ずることができる。」と定めている。

正 解　**4**

相続の知識

遺産分割

2022年9月出題

問 12 **遺産の分割に関する次の記述のうち、最も適切なものはどれか。**

1．遺産の分割は、民法上、遺産に属する物または権利の種類および性質、各相続人の年齢、職業、心身の状態および生活の状況その他一切の事情を考慮して行うものとされている。
2．遺産の分割について、共同相続人間で協議が調わないとき、または協議をすることができないときは、各共同相続人はその分割を公証人に請求することができる。
3．被相続人は、遺言で、相続開始の時から1年間に限り、遺産の分割を禁ずることができる。
4．相続財産である不動産を、共同相続人間で遺産分割するために譲渡して換価した場合、その譲渡による所得は、所得税法上、非課税所得とされている。

解　説

チェック□□□

1．**最も適切**。民法第906条に、「遺産の分割は、遺産に属する物又は権利の種類及び性質、各相続人の年齢、職業、心身の状態及び生活の状況その他一切の事情を考慮してこれをする。」と定めている。
2．**不適切**。協議が整わない場合や協議不能の場合は、家庭裁判所に調停又は審判を申し立てることができる。通常はまず調停を申し立てることがほとんどであり、調停が成立しない場合は当然に審判手続きに移行する。
3．**不適切**。民法第908条に、「被相続人は、遺言で、遺産の分割の方法を定め、若しくはこれを定めることを第3者に委託し、又は相続開始の時から5年を超えない期間を定めて、遺産の分割を禁ずることができる。」と定めている。
4．**不適切**。換価分割は相続財産を金銭に換価し、その換価代金を分割する方法である。換価代金は譲渡所得となり課税される。

6

相続・事業承継

正　解 1

相続の知識

遺産分割

問 13 遺産分割協議に関する次の記述のうち、最も適切なものはどれか。

1. 遺産分割協議書は、民法で定められた形式に従って作成し、かつ、共同相続人全員が署名・捺印していなければ無効となる。
2. 遺産分割協議書は、相続人が相続の開始があったことを知った日の翌日から 10 ヵ月以内に作成し、家庭裁判所に提出しなければならない。
3. 遺産を現物分割する旨の遺産分割協議書を作成する際に、一定の場合を除き、遺産の一部についてのみ定めた遺産分割協議書を作成することができる。
4. 適法に成立した遺産分割協議については、共同相続人全員の合意があったとしても、当該協議を解除し、再度、遺産分割協議を行うことはできない。

解 説　　　　　　　チェック☐☐☐

1. **不適切**。相続人全員が合意していれば遺産分割は成立する。遺産分割協議書を作成することは法律で求められていない。当然にその形式も特に定められていない。
2. **不適切**。遺産分割の原則は共同相続人間で協議して決めるものでありその協議の時期に期限はない。ちなみに、相続税の申告納税の期限は相続の開始があったことを知った日の翌日から 10 ヵ月以内である。
3. **最も適切**。一部の遺産の分割協議は可能である。分割協議が未成立の遺産は共同相続人の共有財産の状態となる。
4. **不適切**。遺産分割協議が成立した場合は原則としてやり直しができない。ただし、例外的に共同相続人全員が合意した場合は遺産分割協議のやり直しができる。ちなみに税務上は、当初の分割により共同相続人に分属した財産を分割のやり直しとして再配分した場合には、その態様に応じ贈与税等新たな課税関係が生じることになる。

正 解　3

問14 法定後見制度に関する次の記述の空欄（ア）～（ウ）にあてはまる語句の組み合わせとして、最も適切なものはどれか。

> ・法定後見制度は、本人の判断能力が（　ア　）に、家庭裁判所によって選任された成年後見人等が本人を法律的に支援する制度である。
> ・法定後見制度において、後見開始の審判がされたときは、その内容が（　イ　）される。
> ・成年後見人は、成年被後見人が行った法律行為について、原則として、（　ウ　）。

1. （ア）不十分になる前　　（イ）戸籍に記載　　（ウ）取り消すことができる
2. （ア）不十分になった後　（イ）登記　　　　　（ウ）取り消すことができる
3. （ア）不十分になった後　（イ）戸籍に記載　　（ウ）取り消すことはできない
4. （ア）不十分になる前　　（イ）登記　　　　　（ウ）取り消すことはできない

解　説　　　　　　　チェック□□□

　法定後見制度とは、本人の判断能力が不十分になった後に、家庭裁判所によって選任された成年後見人等が本人を法律的に支援する制度である。法定後見制度において、後見開始の審判がされたときは、家庭裁判所からの嘱託によってその内容が登記される。これを成年後見登記制度という。成年後見人等の権限として、成年後見人は、財産に関する法律行為（契約等）について包括的に代理する権限を有し、成年被後見人の行った行為を取消すことができる。

　上記により**第2肢**が最も適切である。

6

相続・事業承継

正　解　2

問 15 民法に規定する相続に関する次の記述のうち、最も適切なものはどれか。

1. 相続人が不存在である場合は、被相続人の相続財産は法人となり、特別縁故者の請求によってその財産の全部または一部が特別縁故者に対して分与されることがある。
2. 相続の単純承認をした相続人は、被相続人の財産のうち、積極財産のみを相続する。
3. 限定承認は、相続人が複数いる場合、限定承認を行おうとする者が単独ですることができる。
4. 相続の放棄をする場合は、相続人は相続の開始があったことを知った時から原則として6ヵ月以内に家庭裁判所に申述しなければならない。

解 説　　　　　　　チェック□□□

1. **最も適切**。相続財産法人の成立（民法第951条）→相続財産の管理人の選任（民法第952条）→相続債権者及び受遺者に対する弁済（民法第957条）→相続人の捜索の広告（民法第958条）→権利を主張する者がない場合（民法第958条の2）→特別縁故者に対する相続財産の分与（民法第958条の3）→残余財産の国庫への帰属（民法第959条）となる。
2. **不適切**。被相続人の積極財産だけでなく、借金や未払い金などの消極財産も全てを相続する。
3. **不適切**。限定承認の手続き期限は相続の開始があったことを知った日から3ヵ月以内であり、共同相続人全員で申述する必要がある。
4. **不適切**。相続の開始があったことを知った日から3ヵ月以内に限定承認及び相続放棄の手続きをしなければ自動的に単純承認したものとみなされる。

正 解 1

相続税

課税財産と非課税財産

問16 相続税の非課税財産に関する次の記述のうち、最も適切なものはどれか。

1. 被相続人の死亡により、相続人が被相続人に支給されるべきであった退職手当金の支給を受けた場合、当該退職手当金の支給が被相続人の死亡後5年以内に確定したものであれば、相続人は、当該退職手当金について死亡退職金の非課税金額の規定の適用を受けることができる。

2. 死亡退職金の非課税金額の規定による非課税限度額は、被相続人の死亡が業務上の死亡である場合、被相続人の死亡時における賞与以外の普通給与の3年分に相当する金額である。

3. 契約者（＝保険料負担者）および被保険者を被相続人とする生命保険契約に基づき、相続の放棄をした者が受け取った死亡保険金については、死亡保険金の非課税金額の規定は適用されない。

4. 死亡保険金の非課税金額の規定による非課税限度額の計算上の相続人の数には、相続の放棄をした者は含まれない。

解　説

チェック□□□

1. **不適切**。相続税の課税財産となる退職手当金等は、死亡後3年以内に支給が確定したものである。実際の支給時期は関係ない。死亡後3年経過して支給が確定したものは一時所得として所得税の課税対象となる。

2. **不適切**。死亡退職金の非課税限度額は「500万円×法定相続人の数」である。
　　ちなみに弔慰金等は原則として相続税の課税対象ではないが、次の金額を超える部分に相当する金額は相続税の課税対象である。
　　①被相続人の死亡が業務上であるとき⇒被相続人の死亡時の普通給与の3年分
　　②被相続人の死亡が業務上以外であるとき⇒被相続人の死亡時の普通給与の6ヵ月分

3. **最も適切**。非課税の適用を受ける者は民法上の相続人である。したがって、相続放棄者は非課税の適用を受けられない。

4. **不適切**。法定相続人を数える際の注意点として、相続の放棄があった場合には、その放棄がなかったものとして相続人を数える。

正解 3

相続税

課税財産と非課税財産

問 17 相続税の課税財産等に関する次の記述のうち、最も不適切なものはどれか。

1. 契約者（＝保険料負担者）および被保険者が夫、死亡保険金受取人が妻である生命保険契約において、夫の死亡により妻が受け取った死亡保険金は、原則として、遺産分割の対象とならない。

2. 契約者（＝保険料負担者）および被保険者が父、死亡保険金受取人が子である生命保険契約において、子が相続の放棄をした場合は、当該死亡保険金について、死亡保険金の非課税金額の規定の適用を受けることができない。

3. 老齢基礎年金の受給権者である被相続人が死亡し、その者に支給されるべき年金給付で死亡後に支給期の到来するものを相続人が受け取った場合、当該未支給の年金は、相続税の課税対象となる。

4. 被相続人の死亡により、当該被相続人に支給されるべきであった退職手当金で被相続人の死亡後3年以内に支給が確定したものについて、相続人がその支給を受けた場合、当該退職手当金は、相続税の課税対象となる。

解 説　　　　　　　　　　　チェック□□□

1. **適切**。相続税法において死亡保険金を遺産とみなしているが、民法上の遺産ではないので遺産分割協議の対象外である。

2. **適切**。死亡保険金の非課税金額の規定が適用されるのは相続人であり、相続放棄した者は適用されない。なお、非課税限度額の計算上の法定相続人の数には算入する。

3. **最も不適切**。未支給年金は死亡した受給権者に係る相続税の課税対象にならない。なお、遺族が支給を受けた当該未支給年金は、遺族の一時所得に該当する。

4. **適切**。相続税の課税財産となる退職手当金等は、死亡後3年以内に支給が確定したものである。実際の支給時期は関係ない。死亡後3年経過して支給が確定したものは遺族の一時所得として所得税の課税対象となる。

正 解 3

問 18 相続人が負担した次の費用等のうち、相続税の課税価格の計算上、相続財産の価額から債務控除をすることができるものはどれか。なお、相続人は債務控除の適用要件を満たしているものとする。

1. 被相続人が生前に購入した墓碑の購入代金で、相続開始時点で未払いのもの
2. 被相続人が所有していた不動産に係る固定資産税のうち、相続開始時点で納税義務は生じているが、納付期限が到来していない未払いのもの
3. 被相続人に係る初七日および四十九日の法要に要した費用のうち、社会通念上相当と認められるもの
4. 被相続人の相続に係る相続税の申告書を作成するために、相続人が支払った税理士報酬

解 説

チェック□□□

1. **控除できない。** 墓碑は非課税財産であり、非課税財産の取得、維持又は管理のために生じた債務は控除できない。
2. **控除できる。** 相続開始の際に現に存する公租公課であり相続開始後に相続人が納付したとしても控除できる。固定資産税は原則4月、7月、12月、翌年2月の4回に分けて納付する。例えば10月に相続開始した場合は12月と翌年2月に納付する金額が債務控除できる。
3. **控除できない。** 相続税の課税価格から控除することができない葬式費用には、香典返戻費用や墓地の買入費等や法会に要する費用（初七日、四十九日など）や医学上又は裁判上の特別の処置をした費用がある。
4. **控除できない。** 相続税の申告書作成のための税理士報酬は相続後に生じたものであり、相続開始の際に現に存する債務ではないので控除できない。

6

相続・事業承継

正 解 2

相続税

相続税の計算

問19 下記＜親族関係図＞において、Ａさんの相続が開始した場合の相続税額の計算における遺産に係る基礎控除額として、最も適切なものはどれか。なお、ＣさんはＡさんの相続開始前に死亡している。また、Ｅさんは、Ａさんの普通養子（特別養子縁組以外の縁組による養子）であり、相続の放棄をしている。

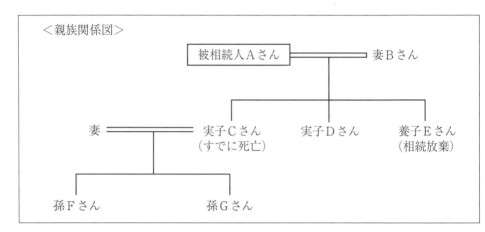

1. 4,200万円
2. 4,800万円
3. 5,400万円
4. 6,000万円

解 説

チェック□□□

　遺産に係る基礎控除額は「3,000万円 ＋ 600万円 × 法定相続人の数」で計算する。

　法定相続人の数は、相続の放棄をした人がいても、その放棄がなかったものとした場合の相続人の数をいう。

　また　法定相続人のなかに養子がいる場合の法定相続人の数は、次のとおりとなる。

(1) 被相続人に実子がいる場合は、養子のうち1人までを法定相続人に含める。

(2) 被相続人に実子がいない場合は、養子のうち2人までを法定相続人に含める。

　本問の基礎控除額は下記のとおりとなり、**第4肢**が正解である。

　　3,000万円 ＋ 600万円 × 5人（Bさん、Dさん、Eさん、Fさん、Gさん）

　　＝ 6,000万円

正 解 4

問20 相続税の計算に関する次の記述のうち、最も不適切なものはどれか。

1. 遺産に係る基礎控除額の計算上、法定相続人の数は、相続人が相続の放棄をした場合には、その放棄がなかったものとした場合における相続人の数である。

2. 遺産に係る基礎控除額の計算上、法定相続人の数に含めることができる養子の数は、被相続人に実子がなく、養子が2人以上いる場合には1人である。

3. 遺産に係る基礎控除額の計算上、被相続人の特別養子となった者は実子とみなされる。

4. 遺産に係る基礎控除額の計算上、被相続人の子がすでに死亡し、代襲して相続人となった被相続人の孫は実子とみなされる。

解　説　　　　　チェック□□□

1. **適切**。相続税の基礎控除額は「3,000万円 ＋ 600万円 × 法定相続人の数」で計算する。その際の法定相続人の数は、相続の放棄をした人がいても、その放棄がなかったものとした場合の相続人の数をいう。

2. **最も不適切**。法定相続人のなかに養子がいる場合の法定相続人の数は、次のとおりとなる。
   (1) 被相続人に実子がいる場合は、養子のうち1人までを法定相続人に含める。
   (2) 被相続人に実子がいない場合は、養子のうち2人までを法定相続人に含める。

3. **適切**。相続税法第15条第3項により次の者は実子とみなされる。したがって、人数の制限はない。
   (1) 特別養子縁組による養子となった者
   (2) 被相続人の配偶者の実子で被相続人の養子となった者
   (3) 被相続人の実子若しくは養子又はその直系卑属が相続開始以前に死亡し、又は相続権を失ったためその者にかわって相続人となったその者の直系卑属（代襲相続人）

4. **適切**。上記3と同じ。

6

相続・事業承継

正　解　2

問 21 下記＜親族関係図＞において、Ａさんの相続が開始した場合の相続税額の計算における遺産に係る基礎控除額として、最も適切なものはどれか。なお、Ｃさんは相続の放棄をしている。また、Ｅさんは、Ａさんの普通養子（特別養子縁組以外の縁組による養子）である。

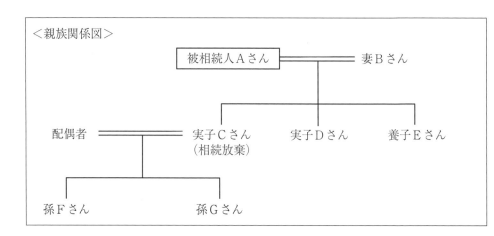

＜親族関係図＞

被相続人Ａさん ── 妻Ｂさん

配偶者 ── 実子Ｃさん（相続放棄）　実子Ｄさん　養子Ｅさん

孫Ｆさん　　孫Ｇさん

1. 4,200 万円
2. 4,800 万円
3. 5,400 万円
4. 6,000 万円

<hr>

解 説

チェック □□□

　相続税の基礎控除額は「3,000 万円 ＋ 600 万円 × 法定相続人の数」で計算する。

　法定相続人の数は、相続の放棄をした人がいても、その放棄がなかったものとした場合の相続人の数をいう。

　また 法定相続人のなかに養子がいる場合の法定相続人の数は、次のとおりとなる。

⑴　被相続人に実子がいる場合は、養子のうち 1 人までを法定相続人に含める。

⑵　被相続人に実子がいない場合は、養子のうち 2 人までを法定相続人に含める。

　本問の基礎控除額は下記のとおりとなり、**第 3 肢が正解である。**

　3,000 万円 ＋ 600 万円 × 4 人（Ｂさん、Ｃさん、Ｄさん、Ｅさん）＝ 5,400 万円

正解 3

問22 相続税の計算に関する次の記述のうち、最も適切なものはどれか。なお、本問において、相続の放棄をした者はいないものとする。

1. 遺産に係る基礎控除額の計算上、法定相続人の数に含めることができる養子（実子とみなされる者を除く）の数は、実子がいる場合、2人に制限される。
2. 相続人となるべき被相続人の子がすでに死亡しているため、その死亡した子を代襲して相続人となった被相続人の孫は、相続税額の2割加算の対象者となる。
3. 相続人が被相続人の配偶者のみである場合、「配偶者に対する相続税額の軽減」の適用を受けた配偶者については、相続により取得した遺産額の多寡にかかわらず、納付すべき相続税額が生じない。
4. 「配偶者に対する相続税額の軽減」の適用を受けることができる配偶者は、被相続人と法律上の婚姻の届出をした者に限られず、いわゆる内縁の配偶者も含まれる。

解 説

チェック□□□

1. **不適切**。法定相続人を数える際の注意点は次の2点である。
 ①相続の放棄があった場合には、その放棄がなかったものとして相続人を数える。
 ③被相続人の養子の数には次のとおり制限がある。
 ・被相続人に実子がいる場合・・・養子1人まで法定相続人の数に入れる
 ・被相続人に実子がいない場合・・・養子2人まで法定相続人の数に入れる
2. **不適切**。配偶者及び一親等の血族（代襲相続人を含む）以外の者が相続又は遺贈により財産を取得した場合に適用する。また、被相続人の養子となっている直系卑属（代襲相続人を除く）も2割加算の対象者である。
 したがって、代襲相続人は2割加算の対象者ではない。
3. **最も適切**。配偶者の税額軽減は、配偶者の取得した財産が配偶者の法定相続分相当額以下、あるいは1億6,000万円までであれば配偶者の相続税の負担はなしという特例制度である。したがって、相続人が配偶者のみの場合は法定相続分が1となるので財産額の多寡にかかわらず配偶者の相続税の負担はない。
4. **不適切**。配偶者は、婚姻の届出をした者に限るものとする。したがって、事実上婚姻関係と同様の事情にある者であっても婚姻の届出をしていないいわゆる内縁関係にある者は、本規定の適用対象となる配偶者には該当しない。

6

相続・事業承継

正 解 **3**

問 23 相続税の計算に関する次の記述のうち、最も不適切なものはどれか。

1. 法定相続人が相続の放棄をした場合、その放棄をした者の人数を「法定相続人の数」に含めずに、相続税の計算における遺産に係る基礎控除額を計算する。
2. すでに死亡している被相続人の子を代襲して相続人となった被相続人の孫は、相続税額の2割加算の対象とならない。
3. 相続開始時の法定相続人が被相続人の配偶者のみで、その配偶者がすべての遺産を取得した場合、「配偶者に対する相続税額の軽減」の適用を受ければ、相続により取得した財産額の多寡にかかわらず、配偶者が納付すべき相続税額は生じない。
4. 「配偶者に対する相続税額の軽減」の適用を受けることができる配偶者は、被相続人と法律上の婚姻の届出をした者に限られ、いわゆる内縁関係にある者は該当しない。

解 説　　　　　　　　チェック□□□

1. **最も不適切**。法定相続人を数える際の注意点は次の2点である。
   ①相続の放棄があった場合には、その放棄がなかったものとして相続人を数える。
   ②被相続人の養子の数には次のとおり制限がある。
   ・被相続人に実子がいる場合・・・養子1人まで法定相続人の数に入れる
   ・被相続人に実子がいない場合・・・養子2人まで法定相続人の数に入れる
2. **適切**。配偶者及び一親等の血族（代襲相続人を含む）以外の者が相続又は遺贈により財産を取得した場合に適用する。また、被相続人の養子となっている直系卑属（代襲相続人を除く）も2割加算の対象者である。
   したがって、代襲相続人は2割加算の対象者ではない。
3. **適切**。配偶者の税額軽減は、配偶者の取得した財産が配偶者の法定相続分相当額以下、あるいは1億6,000万円までであれば配偶者の相続税の負担はなしという特例制度である。したがって、相続人が配偶者のみの場合は法定相続分が1となるので財産額の多寡にかかわらず配偶者の相続税の負担はない。
4. **適切**。配偶者は、婚姻の届出をした者に限るものとする。したがって、事実上婚姻関係と同様の事情にある者であっても婚姻の届出をしていないいわゆる内縁関係にある者は、本規定の適用対象となる配偶者には該当しない。

正 解 1

問 24 次の費用等のうち、相続税の課税価格の計算上、相続財産の価額から債務控除することができるものはどれか。なお、相続人は債務控除の適用要件を満たしているものとする。

1. 被相続人が生前に購入した墓碑の購入代金で、相続開始時点で未払いのもの
2. 遺言執行者に支払った被相続人の相続に係る遺言執行費用
3. 被相続人に係る初七日および四十九日の法要に要した費用のうち、社会通念上相当と認められるもの
4. 被相続人が所有していた不動産に係る固定資産税のうち、相続開始時点で納税義務は生じているが、納付期限が到来していない未払いのもの

解　説　　　　　　　チェック☐☐☐

1. **控除できない。** 墓碑は非課税財産であり、非課税財産の取得、維持又は管理のために生じた債務は控除できない。
2. **控除できない。** 遺言執行費用は相続後に生じたものであり、相続開始の際に現に存する債務ではないので控除できない。
3. **控除できない。** 相続税の課税価格から控除することができない葬式費用には、香典返戻費用や墓地の買入費等や法会に要する費用（初七日、四十九日など）や医学上又は裁判上の特別の処置をした費用がある。
4. **控除できる。** 固定資産税の賦課期日（納税義務が確定する日）は1月1日である。例えば、令和4年9月15日に相続が開始した場合は、令和4年度分の固定資産税のうち相続開始時点で未払いのものが債務控除できる。

6

相続・事業承継

正解　**4**

問 25 **相続税の納税に関する次の記述のうち、最も不適切なものはどれか。**

1. 相続により土地を取得した者がその相続に係る相続税について延納を申請する場合、一定の要件を満たせば、その相続により取得した土地以外の土地を延納の担保として提供することができる。

2. 相続税は金銭による一括納付が原則であるが、一括納付や延納による金銭の納付が困難な場合、納税義務者は、その納付を困難とする金額を限度に物納を申請することができる。

3. 物納に充てることができる財産の種類には順位があり、不動産と上場株式はいずれも第1順位に分類されている。

4. 「小規模宅地等についての相続税の課税価格の計算の特例」の適用を受けた宅地等を物納する場合の収納価額は、特例適用前の価額である。

1．**適切**。担保財産は、相続財産や相続人固有の財産も認められる。また、同意があれば他人の財産でも認められる。
2．**適切**。納付の原則は、金銭一時納付である。しかし、納期限までに金銭一時納付が困難な事由があり、納付すべき相続税額が10万円を超える場合は、担保提供等の一定の手続きを経て税務署長の許可により延納が認められる。そして延納による納付も困難な場合に物納が認められる。任意に選択することはできない。
3．**適切**。物納財産の順位は次のとおりである。

順位	物納財産の種類
第1順位	①国債、地方債、不動産、船舶、上場されている株式・社債・証券投資信託等の受益証券・投資証券等
	②不動産のうち物納劣後財産に該当するもの
第2順位	③上場されていない社債・株式・証券投資信託の受益証券又は貸付信託の受益証券
	④株式のうち物納劣後財産に該当するもの
第3順位	⑤動産

4．**最も不適切**。物納財産の収納価額は、原則として相続税の課税価格計算の基礎となった価額（相続税評価額）となっている。なお、「小規模宅地等についての相続税の課税価格の計算の特例」の適用を受けた財産を物納した場合の収納価額は特例適用後の金額である。

6

相続・事業承継

正解　4

贈与の知識

問 26 民法上の贈与に関する次の記述のうち、最も適切なものはどれか。

1. 贈与は、当事者の一方が、ある財産を無償で相手方に与える意思表示をすることにより効力が生じ、相手方が受諾する必要はない。
2. 定期贈与は、贈与者または受贈者のいずれか一方が生存している限り、その効力を失うことはない。
3. 死因贈与は、民法の遺贈に関する規定が準用されるため、書面によってしなければならない。
4. 書面によらない贈与は、その履行の終わった部分を除き、各当事者が解除をすることができる。

解　説　　　　　チェック□□□

1. **不適切**。民法第 549 条「贈与は、当事者の一方がある財産を無償で相手方に与える意思を表示し、相手方が受諾をすることによって、その効力を生ずる。」
2. **不適切**。定期の給付を目的とする贈与とは、例えば、「毎年 100 万円を 10 年間贈与する」贈与である。贈与者または受贈者が死亡した場合には、その効力を失う。
3. **不適切**。死因贈与とは、贈与者の死亡により効力が生ずる贈与をいう。死因贈与は契約であり一方の意思表示だけでは成立しない。また、書面による必要はない。
4. **最も適切**。書面による贈与は、贈与者が一方的に贈与契約を撤回することはできない。しかし、書面によらない贈与は、まだ履行していない部分については撤回することができる。

正　解　4

問27 民法上の贈与に関する次の記述のうち、最も適切なものはどれか。

1. 書面によらない贈与は、その履行の終わった部分についても、各当事者が解除をすることができる。
2. 負担付贈与とは、贈与者が受贈者に対して一定の債務を負担させることを条件とする贈与をいい、その受贈者の負担により利益を受ける者は贈与者に限られる。
3. 死因贈与とは、贈与者の死亡によって効力が生じる贈与をいい、贈与者のみの意思表示により成立する。
4. 定期贈与とは、贈与者が受贈者に対して定期的に財産を給付することを目的とする贈与をいい、贈与者または受贈者の死亡によって、その効力を失う。

解 説　　　　　チェック□□□

1. **不適切**。書面による贈与は、贈与者が一方的に贈与契約を撤回することはできない。しかし、書面によらない贈与は、まだ履行していない部分については撤回することができる。
2. **不適切**。負担付贈与とは、財産の贈与を受けた者に一定の債務を負わせる贈与をいう。受贈者の負担から利益を受ける者は誰でもよい。
3. **不適切**。死因贈与とは、贈与者の死亡により効力が生ずる贈与をいう。死因贈与は契約であり一方の意思表示だけでは成立しない。
4. **最も適切**。定期の給付を目的とする贈与とは、例えば、「毎年100万円を10年間贈与する」贈与である。贈与者または受贈者が死亡した場合には、その効力を失う。

6

相続・事業承継

正解 4

贈与の知識

問 28 民法上の贈与に関する次の記述のうち、最も適切なものはどれか。

1. 書面によらない贈与は、その履行の終わった部分についても、各当事者が解除をすることができる。
2. 定期贈与とは、贈与者が受贈者に対して定期的に財産を給付することを目的とする贈与をいい、贈与者または受贈者のいずれか一方が生存している限り、その効力を失うことはない。
3. 負担付贈与では、受贈者がその負担である義務を履行しない場合において、贈与者が相当の期間を定めてその履行の催告をし、その期間内に履行がない場合、原則として、贈与者は、当該贈与の契約の解除をすることができる。
4. 死因贈与では、民法の遺贈に関する規定が準用され、贈与者のみの意思表示により成立し、贈与者の死亡によって効力が生じる。

解 説　　　　　　　　チェック□□□

1. **不適切**。書面による贈与は、贈与者が一方的に贈与契約を撤回することはできない。しかし、書面によらない贈与は、まだ履行していない部分については撤回することができる。
2. **不適切**。定期の給付を目的とする贈与とは、例えば、「毎年100万円を10年間贈与する」贈与である。贈与者又は受贈者が死亡した場合には、その効力を失う。
3. **最も適切**。負担付贈与とは、財産の贈与を受けた者に一定の債務を負わせる贈与をいう。受贈者が債務を履行しない場合には、贈与者は贈与契約を解除することができる。
4. **不適切**。死因贈与とは、贈与者の死亡により効力が生ずる贈与をいう。死因贈与は契約であり一方の意思表示だけでは成立しない。

正 解 **3**

贈与の知識

問 29 贈与に関する次の記述のうち、最も適切なものはどれか。

1. 民法上、贈与は、当事者の一方がある財産を無償で相手方に与える意思を表示し、相手方が受諾をすることにより効力が生じる。
2. 民法上、書面によらない贈与は、いまだその履行がなされていない場合であっても、各当事者がこれを解除することはできない。
3. 相続税法上、書面によらない贈与における財産の取得時期は、原則として、その履行の有無にかかわらず、受贈者が当該贈与を受ける意思表示をした時とされている。
4. 相続税法上、個人の債務者が資力を喪失して債務を弁済することが困難になり、その債務の免除を受けた場合、債務免除益のうち債務を弁済することが困難である部分についても、贈与により取得したものとみなされ、贈与税の課税対象となる。

解　説　　　　チェック☐☐☐

1. **最も適切**。民法第549条「贈与は、当事者の一方がある財産を無償で相手方に与える意思を表示し、相手方が受諾をすることによって、その効力を生ずる。」
2. **不適切**。書面による贈与は、贈与者が一方的に贈与契約を解除することはできない。しかし、書面によらない贈与は、まだ履行していない部分については解除することができる。
3. **不適切**。贈与の場合「書面によるものについてはその契約の効力の発生した時、書面によらないものについてはその履行の時」とする。
4. **不適切**。債務者が資力を喪失して債務を弁済することが困難である場合において、その債務の全部又は一部の免除を受けたときは贈与税の課税対象とならない。

6

相続・事業承継

正　解　**1**

問 30 民法上の贈与に関する次の記述のうち、最も適切なものはどれか。

1. 定期贈与とは、贈与者が受贈者に対して定期的に財産を給付することを目的とする贈与をいい、贈与者または受贈者のいずれか一方が生存している限り、その効力を失うことはない。
2. 負担付贈与では、受贈者がその負担である義務を履行しない場合において、贈与者が相当の期間を定めてその履行の催告をし、その期間内に履行がない場合であっても、贈与者は、当該贈与の契約の解除をすることができない。
3. 死因贈与では、民法の遺贈に関する規定が準用され、贈与者のみの意思表示により成立し、贈与者の死亡によって効力が生じる。
4. 書面によらない贈与では、その履行前であれば、各当事者は合意がなくとも契約の解除をすることができる。

解 説　　　　チェック□□□

1. **不適切**。定期の給付を目的とする贈与とは、例えば、「毎年 100 万円を 10 年間贈与する」贈与である。贈与者又は受贈者が死亡した場合には、その効力を失う。
2. **不適切**。負担付贈与とは、財産の贈与を受けた者に一定の債務を負わせる贈与をいう。受贈者が債務を履行しない場合には、贈与者は贈与契約を解除することができる。
3. **不適切**。死因贈与とは、贈与者の死亡により効力が生ずる贈与をいう。死因贈与は契約であり一方の意思表示だけでは成立しない。
4. **最も適切**。書面による贈与は、贈与者が一方的に贈与契約を解除することはできない。しかし、書面によらない贈与は、まだ履行していない部分については解除することができる。

正 解 4

問 31 みなし贈与財産等に関する次の記述のうち、最も不適切なものはどれか。

1. 負担付贈与があった場合において、受贈者の負担額が贈与者以外の第三者の利益に帰すときは、原則として、当該第三者が受贈者の負担額に相当する金額を贈与によって取得したこととなり、贈与税の課税対象となる。

2. 子が父から著しく低い価額の対価で土地を譲り受けた場合には、原則として、その相続税評価額と支払った対価の額との差額を、子が父から贈与により取得したものとみなされ、贈与税の課税対象となる。

3. 債務者である個人が資力を喪失して債務を弁済することが困難になり、債権者である個人から当該債務の免除を受けた場合、当該免除を受けた金額のうちその債務を弁済することが困難である部分の金額は、贈与税の課税対象とならない。

4. 離婚による財産分与により取得した財産は、その価額が婚姻中の夫婦の協力によって得た財産の額その他一切の事情を考慮して社会通念上相当な範囲内である場合、原則として、贈与税の課税対象とならない。

解　説　　　　　　　　　　チェック□□□

1. **適切**。負担付贈与とは、財産の贈与を受けた者に一定の債務を負わせる贈与をいう。受贈者の負担から利益を受ける者は誰でもよく、第三者が受けた利益は「みなし贈与財産」となる。

2. **最も不適切**。個人から著しく低い価額の対価で財産を譲り受けた場合には、その財産の時価（相続税評価額ではない）と支払った対価との差額に相当する金額は、財産を譲渡した人から贈与により取得したものとみなされる。

3. **適切**。債務免除益は原則として「みなし贈与財産」となる。しかし、資力を喪失して債務を弁済することが困難な場合は贈与税の課税対象とならない。

4. **適切**。離婚による財産分与により取得した財産は、その金額が相当な額であれば贈与税の課税対象とならない。ただし、贈与税の課税を免れるための離婚による財産分与は贈与税の課税対象となる。

6

相続・事業承継

正解 2

贈与税の課税・非課税財産

問 32 贈与税の非課税財産等に関する次の記述のうち、最も不適切なものはどれか。

1. 扶養義務者相互間において生活費または教育費に充てるためにした贈与により取得した財産のうち、通常必要と認められるものは、贈与税の課税対象とならない。
2. 個人から受ける社交上必要と認められる香典や見舞金等の金品で、贈与者と受贈者との関係等に照らして社会通念上相当と認められるものは、贈与税の課税対象とならない。
3. 離婚に伴う財産分与により取得した財産は、その価額が婚姻中の夫婦の協力によって得た財産の額等の事情を考慮して社会通念上相当な範囲内である場合、原則として、贈与税の課税対象とならない。
4. 父が所有する土地の名義を無償で子の名義に変更した場合、その名義変更により取得した土地は、原則として、贈与税の課税対象とならない。

解　説　　　　　　　　　チェック□□□

1. **適切**。扶養義務者からの生活費または教育費は、必要な金額を必要な都度贈与していれば非課税となる。生活費または教育費以外に充当した場合は贈与税の課税対象となる。
2. **適切**。年末年始の贈答、祝物または見舞い等のための金品、その他祝金や香典等は社会通念上相当な金額であれば贈与税は課さない。ただし、社会通念上相当の金額を超える部分の金額は贈与税の課税対象となる。
3. **適切**。離婚による財産分与により取得した財産は、その金額が相当な額であれば贈与税の課税対象とならない。ただし、贈与税の課税を免れるための離婚による財産分与は贈与税の課税対象となる。
4. **最も不適切**。名義変更により所有者となった者は、名義変更前の所有者から土地を贈与により取得したものとみなし、贈与税の課税対象となる。

正解 4

贈与税

贈与税の課税・非課税財産

2023年1月出題

重要度 **A**

問 33 贈与税に関する次の記述のうち、最も不適切なものはどれか。

1. 個人が法人からの贈与により取得した財産は、贈与税の課税対象とならない。
2. 個人から受ける社交上必要と認められる香典・見舞金等の金品で、贈与者と受贈者との関係等に照らして社会通念上相当と認められるものは、贈与税の課税対象とならない。
3. 扶養義務者相互間において生活費または教育費に充てるためにした贈与により取得した財産のうち、通常必要と認められるものは、贈与税の課税対象とならない。
4. 契約者（＝保険料負担者）が母、被保険者が父、保険金受取人が子である生命保険契約において、父の死亡により子が受け取った死亡保険金は、贈与税の課税対象にならない。

解　説　　　　　　　　チェック□□□

1. **適切**。法人から個人への贈与は所得税（一時所得又は給与所得）の課税対象となる。
2. **適切**。年末年始の贈答、祝物または見舞い等のための金品、その他祝金や香典等は社会通念上相当な金額であれば贈与税は課さない。ただし、社会通念上相当の金額を超える部分の金額は贈与税の課税対象となる。
3. **適切**。扶養義務者からの生活費又は教育費は、必要な金額を必要な都度贈与していれば非課税となる。生活費又は教育費以外に充当した場合は贈与税の課税対象となる。
4. **最も不適切**。下表③に該当する。

	保険料負担者	被保険者	保険金受取人	税金の種類
①	父	父	子	相続税
②	子	父	子	所得税
③	母	父	子	贈与税

正　解　4

6
相続・事業承継

問34 みなし贈与財産に関する次の記述のうち、最も適切なものはどれか。

1. 契約者（＝保険料負担者）および被保険者が父、死亡保険金受取人が子である生命保険契約において、父の死亡により子が受け取った死亡保険金は、子が父から贈与により取得したものとみなされ、贈与税の課税対象となる。

2. 委託者が父、受益者が子である信託契約を締結し、その効力が生じた場合において、子がその適正な対価を負担しなかったときには、その信託に関する権利は、原則として子が父から贈与により取得したものとみなされ、贈与税の課税対象となる。

3. 子が父から著しく低い価額の対価で土地を譲り受けた場合には、原則として、その相続税評価額と支払った対価の額との差額を限度に、子が父から贈与により取得したものとみなされ、贈与税の課税対象となる。

4. 離婚による財産分与により財産を取得した場合には、その価額が婚姻中の夫婦の協力によって得た財産の額等の事情を考慮して社会通念上相当な範囲内であったとしても、その取得した財産は、原則として贈与により取得したものとみなされ、贈与税の課税対象となる。

解　説　　　　　　チェック□□□

1. **不適切**。下表①に該当する。

	保険料負担者	被保険者	保険金受取人	税金の種類
①	父	父	子	相続税
②	子	父	子	所得税
③	母	父	子	贈与税

2. **最も適切**。相続税法第9条の2「信託の効力が生じた場合において、適正な対価を負担せずに信託の受益者等となる者があるときは、信託の効力が生じた時において、信託の受益者等となる者は、信託に関する権利を信託の委託者から贈与により取得したものとみなす。

3. **不適切**。個人から著しく低い価額の対価で財産を譲り受けた場合には、その財産の時価（相続税評価額ではない）と支払った対価との差額に相当する金額は、財産を譲渡した人から贈与により取得したものとみなされる。

4. **不適切**。離婚による財産分与により取得した財産は、その金額が相当な額であれば贈与税の課税対象とならない。ただし、贈与税の課税を免れるための離婚による財産分与は贈与税の課税対象となる。

正解 2

贈与税

贈与税の課税・非課税財産

重要度 **A**

2022年5月出題

問 **35** 贈与税の課税財産に関する次の記述のうち、最も不適切なものはどれか。

1．死因贈与により取得した財産は、贈与税の課税対象とならない。
2．離婚による財産分与として取得した財産は、その価額が婚姻中の夫婦の協力によって得た財産の額等を考慮して、社会通念上相当な範囲内である場合、原則として、贈与税の課税対象とならない。
3．保険契約者（＝保険料負担者）が母、被保険者が父、保険金受取人が子である生命保険契約に基づき、父の死亡により子が受け取った死亡保険金は、子が母から贈与により取得したものとして贈与税の課税対象となる。
4．個人が法人からの贈与により取得した金品は、業務に関して受けるものおよび継続的に受けるものを除き、贈与税の課税対象となる。

解　説

チェック□□□

1．**適切**。死因贈与は贈与税ではなく相続税の課税対象となる。
2．**適切**。離婚による財産分与により取得した財産は、その金額が社会通念上相当な額であれば贈与税の課税対象とならない。ただし、贈与税の課税を免れるための離婚による財産分与は贈与税の課税対象となる。
3．**適切**。下表③に該当する。

	保険料負担者	被保険者	保険金受取人	税金の種類
①	父	父	子	相続税
②	子	父	子	所得税
③	母	父	子	贈与税

4．**最も不適切**。法人から個人への贈与は所得税（一時所得又は給与所得）の課税対象となる。

6

相続・事業承継

正 解　4

- 355 -

問 36 贈与税の計算に関する次の記述のうち、最も不適切なものはどれか。

1. 子が、同一年中に父と母のそれぞれから200万円ずつ贈与を受けた場合、その年分の暦年課税に係る贈与税額の計算上、課税価格から控除する基礎控除額は110万円である。

2. 相続時精算課税制度の適用を受けた贈与財産に係る贈与税額の計算上、特別控除額は特定贈与者ごとに累計3,000万円である。

3. 配偶者からの贈与について贈与税の配偶者控除の適用を受けた者は、その年分の贈与税額の計算上、課税価格から、基礎控除額のほかに最高2,000万円を控除することができる。

4. 2022年4月1日以後、その年1月1日において18歳以上の者が、直系尊属から贈与により財産を取得した場合、その財産に係る暦年課税による贈与税額は、課税価格から基礎控除額を控除した残額に、特例税率による超過累進税率を乗じて計算する。

解　説

チェック□□□

1. **適切**。暦年課税における贈与税の基礎控除額は、受贈者1人につき1年当たり110万円である。

2. **最も不適切**。相続税精算課税制度における贈与税の計算は、暦年課税の贈与財産とは別にこの制度に係る特定贈与者からの受贈財産の価額から特別控除額（特定贈与者ごとに累計で2,500万円）を控除した後の金額に、一律20％の税率を乗じて算出する。なお、2023年度（令和5年度）税制改正により、2024年1月1日以後に贈与により取得する財産に係る相続税または贈与税については、相続時精算課税制度における基礎控除（110万円）が創設され、贈与額から基礎控除後の価額から2,500万円を控除した金額に、一律20％の税率により計算した贈与税を納付する。

3. **適切**。贈与税の配偶者控除は、贈与税の課税価格から基礎控除110万円とは別に配偶者控除として最高2,000万円控除される。

4. **適切**。民法改正により2022年4月1日から成年年齢18歳となった。これにより2022年4月1日以後の贈与から特例税率適用年齢がその年の1月1日において18歳以上となった。

正　解 2

贈与税

贈与税の特例（配偶者控除）

重要度 **A**

2024年1月出題

問37 贈与税の配偶者控除（以下「本控除」という）に関する次の記述のうち、最も不適切なものはどれか。

1. 本控除は、贈与を受けた年の1月1日時点において婚姻期間が20年以上である配偶者から受けた贈与でなければ、適用を受けることができない。
2. 配偶者から受けた贈与について本控除の適用を受けたことがある場合、その後、同一の配偶者から贈与を受けても、再び本控除の適用を受けることはできない。
3. 本控除の適用を受けた場合、贈与税額の計算上、贈与税の課税価格から、基礎控除額のほかに最高2,000万円を控除することができる。
4. 本控除の適用を受け、その翌年に贈与者の相続が開始した場合、本控除の適用を受けた財産のうち、その控除額に相当する金額は、相続税の課税価格に加算されない。

解　説

チェック□□□

1. **最も不適切**。婚姻期間は婚姻届け出のあった日から贈与の日までの期間により計算する。
2. **適切**。配偶者控除は同じ配偶者からの贈与については一生に一度しか適用を受けることができない。
3. **適切**。贈与税の配偶者控除は、贈与税の課税価格から基礎控除110万円とは別に配偶者控除として最高2,000万円控除される。
4. **適切**。被相続人から生前に贈与された財産であっても、贈与税の配偶者控除の特例の適用を受けている又は受けようとする財産のうち、その配偶者控除額に相当する金額は相続税の課税価格に加算されない。

6

相続・事業承継

正解 1

贈与税

贈与税の申告と納付

問 38 贈与税の申告と納付に関する次の記述のうち、最も適切なものはどれか。

1. 贈与税の申告書は、原則として、贈与を受けた年の翌年2月1日から3月15日までの間に、受贈者の納税地の所轄税務署長に提出しなければならない。
2. 国税電子申告・納税システム（e-Tax）は、贈与税の申告には対応していない。
3. 贈与税を納期限までに納付することが困難である場合、その納付を困難とする金額を限度として延納または物納を申請することができる。
4. 贈与税の納付について認められる延納期間は、最長10年である。

解　説

チェック□□□

1. **最も適切**。贈与税の申告書の提出期間は、贈与を受けた年の翌年2月1日から3月15日までである。ちなみに、所得税の申告書の提出期間は、翌年2月16日から3月15日までである。
2. **不適切**。国税電子申告・納税システム（e-tax）は、贈与税の申告に対応している。
3. **不適切**。物納制度は相続税の制度であり、贈与税に物納制度はない。
4. **不適切**。贈与税は納期限までに金銭一括納付を原則としているが、所定の要件を満たせば最長で5年の年賦延納が認められる。延納の適用要件は、①納付税額が10万円を超えること。②納期限までに金銭による一時納付が困難であること。③担保を提供すること。④納期限までに延納申請書等を提出すること。である。

正 解 1

問 39 贈与税の申告と納付に関する次の記述のうち、最も適切なものはどれか。

1. 贈与税の納付は、贈与税の申告書の提出期限までに贈与者が行わなければならない。
2. 贈与税の申告書の提出期間は、原則として、贈与があった年の翌年2月16日から3月15日までである。
3. 贈与税を延納するためには、納付すべき贈与税額が10万円を超えていなければならない。
4. 贈与税の納付について、金銭による一括納付や延納による納付を困難とする事由がある場合、その納付を困難とする金額を限度として物納が認められる。

解 説

チェック□□□

1. **不適切**。贈与税の納税義務者は受贈者である。
2. **不適切**。贈与税の申告書の提出期間は、贈与を受けた年の翌年2月1日から3月15日までである。ちなみに、所得税の申告書の提出期間は、翌年2月16日から3月15日までである。
3. **最も適切**。延納の適用要件は、①納付税額が10万円を超えること。②納期限までに金銭による一時納付が困難であること。③担保を提供すること。④納期限までに延納申請書等を提出すること。である。
4. **不適切**。物納制度は相続税の制度であり、贈与税に物納制度はない。

6

相続・事業承継

正 解 3

贈与税
贈与税の申告と納付

問40 贈与税の申告と納付に関する次の記述のうち、最も適切なものはどれか。

1. 贈与税の申告書の提出期間は、原則として、贈与を受けた年の翌年2月16日から3月15日までである。
2. 贈与税の申告書の提出先は、原則として、贈与者の住所地の所轄税務署長である。
3. 贈与税の納付は、贈与税の申告書の提出期限までに贈与者が行わなければならない。
4. 贈与税の納付について認められる延納期間は、最長で5年である。

解　説　　　　　　チェック□□□

1. **不適切**。贈与税の申告書の提出期間は、贈与を受けた年の翌年2月1日から3月15日までである。ちなみに、所得税の申告書の提出期間は、翌年2月16日から3月15日までである。
2. **不適切**。贈与税の申告書の提出先は受贈者の住所地を管轄する税務署長である。ちなみに、相続税は被相続人の住所地を管轄する税務署長である。
3. **不適切**。贈与税の納税義務者は受贈者である。納期限は贈与を受けた年の翌年3月15日までである。
4. **最も適切**。贈与税は納期限までに金銭一括納付を原則としているが、所定の要件を満たせば年賦延納が認められる。最長で5年である。なお、贈与税に物納制度はない。

正　解 4

相続税・贈与税

問 **41** 相続税・贈与税の税額を計算する場合の財産の評価に関する次の記述の空欄（ア）〜（ウ）にあてはまる語句の組み合わせとして、最も適切なものはどれか。

・相続税法では、財産評価の原則として、特別の定めのあるものを除き、相続、遺贈または贈与により取得した財産の価額は、当該財産の取得の時における時価によるとされている。また、「特別の定めのあるもの」として、地上権および永小作権、（　ア　）、給付事由が発生している（　イ　）に関する権利、給付事由が発生していない（　イ　）に関する権利、立木の評価方法を規定している。
・財産評価基本通達では、「時価」とは、課税時期において、それぞれの財産の現況に応じ、（　ウ　）取引が行われる場合に通常成立すると認められる価額をいい、その価額は、この通達の定めによって評価した価額によるとされている。

---

1. （ア）配偶者居住権等　（イ）定期金　　　　（ウ）不特定多数の当事者間で自由な
2. （ア）賃借権　　　　　（イ）生命保険契約　（ウ）不特定多数の当事者間で自由な
3. （ア）配偶者居住権等　（イ）生命保険契約　（ウ）当事者同士の相対
4. （ア）賃借権　　　　　（イ）定期金　　　　（ウ）当事者同士の相対

解　説　　　　　　　　　　チェック□□□

相続税法第22条 評価の原則
　　　　第23条 地上権及び永小作権の評価
　　　　第23条の2 配偶者居住権等の評価
　　　　第24条 定期金に関する権利の評価（定期金給付事由が発生しているもの）
　　　　第25条 定期金に関する権利の評価（定期金給付事由が発生していないもの）
　　　　第26条 立木の評価

財産評価基本通達1（評価の原則）
　（2）　時価の意義　「時価とは、課税時期において、それぞれの財産の現況に応じ、不特定多数の当事者間で自由な取引が行われる場合に通常成立すると認められる価額をいい、その価額は、この通達の定めによって評価した価額による。」

したがって、第1肢が正解である。

正　解　1

6

相続・事業承継

財産評価
土地

重要度 **A**

2024年1月出題

問 42 宅地の相続税評価額の算定方法等に関する次の記述のうち、最も適切なものはどれか。

1. 宅地の評価方法には、路線価方式と倍率方式があり、どちらの方式を採用するかについては、納税者が任意に選択することができる。
2. 倍率方式は、固定資産税評価額に国税局長が一定の地域ごとに定める倍率を乗じて計算した金額によって評価する方式である。
3. 正面と側方に路線がある宅地（角地）を路線価方式によって評価する場合、原則として、それぞれの路線価に奥行価格補正率を乗じた価額を比較し、低い方の路線価が正面路線価となる。
4. 路線価は、路線に面する標準的な宅地の1坪当たりの価額であり、千円単位で表示される。

解 説

チェック□□□

1. **不適切**。宅地の評価方法には路線価方式と倍率方式があるが、納税者が選択するのではなく各国税局において路線価方式で評価する地域と倍率方式で評価する地域を決めている。路線価及び倍率は、国税局が毎年7月初旬に公表している。
2. **最も適切**。倍率方式は、「固定資産税評価額×倍率」で算出した金額によって宅地の価額を評価する方式である。路線価方式のように宅地の形状に応じた画地補正は行なわない。
3. **不適切**。正面路線は、原則として、その宅地の接する路線価に奥行価格補正率を乗じて計算した金額の高い方の路線とする。
4. **不適切**。路線価は路線ごとに定められている。その道路に面する標準的な宅地の1㎡当たりの価額であり、千円単位で表示されている。おおむね公示価格の80％相当で決められている。また、各路線価の右隣に表示しているA～Gまでの記号は借地権の割合を示したものである。その他に地区を示している。

正 解 2

問 **43** Aさんの相続が開始した場合の相続税額の計算における下記<資料>の甲宅地の評価に関する次の記述のうち、最も適切なものはどれか。なお、記載のない事項については考慮しないものとする。

<資料>

```
        ┌─────────────────────┐
        │ 甲宅地（Aさん所有）      │
        │  ┌───────────────┐   │
        │  │   乙建物        │   │
        │  │ （長男所有）     │   │
        │  └───────────────┘   │
        └─────────────────────┘
─────────────────────────────────────
             公道
─────────────────────────────────────
```

※Aさんの相続人は、妻および長男の合計2名である。
※甲宅地は、使用貸借契約により長男に貸し付けられており、長男が所有する乙建物の敷地の用に供されている。
※乙建物は、相続開始時において、長男の居住の用に供されている。

1．長男が相続により甲宅地を取得した場合、貸宅地として評価する。
2．長男が相続により甲宅地を取得した場合、自用地として評価する。
3．妻が相続により甲宅地を取得した場合、貸宅地として評価する。
4．妻が相続により甲宅地を取得した場合、貸家建付地として評価する。

解　説　　　　　　　　　チェック□□□

Aは自分の土地を長男に使用貸借で貸している。借主の長男の使用権は「ゼロ評価」となる。一方、貸主のAは「自用地評価」する。取得した相続人が誰であっても「自用地評価」となる。

したがって、**第2肢**が最も適切である。

正解 2

問44 宅地および宅地の上に存する権利の相続税における評価に関する次の記述のうち、最も不適切なものはどれか。なお、評価の対象となる宅地は、借地権（建物等の所有を目的とする地上権または土地の賃借権）の設定に際し、その設定の対価として通常権利金その他の一時金を支払う「借地権の取引慣行のある地域」にあるものとする。また、宅地の上に存する権利は、定期借地権および一時使用目的の借地権等を除くものとする。

1. Aさんが、従前宅地であった土地を車庫などの施設がない青空駐車場（月極駐車場）の用に供していた場合において、Aさんの相続が開始したときは、相続税額の計算上、その土地の価額は貸宅地として評価する。

2. Bさんが、所有する宅地の上にアパートを建築して賃貸の用に供していた場合において、Bさんの相続が開始したときは、相続税額の計算上、その宅地の価額は貸家建付地として評価する。

3. Cさんが、借地権の設定に際して通常の権利金を支払って賃借した宅地の上にCさん名義の自宅を建築して居住の用に供していた場合において、Cさんの相続が開始したときは、相続税額の計算上、その宅地の上に存するCさんの権利の価額は、借地権として評価する。

4. Dさんが、借地権の設定に際して通常の権利金を支払って賃借した宅地の上にDさん名義のアパートを建築して賃貸の用に供していた場合において、Dさんの相続が開始したときは、相続税額の計算上、その宅地の上に存するDさんの権利の価額は、貸家建付借地権として評価する。

1. **最も不適切**。Aが自分の土地を青空駐車場として利用している場合は「自用地」として評価する。
2. **適切**。貸家建付地。
3. **適切**。借地権。
4. **適切**。貸家建付借地権

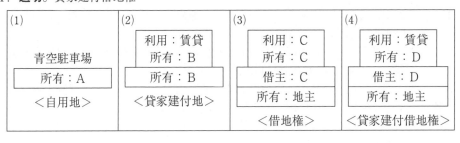

財産評価

土地

重要度 **A**

2023年1月出題

問 45 Aさんの相続が開始した場合の相続税額の計算における宅地の評価に関する次の記述のうち、最も不適切なものはどれか。

1. Aさんが、自己が所有する宅地の上に自宅を建築して居住していた場合、この宅地は自用地として評価する。
2. Aさんの妹が、Aさんが所有する宅地を使用貸借により借り受け、自宅を建築して居住していた場合、この宅地は自用地として評価する。
3. Aさんが、自己が所有する宅地の上に店舗用建物を建築し、当該建物を第三者に賃貸していた場合、この宅地は貸宅地として評価する。
4. Aさんが、自己が所有する宅地に建物の所有を目的とする賃借権を設定し、借地人がこの宅地の上に自宅を建築して居住していた場合、この宅地は貸宅地として評価する。

解　説

チェック□□□

1. **適切**。Aが自分の土地に自宅を建築して利用している。「自用地」として評価する。
2. **適切**。無償にて宅地の貸借（使用貸借）が行われた場合の宅地の評価は、その宅地の使用貸借に係る使用権の価額はゼロである。したがって、使用貸借により貸付けている宅地の価額は自用地としての価額になる。
3. **最も不適切**。Aは自分の土地に自分の家屋（店舗用建物）を建築し、その家屋を賃貸している。「貸家建付地」として評価する。
4. **適切**。「貸宅地」として評価する。ちなみに、借地人は借地権を有する。

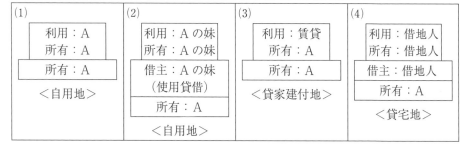

正解 **3**

財産評価
土地

問46 宅地および宅地の上に存する権利の相続税における評価に関する次の記述のうち、最も不適切なものはどれか。なお、評価の対象となる宅地は、借地権（建物等の所有を目的とする地上権または賃借権）の設定に際し、その設定の対価として通常権利金その他の一時金を支払う「借地権の取引慣行のある地域」にあるものとする。また、宅地の上に存する権利は、定期借地権および一時使用目的の借地権等を除くものとする。

1．Aさんが、借地権の設定に際して通常の権利金を支払って賃借した宅地の上にAさん名義の自宅を建築して居住の用に供していた場合において、Aさんの相続が開始したときには、相続税額の計算上、その宅地の上に存するAさんの権利の価額は、借地権として評価する。

2．Bさんが所有する従前宅地であった土地を、車庫などの施設がない青空駐車場（月極駐車場）の用に供していた場合において、Bさんの相続が開始したときには、相続税額の計算上、その土地の価額は、自用地として評価する。

3．Cさんが所有する宅地を子に権利金や地代の授受なく無償で貸し付け、子がアパートを建築して賃貸の用に供していた場合において、Cさんの相続が開始したときには、相続税額の計算上、そのアパートの敷地の用に供されている宅地の価額は、貸家建付地として評価する。

4．Dさんが、借地権の設定に際して通常の権利金を支払って賃借した宅地の上にDさん名義のアパートを建築して賃貸の用に供していた場合において、Dさんの相続が開始したときには、相続税額の計算上、その宅地の上に存するDさんの権利の価額は、貸家建付借地権として評価する。

1．**適切**。Aは地主から土地を賃借している。借主のAは借地権を有するので「借地権」として評価する。

2．**適切**。Bが自分の土地を青空駐車場として利用している。「自用地」として評価する。

3．**最も不適切**。無償にて宅地の貸借（使用貸借）が行われた場合の宅地の評価は、その宅地の使用貸借に係る使用権の価額はゼロである。したがって、使用貸借により貸付けている宅地の価額は自用地としての価額になる。

4．**適切**。Dは地主から土地を賃借している。借主のDは借地権を有する。その借地権上にDは家屋（アパート）を建て、その家屋を賃貸している。したがって、「貸家建付借地権」として評価する。

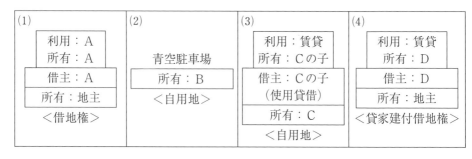

問 47 宅地の相続税評価額の算定方法等に関する次の記述の空欄（ア）～（ウ）にあてはまる語句の組み合わせとして、最も適切なものはどれか。

・宅地の相続税評価額の算定方法には、路線価方式や倍率方式がある。路線価方式とは、その宅地の面する路線に付された路線価を基とし、宅地の奥行距離や道路付けの状況等に応じた画地調整率により補正した後に、その宅地の面積を乗じて計算した金額によって評価する方式である。一方、倍率方式とは、宅地の固定資産税評価額に（　ア　）が一定の地域ごとに定めた倍率を乗じて計算した金額によって評価する方式である。

・宅地の相続対策の１つとして、生前贈与が挙げられる。宅地の贈与を受けた場合、贈与税額の計算上、その宅地の価額は、原則として（　イ　）によって評価する。ただし、負担付贈与により宅地を取得した場合、贈与税額の計算上、その宅地の価額は、（　ウ　）によって評価する。

---

1. （ア）市町村長　　（イ）通常の取引価額　　（ウ）相続税評価額
2. （ア）国税局長　　（イ）相続税評価額　　　（ウ）通常の取引価額
3. （ア）市町村長　　（イ）相続税評価額　　　（ウ）通常の取引価額
4. （ア）国税局長　　（イ）通常の取引価額　　（ウ）相続税評価額

解　説　　　　　　　　チェック□□□

・路線価方式とは、その宅地の面する路線に付された路線価を基とし、各種の画地調整を行った後の価額に宅地の地積を乗じて計算した金額によって評価する方式をいう。

> 宅地の評価額＝路線価×各種の画地調整補正率×地積

・倍率方式とは、固定資産税評価額に国税局長が一定の地域ごとにその地域の実情に即するように定める倍率を乗じて計算した金額によって評価する方式をいう。

> 宅地の評価額＝固定資産税評価額×倍率

・贈与も相続又は遺贈と同様に原則として相続税評価額によって評価する。ただし、土地等並びに家屋等のうち、負担付贈与により取得したものの価額は、取得時における通常の取引価額に相当する金額によって評価する。

　したがって、第２肢が正解である。

6

相続・事業承継

正　解　　2

財産評価

土地

2022年5月出題

問 48 普通住宅地区に所在している下記＜資料＞の宅地の相続税評価額（自用地評価額）として、最も適切なものはどれか。なお、記載のない事項については考慮しないものとする。

＜資料＞

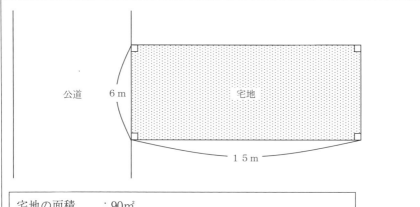

公道 6 m

宅地

１５m

宅地の面積	：90㎡
公道の路線価	：1,000 千円
奥行価格補正率	：奥行距離　14ｍ以上16ｍ未満　　1.00
間口狭小補正率	：間口距離　　6ｍ以上　8ｍ未満　　0.97
奥行長大補正率	：奥行距離／間口距離＝2以上3未満　0.98

1．85,554 千円
2．87,300 千円
3．88,200 千円
4．90,000 千円

解　説　　　　　　　チェック□□□

　本問の相続税評価額は、「路線価×奥行価格補正率×間口狭小補正率×奥行長大補正率×地積」で計算する。

　1,000 千円（路線価）× 1.00（奥行 15 ｍ）× 0.97（間口 6 ｍ）× 0.98（奥行 15 ｍ ÷ 間口 6 ｍ = 2.5）× 90㎡（地積）= 85,554 千円

　したがって、**第 1 肢が正解である**。

正解 1

財産評価

小規模住宅等の減額特例

2023年1月出題

問 49 小規模宅地等についての相続税の課税価格の計算の特例（以下「本特例」という）に関する次の記述のうち、最も不適切なものはどれか。なお、記載のない事項については、本特例の適用要件を満たしているものとする。

1. 被相続人の配偶者が、被相続人が居住の用に供していた宅地を相続により取得した場合、相続税の申告期限までにその宅地を売却したとしても、本特例の適用を受けることができる。

2. 相続開始の直前において被相続人と同居していなかった被相続人の配偶者が、被相続人が居住の用に供していた宅地を相続により取得した場合、本特例の適用を受けることはできない。

3. 被相続人の子が相続により取得した宅地が、本特例における特定事業用宅地等に該当する場合、その宅地のうち400㎡までを限度面積として、評価額の80％相当額を減額した金額を、相続税の課税価格に算入すべき価額とすることができる。

4. 相続人以外の親族が、被相続人が居住の用に供していた宅地を遺贈により取得した場合であっても、本特例の適用を受けることができる。

解　説

チェック□□□

1. **適切**。被相続人の居住の用に供していた宅地等を配偶者が取得した場合には、特に要件はなく「特定居住用宅地等」として330㎡まで80％減額できる。

2. **最も不適切**。上記1と同じ。配偶者の場合は同居の有無は関係ない。

3. **適切**。

	特例対象宅地等	限度面積	減額割合
①	特定事業用宅地等 特定同族会社事業用宅地等	400㎡	80％
②	特定居住用宅地等	330㎡	80％
③	貸付事業用宅地等	200㎡	50％

4. **適切**。取得者は被相続人の親族が要件であり、相続人であることが要件とはなっていない。

6

相続・事業承継

正　解 2

問50 相続税における取引相場のない株式の評価等に関する次の記述のうち、最も適切なものはどれか。なお、評価の対象となる株式は、特定の評価会社の株式には該当しないものとする。

1. 株式を取得した株主が同族株主に該当するかどうかは、その株主およびその同族関係者が有する議決権割合により判定する。
2. 会社規模が小会社である会社において、中心的な同族株主が取得した株式の価額は、原則として、類似業種比準方式によって評価する。
3. 同族株主のいる会社において、同族株主以外の株主が取得した株式の価額は、その会社規模にかかわらず、原則として、純資産価額方式によって評価する。
4. 配当還元方式では、株式の1株当たりの年配当金額を5％の割合で還元して元本である株式の価額を評価する。

解 説

チェック□□□

1. **最も適切**。相続又は遺贈により株式を取得した後の議決権割合により判定する。
2. **不適切**。下記④に該当する。
3. **不適切**。下記⑤に該当する。
4. **不適切**。年配当金額を10％で還元した元本の金額によって評価する。ただし、配当還元価額が原則的評価方式によって計算した価額を超える場合は、原則的評価方式によった価額を株式の評価額とする。

株主区分	同族株主等		同族株主等以外
評価方式／会社規模	原則的評価方式		特例的評価方式
	特定の評価会社	一般の評価会社	
大会社	①原則として純資産価額方式	②類似業種比準方式（純資産価額方式の選択可）	⑤配当還元方式
中会社		③類似業種比準方式と純資産価額方式の併用方式（類似業種比準方式について純資産価額の選択可）	
小会社		④純資産価額方式（中会社と同じ併用方式の選択可）	

正 解 1

問51 相続税における取引相場のない株式の評価に関する次の記述のうち、最も適切なものはどれか。なお、特定の評価会社の株式には該当しないものとする。

1. 類似業種比準方式における比準要素は、1株当たりの配当金額、1株当たりの利益金額および1株当たりの純資産価額（帳簿価額によって計算した金額）である。
2. 会社規模が大会社である会社において、中心的な同族株主が取得した株式の価額は、原則として、類似業種比準方式と純資産価額方式の併用方式によって評価する。
3. 会社規模が小会社である会社において、中心的な同族株主が取得した株式の価額は、原則として、類似業種比準方式によって評価する。
4. 同族株主のいる会社において、同族株主以外の株主が取得した株式の価額は、その会社規模にかかわらず、原則として、純資産価額方式によって評価する。

解　説

チェック□□□

1. **最も適切**。類似業種比準価額の比準要素は、①配当金額、②年利益金額、③簿価純資産価額の3要素である。
2. **不適切**。次表②に該当する。
3. **不適切**。次表④に該当する。
4. **不適切**。次記⑤に該当する。

株主区分	同族株主等		同族株主等以外
評価方式	原則的評価方式		特例的評価方式
会社規模	特定の評価会社	一般の評価会社	
大会社	①原則として純資産価額方式	②類似業種比準方式 （純資産価額方式の選択可）	⑤配当還元方式
中会社		③類似業種比準方式と純資産価額方式の併用方式 （類似業種比準方式について純資産価額の選択可）	
小会社		④純資産価額方式 （中会社と同じ併用方式の選択可）	

正　解 1

問52 相続税における取引相場のない株式の評価に関する次の記述のうち、最も適切なものはどれか。

1. 会社規模が小会社である会社の株式の価額は、純資産価額方式によって評価し、類似業種比準方式と純資産価額方式の併用方式によって評価することはできない。
2. 会社規模が中会社である会社の株式の価額は、類似業種比準方式、または純資産価額方式のいずれかによって評価する。
3. 同族株主が取得した土地保有特定会社に該当する会社の株式は、原則として、類似業種比準方式によって評価する。
4. 同族株主のいる会社において、同族株主以外の株主が取得した株式は、その会社規模にかかわらず、原則として、配当還元方式によって評価する。

解　説

チェック□□□

株主区分	同族株主等		同族株主等以外
評価方式／会社規模	原則的評価方式		特例的評価方式
	特定の評価会社	一般の評価会社	
大会社	①原則として純資産価額方式	②類似業種比準方式（純資産価額方式の選択可）	⑤配当還元方式
中会社		③類似業種比準方式と純資産価額方式の併用方式（類似業種比準方式について純資産価額の選択可）	
小会社		④純資産価額方式（中会社と同じ併用方式の選択可）	

1. 不適切。上表④に該当する。
2. 不適切。上表③に該当する。
3. 不適切。上表①に該当する。
4. **最も適切**。上表⑤に該当する。

正解 4

問53 相続税における上場株式および取引相場のない株式の評価に関する次の記述のうち、最も適切なものはどれか。

1. 上場株式の価額は、その株式が上場されている金融商品取引所の公表する課税時期の最終価格と、その課税時期の属する月以前3ヵ月間の毎日の最終価格の各月ごとの平均額のうちいずれか高い価額によって評価する。

2. 会社規模が小会社である会社の株式の価額は、純資産価額方式、または類似業種比準方式と純資産価額方式の併用方式のいずれかによって評価する。

3. 類似業種比準価額を計算する場合の類似業種の株価は、課税時期の属する月以前3ヵ月間の各月の類似業種の株価のうち最も低いもの、または課税時期の属する月以前3年間の類似業種の平均株価のいずれかを選択する。

4. 配当還元方式による株式の価額は、その株式の1株当たりの年配当金額を5％の割合で還元した元本の金額によって評価する。

解　説

チェック□□□

1. **不適切**。上場株式の評価方法は、次の4つの価額のうち最も低い価額で評価する。
　　①課税時期の最終価格、②課税時期の属する月の毎日の最終価格の月平均額、③課税時期の属する月の前月の毎日の最終価格の月平均額、④課税時期の属する月の前々月の毎日の最終価格の月平均額。

2. **最も適切**。ちなみに、大会社は原則として類似業種比準方式により評価する。純資産価額方式の評価額を選択することもできる。中会社は原則として類似業種比準方式と純資産価額方式の併用方式により評価する。純資産価額方式の評価額を選択することもできる。

3. **不適切**。課税時期の属する月以前3ヵ月間の各月の平均額、前年平均額、課税時期の属する月以前2年間の平均額のうちいずれか低い金額による。

4. **不適切**。年配当金額を10％で還元した元本の金額によって評価する。ただし、配当還元価額が原則的評価方式によって計算した価額を超える場合は、原則的評価方式によった価額を株式の評価額とする。

6

相続・事業承継

正解 2

問 54 株式譲渡によるM&A等に関する次の記述のうち、最も不適切なものはどれか。なお、本問において、株式会社は非上場会社であるものとする。

1. M&Aにより、株式会社の取締役が保有する当該株式会社の株式を買収会社に譲渡した場合、原則として、当該株式の譲渡による所得に対して、申告分離課税により所得税および住民税が課される。

2. M&Aにより、株式会社の取締役が保有する当該株式会社の株式を買収会社に譲渡した場合、譲渡所得の金額の計算上、その収入金額は、原則として、取引当事者間の契約により決定された譲渡金額である。

3. 株式会社は、あらかじめ定款に定めておくことにより、相続により当該株式会社の株式（譲渡制限株式）を取得した者に対して、当該株式を当該株式会社に売り渡すことを請求することができる。

4. 株式譲渡制限会社である株式会社においては、株主でなければ取締役に就任することはできない。

解　説　　　　　　　　　チェック□□□

1. **適切**。株式の譲渡に係る所得は譲渡所得であり、その所得のみで計算する申告分離課税の対象である。

2. **適切**。譲渡対価が時価の2分の1以上のときは、契約により決定された譲渡金額が収入金額となる。なお、譲渡対価が時価の2分の1未満の場合は、取締役は時価で譲渡したものとみなされる。一方、買収会社は、時価と対価の差額を、「受贈益」として益金の額に算入する。

3. **適切**。会社法第174条に「株式会社は、相続その他の一般承継により当該株式会社の株式（譲渡制限株式に限る。）を取得した者に対し、当該株式を当該株式会社に売り渡すことを請求することができる旨を定款で定めることができる。」と定めている。これにより会社にとって好ましくない者が当該株式の株主とならないようにすることができる。

4. **最も不適切**。株式譲渡制限会社では、取締役・監査役の資格に特に制限はないが、定款に定めることにより、取締役・監査役の資格を「株主に限る」などと制限することができる。ただし、公開会社では制限を設けることはできない。

正解 4

事業承継対策

問55 非上場企業の事業承継のための自社株移転等に関する次の記述のうち、最も不適切なものはどれか。

1. 「非上場株式等についての贈与税の納税猶予及び免除の特例」の適用を受けるためには、特例承継計画を策定し、所定の期限までに都道府県知事に提出して、その確認を受ける必要がある。

2. 「非上場株式等についての贈与税の納税猶予及び免除の特例」と相続時精算課税は、重複して適用を受けることができない。

3. 経営者が保有している自社株式を後継者である子に譲渡した場合、当該株式の譲渡による所得に対して、申告分離課税により所得税および住民税が課される。

4. 株式の発行会社が、経営者の親族以外の少数株主が保有する自社株式を買い取ることにより、当該会社の株式の分散を防止または抑制することができる。

解　説　　　チェック□□□

1. **適切**。特例承継計画を 2026 年 3 月 31 日までに都道府県に提出し、確認を受ける必要がある。

2. **最も不適切**。2017 年 1 月 1 日以後の贈与に係る贈与税から贈与税の納税猶予の適用を受ける株式等について、相続時精算課税の適用が可能となった（改正前は暦年課）。

3. **適切**。株式の譲渡に係る所得は譲渡所得であり、その所得のみで計算する申告分離課税の対象である。

4. **適切**。自己株式を取得するメリットとして株式の分散防止・抑制があげられる。

6

相続・事業承継

正解　2

事業承継対策

重要度 **A**

問 56 会社法に関する次の記述のうち、最も不適切なものはどれか。

1. すべての株式会社は、取締役会を置かなければならない。
2. 株式会社において株主は、その有する株式の引受価額を限度として責任を負う。
3. 定時株主総会は、毎事業年度終了後一定の時期に招集しなければならないが、臨時株主総会は、必要がある場合にいつでも招集することができる。
4. 取締役は、いつでも、株主総会の決議によって解任することができる。

解　説

チェック□□□

1. **最も不適切**。株式譲渡制限会社では、取締役会と監査役の設置をしなくてもよい。したがって、取締役1人の機関設計も可能である。
2. **適切**。無限責任・有限責任は、会社が倒産したときなどに株主（出資者）が負うべき責任の範囲の広さによって区分される。株式会社の株主（出資者）は有限責任になる。
   ちなみに、無限責任を負う者（無限責任社員）を認めている会社形態は、「合名会社」と「合資会社」の2つである。
3. **適切**。特定の総会決議事項について承認を得ることを目的に招集される。臨時株主総会は、定時株主総会と異なり、開催すべき日時が定められていない。
4. **適切**。株主総会の主な決議事項は次の通りである。
   定款変更、会社合併、会社の解散など会社の経営に関する事項。
   剰余金の配当、自己株式の取得など株主の利害に関する事項。
   役員の選任・解任・役員報酬に関する事項。

正　解 1

事業承継対策

問 57 中小企業における経営の承継の円滑化に関する法律における「遺留分に関する民法の特例」（以下「本特例」という）に関する次の記述のうち、最も不適切なものはどれか。

1. 本特例の適用を受けることによって、後継者が旧代表者から贈与により取得した自社株式の全部または一部について、その価額を、遺留分を算定するための財産の価額に算入しないことができる。
2. 本特例の適用を受けることによって、後継者が旧代表者から贈与により取得した自社株式の全部または一部について、遺留分を算定するための財産の価額に算入すべき価額を、本特例の適用に係る合意をした時点の価額とすることができる。
3. 本特例の適用を受けるためには、経済産業大臣の確認および家庭裁判所の許可を受ける必要がある。
4. 後継者が贈与により取得した自社株式が金融商品取引所に上場されている場合であっても、本特例の適用を受けることができる。

<hr>

解 説　　　チェック□□□

「遺留分に関する民法の特例」（会社向け）を活用する場合は、後継者及び旧代表者の推定相続人全員の合意の上で、旧代表者から後継者に贈与等された自社株式について
  (1) 遺留分算定基礎財産から除外（除外合意）
  (2) 遺留分算定基礎財産に算入する価額を合意時の時価に固定（固定合意）
することができる（両方を組み合わせることも可能）。

1. **適切**。上記(1)に該当する。相続紛争のリスクを抑えつつ、後継者に対して集中的に株式を承継させることができる。
2. **適切**。上記(2)に該当する。後継者の経営努力により株式価値が増加しても、相続時に想定外の遺留分の主張を受けることがなくなる。
3. **適切**。適用要件を満たした上で、推定相続人全員の合意を得て、経済産業大臣の確認（1ヵ月以内に申請）および家庭裁判所の許可（1ヵ月以内に申立て）を受けることが必要である。
4. **最も不適切**。本特例の適用対象となる会社は、①中小企業者、②合意時点において3年以上継続して事業を行っている非上場企業である。

6

相続・事業承継

正 解　4

問 58 非上場企業における役員（死亡）退職金を活用した相続税の納税資金対策および事業承継対策に関する次の記述のうち、最も不適切なものはどれか。

1. 死亡退職金の原資の準備として、契約者（＝保険料負担者）および死亡保険金受取人を法人、被保険者を経営者とする生命保険に加入することが考えられる。
2. 経営者の死亡直後に遺族が支給を受けた死亡退職金は、相続税の納税資金に充てることができる。
3. 経営者が死亡した場合に遺族が支給を受けた死亡退職金で、相続税額の計算上、退職手当金等の非課税限度額の適用対象となるものは、その死亡後5年以内に支給額が確定したものである。
4. 経営者が死亡した場合の遺族への死亡退職金の支給は、相続税額の計算上、純資産価額方式による自社株式の評価額を引き下げる効果が期待できる。

<hr>

解 説 チェック□□□

1. **適切**。被保険者である経営者の死亡により保険会社から死亡保険金が会社に入り、その保険金を財源として死亡退職金の支給や自己株式の取得に充てることができる。
2. **適切**。死亡退職金を受け取ることにより流動性のある現金が増えるので納税資金の確保になる。
3. **最も不適切**。相続税の課税財産となる退職手当金等は、死亡後3年以内に支給が確定したものである。実際の支給時期は関係ない。死亡退職金の非課税限度額は「500万円×法定相続人の数」である。
4. **適切**。死亡退職金を支給することは会社の純資産を減少させるので、自社株式の評価額を引き下げる。

正解 3

事業と経営

青色申告

重要度 **A**

2022年9月出題

問59 会社設立に関する次の記述の空欄（ア）～（ウ）にあてはまる語句の組み合わせとして、最も適切なものはどれか。

> 株式会社（内国法人である普通法人）を設立する場合、設立の登記をして初めて法人格を得ることができる。また、設立の日以後（　ア　）ヵ月以内に、定款等の写し等を添付した「法人設立届出書」を納税地の所轄税務署長に提出する必要があり、設立第1期目から青色申告の承認を受けようとする場合には、設立の日以後（　イ　）ヵ月を経過した日と設立第1期の事業年度終了の日とのうちいずれか（　ウ　）の前日までに、「青色申告の承認申請書」を納税地の所轄税務署長に提出する必要がある。

1. （ア）2　　（イ）3　　（ウ）早い日
2. （ア）3　　（イ）2　　（ウ）遅い日
3. （ア）3　　（イ）2　　（ウ）早い日
4. （ア）2　　（イ）3　　（ウ）遅い日

解　説

チェック□□□

・法人設立届出書

　内国普通法人等を設立した場合の手続であり、法人設立の日（設立登記の日）以後2ヵ月以内に納税地の所轄税務署長に提出する。この届出書には定款、寄付行為、規則又は規約の写しを添付する。

・青色申告の承認申請書

　法人税の確定申告書、中間申告書等を青色申告書によって提出することの承認を受けようとする場合の手続であり、原則として、青色申告によって申告書を提出しようとする事業年度開始の日の前日までに納税地の所轄税務署長に提出する。設立の日の属する事業年度の場合は、設立の日以後3ヵ月を経過した日と設立事業年度終了の日とのうちいずれか早い日の前日までが提出期限となる。

　したがって、**第1肢**が正解である。

6

相続・事業承継

正　解 1

問 60 法人成り等に関する次の記述の空欄（ア）〜（ウ）にあてはまる語句の組み合わせとして、最も適切なものはどれか。

　個人事業の場合、通常、利益は事業所得として他の所得と合算されて最高（　ア　）％の超過累進税率による所得税の課税対象となるが、個人事業の法人成りにより、法人に課される法人税は、原則として、比例税率となる。なお、資本金の額が1億円以下の法人（適用除外事業者を除く）に対する法人税の税率は、軽減措置が適用される。2019年4月1日以後に開始する事業年度において、年800万円以下の所得金額からなる部分の金額については（　イ　）％とされ、年800万円超の所得金額からなる部分の金額については（　ウ　）％とされる。

1．（ア）50　　（イ）19.0　　（ウ）15.0
2．（ア）50　　（イ）15.0　　（ウ）19.0
3．（ア）45　　（イ）23.2　　（ウ）15.0
4．（ア）45　　（イ）15.0　　（ウ）23.2

解　説

チェック□□□

＜所得税の税額速算表＞（7段階の超過累進税率）

	課税所得金額	税率	控除額
最低	195万円以下	5％	－
（省略）			
最高	4,000万円超	45％	479.6万円

＜法人税の税率＞

	2019年4月1日以後開始事業年度		2023年4月1日以後開始事業年度	
普通法人	23.2％		23.2％	
中小法人	年800万円超	23.2％	年800万円超	23.2％
	年800万円以下	15.0％	年800万円以下	19.0％

したがって、**第4肢**が正解である。

正　解 4

2024年5月実施試験 問 題

学 科 試 験

☆ 制限時間を設定して実施しましょう。

実際の学科試験（60問）は、

2時間（120分）で行われます。

☆☆☆解答に当たっての注意事項☆☆☆

・試験問題については、特に指示のない限り、2023年10月1日現在施行の法令等に基づいて解答してください。なお、東日本大震災の被災者等に対する各種特例等については考慮しないものとします。

・次の各問について答えを1つ選び、その番号を解答用紙にマークしてください。

※解答用紙は406ページに掲載しています。

問題1　ファイナンシャル・プランナー（以下「FP」という）の顧客に対する行為に関する次の記述のうち、職業倫理に照らし、最も適切なものはどれか。

1．顧客から賃貸アパートの建築について相談を受けたFPのAさんは、事業計画策定のための資料として、顧客から預かっていた確定申告書のコピーを顧客の同意を得ずに不動産業者に提供した。

2．顧客から生命保険の加入について相談を受けたFPのBさんは、顧客の家族構成や世帯収入を確認することなく、Bさんが得られる手数料の多い保険商品についてのみ説明し、加入を勧めた。

3．顧客から投資信託の購入について相談を受けたFPのCさんは、投資信託について、比較的少額から投資可能であることや運用の専門家により運用が行われることなどのメリットだけでなく、元本保証および利回り保証がないことなどの留意点についても説明した。

4．顧客から外貨預金による資産運用について相談を受けたFPのDさんは、この先も円安ドル高の傾向は絶対に変わらないと説明し、円建ての預金の大半をドル建ての預金に移すべきだとアドバイスした。

問題2　ファイナンシャル・プランナーがライフプランニングに当たって作成・利用する各種の表や各種係数に関する次の記述のうち、最も適切なものはどれか。

1．キャッシュフロー表の作成において、一般に、可処分所得には、年間の収入金額から所得税、住民税、社会保険料および生命保険料を控除した金額を計上する。

2．個人の資産や負債の状況を表すバランスシートの作成において、一般に、株式等の金融資産や不動産の価額は、取得時点の価額を計上する。

3．住宅ローンの利用を検討している者が年間返済額から借入可能額を試算する際、年間返済額に乗じる係数は、年金現価係数である。

4．老後の生活資金を準備するため、一定の利率で複利運用しながら一定期間経過後に目標とする額を得るために必要な毎年の積立額を試算する際、目標とする額に乗じる係数は、年金終価係数である。

問題3　全国健康保険協会管掌健康保険（協会けんぽ）の保険給付に関する次の記述のうち、最も適切なものはどれか。

1．被保険者が業務外の事由により死亡した場合、所定の手続きにより、その者により生計を維持されていた者であって、埋葬を行うものに対し、埋葬料として10万円が支給される。
2．傷病手当金は、同一の疾病または負傷およびこれにより発した疾病に関して、その支給を始めた日から通算して最長で1年6ヵ月支給される。
3．被保険者が同一月内に同一の医療機関等で支払った医療費の一部負担金等の額が、その者に係る自己負担限度額を超えた場合、所定の手続きにより、支払った一部負担金等の全額が高額療養費として支給される。
4．被保険者が産科医療補償制度に加入する医療機関等において出産した場合、所定の手続きにより、出産育児一時金として1児につき42万円が支給される。

問題4　雇用保険に関する次の記述のうち、最も不適切なものはどれか。

1．雇用保険に係る保険料のうち、失業等給付および育児休業給付に係る保険料は、事業主と労働者が折半して負担する。
2．雇用保険の適用事業所に雇用される労働者であって、所定の要件を満たす者は、日本国籍の有無にかかわらず、雇用保険の被保険者となる。
3．特定受給資格者等を除く一般の受給資格者に支給される基本手当の所定給付日数は、算定基礎期間が10年以上20年未満の場合、150日である。
4．一般被保険者が失業した場合、基本手当の支給を受けるためには、原則として、離職の日以前2年間に被保険者期間が通算して12ヵ月以上あること等の要件を満たす必要がある。

問題5　雇用保険の育児休業給付および介護休業給付に関する次の記述のうち、最も適切なものはどれか。なお、各選択肢において、ほかに必要とされる要件等はすべて満たしているものとする。

1．被保険者が保育所への子の入所を希望しているが、空きがなく入所できない場合、所定の手続きにより、最長で子が3歳に達するまで育児休業給付金が支給される。
2．被保険者が同一の子について2回以上の育児休業をした場合、2回目以後の育児休業について育児休業給付金は支給されない。
3．介護休業をした被保険者に対し、事業主から支給単位期間に賃金が支払われた場合において、当該賃金の額が休業開始時賃金日額に支給日数を乗じて得た額の67％相当額以上であるときは、当該支給単位期間について介護休業給付金は支給されない。
4．介護休業給付金の支給に当たって、介護の対象となる家族には、被保険者の父母だけでなく、被保険者の配偶者の父母も含まれる。

問題6　公的年金に関する次の記述のうち、最も適切なものはどれか。

1．学生納付特例の承認を受けた期間は、その期間に係る国民年金保険料の追納がない場合であっても、老齢基礎年金の受給資格期間に算入される。

2．国民年金の第1号被保険者が出産する場合、所定の手続きにより、出産予定月の前月から6ヵ月間、国民年金保険料の納付が免除される。

3．老齢厚生年金の受給権者が老齢厚生年金の繰下げ支給の申出をする場合、老齢基礎年金の繰下げ支給の申出を同時に行わなければならない。

4．老齢厚生年金の額に加給年金額が加算されるためには、原則として、厚生年金保険の被保険者期間が300月以上なければならない。

問題7　公的年金の障害給付に関する次の記述のうち、最も不適切なものはどれか。

1．障害基礎年金の受給権者が新たに所定の要件を満たす子を有するに至った場合、所定の手続きにより、その子を有するに至った日の属する月の翌月から、その子に係る加算額が加算された障害基礎年金が支給される。

2．障害厚生年金の額の計算上、その計算の基礎となる被保険者期間の月数が300月に満たない場合、300月として計算する。

3．厚生年金保険の被保険者が病気により障害を負い、その障害の状態が障害認定日においては所定の障害等級に該当していなかったものの、その後病状が悪化して、所定の障害等級に該当するに至った場合、65歳に達する日の前日までに請求することにより、原則として、障害厚生年金の支給を受けることができる。

4．同一の事由により、労働者災害補償保険の障害補償年金と障害基礎年金および障害厚生年金が支給される場合、障害基礎年金および障害厚生年金は、所定の割合で減額されて支給される。

問題8　確定拠出年金に関する次の記述のうち、最も不適切なものはどれか。

1．企業型年金加入者掛金（マッチング拠出により加入者が拠出する掛金）の上限額は、事業主掛金の額の多寡にかかわらず、拠出限度額から当該加入者に係る事業主掛金の額を差し引いた額となる。

2．企業型年金加入者掛金（マッチング拠出により加入者が拠出する掛金）は、所得税の小規模企業共済等掛金控除の対象となる。

3．企業型年金の老齢給付金を年金で受け取った場合、当該給付金は雑所得として所得税の課税対象となり、雑所得の金額の計算上、公的年金等控除額を控除することができる。

4．企業型年金加入者が退職し、国民年金の第3号被保険者となった場合、所定の手続きにより、企業型年金の個人別管理資産を個人型年金に移換し、個人型年金加入者または個人型年金運用指図者となることができる。

問題9 住宅ローンの一般的な特徴に関する次の記述のうち、最も不適切なものはどれか。

1. 固定金利選択型の住宅ローンでは、一般に、固定金利期間終了後に適用される金利について、変動金利または固定金利のいずれかを選択することができる。
2. 住宅ローンの返済方式では、借入額や返済期間等の他の条件が同一であれば、元金均等返済方式よりも元利均等返済方式の方が総返済額は多い。
3. 住宅ローンの一部繰上げ返済では、繰上げ返済額や金利等の他の条件が同一であれば、毎回の返済額を変えずに返済期間を短縮する返済期間短縮型よりも返済期間を変えずに毎回の返済額を少なくする返済額軽減型の方が支払利息の軽減効果は大きい。
4. 住宅ローンの借換えに際して、現在借入れをしている金融機関の抵当権を抹消し、借換先の金融機関の抵当権を新たに設定する場合、登録免許税等の諸費用が必要となる。

問題10 リタイアメントプランニング等に関する次の記述のうち、最も不適切なものはどれか。

1. 将来、本人の判断能力が不十分になった場合に備えて、あらかじめ本人自らが選んだ者と締結する任意後見契約は、公正証書によってしなければならない。
2. 金融機関が取り扱うリバースモーゲージのうち、「リコース型」では、利用者が死亡し、担保物件の売却代金により借入金を返済した後も債務が残った場合、通常、利用者の相続人はその返済義務を負わない。
3. 高齢者の居住の安定確保に関する法律に定める「サービス付き高齢者向け住宅」に入居した者は、「状況把握サービス」や「生活相談サービス」を受けることができる。
4. 介護老人保健施設は、入所者が看護、医学的な管理の下で、介護や機能訓練、日常生活上の世話などを受けながら在宅復帰を目指すリハビリテーション施設である。

問題11 個人年金保険の一般的な商品性に関する次の記述のうち、最も適切なものはどれか。なお、契約者（＝保険料負担者）、被保険者および年金受取人は同一人とする。

1. 個人年金保険（保証期間付終身年金）では、保証期間中に被保険者が死亡した場合、死亡給付金受取人が、既払込保険料相当額からすでに支払われた年金額を差し引いた金額を死亡給付金として受け取ることができる。
2. 個人年金保険では、被保険者が保険料払込期間中に所定の高度障害状態に該当すると、以後の保険料の払込みが免除され、直ちに年金を受け取ることができる。
3. 外貨建て個人年金保険では、円換算支払特約を付加することで、契約時点の為替レートで円換算した年金を受け取ることができる。
4. 生存保障重視型の個人年金保険では、他の契約条件が同一で生存保障重視型ではない個人年金保険と比較して、保険料払込期間中の死亡給付金や解約返戻金の額が低く設定され、将来受け取る年金額が高く設定されている。

問題12　総合福祉団体定期保険および団体定期保険（Bグループ保険）の一般的な商品性に関する次の記述のうち、最も不適切なものはどれか。

1．総合福祉団体定期保険は、企業（団体）を契約者、従業員等を被保険者とする1年更新の定期保険であり、その契約の締結に際しては、被保険者になることについての加入予定者の同意が必要である。

2．総合福祉団体定期保険のヒューマン・ヴァリュー特約は、被保険者の死亡等による企業（団体）の経済的損失に備えるものであり、その特約死亡保険金等の受取人は企業（団体）となる。

3．団体定期保険（Bグループ保険）は、従業員等が任意に加入する1年更新の定期保険であり、原則として、従業員等が保険料を負担する。

4．団体定期保険（Bグループ保険）の加入に際しては、保険約款に基づく告知および医師の診査が必要である。

問題13　生命保険料控除に関する次の記述のうち、最も不適切なものはどれか。なお、各選択肢において、ほかに必要とされる要件等はすべて満たしているものとする。

1．養老保険の保険料は、一般の生命保険料控除の対象となる。

2．少額短期保険の保険料は、その保険契約が被保険者の死亡時に死亡保険金が支払われるものである場合、一般の生命保険料控除の対象となる。

3．終身保険の月払保険料のうち、2024年1月に払い込まれた2023年12月分の保険料は、2024年分の一般の生命保険料控除の対象となる。

4．変額個人年金保険の保険料は、個人年金保険料控除の対象とはならず、一般の生命保険料控除の対象となる。

問題14　生命保険の税金に関する次の記述のうち、最も不適切なものはどれか。なお、いずれも契約者（＝保険料負担者）ならびに保険金、年金および給付金の受取人は個人であるものとする。

1．契約者と被保険者が同一人である一時払終身保険において、被保険者がリビング・ニーズ特約に基づいて受け取る特約保険金は非課税となる。

2．契約者と被保険者が同一人である一時払終身保険において、保険期間の初日から5年以内に解約し、解約差益が生じた場合、その解約差益は源泉分離課税の対象となる。

3．契約者と被保険者が同一人である養老保険において、被保険者の相続人ではない者が受け取った死亡保険金は、相続税の課税対象となる。

4．契約者と被保険者が異なる個人年金保険（保証期間付終身年金）において、年金受取開始前に被保険者が死亡して契約者が受け取った死亡給付金は、一時所得として所得税の課税対象となる。

問題 15　法人を契約者（＝保険料負担者）とする生命保険等に係る保険料の経理処理に関する次の記述のうち、最も不適切なものはどれか。なお、いずれの保険契約も保険料は年払いかつ全期払いで、2023 年 10 月に締結したものとする。

1．被保険者が役員・従業員、死亡保険金受取人および満期保険金受取人が法人である養老保険の支払保険料は、その全額を資産に計上する。

2．被保険者が役員、死亡保険金受取人が法人である終身保険の支払保険料は、その全額を資産に計上する。

3．被保険者が従業員、給付金受取人が法人である解約返戻金のない医療保険の支払保険料は、その全額を損金の額に算入することができる。

4．被保険者が役員、死亡保険金受取人が法人で、最高解約返戻率が 75％である定期保険（保険期間 30 年、年払保険料 100 万円）の支払保険料は、保険期間の前半 4 割相当期間においては、その 40％相当額を資産に計上し、残額を損金の額に算入することができる。

問題 16　任意加入の自動車保険の一般的な商品性に関する次の記述のうち、最も不適切なものはどれか。なお、記載のない事項については考慮しないものとする。

1．記名被保険者が被保険自動車を運転中に、ハンドル操作を誤って車庫入れを誘導していた記名被保険者の配偶者に接触してケガをさせた場合、対人賠償保険の補償の対象となる。

2．記名被保険者が被保険自動車を運転中に、ハンドル操作を誤って通行人が連れていたペットの犬に接触してケガをさせ、法律上の損害賠償責任を負った場合、対物賠償保険の補償の対象となる。

3．記名被保険者が被保険自動車を運転中に、ハンドル操作を誤って衣料品販売店の店舗に衝突した場合、店舗の復旧期間中の休業損害は、対物賠償保険の補償の対象となる。

4．豪雨による洪水で被保険自動車が水没して被った損害は、一般条件の車両保険の補償の対象となる。

問題 17　地震保険の一般的な商品性に関する次の記述のうち、最も不適切なものはどれか。

1．地震保険は、火災保険の契約時だけでなく、火災保険の保険期間中に付帯することもできる。

2．地震保険の保険料は、保険の対象となる居住用建物の構造と所在地によって異なる。

3．地震保険には、「建築年割引」「免震建築物割引」「耐震等級割引」「耐震診断割引」の保険料割引制度があり、これらは重複して適用を受けることができる。

4．地震保険における損害の程度の区分は、「全損」「大半損」「小半損」「一部損」である。

問題18　損害保険の税金に関する次の記述のうち、最も適切なものはどれか。なお、いずれも契約者（＝保険料負担者）、被保険者および保険金受取人は個人であるものとする。

1．自動車同士の衝突事故により車体に損害を被り、事故の相手方が加入する自動車保険から受け取った対物賠償保険の保険金は、一時所得として所得税の課税対象となる。

2．自転車同士の衝突事故によりケガをして、事故の相手方が加入する個人賠償責任保険から受け取った保険金は、雑所得として所得税の課税対象となる。

3．スポーツ中にケガをして入院したことにより契約者が受け取った傷害保険の入院保険金は、非課税となる。

4．自宅が火災で焼失したことにより契約者が受け取った火災保険の保険金は、雑所得として所得税の課税対象となる。

問題19　第三分野の保険の一般的な商品性に関する次の記述のうち、最も不適切なものはどれか。

1．先進医療特約で先進医療給付金の支払対象となる先進医療は、契約時点において厚生労働大臣によって定められたものである。

2．特定（三大）疾病保障定期保険では、被保険者が特定疾病に罹患し、特定疾病保険金を受け取った場合、その後被保険者が死亡しても死亡保険金は支払われない。

3．がん保険では、通常、90日間または3ヵ月間の免責期間が設けられており、その期間中にがんと診断されても、がん診断給付金は支払われない。

4．人間ドックを受診して異常が発見され、医師の指示の下でその治療を目的として入院した場合、その入院は医療保険の入院給付金の支払対象となる。

問題20　法人に対する生命保険等を活用した福利厚生に係るアドバイスに関する次の記述のうち、最も不適切なものはどれか。

1．「従業員の死亡時に支給する弔慰金や死亡退職金の原資を準備したい」という顧客に対して、団体信用生命保険の活用をアドバイスした。

2．「休業補償規程に基づいて従業員に支給する休業の補償に係る給付の原資を準備したい」という顧客に対して、団体就業不能保障保険の活用をアドバイスした。

3．「従業員の死亡時に支給する死亡退職金や定年退職時に支給する退職金の原資を準備したい」という顧客に対して、養老保険の活用をアドバイスした。

4．「従業員の自助努力による財産形成を支援したい」という顧客に対して、勤労者財産形成貯蓄積立保険（一般財形）の活用をアドバイスした。

問題 21　消費者物価指数に関する次の記述のうち、最も不適切なものはどれか。

1．消費者物価指数のうち、「生鮮食品を除く総合指数」や「生鮮食品及びエネルギーを除く総合指数」は、消費者物価の基調を把握するうえで有用である。

2．国民年金や厚生年金保険の年金額は、物価変動率等に応じて毎年度改定を行う仕組みとされており、当該物価変動率には、消費者物価指数のうち、「総合指数」が用いられている。

3．消費者物価指数のうち、「生鮮食品を除く総合指数」は、景気動向指数の一致系列に採用されている。

4．消費者物価指数は、基準となる年の物価を 100 として算出されており、基準年は 5 年ごとに改定されている。

問題 22　銀行等の金融機関で取り扱う預金の一般的な商品性等に関する次の記述のうち、最も適切なものはどれか。なお、本問においては、「民間公益活動を促進するための休眠預金等に係る資金の活用に関する法律」を休眠預金等活用法という。

1．オプション取引などのデリバティブを組み込んだ仕組預金には、金融機関の判断によって満期日が繰り上がるものがある。

2．スーパー定期預金は、預入期間が 3 年以上の場合、単利型と半年複利型があるが、半年複利型を利用することができるのは法人に限られる。

3．期日指定定期預金は、据置期間経過後から最長預入期日までの間で、金融機関が指定した日が満期日となる。

4．2009 年 1 月 1 日以降、取引がないまま 5 年が経過した預金等は、休眠預金等活用法に基づく「休眠預金等」に該当する。

問題 23　株式投資信託の一般的な運用手法等に関する次の記述のうち、最も適切なものはどれか。

1．マクロ的な環境要因等を基に国別組入比率や業種別組入比率などを決定し、その比率に応じて、個別銘柄を組み入れてポートフォリオを構築する手法を、ボトムアップ・アプローチという。

2．割高な銘柄の買建てと割安な銘柄の売建てをそれぞれ同程度の金額で行い、市場全体の変動に左右されない収益の確保を目指す手法を、マーケット・ニュートラル運用という。

3．企業の将来の売上高や利益の成長性が市場平均よりも高いと見込まれる銘柄を組み入れて運用するグロース運用は、ＰＥＲやＰＢＲが低い銘柄中心のポートフォリオとなる傾向がある。

4．「ブル型」「ベア型」と呼ばれる特殊型の投資信託のうち、「ベア型」は、ベンチマークが下落すると基準価額が上昇するように設計されている。

問題24 表面利率が 0.5%、償還までの残存期間が 10 年の固定利付債券を額面 100 円当たり 100 円で購入し、購入から 2 年後に額面 100 円当たり 96.3 円で売却した場合の所有期間利回り（単利・年率）として、最も適切なものはどれか。なお、手数料、経過利子、税金等は考慮しないものとし、計算結果は表示単位の小数点以下第 3 位を四捨五入するものとする。また、「▲」はマイナスを意味するものとする。

1. ▲ 1.40%
2. ▲ 1.35%
3. 　0.04%
4. 　1.00%

問題25 債券投資のリスクに関する次の記述のうち、最も不適切なものはどれか。

1. 債券の発行体の所在する国や地域における政治・経済状況の変化等により、債券価格が大きく変動したり、債券の元本や利子の支払不能等が生じたりするリスクを、一般に、カントリーリスクという。
2. 債券の価格変動リスクは、表面利率などの他の条件が同一であれば、一般に、残存期間が長いほど高くなる。
3. 債券の信用格付けにおいて、B（シングルビー）格相当以上の格付けが付された債券は、一般に、投資適格債と呼ばれ、信用リスクが低い債券とされる。
4. 外貨建て債券の為替変動リスクを回避または軽減する方法の一つとして、当該債券の購入時に、その償還日にあわせて為替予約を行う為替ヘッジが考えられる。

問題26 下記＜X 社のデータ＞に基づき算出される投資指標に関する次の記述のうち、最も適切なものはどれか。

＜X 社のデータ＞

株価	9,000 円
発行済株式数	25 億株
時価総額	225,000 億円
自己資本（＝純資産）	37,500 億円
配当金総額	3,375 億円
PER	20.0 倍

1. 1 株当たり当期純利益は、500 円である。
2. 株式益利回りは、0.6%である。
3. PBR は、5.0 倍である。
4. 配当性向は、30.0%である。

問題27　外貨建ての金融商品の一般的な特徴等に関する次の記述のうち、最も不適切なものはどれか。

1. 外貨預金の払戻し時において、預金者が外貨を円貨に換える場合に適用される為替レートは、預入金融機関が提示する対顧客直物電信買相場（ＴＴＢ）である。

2. 外貨預金は、その金額の多寡にかかわらず、預金保険制度による保護の対象とならない。

3. 為替予約を締結していない外貨定期預金を満期時に円貨で払い戻した結果生じた為替差益は、一時所得として所得税の課税対象となる。

4. 外貨建てＭＭＦは、主に外国の格付けの高い公社債やコマーシャル・ペーパー（ＣＰ）などの短期金融商品を投資対象として運用される外貨建ての投資信託である。

問題28　金融派生商品の一般的な特徴等に関する次の記述のうち、最も不適切なものはどれか。

1. 取引の当事者間で、異なる種類の通貨について、元本を交換せずに金利のみを一定期間交換する取引を、クーポンスワップという。

2. 取引の当事者間で、同じ種類の通貨の異なる種類の金利を一定期間交換する取引を、金利スワップという。

3. 先物取引は、将来のあらかじめ定められた期日に、特定の商品（原資産）を現時点で取り決めた価格で売買することを約束する取引である。

4. オプション取引では、プット・オプションの買い手は、満期日において原資産の市場価格が権利行使価格よりも低い場合、通常、「権利行使価格で売る権利」を放棄することになる。

問題29 下記＜資料＞に基づくファンドAとファンドBの過去5年間の運用パフォーマンスの比較評価に関する次の記述の空欄（ア）、（イ）にあてはまる語句または数値の組み合わせとして、最も適切なものはどれか。

＜資料＞ファンドAとファンドBの過去5年間の運用パフォーマンス

ファンド名	実績収益率	実績収益率の標準偏差
ファンドA	4.0%	1.5%
ファンドB	10.0%	4.0%

> ファンドの運用パフォーマンスに係る評価指標の一つとして、シャープレシオがある。無リスク金利を全期間にわたり1.0%とし、＜資料＞の数値により、ファンドAのシャープレシオの値を算出すると、（　ア　）となる。同様にファンドBのシャープレシオの値を算出したうえで、両ファンドの運用パフォーマンスを比較すると、過去5年間は（　イ　）の方が効率的な運用であったと判断される。

1．（ア）2.0　　（イ）ファンドA
2．（ア）2.0　　（イ）ファンドB
3．（ア）2.5　　（イ）ファンドA
4．（ア）2.5　　（イ）ファンドB

問題30 金融商品の取引等に係る各種法令に関する次の記述のうち、最も適切なものはどれか。

1．消費者契約法において、消費者が事業者の一定の行為により誤認または困惑し、それによって消費者契約の申込みまたは承諾の意思表示をしたときは、消費者はこれを取り消すことができるとされている。
2．消費者契約法において、契約の解除に伴って消費者が支払う損害賠償の額を予定し、または違約金を定める消費者契約の条項は、すべて無効になるとされている。
3．金融商品取引法において、株式の信用取引を行うに当たっては、新規建時の委託保証金率が30％以上必要とされ、かつ、最低委託保証金は100万円とされている。
4．金融商品取引法において、投資助言業務を行う金融商品取引業者等は、原則として、その助言を受けた取引により生じた顧客の損失を補てんし、またはその助言を受けた取引により生じた顧客の利益に追加するため、当該顧客に対して財産上の利益を提供することができるとされている。

問題31　所得税の基本的な仕組みに関する次の記述のうち、最も不適切なものはどれか。

1．所得税では、納税者本人が所得の金額とこれに対応する税額を計算し、申告・納付する申告納税方式が採用されている。

2．所得税では、課税対象となる所得を10種類に区分し、それぞれの所得の種類ごとに定められた計算方法により所得の金額を計算する。

3．所得税において、居住者は、国内で生じた所得についてのみ所得税の納税義務が生じ、国外で生じた所得について所得税の納税義務が生じることはない。

4．所得税額の計算において課税総所得金額に乗じる税率には、課税総所得金額が大きくなるにつれて段階的に税率が高くなる超過累進税率が採用されており、その最高税率は45％である。

問題32　所得税における各種所得に関する次の記述のうち、最も不適切なものはどれか。

1．賃貸している土地を売却したことによる所得は、譲渡所得に該当する。

2．不動産の貸付けを事業的規模で行ったことにより生じた賃料収入に係る所得は、不動産所得に該当する。

3．借家人が賃貸借の目的とされている居宅の立退きに際して受け取る立退き料（借家権の消滅の対価の額に相当する部分の金額を除く）は、原則として一時所得に該当する。

4．個人事業主が事業資金で購入した株式について配当金を受け取ったことによる所得は、一時所得に該当する。

問題33　所得税における各種所得の金額の計算上生じた次の損失の金額のうち、給与所得の金額と損益通算することができるものはどれか。

1．物品販売業による事業所得の金額の計算上生じた損失の金額

2．上場株式等に係る譲渡所得の金額の計算上生じた損失の金額

3．不動産所得の金額の計算上生じた損失の金額のうち、不動産所得を生ずべき業務の用に供する土地の取得に要した負債の利子の額に相当する部分の金額

4．公的年金等以外の雑所得の金額の計算上生じた損失の金額

問題34 所得税における**各種所得控除**に関する次の記述のうち、**最も不適切なもの**はどれか。なお、各選択肢において、ほかに必要とされる要件等はすべて満たしているものとする。

1．納税者の合計所得金額が2,500万円を超える場合、基礎控除の適用を受けることはできない。

2．納税者の合計所得金額が1,000万円を超える場合、配偶者控除の適用を受けることはできない。

3．納税者の合計所得金額が1,000万円を超える場合、医療費控除の適用を受けることはできない。

4．納税者の合計所得金額が500万円を超える場合、寡婦控除の適用を受けることはできない。

問題35 所得税における**住宅借入金等特別控除**（以下「住宅ローン控除」という）に関する次の記述のうち、**最も不適切なもの**はどれか。なお、2023年10月に住宅ローンを利用して住宅を取得したものとする。

1．住宅ローン控除の適用を受けるためには、原則として、その対象となる家屋を取得等した日から6ヵ月以内に自己の居住の用に供さなければならない。

2．住宅ローン控除の対象となる家屋は、床面積の2分の1以上に相当する部分がもっぱら自己の居住の用に供されるものに限られる。

3．住宅ローン控除の対象となる借入金は、契約による償還期間が10年以上のものに限られる。

4．住宅ローン控除は、納税者が給与所得者である場合、住宅を取得して居住の用に供した年分から年末調整により適用を受けることができる。

問題36 **法人税の仕組み**に関する次の記述のうち、**最も適切なもの**はどれか。

1．法人を設立した場合、設立の日以後1ヵ月以内に、一定の書類を添付した法人設立届出書を納税地の所轄税務署長に提出しなければならない。

2．法人は、法人税の納税地に異動があった場合、原則として、異動届出書を異動前の納税地の所轄税務署長に提出しなければならない。

3．法人税の確定申告書は、原則として、各事業年度終了の日の翌日から1ヵ月以内に、納税地の所轄税務署長に提出しなければならない。

4．期末資本金の額等が1億円以下の一定の中小法人に対する法人税の税率は、所得金額のうち年1,000万円以下の部分について軽減税率が適用される。

問題 37　法人税の損金に関する次の記述のうち、最も不適切なものはどれか。

1. 法人が役員に支給する定期同額給与の額を損金の額に算入するためには、所定の時期に確定額を支給する旨の定めの内容に関する届出書を、あらかじめ納税地の所轄税務署長に提出しなければならない。

2. 法人が納付した法人税の本税および法人住民税の本税の額は、損金の額に算入することができない。

3. 法人が納付した法人事業税の本税の額は、原則として、その法人事業税に係る納税申告書を提出した日の属する事業年度の損金の額に算入することができる。

4. 法人が国または地方公共団体に対して支払った寄附金は、原則として、その全額を損金の額に算入することができる。

問題 38　消費税に関する次の記述のうち、最も不適切なものはどれか。

1. 消費税の課税事業者が行う土地の譲渡は、消費税の非課税取引に該当する。

2. 個人事業者における特定期間とは、その年の前年7月1日から12月31日までの期間をいう。

3. 特定期間における給与等支払額の合計額および課税売上高がいずれも1,000万円を超える法人は、消費税の免税事業者となることができない。

4. 消費税の課税事業者である個人事業者は、原則として、消費税の確定申告書をその年の翌年3月31日までに納税地の所轄税務署長に提出しなければならない。

問題 39　会社と役員間の取引に係る所得税・法人税に関する次の記述のうち、最も不適切なものはどれか。

1. 役員が会社の所有する社宅に無償で居住している場合、原則として、通常の賃貸料相当額が、その役員の雑所得の収入金額に算入される。

2. 会社が役員からの借入金について債務免除を受けた場合、その債務免除を受けた金額が、その会社の所得金額の計算上、益金の額に算入される。

3. 会社が役員に対して無利息で金銭の貸付けを行った場合、原則として、通常収受すべき利息に相当する金額が、その会社の所得金額の計算上、益金の額に算入される。

4. 会社が株主総会の決議を経て役員に対して退職金を支給した場合、その退職金の額は、不相当に高額な部分の金額など一定のものを除き、その会社の所得金額の計算上、損金の額に算入することができる。

問題40　消費税の適格請求書等保存方式（インボイス制度）に関する次の記述のうち、最も不適切なものはどれか。

1．適格請求書発行事業者の登録を受けようとする事業者は、適格請求書発行事業者の登録申請書を、納税地の所轄税務署長に提出しなければならない。

2．適格請求書発行事業者の登録を受けた事業者は、簡易課税制度の適用を受けることができない。

3．適格請求書発行事業者の登録番号は、適格請求書に必要とされる記載事項の一つである。

4．適格請求書として必要とされる事項が記載された書類は、納品書や領収書等の名称で発行されたものであっても適格請求書に該当する。

問題41　不動産鑑定評価基準における不動産の価格を求める鑑定評価の手法に関する次の記述のうち、最も不適切なものはどれか。

1．収益還元法のうち直接還元法は、連続する複数の期間に発生する純収益および復帰価格を、その発生時期に応じて現在価値に割り引き、それぞれを合計する手法である。

2．収益還元法は、対象不動産が自用の不動産であっても、賃貸を想定することにより適用することができる手法である。

3．原価法は、価格時点における対象不動産の再調達原価を求め、この再調達原価について減価修正を行って対象不動産の価格を求める手法である。

4．取引事例比較法は、市場において発生した取引事例を価格判定の基礎とする手法であり、その適用に当たっては多数の取引事例を収集する必要がある。

問題42　不動産売買の契約に係る民法の規定に関する次の記述のうち、最も不適切なものはどれか。なお、特約については考慮しないものとする。

1．売買契約の締結後、買主の責めに帰すことのできない事由により、当該契約の目的物の引渡債務の全部が履行不能となった場合、買主は、履行の催告をすることなく、直ちに契約の解除をすることができる。

2．売主が種類または品質に関して契約の内容に適合しない目的物を買主に引き渡した場合において、買主がその不適合を知った時から1年以内にその旨を売主に通知しないときは、売主が引渡しの時にその不適合を知っていたとしても、買主は、その不適合を理由として契約の解除をすることができない。

3．売買の目的物である建物が、その売買契約の締結から当該建物の引渡しまでの間に、地震により全壊した場合、買主は、売主に対して建物代金の支払いを拒むことができる。

4．買主が売主に解約手付を交付した場合、売主は、買主が契約の履行に着手する前であれば、受領した手付の倍額を買主に対して現実に提供することにより、契約の解除をすることができる。

問題43　借地借家法に関する次の記述のうち、最も適切なものはどれか。なお、本問においては、同法第22条の借地権を一般定期借地権といい、第22条から第24条の定期借地権等以外の借地権を普通借地権という。また、記載のない特約については考慮しないものとする。

1．普通借地権の存続期間は30年とされており、契約でこれより長い期間を定めることはできない。

2．普通借地権の存続期間が満了する場合において、借地権者が契約の更新を請求し、借地権設定者が遅滞なく異議を述べなかったときは、借地上に建物があるかどうかにかかわらず、従前の契約と同一の条件で契約を更新したものとみなされる。

3．事業の用に供する建物の所有を目的として、一般定期借地権を設定することはできない。

4．一般定期借地権において、契約の更新および建物の築造による存続期間の延長がなく、建物等の買取りの請求をしないこととする旨を定める特約は、公正証書による等書面（電磁的記録による場合を含む）によってしなければならない。

問題44　借地借家法に関する次の記述のうち、最も不適切なものはどれか。なお、本問においては、借地借家法第38条における定期建物賃貸借契約を定期借家契約といい、それ以外の建物賃貸借契約を普通借家契約という。また、特約については考慮しないものとする。

1．普通借家契約において、存続期間を1年未満とする建物の賃貸借は、期間の定めがない建物の賃貸借とみなされる。

2．普通借家契約において、建物の賃貸人による建物の賃貸借の解約の申入れは、賃貸人および賃借人が建物の使用を必要とする事情や建物の利用状況などを考慮して、正当の事由があると認められる場合でなければすることができない。

3．定期借家契約は、建物の賃借人が建物の全部または一部を事業の用に供することを目的とする場合、公正証書によってしなければならない。

4．定期借家契約は、契約の更新がなく、期間の満了により建物の賃貸借が終了するが、契約の当事者間における合意があれば、定期借家契約を再契約することができる。

問題45　都市計画区域および準都市計画区域内における建築基準法の規定に関する次の記述のうち、最も適切なものはどれか。

1．敷地の前面道路の幅員が12m未満である建築物の容積率は、原則として、「都市計画で定められた容積率」と「前面道路の幅員に一定の数値を乗じて得たもの」とのいずれか高い方が上限となる。

2．建築基準法第42条第2項により道路境界線とみなされる線と道路との間の敷地部分（セットバック部分）は、建蔽率を算定する際の敷地面積に算入することはできないが、容積率を算定する際の敷地面積に算入することはできる。

3．建築物の地階でその天井が地盤面からの高さ1m以下にあるものの住宅の用途に供する部分の床面積は、原則として、当該建築物の住宅の用途に供する部分の床面積の合計の5分の1を限度として、建築物の容積率の算定の基礎となる延べ面積に算入されない。

4．共同住宅の共用の廊下または階段の用に供する部分の床面積は、原則として、建築物の容積率の算定の基礎となる延べ面積に算入されない。

問題46　建物の区分所有等に関する法律に関する次の記述のうち、最も不適切なものはどれか。

1．区分所有者が建物および建物の所在する土地と一体として管理または使用する庭、通路その他の土地は、規約により建物の敷地とすることができる。

2．区分所有者は、敷地利用権が数人で有する所有権である場合、規約に別段の定めがない限り、敷地利用権を専有部分と分離して処分することができる。

3．区分所有建物ならびにその敷地および附属施設の管理を行うための区分所有者の団体（管理組合）は、区分所有者全員で構成される。

4．区分所有者は、規約に別段の定めがない限り、集会の決議によって管理者を選任し、または解任することができる。

問題47　不動産に係る固定資産税および都市計画税に関する次の記述のうち、最も適切なものはどれか。

1．住宅用地に係る固定資産税の課税標準については、小規模住宅用地（住宅1戸当たり200㎡以下の部分）について、課税標準となるべき価格の3分の1相当額とする特例がある。

2．固定資産税の課税対象となる土地に借地権が設定されている場合、借地権者は当該土地の借地権割合に応じて固定資産税の納税義務を負う。

3．都市計画税の税率は、制限税率である0.3％を超えることができない。

4．都市計画税は、都市計画区域のうち、原則として、市街化調整区域内に所在する土地または家屋の所有者に対して課される。

問題48　居住用財産を譲渡した場合の3,000万円の特別控除（以下「3,000万円特別控除」という）および居住用財産を譲渡した場合の長期譲渡所得の課税の特例（以下「軽減税率の特例」という）に関する次の記述のうち、最も不適切なものはどれか。なお、各選択肢において、ほかに必要とされる要件等はすべて満たしているものとする。

1．3,000万円特別控除は、居住用財産を配偶者に譲渡した場合には適用を受けることができない。

2．3,000万円特別控除は、居住用財産を居住の用に供さなくなった日から6ヵ月を経過する日までに譲渡しなければ、適用を受けることができない。

3．軽減税率の特例は、譲渡した居住用財産の所有期間が、譲渡した日の属する年の1月1日において10年を超えていなければ、適用を受けることができない。

4．3,000万円特別控除と軽減税率の特例は、重複して適用を受けることができる。

問題49　不動産の有効活用の手法の一般的な特徴に関する次の記述のうち、最も不適切なものはどれか。

1．等価交換方式では、等価交換の対象とされるのは土地の所有権に限られ、借地権は対象とならない。

2．建設協力金方式は、土地所有者が、建設する建物を貸し付ける予定のテナントから、建設費相当額の全部または一部を借り受けて建物を建設する方式である。

3．定期借地権方式では、土地所有者は土地を一定期間貸し付けることにより地代収入を得ることができ、当該土地上に建設される建物の建設資金を負担する必要はない。

4．事業受託方式は、土地の有効活用の企画、建設会社の選定や当該土地上に建設された建物の管理・運営等をデベロッパーに任せ、建設資金の調達や返済は土地所有者が行う方式である。

問題50　不動産の投資判断手法等に関する次の記述のうち、最も適切なものはどれか。

1．NOI利回り（純利回り）は、対象不動産から得られる年間の純収益を総投資額で除して算出される利回りであり、不動産の収益性を測る指標である。

2．NPV法（正味現在価値法）による投資判断においては、対象不動産から得られる収益の現在価値の合計額が投資額を下回っている場合、その投資は有利であると判定することができる。

3．DSCR（借入金償還余裕率）は、対象不動産から得られる収益による借入金の返済余裕度を評価する指標であり、対象不動産に係る当該指標の数値が1.0を下回っている場合は、対象不動産から得られる収益だけで借入金を返済することができる。

4．DCF法は、対象不動産の一期間の純収益を還元利回りで還元して対象不動産の価格を求める手法である。

問題51　親族等に係る民法の規定に関する次の記述のうち、最も適切なものはどれか。

1. 親族の範囲は、3親等内の血族、配偶者、6親等内の姻族である。
2. 兄弟姉妹の子（甥や姪）は、3親等の血族である。
3. 配偶者の父母は、2親等の姻族である。
4. 子の配偶者は、2親等の姻族である。

問題52　相続時精算課税制度（以下「本制度」という）に関する次の記述のうち、最も不適切なものはどれか。

1. 本制度の適用を受けた贈与財産に係る贈与税額の計算上、適用される税率は、一律25％である。
2. 本制度において、贈与者および受贈者の年齢が適用要件を満たすかどうかは、贈与があった年の1月1日現在の年齢で判定する。
3. 本制度の適用を受けることを選択した場合、その選択をした年分以後、その選択に係る贈与者から贈与により取得した財産については、暦年課税に変更することができない。
4. 本制度の選択に係る贈与者が死亡した場合における相続税額の計算上、相続税額からすでに納めた本制度に係る贈与税相当額を控除してもなお控除しきれない金額は、相続税の申告により還付を受けることができる。

問題53　下記＜親族関係図＞において、Aさんの相続が開始した場合の法定相続人として、最も適切なものはどれか。なお、子Dさんは、Aさんの相続開始前に死亡しており、相続の放棄をした者はいないものとする。

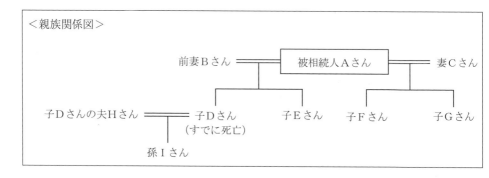

1. 妻Cさん、子Fさん、子Gさんの計3名
2. 妻Cさん、子Eさん、子Fさん、子Gさんの計4名
3. 妻Cさん、子Eさん、子Fさん、子Gさん、孫Iさんの計5名
4. 妻Cさん、子Eさん、子Fさん、子Gさん、子Dさんの夫Hさん、孫Iさんの計6名

問題54　代償分割に関する次の記述のうち、最も適切なものはどれか。

1．代償分割は、現物分割を困難とする事由がある場合に、共同相続人の全員が家庭裁判所に申し立て、その審判を受けることにより認められる遺産分割の方法である。

2．代償分割により遺産分割を行う場合、代償財産の支払期日や支払方法などを記載した遺産分割協議書を公正証書によって作成しなければならない。

3．相続人が代償分割により他の相続人に交付する代償財産は、金銭に限られる。

4．相続人が代償分割により他の相続人から交付を受けた代償財産は、相続税の課税対象となる。

問題55　民法に規定する相続の承認および放棄に関する次の記述のうち、最も不適切なものはどれか。

1．契約者（＝保険料負担者）および被保険者を被相続人とする生命保険契約の死亡保険金受取人に指定されていた相続人が、被相続人の死亡により死亡保険金を受け取った場合、その相続について単純承認をしたものとみなされる。

2．相続人が相続の単純承認をした場合、原則として、被相続人のすべての権利義務を承継する。

3．相続の放棄をしようとする者は、原則として、相続の開始があったことを知った時から3ヵ月以内に、家庭裁判所に相続の放棄をする旨を申述しなければならない。

4．被相続人の子が相続の放棄をした場合、その相続の放棄をした者の子（被相続人の孫）は、代襲相続人とならない。

問題56　民法上の遺言に関する次の記述のうち、最も不適切なものはどれか。なお、各選択肢において、ほかに必要とされる要件等はすべて満たしているものとする。

1．公正証書遺言の作成において、遺言者の配偶者は証人として立ち会うことができない。

2．自筆証書遺言の作成に当たって、自筆証書にこれと一体のものとして添付する財産目録をパソコンで作成する場合、その財産目録への署名および押印は不要である。

3．同一の遺言者による公正証書遺言と自筆証書遺言について、それぞれの内容が異なっている場合、その異なっている部分については、作成日付の新しい遺言の内容が効力を有する。

4．自筆証書遺言書保管制度により法務局（遺言書保管所）に保管されている自筆証書遺言は、遺言者の相続開始後、家庭裁判所の検認が不要である。

問題57　相続税の申告と納付に関する次の記述のうち、最も適切なものはどれか。

1．相続税の申告書の提出は、原則として、相続の開始があったことを知った日の翌日から6ヵ月以内にしなければならない。

2．相続人が被相続人の配偶者のみである場合において、「配偶者に対する相続税額の軽減」の適用を受けることにより納付すべき相続税額が0（ゼロ）となるときは、当該配偶者は相続税の申告書を提出する必要はない。

3．相続により土地を取得した相続人が、その相続に係る相続税について延納を申請する場合、所定の要件を満たせば、相続人が相続開始前から所有していた土地を延納の担保として提供することができる。

4．相続税を延納するためには、納付すべき相続税額が100万円を超えていなければならない。

問題58　相続税における宅地および宅地の上に存する権利の評価に関する次の記述のうち、最も不適切なものはどれか。なお、評価の対象となる宅地は、借地権の設定に際し、その設定の対価として通常権利金その他の一時金を支払う「借地権の取引慣行のある地域」にあるものとする。また、宅地の上に存する権利は、定期借地権および一時使用目的の借地権等を除くものとする。

1．Aさんが、借地権の設定に際して通常の権利金を支払って賃借した宅地の上にAさん名義の自宅を建築して居住の用に供している場合において、Aさんの相続が開始したときは、相続税額の計算上、その宅地の上に存するAさんの権利の価額は借地権として評価する。

2．Bさんが、借地権の設定に際して通常の権利金を支払って賃借した宅地の上にBさん名義のアパートを建築して賃貸の用に供している場合において、Bさんの相続が開始したときは、相続税額の計算上、その宅地の上に存するBさんの権利の価額は貸家建付借地権として評価する。

3．Cさんが、従前宅地であった土地を車庫などの施設がない青空駐車場（月極駐車場）の用に供している場合において、Cさんの相続が開始したときは、相続税額の計算上、その土地の価額は自用地として評価する。

4．Dさんが、所有する宅地の上にアパートを建築して賃貸の用に供している場合において、Dさんの相続が開始したときは、相続税額の計算上、その宅地の価額は貸宅地として評価する。

問題 59 小規模宅地等についての相続税の課税価格の計算の特例（以下「本特例」という）に関する次の記述のうち、最も不適切なものはどれか。なお、各選択肢において、相続人が相続により取得した宅地は、相続開始直前において被相続人等の事業の用に供されていなかったものとし、ほかに必要とされる要件等はすべて満たしているものとする。

1. 相続開始直前において被相続人の居住の用に供されていた宅地を相続により取得した被相続人の配偶者は、相続税の申告期限までに当該宅地を売却した場合であっても、本特例の適用を受けることができる。

2. 相続開始直前において被相続人の居住の用に供されていた宅地を相続により取得した被相続人の子が、当該宅地上の被相続人の居住の用に供されていた一棟の建物に相続開始前から相続税の申告期限まで引き続き居住し、かつ、当該宅地を相続開始時から相続税の申告期限まで所有していた場合、本特例の適用を受けることができる。

3. 相続開始直前において被相続人および被相続人の配偶者の居住の用に供されていた宅地を相続により取得した被相続人の子が、当該宅地を相続開始後に初めて自己の居住の用に供し、相続税の申告期限まで所有していた場合、本特例の適用を受けることができる。

4. 相続開始直前において被相続人と生計を一にする被相続人の母の居住の用に供されていた宅地を相続により取得した被相続人の配偶者は、本特例の適用を受けることができる。

問題 60 中小企業における経営の承継の円滑化に関する法律による「遺留分に関する民法の特例」（以下「本特例」という）に関する次の記述のうち、最も不適切なものはどれか。

1. 会社事業後継者が本特例の適用を受けるためには、遺留分を有する旧代表者の推定相続人および会社事業後継者全員の書面による合意が必要である。

2. 本特例の適用を受けることにより、会社事業後継者が旧代表者から贈与により取得した自社株式について、その価額を、遺留分を算定するための財産の価額に算入しないことができる。

3. 本特例の適用を受けることにより、会社事業後継者が旧代表者から贈与により取得した自社株式について、遺留分を算定するための財産の価額に算入すべき価額を、本特例の適用に係る合意をした時点の価額とすることができる。

4. 本特例の対象となる会社事業後継者は、旧代表者の親族に限られる。

2級ファイナンシャル・プランニング技能検定　学科試験　解答用紙
2024年5月26日実施

日本ファイナンシャル・プランナーズ協会

問題1	問題2	問題3	問題4	問題5	問題6	問題7	問題8	問題9	問題10

問題11	問題12	問題13	問題14	問題15	問題16	問題17	問題18	問題19	問題20

問題21	問題22	問題23	問題24	問題25	問題26	問題27	問題28	問題29	問題30

問題31	問題32	問題33	問題34	問題35	問題36	問題37	問題38	問題39	問題40

問題41	問題42	問題43	問題44	問題45	問題46	問題47	問題48	問題49	問題50

問題51	問題52	問題53	問題54	問題55	問題56	問題57	問題58	問題59	問題60

※[60点満点]　（各1点）

※　この解答用紙は2024年5月実施試験の模範解答を基に再現したもので、実際の解答用紙のデザインとは異なります。

2024年５月実施試験
解答・解説

解答・解説

問題1　正解　3

1．**不適切**。個人情報保護法において、「個人情報」を取り扱う場合、利用目的を特定、公表または通知し、本人の承諾なしに第三者に提供することは原則禁止されている。

2．**不適切**。FPは職業倫理として、顧客の利益を最優先しなければならない。顧客にとっての最善策を策定することなく、FPの利益を追求することは不適切である。

3．**最も適切**。顧客からの相談に対し、メリットだけでなくデメリットも合わせて説明することは適切な行為である。

4．**不適切**。為替の動向のような不確実なことについて断定的な判断を提供することは、仮に金融商品取引業者としての登録を受けていたにせよ、不適切な行為である。

問題2　正解　3

1．**不適切**。キャッシュフロー表の作成における「可処分所得」とは自分で自由に使えるお金のことであり、いわゆる「手取り額」である。所得税および住民税、社会保険料は国民が負担しなければならないお金であり手元に残らないことから、年間の収入金額から控除する。生命保険料は必ずしも負担するものではないので、控除しない。

2．**不適切**。バランスシートは、個人の資産や負債の現況を分析するものなので、株式等の金融資産や不動産のように取得時から価額が変動する資産については、取得時の価額ではなく、評価時の価額で作成する。

3．**最も適切**。毎年一定金額を取り崩すために必要となる金額を知りたいときは、年金現価係数を用いる。毎年受け取りたい年金額からそれを実現するために必要となる年金原資を求める場合などに使うが、本問題の場合は、「取り崩す年金額」を「住宅ローンの年間返済額」と置き換える。

4．**不適切**。一定の利率で複利運用しながら一定期間経過後に目標とする額を得るために必要な毎年の積立額を計算する際、用いる係数は「減債基金係数」である。

問題3　正解　2

1．**不適切**。被保険者が業務外の事由により亡くなった場合、被保険者により生計を維持されて、埋葬を行う者に「埋葬料」として「5万円」が支給される。なお、埋葬料を受けられる者がいない場合、実際に埋葬を行った者に5万円の範囲内で実際に埋葬に要した費用が「埋葬費」として支給される。被扶養者が亡くなった場合は、被保険者に「家族埋葬料」5万円が支給される。

2．**最も適切**。傷病手当金が支給される期間は、2022年1月1日より、支給を開始した日から「通算」して1年6ヵ月である。それ以前は「最長」1年6ヵ月だったので注意したい。

3．**不適切**。被保険者が同一月内に同一の医療機関等で支払った医療費の一部負担金が、その者にかかる自己負担限度額を超えた場合、所定の手続きにより、自己負担限

度額を超えた部分の金額が高額療養費として支給される。

4．**不適切**。被保険者が産科医療補償制度に加入する医療機関等において出産した場合、出産育児一時金は、1児につき50万円である。なお、産科医療補償制度に加入していない医療機関等での出産の場合は、48万8千円である。

問題4　正解　3

1．**適切**。問題文のとおり。なお、「雇用二事業」にかかる保険料は、事業主のみが負担する。

2．**適切**。雇用保険の適用事業所に雇用される次の要件に該当する労働者は、原則としてすべて被保険者となる。

①1週間の所定労働時間が20時間以上であること

②31日以上の雇用見込みがあること

3．**最も不適切**。特定受給資格者等を除く一般の受給資格者に支給される基本手当の所定給付日数は、下記表のとおり。10年以上20年未満の場合は、120日となる。

年齢＼算定基礎期間	10年未満	10年以上 20年未満	20年以上
全年齢	90日	120日	150日

4．**適切**。問題文のとおり。なお、特定受給資格者または特定理由離職者については、離職日以前1年間に、被保険者期間が通算して6ヵ月以上となる。

問題5　正解　4

1．**不適切**。被保険者が保育所への子の入所を希望しているが、待機児童となる場合、所定の手続きにより、最長2歳に達するまで育児休業給付金が支給される。

2．**不適切**。育児休業は、2回まで分割取得することができる。したがって2回目までについては育児休業給付金の支給を受けることができる。

3．**不適切**。1支給単位期間において、休業開始時賃金日額×支給日数の80％以上の賃金が支払われている場合は、当該支給単位期間について介護休業給付金は支給されない。

4．**最も適切**。介護休業給付金の支給にあたり、介護の対象となる家族は、被保険者の「配偶者（事実上婚姻関係と同様の事情にある者を含む）」「父母（養父母含む）」「子（養子含む）」「配偶者の父母（養父母含む）」「祖父母」「兄弟姉妹」「孫」である。

問題6　正解　1

1．**最も適切**。学生納付特例の承認を受けた期間は保険料の納付が猶予され、追納がない場合であっても、老齢基礎年金の受給資格期間に算入される。ただし、年金額には反映されない。追納した場合は、追納した期間について納付済みとなり年金額に反映される。

2．**不適切**。国民年金の第1号被保険者が出産する場合、所定の手続きにより、出産予

定日または出産日が属する月の前月から4ヵ月間（産前産後期間）の国民年金保険料の納付が免除される。多胎妊娠の場合の免除期間は、3ヵ月前から6ヵ月間となる。なお、産前産後期間の免除制度を受けている期間は、保険料納付済期間として扱われ、将来の老齢基礎年金の年金額に反映される。

3. **不適切**。老齢厚生年金の繰下げ支給の申出と、老齢基礎年金の繰下げ支給の申出は、同時に行う必要はない。

4. **不適切**。老齢厚生年金の額に加給年金額が加算されるためには、原則として厚生年金保険の被保険者期間が240月以上なければならない。

問題7　正解　4

1. **適切**。障害基礎年金の子の加算は、障害基礎年金の受給権発生時に生計維持している子がいる場合、また受給権発生後に生計維持している子がいる場合に加算される。この考え方は、障害厚生年金における配偶者加給年金額においても同様である。

2. **適切**。障害厚生年金の年金額は老齢厚生年金における報酬比例部分の額を基礎とするが、報酬比例部分の額の計算においては、被保険者期間を基に計算を行うため、被保険者期間の長短は年金額に影響する。障害年金では年金の性質上、被保険者期間が300月に満たない場合、最低限の年金額を維持するため、300月として計算する（300月保証）。

3. **適切**。問題文のとおり。障害の程度が重くなることを事後重症という。

4. **最も不適切**。減額されるのは、労働者災害補償保険の障害補償年金のほうである。障害基礎年金と障害厚生年金は減額されない。

問題8　正解　1

1. **最も不適切**。マッチング拠出の掛金は、①事業主掛金と加入者掛金の合計額が、拠出限度額を超えないこと②加入者掛金の金額が、事業主掛金の金額を超えないこと、という要件がある。

2. **適切**。問題文のとおり。

3. **適切**。問題文のとおり。

4. **適切**。問題文のとおり。このような資産の持ち運びを、「ポータビリティ」という。

問題9　正解　3

1. **適切**。固定金利選択型の住宅ローンは、固定金利を選択した期間中は適用金利が固定されており、期間終了後に変動金利または固定金利のいずれかを選択するタイプのものである。なお、固定金利を再選択する場合は、再選択時点の金利が適用となる。

2. **適切**。元利均等返済方式は、毎回の返済額（元利）が均等というタイプであるが、当初は毎回の返済額における元利の割合が利息が多いしくみになっている。返済が進むに従い、毎回返済額に占める元金の割合が増えていく。毎回の元金の返済額が均等である元金均等に比べ元金の減りが遅いことから発生する利息額が大きくなり、総返済額を比較すると、元金均等返済方式より元利均等返済方式の方が多くなる。

3. **最も不適切**。問題文は逆の記述となっている。返済期間短縮型の方が、返済額軽減型よりも支払利息の軽減効果は高い。

4. **適切**。問題文のとおり。登録免許税や印紙税、ローン事務手数料や保証料などの費用がかかる。

問題 10　正解　2

1. **適切**。任意後見契約は公正証書により行なわなければならない。

2. **最も不適切**。「リコース型」の場合、借入金を返済した後も債務が残った場合、利用者の相続人は返済義務を負う。返済義務を負わないのは「ノンリコース型」という。

3. **適切**。問題文のとおり。「介護サービス」はないことに注意したい。

4. **適切**。在宅復帰、在宅療養支援、リハビリテーション提供等を担う施設である。

問題 11　正解　4

1. **不適切**。保証期間付終身年金では、保証期間中に被保険者が無くなった場合、残りの保証期間に対応する年金または一時金が相続人に支払われる。

2. **不適切**。個人年金保険では、一般的に、保険料払込期間中に所定の高度障害状態に該当すると、以後の保険料の払い込みが免除される。ただし、年金は直ちに受け取れるのではなく、契約がそのまま続き、将来受け取ることになる。

3. **不適切**。円換算支払特約を付加することで年金を外貨ではなく円で受け取ることができるが、この場合の円換算における為替レートは、契約時点のものではなく支払事由該当時における TTB となる。

4. **最も適切**。問題文のとおり。トンチン年金といわれるものである。

問題 12　正解　4

1. **適切**。総合福祉団体定期保険において、契約の締結に際しては、被保険者の同意が必要である。

2. **適切**。なお、特約の付加に際しては、被保険者の同意が必要である。

3. **適切**。従業員等が負担する保険料は、給与や口座から引き落とされる。個人で個別に加入するよりも保険料が割安である。

4. **最も不適切**。団体定期保険（B グループ保険）は告知書扱いである。

問題 13　正解　2

1. **適切**。2012 年 1 月 1 日以後の契約において、終身保険や定期保険、養老保険などの生存または死亡に起因して保険金等が支払われる保険契約の保険料は、一般の生命保険料控除の対象となる。

2. **最も不適切**。少額短期保険の保険料は、生命保険料控除の対象とならない。

3. **適切**。生命保険料控除の対象となる保険料は、その年の 1 月 1 日から 12 月 31 日までの間に払い込まれた保険料である。

4．**適切**。変額個人年金保険の保険料は、一般の生命保険料控除の対象となる。

問題14　正解　2

1．**適切**。リビング・ニーズ特約により支払われる特約保険金は、非課税である。な
お、子の生前に受け取ったリビング・ニーズ特約の特約保険金を被保険者が使い残し
て死亡した場合、残額については相続税の課税対象となる。この場合、「現預金」の
相続財産となり、死亡保険金の非課税枠の適用を受けることはできない。

2．**最も不適切**。金融類似商品の論点に絡めた問題である。通常、契約者と被保険者同
一の契約における満期保険金や解約返戻金は一時所得として所得税が課税されるが、
次の要件をすべて満たす場合、「金融類似商品」となり、源泉分離課税の対象となる。

①保険期間が5年以下または保険期間が5年超で契約日から5年以内に解約されたも
の

②一時払またはそれに準ずるもの

③災害死亡保険金等の合計額が満期保険金額の5倍未満、かつ普通死亡保険金額が、
満期保険金額の1倍以下

問題の場合は、一時払である終身保険で5年以内の解約であるが、上記条件にあると
おり、金融類似商品の対象となる保険は、「満期保険金」がある契約であり、終身保険
のように満期保険金がない契約における5年以内の解約返戻金については、金融類似商
品とはならない。したがって一時所得として課税される。

3．**適切**。契約者と被保険者が同一人で、それ以外の者が死亡保険金を受け取った場
合、相続税の課税対象となる。ただし、その場合は、生命保険金等の非課税枠（500
万円×法定相続人の数）の規定の適用を受けることはできない。

4．**適切**。契約者（保険料負担者）と保険金受取人が同一の場合の死亡保険金（死亡給
付金も同じ）は一時所得として所得税・住民税の課税対象となる。

問題15　正解　4

1．**適切**。法人契約における養老保険等の貯蓄性のある保険商品に係る保険料の経理処
理は、満期保険金・死亡保険金の受取人を法人にした場合は、全額資産計上となり、
満期・死亡保険金共に受取人を役員・従業員（遺族を含む）にした場合は、給与扱い
となり損金算入となる。また、満期保険金受取人を法人、死亡保険金受取人を役員・
従業員の遺族にした場合は、普遍的加入を条件に2分の1を資産計上、2分の1を損
金算入することができる（ハーフタックスプラン）。

2．**適切**。上記解説参照。

3．**適切**。解約返戻金のない医療保険などの第三分野の保険商品で被保険者が役員・従
業員、給付金受取人が法人である契約に係る保険料の経理処理は、その全額を損金に
算入することができる。

4．**最も不適切**。2019年7月8日以降の所定の定期保険および第三分野保険に係る保
険料の経理処理は、最高解約返戻率において区分が異なっている。最高解約返戻率が
70％超85％以下の区分の場合、保険期間の前半4割相当期間においては、支払保険

料の60％相当額を資産計上し、残額を損金の額に算入することができる。

問題16　正解　1

1．**最も不適切**。任意の自動車保険では、以下の者に対する補償は行われない。
　①記名被保険者
　②被保険自動車を運転中の者またはその父母、配偶者もしくは子
　③被保険者の父母、配偶者または子
　④被保険者の業務に従事中の使用人
　⑤被保険者の使用者の業務に従事中の他の使用人（ただし、被保険者が被保険自動車をその使用者の業務に使用している場合に限る）
2．**適切**。ペットなどの動物に対する損害は、対物賠償保険の補償対象である。
3．**適切**。問題文のとおり。自動車事故により店舗等に損害を与え、復旧期間に係る休業損害は、対物賠償保険の補償範囲である。
4．**適切**。一般車両保険では、交通事故や偶然の事故による損害を補償し、衝突、接触、墜落、転覆、物の飛来・落下、火災、爆発、台風、洪水などを補償対象とする。また、補償の範囲を限定したエコノミータイプの車両保険もあり、こちらは単独事故や墜落・転覆等は補償しないが、保険料は割安である。

問題17　正解　3

1．**適切**。地震保険は単独での加入はできず、主契約となる火災保険に付帯する形で加入する。火災保険の保険期間中に付帯することも可能である。
2．**適切**。地震保険の保険料は、保険の対象となる居住用建物の構造と所在地ごとに算定された保険料率を基に算出される。
3．**最も不適切**。地震保険における「建築年割引」「免震建築物割引」「耐震等級割引」「耐震診断割引」の4つの割引制度は、複数同時に適用することはできない（重複不可）。
4．**適切**。問題文のとおり。それぞれの区分に応じた保険金額が支払われる。

2017年1月1日以降の始期契約	
損害の程度	支払保険金額
全損	保険金額×100％（時価が限度）
大半損	保険金額×60％（時価の60％が限度）
小半損	保険金額×30％（時価の30％が限度）
一部損	保険金額×5％（時価の5％が限度）

問題18　正解　3

1．**不適切**。被害者等が受け取る損害賠償金は、非課税である。
2．**不適切**。上記同様、被害者が受け取る賠償金は非課税である。
3．**最も適切**。保険料の負担者にかかわらず、本人、配偶者、直系血族、生計を一にす

るその他親族が受け取る入院保険金や通院保険金等は非課税である。

4．**不適切**。自宅建物や家財が火災で焼失したことにより受け取る火災保険金は非課税である。

問題19　正解　1

1．**最も不適切**。先進医療特約で支払対象となる先進医療とは、契約時ではなく、治療時において厚生労働大臣により定められたものである。

2．**適切**。特定疾病保障保険は、特定疾病（がん、急性心筋梗塞、脳卒中）により所定の状態となったときに、死亡保険金と同額の特定疾病保険金が支払われるタイプの商品であり、特定疾病保険金を受け取ることで契約は消滅する。したがって、その後被保険者が死亡した場合でも死亡保険金は支払われない。また、特定疾病保険金を受け取ることなく、特定疾病以外の事由で死亡した場合、死亡保険金を受け取ることができる。

3．**適切**。がん保険では、一般に90日間または3ヵ月間の免責期間が設けられており、保険会社の責任開始期は、当該期間経過後となる。したがって、免責期間においてがんと診断された場合、保障はされず給付金等は支払われない。

4．**適切**。医療保険の入院給付金は、病気やケガの治療を目的として入院をした場合に支払われるものであり、単純に検査目的での入院の場合は、支払われない。しかし、何らかの異常があり、医師の指示により治療をするにあたっての検査の入院の場合は、「治療目的の入院」に該当し、給付金の支払対象となる。

問題20　正解　1

1．**最も不適切**。団体信用生命保険は、債権者を保険契約者および保険金受取人、融資を受けている債務者が被保険者とする保険契約である。住宅ローン利用者が返済途中において死亡した場合等に、死亡保険金をもって残債が弁済される仕組みである。したがって保険金は債権者に支払われるので、従業員の死亡時の弔慰金や死亡退職金原資の準備には適さない。

2．**適切**。就業不能保障保険は、病気やケガなどで所定の就業不能状態が所定の期間継続した場合に、一時金や年金などが支払われるタイプの保険である。法人が、休業補償規定を整備し、それに伴う従業員に対する休業補償に備える目的で団体就業不能保障保険の活用をアドバイスすることは適切である。

3．**適切**。養老保険は、保険期間中に死亡した場合は死亡保険金、満期まで生存した場合は満期保険金が支払われるので、死亡退職金や、定年時退職金準備を目的とする活用は適切である。

4．**適切**。一般財形は勤労者財産形成制度のひとつで、給料から天引きされる形で財産形成を行なっていく仕組みである。取扱金融機関により、「貯蓄型」「保険型」がある。

問題 21　正解　3

1．**適切**。記述のとおり。値動きの大きい生鮮食品やエネルギーも含む総合指数と、それぞれを除いた総合指数を比較することで物価動向をより細かく把握できる。

2．**適切**。記述のとおり。毎年度の年金額の改定には、消費者物価指数の総合指数が使われている。

3．**最も不適切**。生鮮食品を除く総合指数は、景気動向指数の一致系列ではなく、遅行系列に採用されている。

4．**適切**。記述のとおり。現在は、2020年が基準となっている。

問題 22　正解　1

1．**最も適切**。記述のとおり。預入後に金融機関が満期日を選択できる権利のついたものもある。

2．**不適切**。スーパー定期預金の半年複利型を利用できるのは、法人ではなく個人のみである。

3．**不適切**。金融機関が指定した日が満期日になるのではなく、利用者が指定した満期日になる。

4．**不適切**。「休眠預金等」とは、取引がないまま「5年が経過した預金等」ではなく、「10年が経過した預金等」である。

問題 23　正解　4

1．**不適切**。マクロ的な視点から組み入れ銘柄を決定していくのは、トップダウン・アプローチである。ボトムアップ・アプローチは、個別企業の分析を行い、組み入れ銘柄を1つずつピックアップしていく手法である。

2．**不適切**。割高な銘柄の売り建てと、割安な銘柄の買い建てを同程度に行い、市場全体の変動に左右されない収益の確保を目指すのが、マーケット・ニュートラルである。

3．**不適切**。グロース運用は、PERやPBRの数値が高めな銘柄中心のポートフォリオとなる傾向がある。

4．**最も適切**。記述のとおり。ベア型はベンチマークが下落したときに収益が出るタイプ、ブル型はベンチマークが上昇したときに収益が出るタイプである。

問題 24　正解　2

$$所有期間利回り（\%）= \frac{表面利率+\dfrac{売付価格-買付価格}{所有期間（年）}}{買付価格} \times 100$$

なので、

$\{0.5 + (96.3 - 100) \div 2\} \div 100 \times 100 = -1.35\%$

となる。

問題25　正解　3

1．**適切**。記述のとおり。カントリー・リスクは、債券の発行体がある国や地域の状況によって影響を受けるリスクのことである。
2．**適切**。記述のとおり。一般に、満期償還までの残存期間が長い債券のほうが、残存期間が短い債券に比べて価格変動は大きい。
3．**最も不適切**。BではなくBBB（トリプルビー）以上、ムーディーズの場合はBaa（ビーダブリューエー）以上が投資適格債と呼ばれる。
4．**適切**。記述のとおり。償還日にあわせて為替予約をして為替ヘッジを行うと、償還日までの為替相場の変動の影響を受けなくなる。

問題26　正解　4

1．**不適切**。「PER＝株価÷1株当たり当期純利益」なので、
　1株当たり当期純利益＝株価÷PER
　したがって、9,000円÷20.0＝450円　となる。
2．**不適切**。「株式益回り＝1株当たり当期純利益÷株価×100」なので、
　450円÷9,000円×100＝5％　となる。
　ちなみに、株式益回りはPERの逆数でもある。
　したがって、1÷20.0×100＝5％　で計算することもできる。
3．**不適切**。「PBR＝株価÷1株当たり純資産」なので、
　9,000円÷（37,500億円÷25億株）＝6倍　となる。
4．**最も適切**。「配当性向＝1株当たり配当金÷1株当たり当期純利益×100」なので
　（3,375億円÷25億株）÷450円×100＝30.0％　となる。

問題27　正解　3

1．**適切**。記述のとおり。円を外貨に換える場合のレートがTTS、外貨を円に換える場合のレートがTTBである。
2．**適切**。記述のとおり。外貨預金は、預金保険制度による保護の対象ではないので、破綻金融機関の財産状況によっては、一部または全部が戻ってこない可能性がある。
3．**最も不適切**。外貨預金で得られた為替差益は、雑所得として所得税の課税対象になる。
4．**適切**。記述のとおり。外貨建てMMF（マネー・マーケット・ファンド）は、外国の短期債などを中心に運用されている外貨建ての投資信託である。

問題28　正解　4

1．**適切**。記述のとおり。元本の交換も行う場合は通貨スワップ、金利のみを交換する場合はクーポンスワップという。
2．**適切**。記述のとおり。同じ通貨間で固定金利と変動金利を交換したり、異なる期間の金利を交換したりする取引を、金利スワップという。
3．**適切**。記述のとおり。先物取引は、将来の一定期日に特定の商品をいくらで売買す

るかを約束する取引である。

4．**最も不適切**。プット・オプションの買い手は、権利行使価格で売る権利を買っていることになるので、原資産の市場価格が権利行使価格よりも低い場合に利益が得られることになる。

問題29　正解　2

シャープレシオ＝（ファンドの収益率－無リスク金利）÷標準偏差　なので、

ファンドAのシャープレシオ＝（4.0％－1.0％）÷1.5％

　　　　　　　　　　　　　　＝2.0

ファンドBのシャープレシオ＝（10.0％－1.0％）÷4.0％

　　　　　　　　　　　　　　＝2.25

ということで、ファンドBのほうが効率的だったことがわかる。

ファンドの運用パフォーマンスに係る評価指標の一つとして、シャープレシオがある。無リスク金利を全期間にわたり1.0％とし、＜資料＞の数値により、ファンドAのシャープレシオの値を算出すると（ア：2.0）となる。同様にファンドBのシャープレシオの値を算出したうえで、両ファンドの運用パフォーマンスを比較すると、過去5年間は（イ：ファンドB）の方が効率的な運用であったと判断される。

問題30　正解　1

1．**最も適切**。記述のとおり。誤認や困惑によって契約をした場合は、消費者契約法によって取り消すことができる。

2．**不適切**。すべてが無効というわけではなく、一定の額を超える部分について無効になる。

3．**不適切**。委託保証金率30％以上で、かつ、最低委託保証金は30万円以上とされている。

4．**不適切**。損失補てんや、特別利益の提供は、法律で禁じられている。

問題31　正解　3

1．**適切**。納税義務者が所得や税額を計算する申告納税方式を採用している。申告納税方式と反対の関係にあるのが賦課課税方式であり個人住民税などが採用している。

2．**適切**。所得を利子所得、配当所得、不動産所得、事業所得、給与所得、退職所得、山林所得、譲渡所得、一時所得、雑所得の10種類に分類し、さらに総合課税と分離課税に区分して所得の金額を計算する。

3．**最も不適切**。下の図表①及び②参照。

区分		定義	課税所得の範囲
居住者	① 非永住者以外の居住者	次のいずれかに該当する個人のうち非永住者以外の者 ・日本国内に住所を有する者 ・日本国内に現在まで引き続き1年以上居所を有する者	国内及び国外において生じた全ての所得
	② 非永住者	居住者のうち、次のいずれにも該当する者 ・日本国籍を有していない者 ・過去10年以内において、日本国内に住所又は居所を有していた期間の合計が5年以下である者	国外源泉所得以外の所得及び国外源泉所得で日本国内において支払われ、又は国外から送金されたもの
非居住者		居住者以外の個人	国内源泉所得

4．**適切**。課税総所得金額に対する所得税額は、最低5％から最高45％までの超過累進税率により計算される。

問題32　正解　4

1．**適切**。不動産所得の用に供されていた不動産を売却した場合も居住用不動産の売却と同じく譲渡所得に該当し、申告分離課税により課税される。

2．**適切**。不動産の賃料収入は貸付け規模の大小に関係なく不動産所得となる。

3．**適切**。一時所得とは、営利を目的とする継続的行為から生じた所得以外の一時の所得で労務その他の役務又は資産の譲渡の対価としての性質を有しないもの（例示：生命保険契約等に基づく一時金、借家人の受ける立退料など）をいう。

4．**最も不適切**。個人事業主が事業資金で購入した株式の配当金は配当所得に該当する。

問題33　正解　1

損益通算の対象となる損失は、①不動産所得の損失（例外有り）、②事業所得の損失、③譲渡所得の損失（例外有り）、④山林所得の損失である。

1．**最も適切**。上記②に該当するため損益通算の対象となる。

2．**不適切**。上記③の（例外有り）に該当し、株式等に係る譲渡所得の損失は損益通算できない。ただし、上場株式等の譲渡損失と上場株式等の配当所得（申告分離課税を選択）は損益通算できる。

3．**不適切**。上記①の（例外有り）に該当し、不動産所得の金額の計算上生じた損失の金額のうち、土地等の取得に要した負債利子は損益通算の対象とならない。

4．**不適切**。上記①から④に該当しないため損益通算の対象とならない。

問題34　正解　3

1．**適切**。所得税の基礎控除は納税者本人の合計所得金額が2,500万円以下である場合に、その合計所得金額に応じて最大48万円が控除される。

2．**適切**。納税者本人の合計所得金額が1,000万円以下の場合で、かつ、配偶者の年間の合計所得金額が48万円以下である場合に、納税者本人の合計所得金額と配偶者の年齢によって最大48万円が控除される。

3．**最も不適切**。医療費控除に合計所得金額の適用要件はない。

「医療費控除額（最高200万円）＝医療費−保険金等で補填された金額−次のいずれか低い金額（注）」が控除金額となる。

　（注）①10万円と②総所得金額等の合計額の5％相当額

4．**適切**。寡婦とは次のいずれかに該当する者（ひとり親に該当する者を除く）をいい、27万円が控除される。

(1)夫と離婚した後婚姻をしていない者のうち、
　　①扶養親族があること
　　②合計所得金額が500万円以下であること
　　③住民票の続柄に「夫（未届）」の記載がされていないこと

(2)夫と死別した後婚姻をしていない者又は夫の生死が明らかでないなどの者のうち、
　　①合計所得金額が500万円以下であること
　　②住民票の続柄に「夫（未届）」の記載がされていないこと

問題35　正解　4

1．**適切**。家屋を取得後6ヵ月以内に居住の用に供し、原則として、各年の12月31日まで引き続き居住することが適用要件となっている。

2．**適切**。住宅ローン控除の対象となる住宅は、床面積が50㎡以上（合計所得金額が1,000万円以下の者は40㎡以上）であり、床面積の2分の1以上が専ら自己の居住用であることが適用要件となっている。

3．**適切**。対象となる借入金は償還期間が10年以上（繰上げ返済を行った場合でも、当初の借入日から10年以上）で割賦償還のものであることが適用要件となっている。

4．**最も不適切**。納税者が給与所得者の場合でも、最初の年は確定申告が必要である。2年目以降は年末調整により控除を受けることができる。

問題36　正解　2

1．**不適切**。内国普通法人等を設立した場合の手続であり、法人設立の日（設立登記の日）以後2ヵ月以内に納税地の所轄税務署長に提出する。この届出書には定款、寄付行為、規則又は規約の写しを添付する。

2．**最も適切**。異動届出書は異動前の納税地の所轄税務署長に提出する。異動後の納税地の所轄税務署長への提出は不要である。

3．**不適切**。法人税の申告期限は各事業年度終了の日の翌日から2ヵ月以内である。なお、災害その他やむを得ない理由又は会計監査を受けなければならないことなどにより決算が確定しない場合には、申告期限の延長が認められる。

4．**不適切**。一定の中小法人に対する法人税の軽減税率は所得金額のうち800万円以下の部分について適用される。

<法人税の税率>

普通法人	23.2%	
中小法人	年800万円超	23.2%
	年800万円以下	15%

問題37　正解　1

1．**最も不適切**。定期同額給与とは、その支給時期が1か月以下の一定の期間ごとである給与で、その事業年度の各支給時期における支給額又は支給額から源泉税等の額を控除した金額が同額であるものをいう。税務署長への届出は不要である。

2．**適切**。損金不算入となる租税公課は法人税、法人住民税、延滞税、延滞金、加算税、過怠税、交通反則金などである。

3．**適切**。法人事業税、事業所税、酒税などの申告納税方式による租税の損金算入時期は、納税申告書を提出した事業年度である。

4．**適切**。国、地方公共団体に対する寄附金や財務大臣の指定した寄附金などは全額損金に算入される。

問題38　正解　2

1．**適切**。土地の譲渡は非課税取引である。居住用家屋（住宅）の貸付け（貸付期間1ヵ月以上）や有価証券等の譲渡なども非課税取引となる。

2．**最も不適切**。特定期間とは個人事業者は前年1月から6月まで、法人は前事業年度開始後6ヵ月（前事業年度が7ヵ月以下の場合は別途判定方法あり）の期間をいう。

3．**適切**。特定期間の給与等支払額の合計額および課税売上高がいずれも1,000万円超の事業者は課税事業者となる。

4．**適切**。個人事業者は課税期間（暦年）の末日の翌日から3ヵ月以内（3月31日）までに消費税の確定申告書を提出しなければならない。法人の提出期限は課税期間（事業年度）の末日の翌日から2ヵ月以内である。

問題39　正解　1

1．**最も不適切**。会社は通常の賃貸料相当額で賃貸したものとされ、通常の賃貸料相当額が役員給与として取り扱われる。一方、役員は通常の賃貸料相当額が給与所得となり所得税・住民税が課税される。

2．**適切**。会社は債務免除益として益金算入する。

3．**適切**。会社は通常の利息相当額を益金算入する。一方、役員は通常の利息相当額が給与所得となり所得税・住民税が課税される。

4．**適切**。役員退職給与は原則として損金算入される。ただし、会社が事実を隠蔽又は仮装して経理した役員退職給与や、不相当に高額な部分の金額は損金算入しない。

問題40　正解　2

1．**適切**。適格請求書（インボイス）発行事業者になるためには納税地の所轄税務署長に登録申請書の提出をしなければならない。その効力の発生は所轄税務署長が登録をした日になる。なお、免税事業者または新規開業等をした事業者は申請日から15日以降の日を登録希望日とすることができる。

2．**最も不適切**。適格請求書当保存方式（インボイス制度）導入後も、簡易課税制度の内容や要件に変更はなく適用を受けることができる。

3．**適切**。適格請求書（インボイス）の記載事項は次の6項目となる。
①適格請求書発行事業者の氏名または名称および登録番号
②課税資産の譲渡等を行った年月日
③課税資産の譲渡等の内容（軽減税率対象品目である旨）
④課税資産の譲渡等の税率ごとの対価の額（税抜または税込）の合計額および適用税率
⑤適用する税率ごとの消費税額
⑥書類の交付を受ける事業者の氏名または名称

4．**適切**。適格請求書（インボイス）は上記3の記載事項を満たす限り、様式や名称を問わない（請求書や納品書、明細書など）。また、一の書類のみで全ての記載事項を満たす必要はなく、交付された複数の書類相互の関連が明確であり、適格請求書の交付対象となる取引内容を正確に認識できる方法で交付されていれば、これら複数の書類に記載された事項により適格請求書の記載事項を満たすことができる。

問題41　正解　1

1．**最も不適切**。収益還元法のうち直接還元法は、一期間の純収益を還元利回りによって還元する方法である。連続する複数の期間に発生する純収益および復帰価格を、その発生時期に応じて現在価値に割り引き、それぞれを合計する手法は、DCF法である。

2．**適切**。収益還元法は、対象不動産が自用の不動産であっても、賃貸を想定することにより適用することができる。

3．**適切**。原価法は、価格時点における対象不動産の再調達原価を求め、この再調達原価について減価修正を行って対象不動産の価格を求める手法である。

4．**適切**。取引事例比較法は、市場において発生した取引事例を価格判定の基礎とする手法である。その適用に当たっては多数の取引事例を収集する必要がある。

以上、不動産鑑定評価基準第7章

問題42　正解　2

1. **適切**。債務の全部の履行が不能であるとき、債権者は、催告をすることなく、直ちに契約の解除をすることができる（民法542条1項1号）。

2. **最も不適切**。売主が種類又は品質に関して契約の内容に適合しない目的物を買主に引き渡した場合において、買主がその不適合を知った時から1年以内にその旨を売主に通知しないときは、買主は、その不適合を理由として、履行の追完の請求、代金の減額の請求、損害賠償の請求及び契約の解除をすることができない。ただし、売主が引渡しの時にその不適合を知り、又は重大な過失によって知らなかったときは、この限りでない（566条）。売主が知っていた場合は認められない。

3. **適切**。当事者双方の責めに帰することができない事由によって債務を履行することができなくなったときは、債権者は、反対給付の履行を拒むことができる（536条1項）。

4. **適切**。買主が売主に手付を交付したときは、買主はその手付を放棄し、売主はその倍額を現実に提供して、契約の解除をすることができる。ただし、その相手方が契約の履行に着手した後は、この限りでない（557条1項）。

問題43　正解　4

1. **不適切**。借地権の存続期間は、30年とする。ただし、契約でこれより長い期間を定めたときは、その期間とする（借地借家法3条）。30年を超える期間を定めることもできる。

2. **不適切**。借地権の存続期間が満了する場合において、借地権者が契約の更新を請求したときは、建物がある場合に限り、従前の契約と同一の条件で契約を更新したものとみなす（5条1項）。建物が必要である。

3. **不適切**。存続期間を50年以上として借地権を設定する場合においては、契約の更新及び建物の築造による存続期間の延長がなく、並びに建物買取りの請求をしないこととする旨を定めることができる（一般定期借地権、22条1項）。建物の用途に制限はない。

4. **最も適切**。一般定期借地権の特約は、公正証書による等書面によってしなければならない（22条1項）。

問題44　正解　3

1. **適切**。期間を1年未満とする建物の賃貸借は、期間の定めがない建物の賃貸借とみなす（借地借家法29条1項）。

2. **適切**。普通借家契約において、建物の賃貸人による建物の賃貸借の解約の申入れは、賃貸人および賃借人が建物の使用を必要とする事情や建物の利用状況などを考慮して、正当の事由があると認められる場合でなければすることができない（28条）。

3. **最も不適切**。期間の定めがある建物の賃貸借をする場合においては、公正証書による等書面によって契約をするときに限り、契約の更新がないこととする旨を定めることができる（定期借家契約、38条1項）。事業用の建物であっても書面であれば良く、

公正証書である必要はない。

4．**適切**。定期借家契約は、契約の更新がなく、期間の満了により建物の賃貸借が終了する（38条1項）。契約の当事者間における合意があれば、定期借家契約を再契約することは問題なくできる。

問題45　正解　4

1．**不適切**。敷地の前面道路の幅員が12m未満である建築物の容積率は、原則として、都市計画で定められた容積率と前面道路の幅員に一定の数値を乗じて得たものとのいずれか「低い方」が上限となる（建築基準法52条1項・2項）。

2．**不適切**。建築基準法42条2項により道路境界線とみなされる線と道路との間の敷地部分（セットバック部分）は、道路とみなされるため、建蔽率を算定する際の敷地面積に算入することも容積率を算定する敷地面積に算入することもできない（42条2項）。

3．**不適切**。建築物の地階でその天井が地盤面からの高さ1m以下にあるものの住宅の用途に供する部分の床面積は、原則として、当該建築物の住宅の用途に供する部分の床面積の合計の3分の1を限度として、建築物の容積率の算定の基礎となる延べ面積に算入されない（52条3項）。

4．**最も適切**。共同住宅の共用の廊下または階段の用に供する部分の床面積は、原則として、建築物の容積率の算定の基礎となる延べ面積に算入されない（52条6項）。

問題46　正解　2

1．**適切**。区分所有者が建物及び建物が所在する土地と一体として管理又は使用をする庭、通路その他の土地は、規約により建物の敷地とすることができる（区分所有法5条1項）。

2．**最も不適切**。敷地利用権が数人で有する所有権その他の権利である場合には、区分所有者は、その有する専有部分とその専有部分に係る敷地利用権とを分離して処分することができない。ただし、規約に別段の定めがあるときは、この限りでない（22条1項）。分離処分は原則として禁止される。

3．**適切**。区分所有者は、全員で、建物並びにその敷地及び附属施設の管理を行うための団体を構成し、この法律の定めるところにより、集会を開き、規約を定め、及び管理者を置くことができる（3条）。

4．**適切**。区分所有者は、規約に別段の定めがない限り集会の決議によって、管理者を選任し、又は解任することができる（25条1項）。

問題47　正解　3

1．**不適切**。固定資産税の課税標準は、住宅用地のうち、小規模住宅用地については6分の1、その他の住宅用地は3分の1となる（地方税法349条の3の2第1項・2項）。

2．**不適切**。固定資産税は、原則として、固定資産の1月1日現在の所有者に課される

（地方税法343条1項、359条）。借地権者には課されない。

3. **最も適切**。都市計画税の税率は、100分の0.3を超えることができない（702条の4）。

4. **不適切**。市町村は、都市計画法に基づいて行う都市計画事業又は土地区画整理法に基づいて行う土地区画整理事業に要する費用に充てるため、市街化区域内に所在する土地及び家屋に対し、その価格を課税標準として、当該土地又は家屋の所有者に都市計画税を課することができる（702条1項）。市街化調整区域ではない。

問題48　正解　2

1. **適切**。配偶者等一定の関係を有する者へ譲渡した場合には、居住用財産を譲渡した場合の3,000万円特別控除の適用を受けることができない（租税特別措置法35条2項1号、施行令20条の3第1項1号）。

2. **最も不適切**。居住用財産を譲渡した場合の3,000万円特別控除は、居住用財産を居住の用に供さなくなった日から3年を経過する日の属する年の12月31日までに譲渡しなければ、適用を受けることができない（35条2項2号）。

3. **適切**。居住用財産を譲渡した場合の軽減税率の特例は、譲渡した居住用財産の所有期間が譲渡した年の1月1日において10年を超えていなければ、適用を受けることができない（31条の3第1項）。

4. **適切**。居住用財産を譲渡した場合の3,000万円特別控除と居住用財産を譲渡した場合の軽減税率の特例は、適用要件を満たせば、重複して適用を受けることができる（31条の3、35条）。

問題49　正解　1

1. **最も不適切**。等価交換方式では、土地所有者等は、土地所有権等を提供する代わりに、建設資金を負担することなく、出資割合に応じて、建設された建物の一部を取得することができる。等価交換の対象には、土地の所有権のほか、借地権も含まれる。

2. **適切**。建設協力金方式では、建設する建物のテナント等から、建設資金の全部または一部を借り受けて建物を建設することができる。

3. **適切**。定期借地方式では、土地所有者は、土地を一定期間貸し付けることによる地代収入を得ることができる。当該土地上に建設される建物の建設資金を負担する必要はない。

4. **適切**。事業受託方式では、デベロッパーに建物等の建築計画の策定から完成後の管理運営までの事業に必要な業務を任せる。土地所有者は建設資金の調達や返済を行う。

問題50　正解　1

1. **最も適切**。NOI利回りは、不動産の収益性を測る指標である。対象不動産から得られる年間の純収益を総投資額で除して算出される利回りである。

2. **不適切**。NPV法による投資判断においては、対象不動産から得られる収益の現在

価値の合計額が投資額の現在価値の合計額を上回っている場合、その投資は有利であると判定することができる。

3．**不適切**。DSCR は、対象不動産から得られる収益による借入金の返済余裕度を評価する指標である。対象不動産に係る当該指標の数値が 1.0 を下回っている場合は、収益のみでは借入金を返済できないこととなる。

4．**不適切**。DCF 法においては、連続する複数の期間に発生する純収益および復帰価格を、その発生時期に応じて現在価値に割り引き、それぞれを合計して対象不動産の収益価格を求める。対象不動産の一期間の純収益を還元利回りで還元して対象不動産の価格を求める手法は、直接還元法である。

問題 51　正解　2

1．**不適切**。民法第 725 条「次に掲げる者は、親族とする。①6 親等内の血族、②配偶者、③3 親等内の姻族」ちなみに、血族は出生による血のつながりのある者をいい、姻族は配偶者の一方からみて他方の配偶者の血族をいう。

2．**最も適切**。兄弟姉妹の子（甥や姪）は 3 親等の血族である。1 親等は父母、子。2 親等は祖父母、孫、兄弟姉妹。3 親等は曾祖父母、曾孫、おじ・おば、甥・姪。

3．**不適切**。配偶者の父母は 1 親等の姻族である。

4．**不適切**。子の配偶者は 1 親等の姻族である。

問題 52　正解　1

1．**最も不適切**。相続税精算課税制度における贈与税の計算は、暦年課税の贈与財産とは別にこの制度に係る特定贈与者からの受贈財産の価額から特別控除額（特定贈与者ごとに累計で 2,500 万円）を控除した後の金額に、一律 20% の税率を乗じて算出する。

2．**適切**。贈与者は贈与をした年の 1 月 1 日において 60 歳以上の父母又は祖父母、受贈者は贈与を受けた年の 1 月 1 日において 18 歳以上の者のうち、贈与者の直系卑属（子や孫）である推定相続人又は孫とされている。

3．**適切**。相続時精算課税制度を一度選択すると、その選択をした当事者間で行われる贈与はすべて本制度が適用され、選択を撤回することはできない。

4．**適切**。相続時精算課税適用財産について既に納めた贈与税がある場合には、相続税の申告をすることにより還付を受けることができる。この還付を受けるための申告書は、相続開始の日の翌日から起算して 5 年を経過する日まで提出することができる。

問題 53

民法上の相続人および相続分は配偶者 C 2 分の 1、子 E 8 分の 1、子 F 8 分の 1、子 G 8 分の 1、孫 I 8 分の 1 である。

被相続人 A の民法上の相続人は配偶者と第一順位の子供（子供の代襲相続人）となる。子供（本問では子 D）の代襲相続については、その子供であるである孫（本問では孫 I）が代襲相続する。

第一順位の相続分は配偶者 2 分の 1 と子供（代襲相続人を含む）2 分の 1 である。本

問は配偶者Bが2分の1、子D・子E・子F・子Gは各8分の1であるが、子Dはすでに死亡しているため、孫Iが代襲相続人となる。

したがって、**第3肢**が正解である。

問題54　正解　4

1. **不適切**。代償分割は共同相続人の協議による遺産分割であり、共同相続人全員が合意していれば遺産分割は成立する。したがって、家庭裁判所に申し立てる必要はない。
2. **不適切**。必ずしも遺産分割協議書を公正証書により作成する必要はない。しかし相続人間のトラブルが発生するのを防ぐために、公正証書による作成は有効である。
3. **不適切**。代償財産は金銭に限られず、不動産や株式等の現物でもよい。
4. **最も適切**。代償分割により取得した代償財産は、相続の遺産分割の中での行為であり、他の相続人から取得したものであっても被相続人から取得した財産と同様に相続税の課税対象となる。

問題55　正解　1

1. **最も不適切**。本問の生命保険契約形態の場合は、死亡保険金は民法上は遺産ではなく契約上の受取人の固有財産であり、相続財産とは別に扱われ死亡保険金を受け取ったことで単純承認をしたものとはみなされない。
2. **適切**。被相続人の積極財産だけでなく、借金や未払い金などの消極財産も全てを相続する。
3. **適切**。相続放棄の手続き期限は相続の開始があったことを知った日から3ヵ月以内であり、相続人一人で申述することができる。
4. **適切**。代襲相続の原因は以前死亡と欠格と廃除である。放棄をした場合には代襲相続することはできない。

問題56　正解　2

1. **適切**。公正証書遺言は証人2人以上の立会いが必要である。未成年者、推定相続人・受遺者・その配偶者・直系血族、公証人の配偶者・4親等内の親族、書記・雇人は証人になることはできない。
2. **最も不適切**。自筆証書遺言を作成する場合には、添付する財産目録等は手書きでなくてもよい。ただし、全ページに署名・押印が必要である。
3. **適切**。自筆証書遺言及び公正証書遺言又は秘密証書遺言は、いつでも取り消すことができる。また、新たに作成することも可能である。その際に同一の遺言方式による必要はない。
4. **適切**。遺言書保管所に対して自筆証書遺言書の保管を申請することができる。遺言書保管所に保管されている遺言書については、遺言書の検認の規定は適用されない。

問題57　正解　3

1．**不適切**。相続税の申告納税の期限は相続の開始があったことを知った日の翌日から10ヵ月以内である。

2．**不適切**。特例の適用を受けるためには申告要件がある。したがって、申告書を提出する必要がある。

3．**最も適切**。担保財産は、相続財産や相続人固有の財産も認められる。また、同意があれば他人の財産でも認められる。

4．**不適切**。納付の原則は、金銭一時納付である。しかし、納期限までに金銭一時納付が困難な事由があり、納付すべき相続税額が10万円を超える場合は、担保提供等の一定の手続きを経て税務署長の許可により延納が認められる。

問題58　正解　4

1．**適切**。借地権。

2．**適切**。貸家建付借地権。

3．**適切**。自用地。

4．**最も不適切**。貸家建付地。

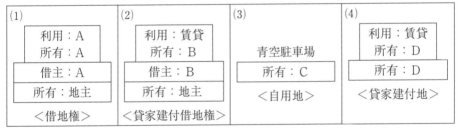

問題59　正解　3

1．**適切**。被相続人の居住の用に供していた宅地等を配偶者が取得した場合には、特に要件はない。

2．**適切**。被相続人の居住の用に供されていた一棟の建物に居住していた親族（同居親族）が取得した場合には、相続開始前から相続税の申告期限まで引き続きその建物に居住（居住継続）し、かつ、その宅地等を相続開始時から相続税の申告期限まで有していること（保有継続）が要件である。

3．**最も不適切**。被相続人と同居していない親族が取得する場合は、被相続人の配偶者及び被相続人の同居相続人がいない場合で一定の要件を満たした場合に特例を受けることができる。

4．**適切**。被相続人と生計を一にしていた被相続人の親族の居住の用に供されていた宅地等においても配偶者が取得した場合には、特に要件はなく特例を受けることができる。

問題60　正解　4

「遺留分に関する民法の特例」（会社向け）を活用する場合は、後継者及び旧代表者の推定相続人全員の合意の上で、旧代表者から後継者に贈与等された自社株式について、

  (1)　遺留分算定基礎財産から除外（除外合意）

  (2)　遺留分算定基礎財産に算入する価額を合意時の時価に固定（固定合意）

することができる（両方を組み合わせることも可能）。

1．**適切**。適用要件を満たした上で、推定相続人全員の合意を得て、経済産業大臣の確認（1ヵ月以内に申請）および家庭裁判所の許可（1ヵ月以内に申立て）を受けることが必要である。

2．**適切**。上記(1)に該当する。相続紛争のリスクを抑えつつ、後継者に対して集中的に株式を承継させることができる。

3．**適切**。上記(2)に該当する。後継者の経営努力により株式価値が増加しても、相続時に想定外の遺留分の主張を受けることがなくなる。

4．**最も不適切**。事業後継者は親族に限らず次の要件を満たす者とする。

  ①　合意時点において会社の代表者であること。

  ②　現経営者からの贈与等により株式を取得したことにより、会社の議決権の過半数を保有していること。

日建学院のFP2級講座

各コースの詳細は
日建学院 FP 検

基礎からしっかり学び、2級FP+AFPを目指す!

FP2級／AFP講座カリキュラム

AFP重点講義 [全28回]　日本FP協会認定研修

回数	内　容	回数	内　容
第1回	ガイダンス、FP基礎（FP総論）	第15回	中間試験3
第2回	ライフプランニング	第16回	提案書の作成方法
第3回	リタイアメントプランニング①	第17回	タックスプランニング①
第4回	リタイアメントプランニング②	第18回	タックスプランニング②
第5回	リタイアメントプランニング③	第19回	タックスプランニング③
第6回	中間試験1	第20回	中間試験4
第7回	リスク管理①	第21回	不動産①
第8回	リスク管理②	第22回	不動産②
第9回	リスク管理③	第23回	不動産③
第10回	中間試験2	第24回	中間試験5
第11回	金融資産運用①	第25回	相続・事業承継①
第12回	金融資産運用②	第26回	相続・事業承継②
第13回	金融資産運用③	第27回	相続・事業承継③
第14回	金融資産運用④	第28回	中間試験6

左側の縦帯：AFPフルパック／AFP重点〔日本FP協会認定研修〕／AFP学科答練／AFP実技答練

直前講義 学科試験対策 [全8回]

回数	内　容
第1回	項目別演習①（ライフ・リタイア）
第2回	項目別演習②（リスク管理）
第3回	項目別演習③（金融資産運用）
第4回	模擬試験A
第5回	項目別演習④（タックス）
第6回	項目別演習⑤（不動産）
第7回	項目別演習⑥（相続・事業承継）
第8回	学科試験 合格模擬試験

実技講義 実技試験対策 [全8回]

回数	内　容
第1回	実技試験対策①
第2回	実技試験対策②
第3回	実技試験対策③
第4回	実技試験対策④
第5回	実技試験対策⑤
第6回	実技試験対策⑥（本試験問題の解き方1）
第7回	実技試験対策⑦（本試験問題の解き方2）
第8回	実技試験 合格模擬試験

本試験

※カリキュラムは変更になる場合があり

P講師からのアドバイス

菱田 雅生 講師　Masao Hishida

1969年東京生まれ。早稲田大学法学部卒業後、山一證券株式会社を経て独立系FPに。2008年にライフアセットコンサルティング株式会社を設立。現在は、相談業務や原稿執筆、セミナー講師などに従事するとともに、TVやラジオ出演などもこなす。

→ 金融資産運用

金融資産運用は、特に債券や株式、投資信託などの商品について、興味を持って商品の仕組みやマーケットの特徴などをしっかり覚えることが重要です。可能であれば、自分のお金でそれらの商品を買ってみることでより興味が湧くと思います。自分の資産運用のためだと思って、実践しながら覚えていくのが早道でしょう。

横山 延男 講師　Nobuo Yokoyama

保険業界を経てFPとして独立。個人向け相談業務を中心に企業セミナーやFP資格学校、大学、ビジネス専門学校等で数多く講師を務める。また、新聞、マネー誌等執筆活動も広く行い、ライフプラン総合アプリケーションの監修をするなど活動は多方面にわたる。

→ ライフプランニングと資金計画・リスク管理・提案書の作成方法

FPの学習で大切なのは、「横断的学習をすること」です。便宜上縦割りの科目になっていますが、学習すればわかる通り、全て関連性があるもの。暗記ではなく、横断的に学習をして関連性を確認することで「理解」が進みます。また、インプット学習に時間を割り過ぎず、問題演習など数多くこなすことがより効率のよい学習に繋がります。

吉田 幸一 講師　Kouichi Yoshida

税理士、ファイナンシャル・プランナー。税理士業務の傍ら税理士向けの税務研修、各種銀行・生損保会社・証券会社のFP研修や税務研修、その他セミナーの講師等を行う。著書多数、「相続税・贈与税のポイントと実務対策」(共著、税務研究会出版局)、「借地権課税の実務」(共著、新日本法規出版)、「税務疎明事典<資産税編>」(共著、ぎょうせい)、「個人の税金ガイドブック」(共著、金融財政事情研究会)等。

→ タックスプランニング

タックスプランニングは税金に関する法律を覚えることが全てです。ただ、ボリュームがあるので単純に覚えるのは大変です。特にポイントとなる所得税・法人税について、①所得税は全体の計算の流れ(土台)をしっかり把握し、その土台を作った上で各個別の規定を学習し、また全体の流れを確認するように学習してください。②法人税は申告調整(特に損金項目)を中心に学習してください。税金に関する知識は他の分野でも活かせますので是非克服してください。

髙畠 祐二 講師　Yuji Takabatake

不動産鑑定士。専門の不動産鑑定だけでなく、不動産売買や賃貸など、不動産実務全般に精通する不動産のスペシャリスト。国土交通省地価公示鑑定評価員など、数々の公職も務める。豊富な知識・経験を活かし、個人向け・企業向けの研修やセミナーも多数手がけている。

→ 不動産

FPの不動産では、不動産に関わる法規や税金、その有効活用について学習します。特に不動産と税務については、別の科目である「タックスプランニング」の理解がとても大切になります。不動産という大きな財産を、法規や税務、投資活用など様々な視点から理解できるようになりましょう。

三宅 謙志 講師　Kenji Miyake

1967年生まれ。CFP・税理士・フィナンシャルコーチ。IT系コンサルティング会社で5年間コンサルタントを経験した後、会計事務所勤務を経て1997年ファイナンシャル・プランナーとして独立。法人・個人に対するファイナンシャル・プランニングや講演活動を行う。2001年税理士三宅事務所開設。本来の税理士業務に加え、ビジネスコーチングによるビジネスプラン・ライフプラン設計の実行援助を得意とする。著書多数。

→ 相続・事業承継

相続・事業承継は、「民法」「税金①相続税」「税金②贈与税」「財産評価」「自社株評価と事業承継」以上の5つのテーマに大きく分けることができます。この中でも基礎かつ最も大切といえるのが民法です。まず民法の内容をしっかり習得することを心がけてください。また、税金は相続税、贈与税ともに特例計算、財産評価は宅地が重要です。

【法改正・正誤等の情報について】

本書の発行後に発生しました法改正・正誤等の情報については、下記ホームページ内でご確認いただけます。なお、ホームページでの情報掲載期間は、本書の販売終了時、または本書の改訂版が発行されるまでとなります。

https://www.kskpub.com ➡ 訂正・追録

※掲載内容は予告なく変更する場合があります。

【記載内容に関するお問合せについて】

本書の記載内容に万一、誤り等が疑われる箇所がございましたら、**郵送・FAX・Eメール等の文書で**以下の連絡先までお問合せください。その際には、お問合せされる方のお名前・連絡先等を必ず明記してください。また、お問合せの受付け後、回答には時間を要しますので、あらかじめご了承いただきますようお願い申し上げます。

なお、上記以外のご質問、**受検指導等は、一切受け付けておりません。**そのようなお問合せにはご回答いたしかねますので、あらかじめご了承ください。

[郵送先] 〒171-0014　東京都豊島区池袋2-38-1　日建学院ビル3階
　　　　　㈱建築資料研究社 出版部
　　　　　「FP2級・AFP過去問題集　学科試験編」正誤問合せ係
[FAX] 03-3987-3256
[Eメール] seigo@mx1.ksknet.co.jp

お電話によるお問合せは、お受けできません。

※装　丁／齋藤 知恵子（sacco）

'24—'25年版
FP2級・AFP過去問題集　学科試験編

2024年7月30日　初版第1刷発行

編　著　日建学院
発行人　馬場 栄一
発行所　株式会社建築資料研究社
　　　　〒171-0014　東京都豊島区池袋2-38-1　日建学院ビル3階
　　　　　　　　　TEL：03-3986-3239　　FAX：03-3987-3256
印刷所　株式会社ワコー